suhrkamp taschenbuch
wissenschaft 758

Seit dem Ausbruch der Französischen Revolution gehört die Frage nach ihren Voraussetzungen und Ursachen zum festen Bestand der Geschichtsschreibung. Von vornherein hat es dabei Vermutungen und Thesen gegeben, die sich hinsichtlich der Zeitdauer der Ursachen der Französischen Revolution radikal widersprechen. War die Revolution für die einen ein Ereignis, das nur zu verstehen ist, wenn man eine umfassende Analyse des französischen Staats- und Gesellschaftssystems seit dem 16. und 17. Jahrhundert vorschaltet, so begnügten sich die anderen mit einer Betrachtung der politisch-sozialen Ereignisse in den zwei oder drei Jahrzehnten vor 1789. Und nicht nur die Frage der Zeit, sondern auch die nach den verursachenden Kräften spielte in der langen Debatte über die Französische Revolution immer eine Rolle. Waren die Ereignisse von 1789 Ergebnisse einer Verschwörung? War die Revolution eine politische Revolution? War sie eine soziale Umwälzung mit der Ablösung einer älteren Gesellschaftsordnung durch eine neue, inzwischen aufgestiegene? Solche und weitere Fragen sind oft auch mit dem Blick auf den Zeitgeist der Epoche, in der sie gestellt wurden, beantwortet worden. Thematisches Zentrum der in diesem Band enthaltenen Studien ist die institutionelle und gesellschaftliche Struktur dessen, was man in der Forschung gemeinhin »Ancien Régime« nennt. Dabei geht es nicht um eine vordergründige historische Schuldzuweisung hinsichtlich der Ursachen der Französischen Revolution, sondern um den Aufweis von Strukturelementen und -problemen, die, da sie vorhanden und offensichtlich auch nicht zu verändern waren, in der Endphase des Ancien Régime wesentlich dazu beigetragen haben, daß die Revolution ausbrach und den ihr eigentümlichen Verlauf nahm.

Ernst Hinrichs ist ordentlicher Professor für Geschichte der Frühen Neuzeit an der Universität Oldenburg. Er hat sich seit Jahren intensiv mit der Geschichte des französischen Ancien Régime beschäftigt und zu diesem Thema außer den hier vorgelegten Studien eine Reihe von weiteren Arbeiten geschrieben. Darüber hinaus beschäftigt er sich mit der europäischen Geschichte in der Frühen Neuzeit, Bevölkerungsgeschichte, Bildungsgeschichte und nordwestdeutscher Regionalgeschichte. Seit 1984 ist er Direktor des Georg-Eckert-Instituts für Internationale Schulbuchforschung in Braunschweig.

In der stw hat er einen Band über *Absolutismus* herausgegeben (stw 535).

Ernst Hinrichs
Ancien Régime und Revolution

Studien zur
Verfassungsgeschichte Frankreichs
zwischen 1589 und 1789

Suhrkamp

CIP-Titelaufnahme der Deutschen Bibliothek
Hinrichs, Ernst:
Ancien Régime und Revolution :
Studien zur Verfassungsgeschichte Frankreichs
zwischen 1589 und 1789 /
Ernst Hinrichs. – 1. Aufl. –
Frankfurt am Main : Suhrkamp, 1989
(Suhrkamp-Taschenbuch Wissenschaft ; 758)
ISBN 3-518-28358-8
NE: GT

suhrkamp taschenbuch wissenschaft 758
Erste Auflage 1989
© Suhrkamp Verlag Frankfurt am Main 1989
Suhrkamp Taschenbuch Verlag
Alle Rechte vorbehalten, insbesondere das
des öffentlichen Vortrags, der Übertragung
durch Rundfunk und Fernsehen
sowie der Übersetzung, auch einzelner Teile.
Satz und Druck: Wagner GmbH, Nördlingen
Printed in Germany
Umschlag nach Entwürfen von
Willy Fleckhaus und Rolf Staudt

1 2 3 4 5 6 – 94 93 92 91 90 89

Inhalt

Für Heike

Vorwort

Dieser Band ist das Ergebnis einer kontinuierlichen Beschäftigung mit dem vorrevolutionären Staats- und Gesellschaftssystem Frankreichs. Mit den Vorarbeiten begann ich um 1969 im Max-Planck-Institut für Geschichte in Göttingen. Seit 1975 mußte ich sie durch meine Berufung nach Oldenburg, wo völlig andere Aufgaben auf mich warteten, erheblich verlangsamen, wenn auch nicht abbrechen. Mein ursprüngliches Ziel war es gewesen, eine große Teile des 17. und des 18. Jahrhunderts umfassende Untersuchung zur französischen Staatsverwaltung vorzulegen – nicht im Sinne einer formalen Institutionengeschichte, sondern einer historisch gerichteten Bürokratieanalyse. Dietrich Gerhard hatte durch Hinweise auf die Notwendigkeit, die Geschichte der französischen *parlements*, vor allem im 17. Jahrhundert, zu erforschen, die Richtung gewiesen. Rudolf Vierhaus hatte das Interesse dann auf das 18. Jahrhundert und die besondere Problemlage der Krise des Ancien Régime gelenkt.

Wenn ich jetzt eine Reihe von gedruckten und ungedruckten Aufsätzen vorlege, so ist das angesichts der ursprünglichen Planung gewiß kein besonderer Anlaß für Autorenstolz. Auch die große Zahl von Mikrofilmen und Fotokopien, die ich in den Jahren 1973 und 1974 von längeren Archivreisen durch Frankreich mitbrachte, sehe ich immer noch als über einen Aufsatzband hinausweisende Verpflichtung an. Dennoch erschien mir, auch im Zusammenhang mit dem *Bicentenaire*, eine Sammlung und Publikation zum jetzigen Zeitpunkt nicht ohne Sinn. Der Konsens über die Französische Revolution als *politische* Revolution ist in den letzten Jahren wieder kräftig gewachsen. Das lenkt den Blick zurück auf die politisch-sozialen Strukturen Frankreichs vor der Revolution, die sich nicht über Nacht, sondern über Jahrzehnte und Jahrhunderte ausgebildet haben.

Dennoch will und kann dieser Band nicht als Buch über die Ursachen der Französischen Revolution mißverstanden werden. Viele der angesprochenen Zusammenhänge – das problematische Verhältnis von Absolutismus und moderner Bürokratie z. B. (S. 81 ff.), die Verwaltungskonflikte in der Krise des Ancien Régime (S. 99 ff.), die höchst problematischen Wege der Staatsfinanzierung (S. 126 ff.), aber auch das Problem der *féodalité* (S. 158 ff.) – lassen sich zwar ohne Schwierigkeiten in eine Ursachendiagnostik einbeziehen. Doch das französische Ancien Régime, das die Revolutionäre der Jahre 1789/1791 als erste zu definieren versuchten, ist auch Erkenntnisgegenstand eigener Art, der nicht unausgesetzt vor den Karren einer teleologischen Betrachtungsweise gespannt werden sollte. Mit der in diesem Sinne ganz pragmatisch gemeinten Titelgebung hoffe ich, das in allen Aufsätzen anklingende Interesse an beiden Gegenständen zum Ausdruck zu bringen. Daß sie an Tocqueville erinnert, soll ein Zeichen der Verehrung sein; ich hoffe nicht, daß mein Buch deshalb an dem des großen Publizisten gemessen wird.

Braunschweig/Oldenburg, im Januar 1989   E. Hinrichs

Das Fürstenbild
Jean Bodins und die Krise der französischen Renaissancemonarchie

Kaum ein politischer Theoretiker der frühen Neuzeit hat seinen Lesern einen so umfassenden Eindruck von dem Krisenbewußtsein seiner Zeit vermittelt, kaum ein Autor ist dem Vorgang der staatlich-politischen Veränderung *(changement)* mit einem so differenzierten System erfahrungs- und realitätsbezogener Verhaltensvorschriften zu Leibe gerückt wie Jean Bodin. Als typischer Vertreter des nordalpinen juristischen Humanismus mit den institutionellen, politischen, sozialen und ökonomischen Problemen seines Heimatlandes vertraut, hat Bodin in seinem politischen Hauptwerk[1] Reformvorstellungen entwickelt, die nach seinen eigenen Worten den von der politischen Wissenschaft erarbeiteten »Regeln« entsprachen und daher für eine Anwendung geeignet erschienen.[2] Immer wieder die polemische Auseinandersetzung mit Plato und Morus suchend, deren »republique en idee sans effet«[3] ihm als negatives Modell seines eigenen, radikal unutopischen Entwurfs diente, hat Bodin allen staatstheoretischen Überlegungen implizit und explizit das Bild der französischen Monarchie zugrunde gelegt, von dessen Vorbildlichkeit er wie fast alle französischen Juristen seiner Zeit überzeugt war.
In welche Richtung die Reformideen Bodins zielten, wie tiefgreifend sie angelegt waren – darüber besteht bis heute keine Einigkeit.[4] Bodin selbst hat zu dem wechselvollen Schicksal seiner Wirkungsgeschichte sicher nicht unerheblich beigetragen. Die gigantischen Ausmaße seines Traktats, die erdrückende Last seines Belegapparats, die vielen scheinbaren und tatsächlichen Widersprüche seiner Argumentation,[5] die Textveränderungen, welche der Autor an den in rascher Folge erscheinenden Neuauflagen vornahm – all das hat den Versuch einer konsistenten Gesamtinterpretation erschwert. So kam es, daß Einzelaspekte seiner Theorie aus ihrem Zusammenhang herausgelöst und mit dem Blick auf die »Modernität« Bodins unangemessen stark betont wurden. Besonders der Begriff der Souveränität und seine verfassungspolitischen Implikationen traten im Zuge verabsolutieren-

der staatsrechtsgeschichtlicher und etatistischer Betrachtungsweisen derart in den Vordergrund, daß sie lange Zeit als der zentrale Anlaß für das Entstehen der *République* Bodins erscheinen mußten.

Demgegenüber richtet sich die heutige Bodin-Deutung wieder stärker auf die gesamte Staatslehre dieses Autors und darüber hinaus auf seine übrigen, zumeist unterschätzten Werke zur Theorie des Rechts, der Geschichte, der Religion und der Erkenntnis. Der konservative Grundzug seines politischen Denkens, der heute als erwiesen gilt[6] und in einem gewissen Widerspruch zur Neuartigkeit seiner Souveränitätstheorie steht, hat zudem das Bedürfnis nach einer genaueren theoriegeschichtlichen Einordnung der *République* geweckt. Der häufig angestellte Vergleich Bodins mit Aristoteles auf der einen, Hobbes auf der anderen Seite hat sich dabei in vieler Hinsicht als fruchtbar erwiesen. Weitgehend unbeachtet blieb jedoch die Frage, in welchem Verhältnis die Staatslehre Bodins zur politischen, sozialen, wirtschaftlichen und geistigen Realität ihrer Zeit selbst steht. Wenn Bodin in seiner Auseinandersetzung mit Plato und Morus den »imaginativen« Zug dieser Autoren verwirft, so muß der Frage, was er im Vergleich dazu als normative Faktizität begreift und bei der Abfassung seiner Theorie voraussetzt, eine besondere Bedeutung zukommen.

Im vorliegenden Beitrag soll dieser Frage an ausgewählten Beispielen aus der Argumentation Bodins nachgegangen werden. Er verschließt sich bewußt einer idealtypischen Betrachtungsweise[7] und faßt die Aussagen Bodins in ihrer konkreten Zeitgebundenheit ins Auge. Sein Gegenstand ist Bodins Staatsideal der Monarchie Royale, das für ihn die höchste Stufe seiner Staatsformenlehre und in gewisser Weise die einzig brauchbare, harmonische Herrschaftsform darstellte.

Wann immer Bodin die Funktionsweise der Monarchie Royale in der *République* näher erläutert, nimmt er eine Fülle spätmittelalterlicher und humanistischer Maximen zur Fürstenlehre in sein Werk auf, die einen seltsamen Kontrast bilden zu den rationalen, abstrakten Konstruktionen seiner Souveränitätslehre. Aus diesem Grunde sollen einige Bemerkungen über die Funktion der Fürstenethik in der *République* Bodins vorweggeschickt werden (I). Im Anschluß daran sollen die Strukturprinzipien seiner Monarchie Royale beschrieben werden (II). Ein dritter Abschnitt enthält eine kurze Skizze der Herrschaftsbedingungen in der französischen Renaissancemonarchie und der Wandlungen, von denen sie im Zeitalter der religiösen Bürgerkriege bedroht war. Ihre Wirkung auf Bodins Monarchieverständnis bildet den Inhalt des vierten und letzten Abschnitts.

I

Bodin hat, im Gegensatz zur Tradition der Fürstenspiegel, die politischen Handlungsnormen des Herrschers als Inhabers der Souveränität nicht zum Gegenstand einer systematischen Analyse gemacht. Er hat dagegen Anmerkungen zu Fürstenherrschaft und Fürstenethik über sein ganzes Werk verstreut und vor allem in den vielen historischen Exkursen, mit deren Hilfe er seine staatstheoretischen Thesen zu veranschaulichen suchte, immer wieder auf konkrete Herrscher der Vergangenheit und seiner eigenen Gegenwart Bezug genommen.[8]

Gerade Bodins Aussagen zur Fürstenethik wird nun von Interpreten, denen es um eine Darstellung des Neuartigen, Modernen bei Bodin geht, eine traditionelle, ins Mittelalter zurückweisende Tendenz nachgesagt.[9] In der Tat nähert sich Bodin häufig dem Vorbild der traditionellen Fürstenspiegel, wenn er auf die Pflichten des Monarque Royal eingeht. So in dem Kapitel II, 3 (De la Monarchie Royale), wo er – in sprachlicher Parallelität zu dem Souveränitätskapitel (mit seinen »vrayes marques de souveraineté«) – von den »vrayes marques d'un grand Roy« spricht und dabei alle Kriterien des überkommenen Ideals des »princeps perfectus« oder »princeps optimus« zusammenstellt.[10] Auch der in der europäischen Fürstenethik so vielfach variierte Imperativ Ciceros »salus populi suprema lex esto« wird von Bodin an hervorragender Stelle als »allgemeine Maxime« der Gesetzgebung aufgenommen, die »keine Ausnahme zulasse«.[11]

Nun überraschen solche Äußerungen kaum bei einem Autor, der, wie die meisten juristischen und politischen Publizisten seiner Zeit, das Ideal der Monarchie Royale keineswegs mit der Absicht grundsätzlicher Neuerungen formulierte. In der Ideenwelt der politisch Gebildeten Frankreichs im 16. Jahrhundert waren Vorstellungen von einem monarchischen Verfassungsideal lebendig, das auf dem überkommenen Verständnis einer hierarchischen

Weltordnung beruhte, in der dem Fürsten wie den Untertanen ihre fest umrissenen Positionen und Aufgaben zugewiesen waren.[12] Gab es auch zwischen Autoren unterschiedlicher politischer Intention gegensätzliche Auffassungen über das Gewicht und die Bedeutung einzelner Bestandteile der Hierarchie, so herrschte doch weitgehende Einigkeit über die Einordnung des Fürsten und die Definition seiner Pflichten und Rechte. Mit Ausnahme der Publizisten, die auf dem Höhepunkt des Bürgerkriegs nach 1585 den ligistischen Extremismus vertraten und dabei Auffassungen formulierten, die erst wieder vom Radikalismus der Pariser Sektionen in der Revolution artikuliert wurden, blieb für das politische Denken Frankreichs in der zweiten Hälfte des 16. Jahrhunderts die traditionelle Vorstellung einer idealen monarchischen Verfassung Frankreichs zentraler Bezugspunkt. Denis Richet hat jüngst darauf hingewiesen, daß Bodin gerade deshalb so wenig Mühe hatte, seine monarchomachischen Gegner zu widerlegen, weil sie – in ihrer Auseinandersetzung mit Machiavelli – mit dem ständigen Verweis auf die christliche Zielsetzung der königlichen Macht, auf die Grenzen, die ihr durch Gesetze und Gewohnheitsrecht gesteckt seien, grundsätzlich den Rahmen der absoluten Monarchie nicht sprengten. Sie stellten zwar die »Funktionsfähigkeit der französischen Monarchie in einem besonderen Fall in Frage«[13] und formulierten institutionelle Möglichkeiten der Vorsorge für den Fall, daß sich ein Herrscher vom Monarque Royal in einen »tyran d'exercice« verwandelte; doch blieb damit für die Monarchomachen – und bis zu einem gewissen Grad auch für Bodin – die Amtsführung des Herrschers das Zentrum ihres politischen Denkens. Auch gemäßigte Ligisten hätten, so sagt Richet, einen einzelnen Fürsten angefochten, nicht aber das System als solches.[14]

Hier wird nun die Bedeutung der traditionellen Fürstenethik für die französische politische Theorie im 16. Jahrhundert, ja bis in die Zeit Ludwigs XIV. hinein deutlich.[15] Blieb der Fürst, als raison d'être der Monarchie Royale, Zentrum des Verfassungsbildes, so mußten zwangsläufig Traditionen der politischen Meinungsäußerung gepflegt werden, denen es um einen Einfluß auf den Herrscher als wirksamstes Element dieser Verfassung ging. Erst am Ende des 17. und zu Beginn des 18. Jahrhunderts, als im Reflex auf die Amtsführung Ludwigs XIV. der neuzeitliche Despotismusbegriff geboren wurde, als die sich ausbildende Theorie einer elitären Kontrolle des Herrschers durch Adel und andere Zwischengewalten einem neuen Verständnis der französischen Verfassung Raum gab,[16] war die Zeit der Fürstenethik in Frankreich vorüber. Für Montesquieu steht fest, daß die monarchische Regierungsform nicht mehr der »vertu« bedarf – weder beim Herrscher, noch im Volk: »Dans les états monarchiques et modérés la puissance est bornée par ce qui en est le ressort, je veux dire l'honneur, qui règne, comme un monarque, sur le prince et sur le peuple.«[17] Solchen und ähnlichen Aussagen Montesquieus liegt ein neues Staatsverständnis zugrunde, das die Interdependenz von politischer Herrschaft und Sozialstruktur als eine »historische und natürliche Gesetzmäßigkeit«[18] begreift und daher zwangsläufig den Herrscher in eine relative, abhängige Position rückt; der Adel gehört für Montesquieu als Zwischengewalt »irgendwie zum Wesen der Monarchie«.[19]

Dieses auf eine »bestimmte soziale Kontrolle des Staates«[20] hinauslaufende Verfassungsverständnis lag Bodin wie seinen monarchomachischen Kontrahenten fern. So sehr sich diese auch bemühten, durch ihre verschiedenen Vertragskonstruktionen juristische Bindungen des Herrschers zu fixieren, so wurden mögliche Kontrollen der fürstlichen Regierungsweise, mögliche Formen des Widerstandes doch ausschließlich institutionell definiert. Sie wurden nicht als permanent wirksamer, sozial determinierter Mechanismus begriffen, sondern als institutionelles Therapeutikum für den Grenzfall, daß der Fürst den Schritt vom »bon et iuste Roy« zum Tyrannen tat. Institutionell nicht gebundene Gruppen blieben vom Widerstandsrecht kategorisch ausgeschlossen, und die Aversion der Monarchomachen gegen die »populace« entspricht vollkommen Bodins abwertendem Urteil über das Volk als »Tier mit den vielen Köpfen«.[21] Wenn Bodin trotzdem in aller Schärfe gegen die monarchomachischen Theorien des Widerstands Stellung nahm, so spielt hier, neben seiner grundsätzlich staatsbezogenen, legistischen Tradition, die zur Ausbildung seines Souveränitätsbegriffs führte, vor allem sein andersartiges Verhältnis zu Fragen der politischen Praxis, zu den Bedingungen von Macht und Herrschaft, eine Rolle.

Denn wenn Bodins Auffassung von der fürstlichen Herrschaft auch, wie eingangs betont wurde, von dem traditionellen Verständnis der französischen Monarchie als einer unter dem Recht stehenden, mit der Gesellschaft in Harmonie befindlichen Institution abgeleitet erscheint, so darf doch nicht übersehen werden, daß er diese Tradition nicht, wie manche der monarchomachischen Publizisten, idealisiert und mystifiziert.[22] Der Fürst Bodins hat zwar seine feste Position in einem an überkommenen Ordovorstellungen orientierten Weltbild, sein politisches Handeln wird zwar ständig an seiner Fähigkeit gemessen, gemäß den Traditionen einer (allerdings national-institutionell, nicht universellreligiös gesehenen) Verfassung zu regieren; doch der Staat Bodins ist weder Institution zur Wiederherstellung einer transzendenten Heilsordnung, noch säkulare Utopie,[23] sondern institutionelle Wirklichkeit, die Wandlungen ausgesetzt ist und von Bodin mit den Kriterien erfahrener (und erlebter) Wandlungen analysiert wird. Sein Fürst ist daher nur noch partiell Träger von Gesinnungen, wie die Herrscher der mittelalterlichen Fürstenspiegel,[24] ebenso aber politisch Handelnder im materiellsten Sinn des Wortes, Leiter der »affaires d'estat«, der die Regeln der »science politique« kennt, über die geographischen, klimatischen, institutionellen und sozialen Bedingungen seiner Herrschaft informiert[25] und darum optimal gerüstet ist, den drohenden Wandlungen zu begegnen.

Hier liegt die Ursache dafür, daß in der *République* Bodins im Grunde drei sehr unterschiedliche Fürstenbilder gezeichnet werden. Wir finden einmal den »bon et iuste Roy«, den »princeps perfectus«, der sich dem Gottes- und Naturrecht unterwirft, der die überkommenen Grundrechte des Königreichs (die »lois fondamentales«) respektiert, die Rechte und Privilegien seiner Untertanen schützt, der die zeitgenössischen Darstellungen des »tyrannischen« Regiments kennt und seine Amtsführung so einrichtet, daß den Untertanen kein Zweifel kommt an der Reinheit und Redlichkeit seiner Absichten.[26] Sodann den »absoluten« und »souveränen» Fürst. Zwar steht er unter dem »Recht«, doch hat er – als einziger in seinem Staat – die Möglichkeit, Gesetze aufzuheben, zu verändern und zu erlassen, und damit in die gewohnheitsrechtliche Verfassung seines Reichs einzugreifen. Schließlich den »prince habile«, den »klugen« und »geschickten« Fürst, in dem sich der Realist, ja Machiavellist Bodin spiegelt. Sein Bild wird vor allem in jenen Teilen der *République* gezeichnet, welche das aristotelische Thema der Staatsveränderungen aktualisieren. Hier, wo es nicht mehr um die Beschreibung der Monarchie Royale geht, ihrer »normalen« Funktionen, ihrer Institutionen und ihrer Gesellschaft, hier ist ein Fürst erforderlich, der nach der Maßgabe des Staatsnutzens (nécessité) handelt, drohenden Veränderungen rechtzeitig zu begegnen sucht, die Ursachen möglicher Umstürze analysiert und zu beseitigen trachtet. Ein Blick in die Kasuistik Bodins in den Büchern 4 bis 6 könnte uns einen plastischen Eindruck *seines* Principe vermitteln.[27]

II

Gerade die unterschiedlichen Farbgebungen seines Fürstenbildes und die Theorie der Wandlungen, deren Ursachen und Folgen Bodin so ausführlich zu ergründen sucht, stellen sein Werk in den politischen, sozialen und ökonomischen Kontext seiner Zeit, der nicht nur ein Anlaß für das Entstehen der *République*, sondern auch einer ihrer wesentlichen Gegenstände wurde. Im Gegensatz zu vielen Interpreten Bodins, welche der Geschichte Frankreichs nach dem Eindringen der Reformation nur insofern Bedeutung beimaßen, als sie zur Deutung Bodins beitrug, hat Ch. Morazé in einer frühen Schrift[28] über den Ursprung des französischen Staatsbegriffs diese dialektische Interdependenz von Staatstheorie und Geschichte zu erfassen versucht. Ausgehend von wirtschafts-, sozial- und finanzgeschichtlichen Beobachtungen, sieht Morazé in Jean Bodin einen Autor, der in seiner *République* die um 1576 sichtbar werdende Divergenz zwischen der politischen Verfassung Frankreichs und seiner Sozial- und Wirtschaftsverfassung zum Ausdruck bringt. Indem Bodin einerseits die Achtung vor dem Eigentum zum Prinzip der Monarchie Royale erhebe, andererseits dem Fürsten mit dem Souveränitätsbegriff ein Instrument in die Hand gebe, das sich gegen die Inhaber wohlerworbener Rechte verwenden ließ, versuche er die französische Gesellschaftsordnung den im 16. Jahrhundert rapide fortgeschrittenen wirtschaftlichen Bedingungen anzupassen, ohne das Prinzip des privaten Eigentums zu verletzen, auf dem auch die neue Gesellschaft mit ihrem »liberaleren« Wirtschaftsverhalten beruhen müsse. »Parce que les conditions du commerce, du travail appellent une réglementation neuve ... le roi doit avoir le droit, ce droit qu'on lui refusait jusque-là, de changer la législation en vigueur, d'agir en arbitre des coutumes et des lois. Mais aussi parce que la puissance des hommes nouveaux s'appuie sur la richesse matérielle, sur le droit de chacun à jouir du fruit de son travail pendant sa vie et d'en disposer à l'heure de la mort, toute entrave au droit de propriété... est considérée comme une survivance des principes arbitraires absolus.«[29]

Morazé, der sich der Problematik einer allzu generalisierenden Interpretation Bodins bewußt ist, versucht hier, die Souveränitätslehre Bodins mit jenen Definitionen der *République* in einen historischen Kontext zu bringen, die eine Bindung des absoluten Monarchen an die bestehenden Eigentumsverhältnisse erkennen lassen. In der Tat erscheint das Eigentumsargument bei Bodin mehrfach an hervorragender Stelle. »Le Monarque Royal est celuy – so beginnt Bodin seine Betrachtungen über sein Staatsideal – qui se rend aussi obeissant aux loix de nature, comme il desire les subjects estre envers luy, laissant la liberté naturelle, et la propriété des biens à chacun.«[30] Nun geht Bodin nirgends darauf ein, was er unter »natürliche Freiheit« und »Eigentum« versteht und verzichtet somit auf eine theoretische Untermauerung dieser Definition. Insofern läßt sich Morazés Interpretation des Staatsbegriffs Bodins am Text der *République* nur schwer nachvollziehen. Insbesondere die Frage, inwieweit Bodin als Protagonist bestimmter gesellschaftlicher Gruppen und ihrer Eigentumsformen betrachtet werden kann, muß angesichts mancher Unklarheiten seiner Argumentation m. E. offenbleiben.[31] Bodins Blick bleibt, auch wenn er für die Achtung von Freiheit und Eigentum des einzelnen eintritt, immer auf die Funktionsweise der Monarchie Royale insgesamt gerichtet. Die Achtung von Freiheit und Eigentum, was immer Bodin darunter im einzelnen versteht, durch den Fürsten impliziert die Anerkennung bestehender Verträge und Rechtsverhältnisse. Die Monarchie Royale kann – im Gegensatz zur Monarchie Seigneuriale – nur »funktionieren«, wenn in ihr Rechtssicherheit gewährleistet ist. Nicht zufällig erhebt Bodin dieses Postulat anläßlich der Frage, ob die in der Antike praktizierten Verfahren einer egalitären Neuverteilung von Eigentum in seiner Zeit Anwendung finden sollen. Bodin bestreitet ihre Nützlichkeit nicht grundsätzlich, er lehnt sie aber ab für einen bestehenden Staat, in dem sich die vorhandenen Eigentumsformen auf der Grundlage und mit Hilfe des Vertrauens in die bestehenden Gesetze ausgebildet haben. »On peut dire, que l'equalité des biens est tres pernicieuse aux Republiques, lesquelles n'ont appuy ny fondement plus asseuré que la foy, sans laquelle ny la iustice, ny societé quelconque ne peut estre durable: or la foy gist aux promesses des conventions legitimes. Si donc les obligations sont cassées, les contracts annullés, les debtes abolies, que doit-on attendre autre chose que l'entiere eversion d'un estat? Car il n'y aura fiance quelconque de l'un à l'autre.«[32]

Dieses Zitat wirft ein bezeichnendes Licht auf Bodins Definition der Monarchie Royale. Nicht die natürliche Freiheit und das Eigentum *als solche* sind das Ziel seiner Argumentation, sondern die rechtlichen Kommunikationsformen, die sich zu ihrer Wahrung ausgebildet haben und die als Element der Stabilität des bestehenden Staatswesens begriffen werden. Diese Auffassung Bodins tritt noch deutlicher hervor, wenn er sich über den staatlich dekretierten Schuldenerlaß äußert: »Quant à l'abolition des debtes, c'estoit chose de mauvais exemple... non pas tant pour la perte des creanciers, qui ne seroit pas fort considerable quand il y va du public, que pour l'ouverture qui se fait de rompre la foy des iustes conventions, et pour l'occasion que les mutins empoignent, pour troubler un estat, sous l'esperance qu'ils ont tousjours de la rescision des debtes.«[33] Hier wird dem Fürsten, wie übrigens an anderen Stellen auch,[34] recht freimütig – »quand il y va du public« – ein Eingriff in die individuelle Eigentumssphäre zugestanden. Nicht *er* bildet Bodins Problem, sondern die möglichen gefährlichen Konsequenzen solcher Akte für die allgemeine Rechtssicherheit und damit für den Bestand der Monarchie Royale.

Der Gedanke der allgemeinen Rechtssicherheit und des sich daraus ergebenden Vertrauensverhältnisses zwischen dem Herrscher und den Untertanen taucht bei Bodin nicht nur im Zusammenhang mit staatlichen Eingriffen in die Eigentumsverhältnisse auf. Er ist vielmehr das Strukturprinzip der Monarchie Royale schlechthin. Immer wieder findet Bodin zu eindringlichen Formulierungen, wenn er im Rahmen seiner Typologie der Staatskrisen auf die Gefahrenmomente für die Monarchie Royale hinweist, die sich aus einem Schwinden des allgemeinen Konsensus zwischen Herrscher und Untertanen, aus einer Verunsicherung der bestehenden Rechtsverhältnisse ergeben. Ein besonders plastisches Beispiel bietet Bodin in dem Kapitel über die Stellung der Beamten (officiers) in der Monarchie Royale. Die Frage, ob die Beamten auf Lebenszeit eingesetzt werden sollen, ist für Bodin durchaus Anlaß für pragmatische, unter dem Gesichtspunkt der Staatsnützlichkeit stehende Erwägungen. Nicht zweifelhaft darf aber für die Beamten selbst sein, daß Einstellung und Entlassung nicht auf fürstlicher Willkür beruhen, sondern durch Gesetze geregelt werden. »En la Monarchie Royale... il est besoin de reigler les choses par loix le plus qu'on pourra: autrement, si le Roy sans cause deboute d'un estat plustost l'un que l'autre, celuy qui sera forclos se tiendra iniurié, et sera mal content de son Roy, qui doit estre armé des subjects: et pour ce faire il faut oster toute occasion de mal-talent qu'on pourroit avoir contre luy; or il n'y a moyen plus grand que d'en laisser la disposition aux loix et ordonnances.«[35] Hier zeigt sich, wie stark Bodin jene Entscheidungen des Fürsten, die einen Eingriff in die bestehende Rechtsordnung nach sich ziehen und daher die Loyalität einzelner (oder ganzer Gruppen) zum bestehenden Staatswesen negativ beeinflussen können, an einen Kalkül der möglichen Folgen bindet. Insofern bleibt die Rolle des Fürsten bei Bodin, solange die Stabilität der Monarchie Royale lediglich von der Entscheidungsklugheit des Herrschers abhängt, weitgehend auf die Funktion der Rechtsbewahrung beschränkt.

Nun ist aber die innerstaatliche Rechtssicherheit, auf der das Vertrauensverhältnis zwischen Fürst und Untertanen basiert, keinesfalls nur durch »tyrannische« Entscheidungen des Fürsten selbst bedroht. In seiner Typologie der Staatskrisen nennt Bodin eine ganze Reihe von Ursachen, die zu der gefürchteten »ruine des republiques« führen können.[36] Neben inneren Parteiungen, Nachfolgekämpfen, Veränderungen der bestehenden Gesetze, Religionsunruhen mißt Bodin der mangelnden Harmonie der Eigentumsverfassung – »la pauvreté trop grande de la plus part des subjects, et richesses excessives de peu de gents«[37] – eine so große Bedeutung bei, daß er ihr ein eigenes Kapitel widmet.[38] Hier nähern wir uns dem zentralen Problem Bodins. Innerstaatliche Wandlungsvorgänge, die nicht durch fürstliche Fehlentscheidungen provoziert werden, sondern sich aus der eigenen Dynamik des politischen, sozialen und wirtschaftlichen Lebens ergeben, gefährden die Stabilität und Harmonie der Monarchie Royale ebenso wie unangemessene fürstliche Eingriffe in die bestehende Rechtssphäre und lassen eine Entscheidungsinstanz notwendig erscheinen, welche den hier auftretenden Gefahren begegnen kann. Konfrontiert man Bodins rationale Maximen zur Souveränität mit seinen Anschauungen über die fürstliche Verhaltensweise in Krisenzeiten, so drängt sich die Vermutung auf, daß der absolute »Souverän« Bodins vor allem als Antwort auf diese Krisenkonstellation der Monarchie Royale gedacht war. Denn so sehr Bodin mit der Theorie des »legibus solutus« den Herrscher als Träger der Befehls- und Gesetzgebungsgewalt gegenüber allen übrigen Untertanen verabsolutiert, so sehr bindet er ihn an die Funktionsbedingungen der Monarchie Royale, in der Rechtssicherheit, und das heißt Vertrauen (fiance) in die gleichbleibende Gültigkeit der bestehenden Gesetze (der königlichen Edikte und Ordonnanzen wie der »coutumes«) herrschen muß. Es erscheint daher bedeutsam, wenn Bodin in seinen Erläuterungen zu den monarchischen Souveränitätsrechten nicht die Möglichkeit der *Gesetzgebung*, sondern die der *Veränderung* und *Korrektur* betont: »Car il faut que le Prince souverain ait les loix en sa puissance *pour les changer, et corriger selon l'occurence des cas.*«[39] Das Kapitel IV, 3 mit seiner zentralen Maxime, »que les changemens des loix ne se doivent faire tout à coup«,[40] bringt anschauliche Belege für die Regierungspraxis des absoluten Souveräns Bodins in konkreten innerstaatlichen Krisenfällen.

III

Sicherheit von Freiheit und Eigentum als Rechtssicherheit auf der einen Seite, absolutes, souveränes Königtum als Institution der Modernisierung der Rechtsordnung auf der anderen – hier tritt die grundlegende Widersprüchlichkeit der Staatslehre Bodins zutage, die nicht auf seiner Unfähigkeit zur konsequenten Konstruktion beruht, sondern die Bindung seiner Betrachtungsweise an die in seiner Zeit herrschenden politischen, sozialen und ökonomischen Verhältnisse spiegelt. Die französische Renaissancemonarchie war noch zur Zeit Bodins ein weitgehend dezentralisierter Staat.[41] Die königliche Bürokratie wuchs zwar ständig, war aber nicht in der Lage, eine straff durchrationalisierte Verwaltung aufzubauen. Viele Beamte und Institutionen, besonders in den von Paris entfernt gelegenen Regionen, hatten zudem die Neigung, sich so weit wie möglich von der Krone zu lösen. Eine Fülle von Funktionen war vom König in der Form von Privilegien vergeben und in das Patrimonium ihrer Inhaber eingegangen. Die militärischen Machtmittel des Königs reichten bei weitem nicht aus, so daß er im Kriegsfall auf die Hilfe großer Adliger und ihrer Klientel und auf ausländische Söldner angewiesen blieb. Das Steuersystem wies erhebliche Schwächen auf. War es der Monarchie auch im Laufe der Jahrhunderte gelungen, die regelmäßige Erhebung der »taille« ohne Zustimmung der Generalstände auf dem Wege der Verjährung zu sichern, so blieb die Einführung neuer Steuern, außer in Notfällen, an ihr Einverständnis gebunden.[42] Die Generalstände jedoch hatten sich nicht zu einer regelmäßig tagenden Institution entwickelt, so daß der König auf andere Mittel der Geldbeschaffung – auf Anleihen und auf Manipulationen mit dem Gewicht der Gold- und Silbermünzen – ausweichen mußte.[43]

Die Partizipation regionaler und lokaler ständischer Institutionen an allgemeinen Verwaltungsaufgaben war dagegen in der Mitte des 16. Jahrhunderts noch in hohem Maße gewährleistet. Vor allem die Provinzialstände in den großen Provinzen und die »parlements« in Paris und in den Provinzialhauptstädten bildeten feste institutionelle Organisationen mit eigenem Korpsgeist, deren Bedeutung für die Verwaltung eines institutionellen Flächenstaates wie Frankreich in der Zeit unterentwickelter Kommunikationsformen nicht unterschätzt werden darf.[44] Das Kapitel III, 7 der *République* Bodins mit seinen eindringlichen Formulierungen über die Stellung der »corps« in der Monarchie Royale ist ein deutlicher Reflex auf diesen Tatbestand.

Dem französischen Königtum stand demnach im 16. Jahrhundert eine Gesellschaft gegenüber, die zwar nur beschränkte institutionelle Möglichkeiten einer Kontrolle ihrer Regierung besaß, deren Führungsschichten aber durch eine Fülle faktischer Autonomien gegenüber dem Königtum abgesichert waren. Man denke etwa an die breite Schicht Pariser Bürger, die durch die Zeichnung königlicher Anleihen praktisch zum Gläubiger der Krone geworden waren und deren Wohlverhalten im Staat davon abhing, ob die Krone ihnen die regelmäßige Zahlung ihrer Renten garantierte;[45] oder an die vielen »officiers«, die ihre Ämter bereits käuflich erworben hatten und deren Loyalität sich naturgemäß danach bemaß, ob die Krone ihnen einen ungestörten Genuß ihrer Amtspfründen gewährleistete oder ob sie von dem ihr an sich zustehenden Recht einer Rücknahme von Ämtern Gebrauch machte.[46] Auch hierfür bietet Jean Bodin einen anschaulichen Kommentar, wenn er die Politik Karls IX. rühmt, der angesichts der Unzahl von Ämtern nicht mit der »force en main« vorgegangen sei, sondern den Tod von Beamten abgewartet habe, um ihre Ämter einzuziehen. »Car outre la difficulté du remboursement qui faire se doit, encore est-il plus à craindre que ceux-là remuent l'estat, qui sont despouillés de l'honneur qui plus est cher aux ambitieux que les biens ny la vie.«[47]

J. Russell Major hat in einem instruktiven Artikel gezeigt,[48] wie stark die Struktur der französischen Renaissancemonarchie, auch wenn die großen Feudalherren seit der früheren Renaissanceperiode aus dem Blickfeld verschwanden, von einer neuen Aristokratie aus Landadel, höherer Bürokratie und geadelten bürgerlichen Patriziern geprägt wurde, einer Klasse, die trotz mannigfacher Spannungen zwischen älterem Adel und den »homines novi« aus den Städten kraft ihrer auf dem Landbesitz beruhenden, ständig sich verbessernden wirtschaftlichen Position zum Erben des alten Feudaladels wurde. Parallel zu dieser neuen Klasse bildeten sich im Frankreich der Renaissance neue, an das Lehnswesen erinnernde Abhängigkeitsformen aus, die, auf einem rein persönlichen Patron-Klienten-Verhältnis beruhend, dem Einfluß bedeutender Herren – von ihrer privaten Miliz bis hinauf zur Stellenbesetzung am Hof – einen wirksamen Hintergrund geben konnten.[49] Wenn Bodin in seiner Polemik gegen Plato und Morus die »équalité« als gesellschaftliches Bindeglied, als »nourrice d'amitié«, verwirft und dagegen die Behauptung stellt, (que) »le pauvre, le petit, le foible, ploye et obeit volontiers au grand, au riche, au puissant, pour l'aide et proffit qu'il en espere«,[50] so zeigt sich hier erneut seine intime Vertrautheit mit den realen Verhältnissen seiner Zeit.

In dieser Situation hatte der französische König nur zwei wirksame Machtmittel: Das Vertrauen der Untertanen, die in der erbrechtlich legitimierten Dynastie den Garanten für ihre eigene Sicherheit sahen,[51] und die Vergabe von Ämtern und Würden in Kirche, Verwaltung und Militär, wodurch er sich seinerseits, als bedeutendster Patron Frankreichs, eine Klientel schaffen konnte. Hören wir auch hierzu Bodin, der die Bedeutung dieses königlichen Machtinstruments einzuschätzen wußte; mehrfach, und besonders nachdrücklich, empfiehlt er seinem Fürsten, »(de se reserver) la distribution des loyers, qui sont les estats, honneurs, offices, benefices, pensions, privileges, prerogatives, immunités, exemptions, restitutions, et autres graces et faveurs.«[52]

Das Ansehen der vom König vergebenen Ämter, die Kreditwür-

digkeit des Hofes, der auf die Anleihen der Untertanen angewiesen war, hatten somit einen Konsensus zwischen Herrscher und Untertanen zur Voraussetzung, zu dessen Bewahrung der König im Grunde mehr beisteuern mußte als die Untertanen. Bodins Forderung nach der Respektierung von Freiheit und Eigentum, seine ständigen Verweise auf die Rechtssicherheit im Staat und auf die unerläßliche »Liebe« der Untertanen zu ihrem König,[53] seine differenzierten Äußerungen zur Steuerfrage, in deren Zentrum die Warnung vor exzessiven Steuern als einer Gefahr für die »république« steht,[54] bezeugen die weitgehende Abhängigkeit der französischen Renaissancemonarchie von einer ständisch gegliederten, regional äußerst differenzierten Gesellschaft. Die Ratsgremien des Königs, so hat J. Russell Major[55] gezeigt, erwiesen in ihren Entscheidungen den Privilegierten einen größeren Respekt als die normalen Gerichte und sicherten sie häufig sogar gegen die Übergriffe der königlichen Bürokratie. Glanzvolle Demonstration des Vertrauensverhältnisses von König und Untertanen wurden im 16. Jahrhundert die wenigen Versammlungen der Generalstände, die in den Augen des Volkes von dem Willen des Königs kündeten, den Rat seiner Untertanen einzuholen.[56]
Es zeigt sich damit, daß die Stabilität der französischen Renaissancemonarchie (wie die der Monarchie Royale Bodins) auf einem prekären Status quo beruhte, dessen Wahrung von einem weitgehenden Konsensus zwischen dem Königtum und den Untertanen abhing. Seit dem Tod Heinrichs II. (1559) verschlechterten sich die Bedingungen für diesen Konsensus zunehmend. Einmal erfüllten die herrschenden Könige nicht mehr die unerläßlichen Voraussetzungen für einen »bon et iuste Roy«. Die minderjährigen Söhne Heinrichs II. standen der Reputation ihres Vaters und vor allem Franz' I. (Bodins Herrscherideal) um vieles nach. In ihnen und durch sie diskreditierte sich die Monarchie und legte einmal mehr ihre strukturelle Schwäche – die Notwendigkeit von großen Herrscherpersönlichkeiten – bloß, die noch klarer in den Regentschaftskrisen des 17. und frühen 18. Jahrhunderts sichtbar wurde. Zum anderen wurde Frankreich von Wandlungen erfaßt, die auch bedeutenderen Monarchen Schwierigkeiten bereitet hätten. Das Eindringen der Reformation führte zur Glaubensspaltung, zugleich auch zu einer sozialen Krise und zu Veränderungen in der Eigentumsverfassung.[57] Neue soziale Gruppen und Schichten kamen zu Besitz und Ansehen,[58] stießen

auf den Widerstand vorhandener Rechts- und Besitzordnungen und forderten daher die Anpassung der staatlichen Gesetzgebung an die neuen Verhältnisse. Nicht erst im Jahr 1789 begann in Frankreich der Druck auf das Kirchengut; wie in anderen Ländern (vor allem England und Schweden) setzte er auch in Frankreich schon im Verlauf des 16. Jahrhunderts ein.[59] Der wachsende Zustrom amerikanischer Edelmetalle ließ die Preise in die Höhe schnellen und zwang den Staat seinerseits zu einer Verstärkung des Steuerdrucks.[60] Die latent seit Jahrhunderten vorhandenen, in Krisenzeiten offensichtlich werdenden Finanzprobleme der französischen Monarchie trugen zu einer Akzeleration des inneren Wandlungsprozesses[61] und zu einer zunehmenden Unterminierung des Vertrauensverhältnisses zwischen König und Untertanen bei. Die Geldpolitik litt unter der »anarchie monétaire« mit ihrem Dualismus von nominellem und realem Geldwert, ohne daß Reformen, wie sie 1577 von Heinrich III. eingeleitet wurden, zu dauernden Ergebnissen führten.[62] Da das Instrument der staatlichen Steuerpolitik bei weitem nicht ausreichte, mußte der König fortwährend gegen eine der »lois fondamentales« des Reiches verstoßen und Teile seiner Domäne veräußern. Spätestens seit der Zeit Heinrichs II. wurde die Ämterkäuflichkeit als ein Krebsübel des französischen Staats gebrandmarkt; doch stand die Heftigkeit der literarischen Kritik an diesem »expédient« in einer direkten Relation zur Häufigkeit seiner Anwendung.[63]

Wandlungserscheinungen, wie sie hier nur in groben Umrissen beschrieben werden konnten, führten die französische Monarchie im späteren 16. Jahrhundert in eine Übergangsphase, die man als Krise der französischen Renaissancemonarchie bezeichnen könnte. Es war keine Staatskrise im modernen Sinne, da ein »moderner Staat« in Frankreich nicht bestand. Ein Großteil der Funktionen und Rechte, die später »öffentlich« genannt werden sollten, gehörte zum privaten Eigentum der Untertanen. Die Institutionen bestanden fort; die Generalstände wurden sogar häufiger einberufen als in früheren Zeiten, sie brachten allerdings spätestens seit 1576 weit mehr die Konflikte zwischen Königtum und Gesellschaft zum Ausdruck als das traditionelle Vertrauensverhältnis.

So scheint die Vorstellung einer Vertrauenskrise der Wirklichkeit näher zu kommen. Zwar gab es im politischen Denken Frankreichs seit dem Ende Heinrichs II. in zunehmendem Maße Tendenzen und Auffassungen, welche die Umwälzungen der Zeit zum Anlaß nahmen, nach den »Grundlagen des sozialen und politischen Lebens«[64] überhaupt zu fragen, doch in der Praxis blieben Reformvorschläge auf offensichtliche Mißstände beschränkt, deren Korrektur als Aufgabe des Königs betrachtet wurde.[65] So trafen die unmittelbaren Auswirkungen der Vertrauenskrise vor allem den König selbst, von dem die Untertanen immer dringender eine Reform seiner »police« erwarteten. Bodin gab seine *République* gerade zu einer Zeit heraus, als sich alle Hoffnungen Frankreichs auf Heinrich III. richteten, der sein Amt nach langen Jahren des Bürgerkriegs und nach dem von der Politik Katharinas von Medici bestimmten »Interregnum« seiner Brüder angetreten hatte.[66]

IV

Daß Jean Bodin die unterschiedlichen Aspekte dieser Vertrauenskrise erfaßt und seine Auffassung von der fürstlichen Amtsführung darauf eingestellt hat, zeigen die letzten drei Bücher seiner *République*. Sie haben zunächst Fragen zum Gegenstand, die sich auf die Stellung des Fürsten und sein politisches Verhalten in einem von inneren Wandlungen bedrohten Gemeinwesen beziehen (das Verhältnis des Fürsten zu den Beamten, die Formen seiner Rechtsprechung, seine Stellung in den Parteikämpfen, die Vergabe von Ämtern);[67] sie zeichnen sodann die Grundzüge einer allgemeinen Reformpolitik (im Rechtswesen, in den Finanzen, im Militär, im Geldwesen).[68] Hier zeigt sich nun, daß die unterschiedlichen Schattierungen seines Fürstenbildes, von denen wir gesprochen haben, in einer direkten Relation zu den gegensätzlichen Aufgaben stehen, die der Fürst bei der Lösung der Vertrauenskrise bewältigen muß. Wenn er z. B. seine Finanzpolitik reformieren und dabei die Ungerechtigkeit des bestehenden Steuersystems durch eine gerechte Verteilung der »taille« mildern sollte,[69] wenn er zugleich das Ansehen der Monarchie bei den Untertanen sichern sollte, deren führende Gruppen von diesem Steuersystem profitierten, so mußte die fürstliche »habileté« zum entscheidenden Signum seines politischen Handelns werden. Wenn der Fürst, im Interesse einer Rationalisierung seiner Bürokratie, bestimmte Ämter abschaffen, zugleich aber nicht »Tyrann« sein sollte, der in die wohlerworbenen Rechte seiner Untertanen eingriff, so ließ sich eine solche Aufgabe nur mit Methoden lösen, die auf dem Wege der »Anpassung« allenfalls Teilerfolge ermöglichten, für grundsätzliche Änderungen der herrschenden Verhältnisse aber nicht ausreichten. Die Regierungszeit Heinrichs III., dessen Reformbestrebungen neuerdings betont werden, bietet eine Reihe von eindrucksvollen Belegen für die Schwierigkeit einer konsequenten königlichen Reformpolitik, die sich in jedem Fall gegen bestimmte Gruppen mit wohlerworbenen Rechten wenden mußte.[70]

So zeigt uns Bodins Argumentation das Bild eines Fürsten, der sein Verhalten ständig an einem Erfolgskalkül mißt, das den im Prinzip unvereinbaren Aufgaben seiner Amtsführung Rechnung trägt: Der Fürst soll vornehmster Repräsentant und Garant der bestehenden Ordnung bleiben und zugleich die offensichtlichen Mißstände dieser Ordnung, die Ursachen für Wandlungen, Bürgerkriege und Revolution beseitigen. Wichtigster Bestandteil dieses Erfolgskalküls bei der Planung und Durchführung von Reformen bleibt daher die Abschätzung ihrer Wirkung bei den Untertanen. Die Legitimität des Souveräns bei Bodin erweise sich, so formuliert es Morazé, weniger in seiner rechtmäßigen Herkunft als in der Art seiner Amtsführung. »C'est dans l'attitude du monarque qu'il faut voir le témoignage du juste pouvoir.«[71] Der Fürst, als Reformer immer ein potentieller Tyrann, ist abhängig von der Meinung der Untertanen über ihn.[72] Das Fortleben aller traditionellen Maximen der Fürstenethik in der politischen Publizistik Frankreichs im 16. Jahrhundert ist der literarische Reflex auf diesen Tatbestand.

Im Gegensatz zu vielen Autoren seiner Zeit sieht Bodin nun aber sehr genau, daß die Lösung dieser Aufgaben die politischen Fähigkeiten eines einzelnen Herrschers übersteigen konnte. Mehrfach stellt er einen Vergleich an zwischen der »simplicité« Heinrichs II., die zu einem Niedergang Frankreichs geführt habe, und der »sévérité« Franz' I., in dessen letzten Regierungsjahren das Land auf dem Gipfel seiner politischen Größe gestanden habe.[73] Zudem könne, und hier spielt die Geschichte Frankreichs unter Heinrich II. und seinen Söhnen in Bodins Argumentation hinein, nicht ausgeschlossen werden, daß die Monarchie Royale in die Hände unfähiger Fürsten gerate, deren mangelhafte Amtsführung sich auf das Verhältnis der Institution Königtum zu den Untertanen auswirken könne.[74] Nicht ohne Grund ergeht sich Bodin in langen Erörterungen über die persönliche Rechtsprechung des Fürsten und über seine direkte Kommunikation mit den Untertanen.[75] Mögen viele seiner Erwägungen über das Pro und Kontra einer solchen Regierungsweise aus heutiger Sicht obsolet erscheinen, so darf ihre eminente Bedeutung für die Struktur der Renaissancemonarchie nicht übersehen werden: Bodin sammelt hier im Rahmen einer ganz konkreten Argumentation eine Fülle von Beobachtungen, die den in seiner Zeit einsetzenden Prozeß der »Verobjektivierung der Fürstenrolle zum ›Staat‹« (M. Draht)[76] und damit eine Aufgabe des personalistischen Herrschaftsprinzips der Renaissancemonarchie erkennen lassen. Gerade wenn das Königtum der Integrationsfaktor des Gemeinwesens, d. h. der Garant der bestehenden Rechts- und Sozialordnung bleiben sollte, mußte es in einen »verobjektivierten« Raum gestellt werden, von dem aus es, unabhängig von den politischen, religiösen und vor allem rechtlichen Konflikten der Untertanen und ihrer Parteien, diese Funktion angemessen erfüllen konnte.[77] So entscheidet sich Bodin nach einer ausführlichen Darlegung der Vorteile einer persönlichen Rechtsprechung, in deren Verlauf der Theoretiker der absoluten Monarchie noch einmal das Bild des Lehnskönigtums beschwört,[78] gegen die persönliche Rechtsprechung und gegen ein zu häufiges Auftreten des Fürsten in der »Öffentlichkeit« und schließt seine Erörterungen mit einem Postulat ab, das eher im Versailles Ludwigs XIV. als im Louvre Heinrichs III. Wirklichkeit geworden ist: »Si donc le sage prince doit au maniement de ses subjects imiter la sagesse de Dieu au gouvernement de ce monde, il faut qu'il se mette peu souvent en veue des subjects, et avec une maiesté convenable à sa grandeur et puissance: et neantmoins qu'il face chois des hommes dignes, qui ne peuvent estre qu'en petit nombre, pour declarer sa volonté au surplus, et incessamment combler ses subjects de ses graces et faveurs.«[79]

Das ist nicht mehr der durch das Land ziehende Renaissancefürst, der »premier gentilhomme«, dessen intimes Verhältnis zu seinen Untertanen die venetianischen Gesandten in Erstaunen versetzte.[80] Hier erscheint vielmehr das Bild einer zu allen Untertanen in gleichmäßige Distanz tretenden Institution, deren nach außen wirksame Funktion vor allem darin besteht, eine Rolle zu erfüllen, die ihr von den Untertanen zugeschrieben wird. Mehrfach fordert Bodin, der Fürst möge sich die Vergabe von Ämtern und Würden vorbehalten, Bestrafungen, Konfiskationen u. ä. jedoch seinen zuständigen Institutionen überlassen. »Car la plus belle reigle qui peut entretenir l'estat d'une monarchie, c'est que le Prince se face aimer de tous sans mesprit, et haï de personne, si faire se peut.«[81] Und der weitgehende Verzicht des Fürsten auf die persönliche Rechtsprechung, auf seine alte Rolle als »roy en son conseil«, wird von Bodin unter anderem auch mit dem Begnadigungsrecht des Fürsten motiviert, das mit seiner Aufgabe als höchstem Richter kollidieren müsse, für das Ansehen der Monarchie aber unerläßlich sei; denn »l'un des principaux poincts de la maiesté souveraine gist à donner la grace aux coulpables.«[82]

Diese Äußerungen zeigen noch einmal sehr deutlich, aus welchem Grund Bodin den Fürsten in eine Distanz zu den Untertanen setzt. Sein historischer Ausgangspunkt ist das Versagen der personalistischen Herrschaftsform der Renaissancemonarchie, das in einer Zeit innerer Krisen zu einer Gefahr für den Bestand der Monarchie Royale werden konnte. Bodin schafft die Distanz nicht, um den Herrscher als Träger einer allgewaltigen Staatsräson von den Untertanen abzuheben;[83] er mystifiziert den Staat nicht, wie es in der Zeit Heinrichs IV. in zunehmendem Maße geschieht.[84] Sein einziges Ziel ist die Sicherung einer durch innere und äußere Krisen bedrohten Institution in ihrer *traditionellen Funktion.*

Von diesem Maßstab wird auch der Charakter der institutionellen und finanzpolitischen Reformvorstellungen bestimmt, die Bodin in den letzten beiden Büchern der *République* skizziert.[85] Bodin schreibt keine Reformschrift im Sinne eines Vauban oder eines Boisguilbert. Er hebt nicht *ein* Element der institutionellen oder ökonomischen Struktur heraus und macht es zum Gegenstand einer in alle anderen Bereiche hineinwirkenden Reform; er betrachtet alle Aspekte der zeitgenössischen politischen Wirklichkeit und analysiert sie mit dem Blick auf ihre spezifische Bedeutung für die verschiedenen Staatsformen. Sofern er von der Monarchie Royale spricht, bleiben ihre Strukturmerkmale – die Sicherung von Freiheit und Eigentum, die Wahrung der Rechtssicherheit und des Vertrauens zwischen Herrscher und Untertanen – seine zentralen Bezugspunkte, denen er institutionelle und finanzpolitische Reformvorstellungen unterordnet. Analysiert man daher die Reformideen Bodins mit dem Blick auf die Strukturprobleme des neuzeitlichen, absolutistischen Staates, wie sie auch im Frankreich Bodins schon sichtbar wurden, so tritt in ihnen ein seltsam ambivalenter, ja anachronistischer Zug zutage. Sie sind nicht auf die spezifischen Erfordernisse konkreter staatlicher Entwicklungen in der Zeit Bodins zugeschnitten, sondern sie zeigen, unter welchen optimalen institutionellen, finanz- und wirtschaftspolitischen Bedingungen Bodins Staatsideal, die Monarchie Royale, ohne die Gefahr einer Wandlung der Staats- oder Regierungsform bestehen kann. Wenn Bodin etwa gegen die Ämterkäuflichkeit, gegen zinsbare Staatsanleihen, gegen die staatliche »Münzfälschung« oder gegen eine zu hohe Besteuerung der Bevölkerung Stellung nimmt, so vor allem, weil die exzessive Anwendung dieser Mittel zur Vertrauenskrise beiträgt und die Wandlung der Herrschaftsform einleitet.[86] Daß die Monarchie auf diese Mittel angewiesen sein kann, läßt Bodin demgegenüber nicht als Argument gelten, wie seine Erörterungen über den Ämterhandel zeigen.[87] Und wenn Bodin in seinem Kapitel über die »Finanzen« das Modell einer »ehrenwerten« staatlichen Finanzplanung entwirft (»des moyens honnestes de faire fonds aux finances«), in dem sich Ansätze zu einer staatlichen Budgetplanung verbergen,[88] und dabei den Fürsten immer noch auf die Domanialeinkünfte als wichtigste Geldquelle verweist,[89] so stellt er sich auch hier ganz konsequent auf die Basis seiner üblichen Forderung nach innerstaatlichem Vertrauen, ohne zu berücksichtigen, in welchem fast schon grotesken Mißverhältnis solche Vorschläge zu den in Frankreich (und in anderen Ländern) herrschenden Bedingungen und Bedürfnissen standen.

Diese Ambivalenz der institutionellen und finanzpolitischen Reformvorstellungen läßt sich gewiß zu einem Teil aus der Bindung Bodins an die immanenten Traditionen der abendländischen politischen Theorie erklären; sie spiegelt mehr noch seine realitäts- und zeitbefangene Sehweise, die sich utopischen Entwürfen im Sinne von Morus ebenso versagt wie radikalen Reformplänen, deren Realisation nur unter Aufgabe des Konsensus von Herrscher und Untertanen, und das heißt mit dem bewußten Risiko grundsätzlicher Staatsveränderungen, möglich gewesen wäre. So beschreibt Bodin, wenn er die Forderung nach Freiheit und Eigentum, nach innerstaatlicher Rechtssicherheit und nach »Vertrauen« zwischen Herrscher und Untertanen als den Strukturprinzipien der Monarchie Royale erhebt, letztlich die Funktionsweisen einer ständisch-hierarchischen Gesellschaftsordnung, deren Freiheitsraum im wesentlichen durch die Sicherung ihrer wohlerworbenen Rechte bestimmt war. Der Fürst als politisch Handelnder tritt bei Bodin nur insoweit in Erscheinung, sein Fürstenbild nimmt im Vergleich zum Fürstenideal des Mittelalters und der Renaissance nur insofern neue Züge an, als diese Voraussetzungen für den Bestand der Monarchie Royale gefährdet erscheinen. Die absolutistischen Theoretiker Frankreichs im 17. Jahrhundert haben diese Position Bodins ebenso verlassen wie die Praktiker in Staat und Verwaltung. Gerade die Regierung Ludwigs XIV. sollte zeigen, daß der Konsensus zwischen Herrscher und Untertanen, zwischen dem absoluten Monarchen und der Gesellschaft der wohlerworbenen Rechte, nur unter größten Gefahren für die bestehende Ordnung verletzt werden konnte. Erst im Reflex auf den exaltierten Herrschaftsstil Ludwigs XIV., der dem überkommenen Fürstenbild im französischen politischen Denken so gründlich widersprach, wuchs in Frankreich die Erkenntnis, daß die von Bodin immer wieder beschworenen Kautelen zur Wahrung des Konsensus zwischen Herrscher und Untertanen nicht unbedingt ausreichen mußten und daher konstitutionelle Sicherungen neuer Art erforderlich waren.

Bibliographischer Nachtrag (Auswahl)

Julian H. Franklin: *Jean Bodin and the Rise of Absolutist Theory*. Cambridge 1973.

Preston King: *The Ideology of Order*. A comparative analysis of Jean Bodin and Thomas Hobbes. London 1974.

Helmut Quaritsch: »Staatsräson in Bodins ›République‹.« In: Roman Schnur (Hg.): *Staatsräson*. Studien zur Geschichte eines politischen Begriffs. Berlin 1975.

Henri Weber: »Jean Bodin et le pouvoir royal«. In: *Culture et pouvoir au temps de l'humanisme*. Congrès Marguerite de Savoie (Annecy-Chambery). Turin 1974.

Paul Lawrence Rose: »Bodin and the Bourbon Succession to the French Throne 1583-1594«. In: *Sixteenth Century Journal* 9 (1978), S. 75-98.

Jean Bodin. Actes du colloque interdisciplinaire d'Angers (24-27 Mai 1984). 2 Bde. Angers 1985.

Krisen des Absolutismus und das Problem des politischen Radikalismus in Frankreich im 16. und 17. Jahrhundert

1. Als in Frankreich nach dem Tod Richelieus und seines königlichen Beschützers Ludwigs XIII. politische Unruhen ausbrachen – typische Regentschaftsunruhen zunächst, die schließlich in die Fronde und einen mehrjährigen Bürgerkrieg einmündeten –, verstärkte sich bei manchen Beobachtern in und außerhalb Frankreichs der Eindruck, daß sich der Zustand des Landes dem Englands annäherte und daß politische Entwicklungen, wie sie den Inselstaat seit 1642 erschüttert hatten, auch hier nicht mehr unmöglich waren. Die englischen Veränderungen wurden auf dem Kontinent schnell bekannt, eine lebhafte Publizistik nahm sich ihrer an, zentrale Begriffe der englischen Diskussion, insbesondere der des »Republikanismus«, fanden in Frankreich ein vielfältiges Echo.[1]

Es überrascht daher nicht, daß Zeitgenossen wie spätere Historiker in ihren Analysen der Ursachen und des Verlaufs der Fronde gern die englischen Ereignisse als Folie benutzten. Auffällig und für die französische Situation kennzeichnend war es, daß der Hinweis auf England dort eine besondere Rolle spielte, wo die Aussicht auf »englische« Verhältnisse die meiste Furcht erregen mußte: am Hof, vor allem in der Umgebung Mazarins. Als Nachfolger Richelieus seit 1643 für vieles verantwortlich, was dieser ihm »eingebrockt« hatte, dazu noch ohne den Schutz eines erwachsenen Monarchen agierend und mit dem gravierenden Makel behaftet, kein Franzose zu sein, erhob Mazarin England desto mehr zum warnenden Beispiel, je mehr sich die politische Kritik Frankreichs seit 1648 auf seine Person konzentrierte und ihn in einem beispiellosen publizistischen Pogrom für alles und jedes verantwortlich machte, was an tatsächlichen oder erdachten Mißständen im Lande vorhanden war. Die Psyche des Kardinals ist dem Historiker zu unzugänglich, um festzustellen, ob er unter einem Strafford-Syndrom litt. Manches spricht dafür. Tatsache ist jedoch, daß er am Hof und im Rat des Königs in entscheidenden Momenten auf den seiner Ansicht nach zwangsweisen Zusammenhang von Minister- und Königssturz hinwies und eindringlich vor den stereotypen Beteuerungen der »Mazarinades« warnte, alles würde in Frankreich zum Guten sich wenden, die Monarchie zum alten Glanz zurückfinden, wenn nur der Minister und seine Kreaturen aus dem Lande gejagt worden seien.[2]

Mazarin und andere Apologeten der französischen Regierungspolitik haben solche konkreten Anspielungen auf die englischen Ereignisse gelegentlich um grundsätzlichere Analysen erweitert und ihre Kritik in den Republikanismus-Begriff gekleidet. Was in England geschah, war für den Minister mit »Republikanismus« identisch, und es bestand für ihn kein Zweifel daran, daß auch seine Gegner in Frankreich diesen Vorwurf verdienten.[3] Die Geschichtsschreibung über die Fronde und die Biographik des Kardinals sind von diesen Deutungen bis ins 20. Jahrhundert hinein beeinflußt worden und haben sie gleichsam in einer positiven und negativen Version überliefert: Etatistische Historiker lehnten die Frondeure als »Republikaner« ab, die liberale Historiographie des 19. und 20. Jahrhunderts hingegen wertete die Intentionen und Taten der Frondeure, insbesondere des Pariser Parlaments, als – schließlich gescheiterte – Ansätze zu einer Bändigung des absolutistischen Systems im Sinne des englischen Vorbilds.[4]

Blickt man auf die neuere Forschung zur Fronde, die mit der 1954 erschienenen und heute noch wie »abschließend« wirkenden souveränen Studie Kossmanns[5] begann, so wird die Problematik solcher die englische und französische Entwicklung vergleichender Deutungen sichtbar. Daß Mazarin, und gerade er und seine Umgebung, die englische Entwicklung gern perhorreszierte und den Franzosen für den Fall seines Sturzes ähnliches prognostizierte, war ein naheliegender Versuch argumentativer Machtsicherung, der nicht unbedingt eine zutreffende Analyse der französischen Situation beinhalten mußte. Übrigens scheint man sich am Hof der begrenzten Wirksamkeit des Arguments bewußt gewesen zu sein, denn man hat es, wie Knachel betont, offenbar nur selten in besonderen Situationen verwandt.[6] Und daß das Pariser Parlament, in der sog. »Fronde parlementaire« (1648/49) unstreitig das Clearing-House aller gegen den Kardinal gerichteten Unternehmungen, im Konflikt mit dem Absolutismus eine »liberale«, in Richtung auf das englische Parlament und spätere »konstitutionalistische« Auffassungen zu deutende Rolle gespielt hat, läßt sich durch die Quellen nicht belegen. Zieht man die Schriften der führenden Parlamentsrichter heran, so sehen wir sie vielmehr unausgesetzt darum bemüht, den Eindruck zu vermeiden, es ginge ihnen um eine Revolution nach englischem Vorbild.[7]

Das Bild, das die neuere Forschung[8] von der Fronde zeichnet, ist somit das eines weitgehend innerfranzösischen Ereignisses, das durch eine besonders »kritische« Konstellation im Verhältnis zwischen expandierendem absolutistischem Regierungssystem, patrimonialem Beamtentum, hochadeligen »mécontents« und den seit dem Ende des 16. Jahrhunderts periodisch zu Steuer- und Hungerrevolten getriebenen ländlichen und städtischen Unterschichten provoziert wurde. Die »Great Rebellion« hat die Fronde zwar durchaus beeinflußt, wie umgekehrt auch der Kampf der Frondeure gegen Mazarin den englischen Revolutionären manch Argument gegen die Monarchie geliefert hat, doch sie hat insgesamt den Prozeß – oder besser: den Kreislauf – der Fronde nicht entscheidend beschleunigt und ist dem politischen Denken und Handeln der Franzosen insgesamt äußerlich geblieben.

Vergleicht man England und Frankreich in ihren Unruhephasen in der Mitte des 17. Jahrhunderts, so fällt insbesondere auf, daß sich in der Fronde bei aller Härte der Auseinandersetzung und bei allem verbalen Radikalismus kein *politischer* Radikalismus ausgebildet hat, wie er sich in England in manchen revolutionären Gruppen durchsetzte und, auch wenn diese nie direkt an die Macht kamen, doch den Verlauf der englischen Entwicklung bis hin zur »Glorious Revolution« wesentlich mitbestimmte. Der Begriff des politischen Radikalismus entstammt der englischen Diskussion des 17. Jahrhunderts und faßt all jene Tendenzen zusammen, die nicht nur die Grundlagen für das Vorgehen gegen Karl I. als konkreten Träger der königlichen Macht bildeten, sondern über die monarchische Regierungsform hinausführende Ideen wie Volkssouveränität, Rechtsgleichheit, Sicherheit der individuellen Rechte u. ä. in die Debatte einführten.[9] Um nachzuvollziehen, warum eine solche politische Haltung in Frankreich nicht vorhanden war bzw. keine Chance auf Durchsetzung besaß, soll zunächst ein kurzer Blick auf die Ereignisgeschichte der Fronde und vor allem auf jene entscheidenden Situationen und Bewegungen gerichtet werden, in denen zumindest aufgrund der Konfliktsituation eine Möglichkeit zur Radikalisierung der Oppositionspolitik der Frondeure bestand (2). Im Anschluß daran

(3) sollen dann durch ein weiteres Ausgreifen auf die soziale und politische Verfassung Frankreichs in der Zeit der Fronde einige »strukturelle« Gründe für die Andersartigkeit der französischen Entwicklung erörtert werden, bevor zum Abschluß (4) auf die »eigentliche« Epoche eines politischen Radikalismus in Frankreich – die religiösen Bürgerkriege – und ihre möglichen Nachwirkungen in der Fronde eingegangen wird. Um den Ertrag einer solchen Analyse nicht von vornherein auf ein Minimum zu reduzieren, soll dabei freilich, wenn im französischen Kontext von »Radikalisierung« und »politischem Radikalismus« die Rede ist, nicht von der Totalität des Begriffsinhalts ausgegangen werden, wie sie letztlich durch das Denken und Handeln der englischen Levellers bestimmt wurde. Politisch »radikal« im Sinne eines Levellers war mit Sicherheit keiner der französischen Frondeure, selbst die Mehrheit der englischen Revolutionäre war es nicht. Maßstab soll vielmehr die Bereitschaft der Frondeure sein, die Aufstandssituation in Richtung auf eine substantielle Veränderung der monarchisch-absolutistischen Verfassung Frankreichs zu nutzen und ihr politisches Handeln auf den Zweck einer solchen Veränderung dauerhaft einzustellen.

2. Nichts rückt die französische Situation des Jahres 1648 so deutlich von den in etwa gleichzeitig ablaufenden englischen Ereignissen ab, wie die Tatsache, daß die Fronde (mitsamt ihrer langen Vorgeschichte seit etwa 1643) in die Zeit einer Regentschaft, der Minorität Ludwigs XIV., fiel. Eine Regentschaft (wie nach dem Tod Heinrichs IV.) oder eine umstrittene Thronfolge (wie nach dem Tod Heinrichs III.) waren in Frankreich vor und nach der Fronde Zeiten »konstitutioneller« Unruhe, in der sich – herrschaftssoziologisch gesehen – die Verunsicherung eines ohne »Herren« lebenden Volkes von Beherrschten widerspiegelt. Ob nun, wie Ranum[10] vermutet hat, nach dem Tod des »gerechten« Ludwigs XIII. in Frankreich die Angst vor Bestrafung geringer wurde, ob, wie die »Mazarinades« unablässig verbreiteten, die finsteren Machenschaften eines Ausländers an die Stelle der »Milde« und »Strenge« abwägenden Handlungen des »allerchristlichsten« Königs getreten waren[11] – jedenfalls fielen Fronde und Bürgerkrieg in eine Zeit gesteigerter Unruhe in den breiten Bevölkerungsschichten und eines gesteigerten Interesses am Schicksal des Königtums bei den Führungsschichten des Landes, eines Interesses, das nicht von Hoffnungen auf eine Veränderung oder

gar Zerstörung, sondern von Sorge um die Bewahrung seines ideellen Gehaltes getragen wurde. Insofern tat Mazarin recht daran, wenn er mit seiner Warnung vor einer möglichen Duplizität der Ereignisse in England und Frankreich nicht allzuoft operierte: Mochte er ein französischer Strafford werden, so fehlte zu Karl 1. doch das Pendant. Das französische Königtum war in gewisser Weise unangreifbar, weil ein personaler König, dessen Schwächen und Fehler zu einer Radikalisierung der politischen Kritik hätte führen können, nicht vorhanden war.

Das Pariser Parlament hat in seinen Konflikten mit der Regierung über deren Steuerpolitik seit dem Beginn der Regentschaft mehrfach auf die prinzipiell eingeschränkte Handlungsfähigkeit der Monarchie hingewiesen und hat, wie in früheren Regentschaftskrisen auch, gerade daraus die traditionsgemäße Legitimation für die eigene gesteigerte Aktivität gezogen. Sowohl 1644 als auch 1648 versuchte es, der Regentin den Entschluß zur höchsten königlichen Machtdemonstration – der Durchsetzung von Finanzedikten im »lit de justice« – auszureden, wohl wissend, daß die These, die Macht einer Regentin sei nicht mit der eines volljährigen Königs zu vergleichen, im französischen Staatsrecht der Zeit allgemein anerkannt war und keinesfalls nur von der Opposition vertreten wurde.[12] Es mag ein taktisches Kalkül im Spiel gewesen sein, wenn eine der anonymen »Mazarinades« diese These 1648 mit folgenden Worten beschrieb: »La puissance de faire des lois est un effect de l'autorité absolue, qui réside dans la seule personne du roi, et incommunicable à qui que ce soit«;[13] denn in der Situation des Jahres 1648 war der Hinweis auf die allein relevante Macht eines volljährigen Königs in erster Linie ein Versuch zur Einschränkung der Machtansprüche der in seinem Namen agierenden Regentin und des Kardinals. Doch für den Zeitpunkt der Volljährigkeit beschwor diese Formel aus der Feder eines Oppositionellen die Souveränitätstheorie in einer Weise, wie es klarer durch keinen königlichen Legisten hätte geschehen können.

Die Revolte der Parlamentsjuristen hat sich während der gesamten »Fronde parlementaire« im Rahmen der Möglichkeiten gehalten, der durch den labilen Verfassungszustand der Regentschaft abgesteckt wurde. Wenn auch im Parlament durchaus eine Gruppe jüngerer Richter vorhanden war, die für ein »radikaleres« Vorgehen gegenüber der Regierung votierte – der Konflikt zwischen den etablierten, konservativen Richtern der »Großen Kammer« und den jüngeren aufsässigen Magistraten in den einzelnen Untersuchungskammern durchzieht die Geschichte des Parlaments vom 16. Jahrhundert bis hin zur Französischen Revolution –, so ist es den führenden Richtern doch insgesamt gelungen, ihren Kampf um eine Reform der französischen Steuerpolitik in das Gewand eines ausgesprochenen, der französischen Tradition entsprechenden Legalismus zu kleiden.

Dies gilt auch für den bedeutendsten politischen Schritt des Parlaments, die Einberufung einer Versammlung von Mitgliedern aller souveränen Gerichtshöfe in Paris, zu der es im Juni 1648 kam. Der Hof hat den »revolutionären« Charakter eines solchen Vorgehens mehrfach gebrandmarkt, während im Parlament selbst längere Zeit über die Frage debattiert wurde, ob für eine solche Unternehmung ein Selbstversammlungsrecht der Gerichtshöfe reklamiert werden dürfe oder ob auf dem Wege der »Remonstration« eine königliche Zustimmung bei der Regentin einzuholen sei. Die Mehrheit der Parlamentsmitglieder votierte für die Selbstversammlung und konnte dabei auf Präzedenzfälle des 16. und frühen 17. Jahrhunderts verweisen, die vom Königtum geduldet worden waren.[14] Im übrigen hat das Parlament, immer darum besorgt, die Position der übrigen souveränen Gerichtshöfe (Cour des Aides, Chambre des Comptes, Grand Conseil) nicht allzusehr aufzuwerten, die traditionelle Aufgabe der Ratgebung, d. h. der Ausarbeitung von Reformvorschlägen im Bereich der Steuer- und Ämterpolitik, als einziges Ziel dieser Versammlung beschrieben und damit dem unpräzisen Vorwurf der Regierung, es ginge ihm um einen Zugriff auf die souveräne Gewalt, von vornherein den Boden entzogen. Die Versammlung, als »Chambre de Saint Louis« in die Annalen der Fronde eingegangen, hat darum auch nicht deshalb eine besondere Bedeutung gewonnen, weil sich hier ein autonom agierendes Gremium als neue, revolutionsbereite Kraft neben und gegenüber dem königlichen Rat etabliert hätte, sondern weil die Regierung ihr diese Absicht zunächst unterstellte, sie als des Republikanismus verdächtig mit massiver Repression bedrohte, sich dann aber auf ausgiebige Verhandlungen mit ihr einließ und schließlich, aus taktischen Gründen, sogar ihre Reformvorstellungen übernahm.[15] Auf diese Weise hat die Regierung nicht nur die mangelnde Konsequenz ihres eigenen Verhaltens bloßgestellt, sondern der Versammlung und damit dem Parlament als ihrem spiritus rector den eminenten Vorteil verschafft, sich zur eigentlichen Hüterin der monarchischen Tradition in Frankreich aufzuschwingen und den Rat mit substantiellen, gezielten Reformvorschlägen unter Zugzwang zu setzen. Kossmann, dessen Buch durch die zunächst rhetorisch wirkende Frage, wann denn eigentlich die Fronde begonnen und wer sie begonnen habe, eine überraschende Perspektive erhält, sieht in dieser eigentümlichen Konstellation zwischen Regierung und Parlament darum auch das treibende Element der »Fronde parlementaire«.[16] Ein Gerichtshof, an konkreten Reformen im Finanz- und Steuerwesen interessiert, nicht aber an einer Revolution, steht einer Regierung gegenüber, die seine Intentionen und Aktivitäten ständig »revolutionär« interpretiert, ihn zum Beispiel durch die Verhaftung einzelner Richter repressiv verfolgt, ihn andererseits durch Verhandlungen gefügig zu machen sucht und ihm dabei eine Position verschafft, die in der hauptstädtischen Öffentlichkeit – zumindest bei der »petite bourgeoisie« und bei den städtischen Unterschichten – den Eindruck und die Hoffnung hervorruft, hier stünde ein zu entscheidenden Veränderungen entschlossenes Gremium bereit.

Wir brauchen nicht alle Etappen der »Fronde parlementaire« in diesem Sinne zu beschreiben, sondern können auf Kossmann verweisen, der diese Linie von der »Chambre de Saint Louis« über die »Journées des Barricades« (August 1648), die Verhandlungen zwischen Regierung und Parlament im Oktober 1648 bis zum Auszug Mazarins aus Paris und zu seinem Belagerungsbeschluß am Anfang des Jahres 1649 nachzeichnet. Kossmanns Deutung der Parlamentspolitik ist von der neueren Forschung nicht in Frage gestellt worden: Selbst 1649, während der Belagerung und im offenen Bürgerkrieg, als das Parlament sogar die bis dahin regierungstreue »municipalité« auf seine Seite zwingt und sich auf ein De-facto-Bündnis mit der »petite bourgeoisie« und den städtischen Unterschichten einläßt, als durch das Eintreten der »Prinzen« in den Kreis der Frondeure die Komplexität der Konstellation gesteigert wird und zweifellos eine revolutionäre Situation entsteht, ist von einer substantiellen politischen Radikalisierung der Parlamentspolitik nichts zu spüren. Das Parlament bleibt bei seiner – Reformpolitik mit Legalismus und verbalem Radikalismus verbindenden – Haltung, lehnt den publizistisch unterbreiteten Vorschlag ab, sich »Parlement de France« zu nennen,[17] hält ständig den Kontakt zur Regierung und ist im Frühjahr 1649

– offenbar unter dem Eindruck der Volksbewegung in Paris und der am 19. Februar bekanntgewordenen Hinrichtung Karls I. – zu regelrechten Verhandlungen mit ihr bereit.

Diesem politischen Verhalten des Parlaments entsprachen seine Reformvorstellungen und seine Argumentationen. Zweimal im Verlauf des Jahres 1648 kam es zur Formulierung von ausführlichen Reformprogrammen, die jeweils, wenn auch nur aus Gründen des Zeitgewinns, von der Regierung übernommen wurden: im Juli, als das Parlament die in der »Chambre de Saint Louis« verabschiedeten 27 Artikel beriet und größtenteils übernahm, und im Oktober, als nach neuerlichen Verhandlungen mit der Regierung eine weitere königliche Erklärung mit 15 Artikeln erlassen wurde.[18] Zu Recht haben neuere Untersuchungen Kossmanns Versuch kritisiert, diese Reformansätze zu ironisieren, ja, die Aktion der »Chambre de Saint Louis« mit ihren 27 Artikeln als »simpliste, naive, encombrante«[19] hinzustellen. »Chambre« und Parlament haben mit ihren vehementen Angriffen auf die königliche Ämterpolitik, auf die Intendanten, auf die Praxis der Verpachtung der »taille« und auf die Steuerpächter, auf die Mißachtung der Ordonnanzen des 16. Jahrhunderts durch den königlichen Rat u. a. wesentliche Strukturschwächen der absolutistischen Regierungspolitik hervorgehoben und Lösungen im Sinne der Generalstände aus der Zeit des religiösen Bürgerkriegs vorgeschlagen. Ob diese Vorschläge dem Entwicklungsstand der französischen Monarchie noch angemessen, ob sie angesichts der Kriegsverpflichtungen und der weitentwickelten Abhängigkeit der Krone von privaten Gläubigern (den sog. »traitants« und »partisans«) nicht anachronistisch waren, braucht in unserem Zusammenhang nicht zu interessieren. Fraglos richtig ist jedoch Kossmanns Auffassung, daß sie ohne jede weiterreichende politische Perspektive, ohne über die Tradition hinausgehende Vorschläge zur Kontrolle oder gar »Konstitutionalisierung« der Regierungspolitik vorgebracht wurden. Es sei zunächst dahingestellt, ob dies nur aus Standesegoismus geschah oder ob der strenge Legalismus der Mehrheit der Parlamentsjuristen hier den Ausschlag gab – jedenfalls hat das Pariser Parlament die glänzenden, ohne Frage revolutionären Möglichkeiten dieser und späterer Fronde-Situationen nur zu recht begrenzten Reformversuchen genutzt und dabei eine entsprechend enge, am Einzelfall orientierte Reformkasuistik entwickelt. Es errang damit eine

Reihe von spektakulären Tagessiegen über die Regierung, deren Früchte aber nach dem Ende der Fronde schnell dahinwelkten.

Über die Finanz- und Beamtenbelange hinausgehendes Gedankengut trat im Grunde nur an einer einzigen Stelle zutage – im Artikel 6 der 27 Artikel vom Juni/Juli 1648. Die »Chambre de Saint Louis« und mit ihr das Parlament stellen hier die Forderung, »qu'aucun des Subjects du Roy, de quelque qualité et condition qu'il soit, ne pourra estre detenu prisonnier passé vingt quatre heures sans estre interrogé, suivant les Ordonnances, et retenu à son Juge naturel, à peine d'en respondre par les Geoliers, Capitaines, et tous autres qui les retiendront, en leur propre et privé nom, et que ceux qui sont à present detenus, sans forme de proces, seront mis en liberté, et en l'exercice de leurs charges et possession de leurs biens«.[20] Dieses Postulat hat Kossmann als »quelque peu libéral« bezeichnet,[21] und es hat diese bzw. eine weniger anachronistische Bezeichnung durchaus verdient. Denn ohne Frage durchweht diesen Artikel mit seiner deutlichen Wendung gegen die königliche Lettre-de-cachet-Praxis ein frischer Hauch von »Petition of Right« und »Habeas Corpus«. In der Debatte des Parlaments mit dem Kanzler Séguier, einem konsequenten Anwalt der »raison d'état« und damit der Regierungspolitik, hielt Molé, der erste Präsident des Parlaments und gewiß kein Vertreter eines »radikalen« Kurses, ein leidenschaftliches Plädoyer für diesen Artikel.[22] Dennoch war ihm im weiteren Verlauf der Fronde ein kümmerliches Schicksal beschieden – das der Nichtbeachtung und des allmählichen Vergessens. Schon die »Déclaration Royale« vom Oktober 1648 nimmt den Artikel nicht mehr wörtlich auf, sondern zieht sich auf eine sehr allgemeine Zusage zum Schutz von Kriminalprozessen »selon les formes prescriptes par les Loix de nostre Royaume et Ordonnances« zurück und sichert nur noch den Mitgliedern der »Cours Souveraines« »in der Ausübung ihres Amtes« ausdrücklichen Schutz vor den »Lettres de cachet« zu.[23] Ganz offensichtlich lag hier das zentrale corps- und standespolitische Interesse der Gerichtshöfe, die seit Beginn der Regentschaft mehrfach die Inhaftierung einzelner Mitglieder durch die Regierung hatten erdulden müssen.

Gab es neben dem Pariser Parlament andere Zentren der Aktionen und des politischen Denkens, in denen sich angesichts des desolaten Zustandes der französischen Regierungspolitik und auch angesichts der englischen Ereignisse eine Radikalisierung der Kritik am monarchischen Absolutismus vollzogen hat? Überblickt man die Forschung seit Kossmann, so erscheint diese Frage zumindest für die gesamte Phase der »Fronde parlementaire« als verfehlt, als unhistorisch. Die Fronde ist in dieser Zeit ein allein durch das Pariser Parlament und einige provinziale Gerichtshöfe bestimmtes Ereignis. Der Pariser Gerichtshof hat die Revolte zwar nicht auf eigene, über seine traditionelle Funktion als Ratgeber des Königs und Wächter der Monarchie in Zeiten der Unruhe hinausgehende Weise vorangetrieben, sondern sich auf Reaktionen auf die »expédients« der Regierung beschränkt; doch was diese Reaktionen angeht, so hat er sich eifersüchtig darum bemüht, sie so vollständig wie möglich in seiner Hand zu behalten, keine Epizentren der Revolte entstehen zu lassen.[24] In diesem Zusammenhang verdient Kossmanns Auffassung Beachtung, daß auch in der breiten Publizistik der »Mazarinades« bei allem verbalen Radikalismus keine das »Droit-divin«-Königtum transzendierende politische Theorie entwickelt, sondern, im Gegenteil, ein gallikanisch geprägter monarchischer Absolutismus – nach Kossmann sogar ein »Ultra-Monarchismus« – vertreten wurde.[25] Denis Richet ist noch weiter gegangen als Kossmann und hat dessen Versuch, zumindest aus den Schriften des Publizisten Dubosc Montandré Ansätze eines »programme libéral« herauszulesen, scharf zurückgewiesen.[26] Kossmann ist insoweit zuzustimmen, als dieser Publizist, der als Anhänger Condés diesem ins Exil folgte und keinen großen Einfluß auf das politische Denken Frankreichs gewonnen zu haben scheint, einen wichtigen Gedanken in einer für die Zeit und auch die Mitglieder des Pariser Parlaments untypischen Weise betonte: die Gleichsetzung des »königlichen Willens« mit den »volontés des Princes, des Parlements, et des peuples unis« und die Konstituierung des Pariser Parlaments als Ort und Institution, wo dieser Wille seinen Ausdruck findet und in politische Entscheidungen umgemünzt wird.[27] Ohne Frage war das eine die Souveränitätslehre Bodins radikal verwässernde Konzeption, eine Exaltation der Rolle des Pariser Parlaments, die den Wunsch spiegelt, den verhaßten »Conseil du Roi« mit seinen unkontrollierbaren Einflüssen auf das Regierungshandeln zu ersetzen. Aber ein »programme libéral«, das gar den Vorwurf eines Zeitgenossen verdiente, sein Autor sei auf dem Wege, »de parler anglais«?[28] Man wird nicht nur mit Richet darauf hinweisen müssen, daß diese Forderung nur aus einer Überschätzung der aktuellen Sonderstellung des Pariser Parlaments seit Beginn der Regentschaft heraus verständlich wird; weit bedeutsamer erscheint noch, daß die dem Parlament hier zugewiesenen Vertretungsrechte für alle »peuples unis« eine glatte Mystifikation waren und keine Basis im politischen Denken des Landes, nicht einmal bei den seriösen Vertretern der Parlamentsopposition hatten.[29]

Daß die unzufriedenen »Prinzen«, als sie 1649 in das Spiel der Fronde eingriffen und dabei vor allem provinziale Hochburgen gegen die Regierung des Kardinals zu errichten wußten, keine einheitliche und gar vorwärts gewandte Vorstellung von einer Neuordnung des französischen Staates besaßen, ist von der Forschung so einhellig betont worden, daß wir ihren – ansonsten bedeutsamen – Beitrag zur Geschichte der Fronde in unserem Zusammenhang übergehen können.[30] Anders, und wesentlich komplizierter, liegen die Dinge, wenn wir die dritte Kraft betrachten, die sich neben dem Parlament und den »Prinzen« zeitweise in Opposition zur Regierung begab: die »petite bourgeoisie« in Paris und in den großen Provinzkapitalen sowie die städtischen und ländlichen Unterschichten. Die Fronde, dem politischen Geschehen nach eine Revolte von Beamten und Hochadeligen gegen den Kardinal und den »Conseil du Roi«, ist sozialgeschichtlich untrennbar mit dem großen Zyklus der Volksaufstände verbunden, der, schon in der Mitte des 16. Jahrhunderts beginnend und in den Religionskriegen einen ersten Höhepunkt findend, gerade das Frankreich der Kardinäle (1624-1661) bedrohte.[31] In langen, von intensiven Forschungen begleiteten Kontroversen hat man in den letzten 30 Jahren den Charakter dieser Volksaufstände zu ergründen versucht.[32] Ihrem Schwergewicht nach waren sie Steuerrevolten, nach dem Eindringen der Reformation zeitweise auch Zehntrevolten.[33] Vergleichen wir sie mit dem deutschen Bauernkrieg oder mit den vorrevolutionären Bauernunruhen im Frankreich des 18. Jahrhunderts, so tritt ihr antifiskalischer Impetus überaus deutlich hervor. Das bedeutet freilich nicht, daß nicht auch andere Motive in die vehementen, vor allem westlich der Linie Rouen – Genf, das heißt in den Closedfield-Regionen Frankreichs, lokalisierten Aufstände hineinwirkten. Sicher waren es keine Klassenkämpfe gegen das »feudal-absolutistische« System, wohl aber massive Widerstandsaktionen gegen den durch Ämterhandel, Bürokratisierung und forcierte

Steuerpolitik aufgeblähten und das Land bedrückenden Verwaltungsapparat der absoluten Monarchie. Daß im Verlauf der zahllosen Aufstandsaktionen gegen königliche Finanzbeamte, Steuerpächter und Intendanten das Regierungssystem des Absolutismus weit grundsätzlicher in Frage gestellt wurde, als es die Aufstandsparolen mit ihrem Bekenntnis zur Person des Königs (»Vive le Roi sans la gabelle!«) und zur Idee des Königtums erkennen lassen, läßt sich nicht leugnen; ebensowenig jedoch auch, daß die französischen Volksaufstände zu keiner Zeit – im 17. Jahrhundert noch weniger als im 16., auf dem Lande noch weniger als in der Stadt – zur Basis einer wirklichen, das absolutistische System transzendierenden Bewegung wurden. Kossmann hat das bei der Analyse der Pariser Volksbewegungen im Verlaufe der Fronde (1649 und 1652) klar herausgestellt. »Radikales« Potential war vorhanden, ebenso wie revolutionäre Situationen; sowohl in der »Fronde parlementaire« als auch in der Fronde der »Prinzen« aber fehlten Intentionen und Initiativen, daraus politisches Kapital gegen die Regierung und den Absolutismus zu schlagen.[34]

In diesem Zusammenhang muß noch ein kurzer Blick auf eine Episode der Fronde geworfen werden, die in besonderer Weise mit den englischen Ereignissen – vor allem dem Commonwealth – in Verbindung gebracht wurde und den Ruf genießt, den »radikalsten« Ausläufer der Fronde zu bilden: den von Mitgliedern der »petite bourgeoisie« und der städtischen Unterschichten getragenen Aufstand der »Ormée« in Bordeaux in den Jahren 1652/53.[35] Was den Einfluß Englands auf die späte Fronde in Bordeaux angeht, so konnte in der Tat nachgewiesen werden, daß, wie nicht anders zu erwarten, die englische Politik (wie auch englische Kaufleute) großes Interesse an den Ereignissen in Bordeaux hatten und daß Condé, dessen Partei im Verlauf der Fronde der »Prinzen« die Kontrolle über Bordeaux gewonnen hatte, im Interesse des Weinhandels von Bordeaux Verhandlungen mit den Engländern aufnahm. Daß Lilburnes »Agreement of the People« 1653 nach Bordeaux gelangte und dort in einer französischen Version verbreitet wurde, daß hier wie in anderen französischen Provinzstädten gelegentlich der Schlachtruf »Republik« vernommen wurde, daß in und um Bordeaux herum schließlich das protestantische Element noch eine gewisse Rolle spielte – all dies hat für manche Zeitgenossen und Historiker die England-Aura der »Ormée« noch verstärkt.

Die neuere Forschung freilich ist auf dem Wege, die Fronde in Bordeaux in dieser Hinsicht radikal zu entmythologisieren.[36] Bemühte sich Kossmann noch darum, den komplexen Gruppencharakter der »Ormée« aufzudröseln und dabei zumindest Ansätze zu einer Parteibildung innerhalb dieser Volksbewegung – etwa zwischen »Engländern« und »Spaniern« – herauszuarbeiten, so hat Yves-Marie Bercé die marginale Bedeutung der englischen Einflüsse unterstrichen und seine Deutung der »Ormée« auf die ganz wenigen, bisher bekanntgewordenen Selbstzeugnisse der »Ormistes« beschränkt, die eine Erklärung dieses Aufstands aus der innerstädtischen Situation in Bordeaux in der Endphase der Fronde nahelegen.[37]

In der Tat ist eine »Republik« – sei es für ganz Frankreich, sei es auch nur für Bordeaux – nicht das Ziel der »Ormée« gewesen. Was sie wollte und tatsächlich für einige Monate erreichte, war die Kontrolle der Stadtpolitik in Bordeaux, die bis dahin in der Hand privilegierter Institutionen – des Gouverneurs, der »Jurade« und des Parlaments – gelegen hatte. Ohne Frage wird in dem Haß der »Ormistes« auf diese Institutionen, insbesondere auf das Parlament, eine massive soziale Spannung sichtbar, und es ist wahrscheinlich, daß die Fronde in Bordeaux nur einen Katalysator bildete für den Ausbruch seit langem aufgestauter innerstädtischer Konflikte, wie sie im großen Zyklus der französischen Volksaufstände auch anderswo schwelten. Der institutionelle Rahmen, den die »Ormée« für ihr neues Stadtregiment entwickelte und in ihren »articles d'union« festhielt, war der einer mittelalterlichen Bruderschaft, »qui place en tête de ses devoirs le secours fraternel entre ses membres et les obligations de piété«.[38]

Dieser »Einung« mittelalterlichen Gepräges wurden wundersame Kräfte zur Regelung der städtischen Angelegenheiten zugeschrieben, und sie wurde auf dem Höhepunkt ihres Erfolgs Ende 1652 geradezu als Institution zur Verteidigung der traditionellen Freiheiten der Stadt Bordeaux gegen die Tyrannei der Privilegierten und des Zentralismus verstanden.[39] Daß diese »Union« prinzipiell jedem »Bordelais« – »tant gentilshommes que autres«[40] – offenstehen sollte, macht ihre Einordnung im Sinne moderner Klassenbegriffe außerordentlich schwierig; daß die »Ormistes« die Parlamentsmitglieder bewußt von dieser »Einung« ausschlossen und dies mit dem insgesamt unhaltbaren Vorwurf begründeten, die meisten Parlamentsrichter seien im Verlauf der Fronde

»Mazarinistes« geworden, legt jedoch den eigentlichen Konflikt-herd des »Ormée«-Aufstandes dar, der sehr viel mit der über-kommenen, verkrusteten, oligarchischen Verfassung dieser Provinzkapitale, sehr wenig aber mit der akuten Krise des monarchischen Regiments in Frankreich zu tun hatte.

3. Der Versuch, die tieferliegenden Ursachen zu ergründen, die dem Ablauf und dem Ergebnis der Fronde ein von der englischen Revolution so verschiedenes Aussehen geben – unter keiner denkbaren theoretischen Prämisse war die Fronde eine »Revolution«, während die »Great Rebellion« auch dann eine Revolution bleibt, wenn man sie nicht als »bürgerlich« qualifiziert –, muß von der Institution ausgehen, die dieses Ereignis wesentlich geprägt hat: dem Pariser Parlament. Der bedeutende Anteil der hohen Richter an der Opposition gegen Kardinal und Regentin ist von der Forschung seit langem gewürdigt worden, und dabei hat, wie eingangs betont, zumindest implizit der Vergleich mit dem englischen Parlament eine große Rolle gespielt. Selbst bei Kossmann, der doch wie kein anderer auf die Andersartigkeit des »barocken« Staates in Frankreich hinweist und die höchst unterschiedlichen politisch-theoretischen Konnotationen beider Rebellionen herausarbeitet, steht das englische Beispiel indirekt Pate: Seine herablassend-ironische Einschätzung der Parlamentspolitik, die er insgesamt – nicht anders als die des Kardinals und der Regentin – unter dem Kriterium der »Schwäche« bewertet, spiegelt die Enttäuschung eines Beobachters, der an das Ereignis der Fronde ursprünglich mit der Vorstellung einer Revolution herangegangen ist.

In dieser Hinsicht ist die Forschung inzwischen ein gutes Stück über Kossmann hinausgelangt.[41] Analysiert man die Politik des Pariser Parlaments – und zu manchen Zeiten und in manchen Zusammenhängen auch die der übrigen souveränen Gerichtshöfe – nicht mit dem Blick auf das englische Beispiel oder die ihm von manchen Zeitgenossen zugeschriebene Ersatzfunktion für die nur noch als blasse Idee präsenten Generalstände, sondern aus den Voraussetzungen seiner Position im Rahmen des frühabsolutistischen französischen Staatssystems heraus, so bietet sich eine völlig andere Bewertung an.

Nichts ist für eine sachgerechte Beurteilung der Politik des Pariser Parlaments wichtiger als die Einsicht, daß diese Institution kein ständisches Gremium im Sinne der spätmittelalterlichen

Ständeversammlungen war, sondern Bestandteil der »Krone«, Teil des monarchischen Verwaltungsapparates. Hoher, oberster Gerichtshof einerseits, hatte es andererseits eine Fülle von »legislativen« und »exekutiven« Kompetenzen inne, die sich in einer für das Ancien Régime ungemein typischen Weise vermengten und von der staatsrechtlichen Publizistik der Zeit wie auch vom Königtum im Prinzip anerkannt wurden. Durch »Enregistrement« und Remonstrationsrecht nahm es direkt am Prozeß der königlichen Gesetzgebung teil; als Gerichtshof für Staatsverbrechen (»crimes de lèse-majesté«) und als Pairshof kam ihm eine exzeptionelle politische Rolle in herausragenden Prozessen zu; Verträge des Königs mit äußeren Mächten mußten im Parlament registriert werden; mit Hilfe von »arrêts« schließlich war das Pariser Parlament und – nach Maßgabe ihrer Ressortkompetenz alle übrigen souveränen Gerichtshöfe – berechtigt, Ausführungsbestimmungen zu den königlichen Edikten zu erlassen, Ordonnanzen zu interpretieren, Verwaltungsanordnungen zu edieren, Rechtslücken zu schließen, kurz: neben der königlichen eine eigene Gesetzgebung zu organisieren.[42]

Grundlage dieser Erlaß-Tätigkeit, die zwar durch eine Reihe von provinzialen »coutumes«, nicht aber, wie in England, durch ein allgemeines »common law« eingeengt wurde, waren die dem Parlament zustehenden Kompetenzen der »grande police«. Es würde zu weit führen, die Einzelheiten dieser bedeutenden administrativen Kompetenzen des Pariser Parlaments im Rahmen der königlichen Gesetzgebungs- und Verwaltungstätigkeit zu beschreiben. Sie lassen die These neuerer amerikanischer Untersuchungen plausibel erscheinen, daß das Parlament vor, während und nach der Fronde keinesfalls aus einer Position der Schwäche heraus operierte, sondern, im Gegenteil, eine machtvolle Rechts- und Verwaltungsinstitution darstellte, die besonders dort wirksam werden konnte, wo das Taktieren mit Ausführungsbestimmungen, ergänzenden Verordnungen, Präzedenzfällen, kurz: mit »Kleingedrucktem« erfahrungsgemäß besonders ertragreich ist: im Steuer-, Finanz- und Ämterwesen. Noch Colbert hat sich darüber beklagt, daß das Pariser Parlament für manche Bereiche über weit bessere Archive verfügte als der königliche Rat – ein Beleg dafür, daß es den Richtern nicht selten gelang, ihnen unliebsame Gesetze unter Heranziehung entgegenstehender Verordnungen aus alter, oft sogar sehr alter Zeit zu blockieren.[43]

Dem institutionellen Gewicht dieser Institution entsprach ihre solide soziale Absicherung. Die Mitglieder der »Cours Souveraines« bildeten die Spitze des durch Ämterkäuflichkeit und -erblichkeit rekrutierten »officiers«-Standes, und die Fronde fällt bereits in eine Zeit, als die Mehrheit der Pariser und provinzialen Parlamentsfamilien ihren Aufstieg aus bürgerlicher Herkunft in den Stand der »Robe« – mit erblichem Amtsbesitz inklusive beachtlicher Privilegien und ansehnlichem Land- und Grundherrschaftsbesitz – schon beendet hatte.[44] Die Richter des Pariser Parlaments nahmen in der »officiers«-Hierarchie eine Führungsstellung ein, und sie haben gerade in der ersten Hälfte des 17. Jahrhunderts alles getan, um sich einerseits korporativ gegenüber allen anderen Beamtenkorporationen des Landes abzugrenzen, andererseits aber, wenn die Regierungspolitik an den Nerv der Beamtenprivilegien ging, die Interessen aller »officiers« – von den Mitgliedern der hohen »Cours Souveraines« bis hinab zum »petty officer« in der Provinz – zu verteidigen.

Opposition gegen den königlichen Rat auf der Basis dieser starken institutionellen und sozialen Position war für das Parlament durchaus keine Errungenschaft der Fronde-Zeit. Schon für das 16., ja das 15. Jahrhundert lassen sich Konflikte nachweisen; in gewisser Weise gehörten sie für das Renaissancekönigtum und den frühen Absolutismus zum täglichen Geschäft (und haben sich bis an das Ende des Ancien Régime erhalten).[45] Neu für das Frankreich der Kardinäle war dagegen die Kumulation von Konflikten, die von den althergebrachten »officiers«-Korporationen unter der Führung des Pariser Parlaments eingeleitet wurden. Und sie reagierten damit, wie die neuere Forschung klar herausgestellt hat, auf einen Wandel der absolutistischen Regierungspolitik, der unter Heinrich IV. begonnen hatte, von Richelieu dann in großem Maßstab vorangetrieben, aber noch unter Kontrolle gehalten, von Mazarin erneut forciert und schließlich nicht mehr überwacht werden konnte.

Die Gründe und Anlässe dieser veritablen »governmental revolution«[46] in der ersten Hälfte des 17. Jahrhunderts brauchen hier nicht in den Einzelheiten beschrieben zu werden, da die Reaktionsweise der Institutionen, nicht aber das Regierungshandeln im Rahmen unseres Themas von Interesse ist. Es läßt sich in der analysierenden Rückschau nicht leugnen, daß der Regierungspolitik eine rationale Einsicht in die Disfunktionalität der durch die

Ämterkäuflichkeit abgesicherten Behördenorganisation zugrunde lag.[47] Insbesondere nach dem Eintritt Frankreichs in den Dreißigjährigen Krieg, aber auch schon zuvor, in der Abwehr von Hugenotten-, Adels- und Volksaufständen, hatte sich gezeigt, daß die volkreichste Monarchie des Kontinents über keine effizienten Verwaltungsorgane mehr verfügte. Vor allem in den fiskalischen Mittel- und Unterinstanzen und der für die Steuerkonflikte so außerordentlich wichtigen Verwaltungsgerichtsbarkeit herrschte das, was man gern »Marasmus« nennt, der freilich durch die Ämterkäuflichkeit und die Praxis der Steuerpachten von der Regierung selbst eminent gefördert worden war. Die Regierung versuchte, diesem Zustand durch eine Reihe von sprunghaft eingeleiteten Reformmaßnahmen Rechnung zu tragen: Einerseits suchte sie der institutionellen Verselbständigung der überkommenen Korporationen und Institutionen im Rechts- und Steuerwesen – insbesondere in den Unterinstanzen – durch die Schaffung neuer, von der Zentrale kontrollierter Behörden zu begegnen. Nicht nur die Intendantur ist hier zu nennen, deren Vorläufer in das ausgehende 16. Jahrhundert zurückreichen.[48] Vielmehr wurde das Regieren mit Hilfe von »commissions« und »commissaires« – direkt dem Rat unterstellten, widerrufbaren Beauftragten des Königs – generell zu einer politischen Verfahrensweise der Zentrale, mit deren Hilfe viele Angelegenheiten, die ressortmäßig seit langem delegiert waren, in den Rat »zurückgeholt« wurden.

Traf dies im Blick auf Ressort- und Sportelkompetenz bereits den institutionellen Lebensnerv der provinzialen Rechts- und Finanzbehörden, so startete die Regierung andererseits auch in sozialer Hinsicht einen direkten Angriff auf die alten Beamtenkorporationen. Die lange Vorgeschichte der Fronde ist angefüllt mit Versuchen der Regierung, die »officiers« durch angedrohte, vollzogene, gegen gute Münze wieder fallengelassene und erneut ins Spiel gebrachte Veränderungen des Beamtenstatus bzw. einzelner Privilegien unter Druck zu setzen. Der Einfallsreichtum der Regierung war in dieser Hinsicht beträchtlich und entsprach der Findigkeit, mit der man neue Steuerquellen im Lande zu erschließen wußte. Von der Drohung, die alle neun Jahre fällige Verlängerung der jährlichen Beamtenabgabe und damit der Ämtererblichkeit in ihrer bisherigen Form nicht zu vollziehen, über die Stornierung der Beamtengagen, die zwangsweise, d. h. von den Beamten finanziell zu honorierende »Gagenerhöhung«, bis hin zur massenweisen Ämterschöpfung innerhalb einzelner Korporationen reichte das Spektrum der regierungsseitigen Pressionen auf die »officiers«.[49] Im Zusammenhang mit der Stärkung des königlichen Rates und seiner »commissaires« war das eine die Existenz der mittleren und unteren Beamten bedrohende Politik, die freilich durch die Inkonsequenz der Regierung und ihre Bereitschaft in Frage gestellt wurde, für jeden geplanten Schritt gegen die Beamtenprivilegien ein fiskalisches Hintertürchen offen zu halten. Zudem zeigte sich schon zur Zeit Richelieus, mehr noch in der Regentschaft, daß die »officiers« nicht wehrlos waren und Konflikte mit der Regierung riskierten. Neben den Adelsunruhen und den Volksaufständen ist die Vorgeschichte der Fronde daher auch von Beamtenrevolten gekennzeichnet, und es ist wahrscheinlich, daß zwischen den einzelnen Bewegungen vor allem in den Provinzen manche Querverbindung bestand.[50]

Die Fronde freilich ist nicht denkbar ohne die Bereitschaft des Pariser Parlaments, sich gleichsam an die Spitze dieser Bewegung zu setzen. In »normalen«, konfliktarmen Zeiten war es zu einer solchen Haltung durchaus nicht bereit. Das alltägliche Verhältnis zwischen den einzelnen Beamtenkorporationen war durch korporative Abschottung, statusmäßige Hierarchisierung, Pfründen-, Sportel- und Ressortkonkurrenz bestimmt.[51] Das Pariser Parlament beanspruchte in der »officiers«-Hierarchie eine Spitzenstellung und tat alles, um diesem Anspruch nach unten Geltung zu verschaffen – keine gute Voraussetzung für die rangtieferen »officiers«, um das Parlament für eine allgemeine Opposition zu gewinnen. In der Tat haben die Pariser Richter selbst in der Fronde, als sie längst bereit waren, die Regierungspolitik durch eigene Reformvorschläge zu konterkarieren und dabei auch für die Belange der nachgeordneten Behörden einzutreten, ihre korporative Superiorität nach wie vor mit Verve verteidigt.

Daß sie in diese Oppositionsrolle einwilligten, hatte darum auch sehr wenig mit der allgemeinen politischen Situation des Landes oder mit den besonderen Gravamina der übrigen Beamtenkorporationen zu tun. Schon unter Richelieu, der aufgrund überlegenen Taktierens eine direkte Auseinandersetzung mit dem Pariser Parlament zu verhindern wußte, mehr noch in der Regentschaft wurde vielmehr deutlich, daß die neue absolutistische Regierungspolitik nicht nur auf eine Disziplinierung und Schröpfung der mittleren und unteren Beamtenkörperschaften gerichtet war, sondern zugleich auf die soziale, vor allem aber auch politische und administrative Sonderstellung des Parlamentes zielte. Die Durchsetzung der Intendantur, die nach 1640 zu einer regulären Institution zu werden begann, bedrohte nicht nur die Gerichts- und Verwaltungsbehörden in den Provinzen, sondern ebenso die Appellationsgerichtsbarkeit und allgemeine Polizeiverwaltung des Pariser Parlaments in seinem großen Ressort. Daß Hochverratsprozesse traditionswidrig dem Parlament entzogen und durch königliche Ad-Hoc-Kommissionen erledigt wurden, verletzte das sensible Préséanceempfinden des Gerichtshofs ebenso wie die Tatsache, daß sich in der Regierungszeit Ludwigs XIII. das »lit de justice« zu einem beliebten Regierungsmittel zur Durchsetzung von Edikten entwickelte und damit dem Remonstrationsrecht des Parlaments praktisch der Boden entzogen wurde. Es ist nicht genug beachtet worden, daß nicht erst Ludwig XIV. 1673, sondern schon sein Vater mehr als 30 Jahre zuvor (1641) eine – freilich nur kurzfristig wirksame – Einschränkung des Remonstrationsrechts durchgesetzt hat.[52] Bedenken wir schließlich, daß auch für das Pariser Parlament die immer wieder angedrohte Aussetzung des »droit annuel« – der jährlichen Beamtenabgabe zur Aufrechterhaltung der Erblichkeit – ein prekäres Thema darstellte und daß in der Regentschaft mehrfach einzelne seiner Mitglieder von Verhaftungen und Exilierungen betroffen waren – auf die Behandlung weiterer Konfliktpunkte im Verhältnis dieser Institution zur Regierung muß hier verzichtet werden –, so wird sein schrittweises Hinübergleiten in die Richterrevolte der Fronde nur zu verständlich.

Verständlich wird freilich auch, und aus diesem Grunde mußte die Konfliktgeschichte vor der Fronde hier ein wenig ausgebreitet werden, daß dem Pariser Parlament, wollte es seine institutionelle Stärke nutzen, vor und während der Fronde nur eine einzige politische Vorgehensweise offenstand: der beharrliche, ja »radikale« Rekurs auf die traditions- und verfahrensgemäßen Grundlagen seiner eigenen Machtposition. Solange es Einregistrierungen von Steueredikten ablehnte, Remonstration auf Remonstration zum Hof trug, die Rechtsprechungs- und Verwaltungstätigkeit von Provinzintendanten durch konkurrierende »arrêts« stornierte, nicht aber, was manche Zeitgenossen erwarteten, die Generalstände zu ersetzen oder gar, wie Mazarin argwöhnte, das englische Parlament zu imitieren trachtete, solange verfügte es angesichts einer taktisch unklug agierenden Regierung über Möglichkeiten zur Blockierung, aber auch zur substantiellen Veränderung der Regierungspolitik. Hier lag der praktische Zwang zu jener dominierenden Haltung der führenden Parlamentsrichter, die wir im Anschluß an A. Lloyd Moote als »Legalismus« bezeichnet haben. Wohl wissend, daß in den vielen »offenen« Situationen der Fronde ihrer so gewachsenen und so konstruierten Institution nur die Option des »Legalismus«, nicht aber eines wie auch immer gearteten »Radikalismus« offenstand, hat die Mehrheit des Pariser Parlaments diesen Legalismus in der Fronde zum Prinzip erhoben, ja, in gewisser Weise »radikalisiert«.

Es ist der Mühe wert, sich über diesen Tatbestand gerade auch mit dem Blick auf England einige Gedanken zu machen. Das Pariser Parlament war Dauerinstitution und daher nicht auf königliche Einberufungen, auf den Kampf um Sessionszeiten, auf »triannel acts« o. ä. angewiesen. Da die Generalstände sich seit langem aus der Geschichte verabschiedet hatten, und in der Fronde allenfalls der Adel,[53] nicht aber das Parlament einige Gedanken und Aktivitäten auf ihre Wiederbelebung verschwendete, war das Parlament, in geringerem Maße auch seine Pariser und provinzialen Parallelinstitutionen, das einzige, freilich glänzend plazierte Organ, durch das eine Kritik an der Regierung und womöglich am Königtum eine institutionelle Öffentlichkeit finden konnte. Es verfügte wegen seiner dauernden Präsenz im Zentrum Frankreichs, in der Nähe des Hofes, über weit bessere Aktionsmöglichkeiten als das englische Parlament, auch wenn es jeglicher Legitimation »von unten« entbehrte. Es nutzte diese Möglichkeiten auch bis hin zu einer monatelangen offenen Revolte, doch es nahm in seine Kritik an der Regierung keine die monarchische Regierungsform transzendierenden Argumente auf. Damit schottete es die Monarchie nicht nur gegenüber einer in der Öffentlichkeit möglicherweise latent vorhandenen substantiellen Kritik ab, sondern verhinderte auch, daß von seinen eigenen Aktionen eine entsprechende Wirkung im Sinne einer allmählichen Radikalisierung des politischen Denkens ausging. Wenn Kossmann in den von ihm analysierten »Mazarinades« zu seiner Überraschung so wenige »liberale« Thesen, vielmehr einen profunden Monarchismus fand, so ist das ein deutlicher Reflex auf diese Politik des Pariser Parlaments. Man müßte, wollte man die Fronde in revolutionstypologischer Hinsicht in das Spektrum der alteuropäischen Rebellionen einordnen, geradezu den Typus einer »innerabsolutistischen Beamtenrevolte« konstruieren, um dieses Ereignis angemessen zu qualifizieren und von der englischen Revolution abzuheben.[54]

4. Daß die Mehrheit der Parlamentsmitglieder im Verlauf ihrer Revolte die Regierung zwar scharf attackierte, die Monarchie aber unangetastet ließ und dem Kardinal und der Regentin ohne Unterlaß das Bild von den »wahren«, »eigentlichen« Traditionen und Funktionsweisen des Königtums vor Augen hielt, hing freilich nicht nur mit der aktuellen politischen Situation der Fronde-Zeit zusammen.[55] In den bisherigen Arbeiten über die Fronde ist nicht ausreichend betont worden, wie wenig – auch und gerade im Vergleich zu England – das Religionsproblem in ihr eine Rolle spielte. Während die »Great Rebellion« durch die Politik Lauds, die Katholikenfrage, den Puritanismus und das Sektenwesen ihr besonderes Gepräge erhielt, blieb die Fronde von religionspolitischen Kontroversen innerhalb der streitenden Parteien wie auch von chiliastischen Unruhen der ländlichen und städtischen Aufständischen weitgehend frei. Das ist ein bemerkenswerter Befund, wenn man bedenkt, daß in Frankreich nur ein halbes Jahrhundert zuvor ein mehr als 30jähriger religiöser Bürgerkrieg zu Ende gegangen war. In seinem Verlauf hatten calvinistische und katholische Radikale das französische Königtum und seine aktuellen Träger im Zeichen der Tyrannen- und Widerstandslehre so heftig und grundsätzlich angegriffen, daß nicht nur die Ermordung Heinrichs III. (1589), sondern auch die Heinrichs IV. (1610) von vielen Zeitgenossen als Ergebnis der monarchomachischen Agitation verstanden wurde.[56] Im Verlauf der Bürgerkriege war es mehrfach zu schweren Pogromen und Massakern gekommen, die, von den Führern der kämpfenden Parteien zur Durchsetzung politischer Ziele inszeniert, ihrer Kontrolle schnell entglitten und mit ihrer Tendenz zu ritueller Gewalt weit über die geplanten Ziele hinausschossen.[57] Zwischen 1588 und 1594 hatte die katholische Liga schließlich in Paris, in anderen großen Städten und in manchen Gouvernements des Landes praktisch eine Gegenregierung zur königlichen Zentralregierung errichtet. Diese war nicht nur Ausdruck der verbreiteten Unzufriedenheit mit dem für tyrannisch erachteten Regiment des letzten Valois-Königs und des Hasses auf den protestantischen Nachfolger Heinrichs III., sondern spiegelte auch die realen Möglichkeiten einer ständisch-fö-

deralen Staatsordnung, die zu dieser Zeit in Frankreich noch bestanden. Zwischen 1588 und 1594 war keinesfalls sicher, ob die durch die »loi salique« erbrechtlich legitimierte französische Monarchie, die gerade auf dem Wege war, zur »absoluten« Monarchie zu werden, nicht durch eine von den katholischen Ständen abhängige Wahlmonarchie im Sinne der ligistischen Radikalen ersetzt werden würde.[58]

Über die Nachwirkungen dieser Ereignisse im 17. Jahrhundert sind wir noch nicht in jeder Hinsicht gut informiert. Vieles deutet darauf hin, daß die französischen Eliten[59] – vor allem die hohe Robe, aber auch das hohe Bürgertum, Teile des Adels und, nicht zuletzt, der gallikanisch orientierte hohe Klerus – die Erfahrungen des ausgehenden 16. Jahrhunderts im weiteren Verlauf der inneren Entwicklung Frankreichs reflektiert haben und daß der Umfang und die Grenzen ihrer Widerstandsbereitschaft gegen traditionswidrige Eigenmächtigkeiten und »tyrannische« Eskapaden der Regierung mit einem sorgenvollen Blick auf die religiösen Bürgerkriege kalkuliert wurden.

Dabei dürften ihnen der Protestantismus und seine »radikalen« politischen Lehren noch die geringsten Kopfschmerzen bereitet haben. Zwar hatten calvinistische Publizisten nach dem Schock der Bartholomäusnacht (1572) in einer Reihe von großen, vielbeachteten Traktaten eine differenzierte Vertrags- und Widerstandslehre entwickelt mit dem Ziel, den Kampf der Hugenotten gegen das Valois-Königtum zu legitimieren.[60] Doch nach der »großen ideologischen Wende von 1584« (R. Giesey), als mit dem Tod des Thronfolgers Anjou die Aussicht auf eine Thronfolge des Protestanten Navarra größer und die calvinistische Widerstandslehre zur Munition für katholische Radikale umgemünzt wurde, stellten diese Schriften kein offizielles Programm des französischen Protestantismus mehr dar. Die calvinistischen Monarchomachen wurden nun zu vehementen Propagandisten der erbrechtlich legitimierten monarchischen Tradition, angesichts eines Protestanten auf dem Thron warfen sie ihre Widerstandslehre über Bord. Sie wurde auch im 17. Jahrhundert, nach der Ermordung Heinrichs IV. (1610) und dem Wiederaufleben von Hugenottenaufständen im Süden und Westen des Landes in den 1620er Jahren, nicht wieder hervorgeholt. Mit dem Fall La Rochelles (1628) und dem Gnadenfrieden von Alès (1629) wurde der französische Protestantismus vielmehr weitgehend »entpolitisiert«, und es paßt ins Bild, daß die Hugenotten im Verlauf der Fronde nicht in Erscheinung traten, was bedeutet, daß sie in ihrer Mehrheit loyal blieben.[61]

Anders sind die Auswirkungen der Lehren und der Politik der katholischen Liga auf das politische Bewußtsein der französischen Eliten im 17. Jahrhundert zu bewerten. Sie entstand, nach einem ersten, vom katholischen Hochadel getragenen Versuch um 1576, in den Monaten nach der »Wende« von 1584. Auch jetzt spielte der katholische Adel, vor allem die Guisen und ihre Anhänger, eine große Rolle in der »sainte union«, doch mit wachsender Zuspitzung der politischen Situation und Konfrontation im Lande und am Hof, insbesondere nach der Ermordung der Guise-Brüder 1588/89, trat die »populare« Basis der Liga immer deutlicher zutage. Unter der ideologischen und propagandistischen Führerschaft von Priestern und Mönchen wurde das mittlere und kleinere Bürgertum von Paris und anderen großen Städten nun zum tragenden Element des Bündnisses. In älteren Arbeiten, vor allem aus protestantischer Feder, ist ein sehr undifferenziertes Bild dieser Bewegung gezeichnet worden. Neuere Forschungen haben gezeigt, daß ihre Anhängerschaft nicht nur nach »Radikalen« und »Moderaten« zu differenzieren ist, sondern auch hinsichtlich ihrer sozio-professionellen Zuordnung ein gewisses Maß an Notabilität aufwies. In der Führungsgruppe der Pariser Liga (den sog. »Seize«) sind vor 1589 6 Mitglieder der »Cours souveraines«, 5 vermögende Kaufleute, 5 mittlere Justiz- und Finanzbeamte, 10 Advokaten und Prokuratoren, 5 niedere Kleriker, 11 niedere Beamte und 2 Handwerker und Ladenbesitzer nachgewiesen – ein Beleg für den Einfluß, den die Liga im mittleren Bürgertum, vor allem in den mittleren Rängen der Justizhierarchie besaß.[62]

Für die Mehrheit der Notabeln waren zwei politische Ziele, welche die Liga vor und nach 1589 verfolgte, durchaus akzeptabel: die Zurückdrängung der Häresie in Frankreich und der Kampf für die Katholizität des französischen Königs. Auf schroffe Ablehnung stießen die politischen Methoden, mit denen die Liga diese Ziele verfolgte, und die Wandlungen der herrschenden Verfassungssituation, die sie dabei in Kauf zu nehmen oder gar aktiv herbeizuführen gedachte. Daß die Ligisten in Paris während der Belagerung durch die Truppen Heinrichs IV. eine Barrikaden- und Terrorherrschaft errichteten, hat die Pariser Notabeln in

Scharen in das Lager des protestantischen Königs getrieben. Daß eine spanische Garnison bestellt und dem spanischen König wie dem Papst ein Mitspracherecht bei der geplanten Neubesetzung des französischen Thrones eingeräumt wurde, hat die antispanische, nationale und gallikanische Komponente im politischen Denken der Notablen ungemein gestärkt. Daß schließlich eine der wichtigsten »lois fondamentales« aus der französischen Verfassungstradition – die Primogenitur in männlicher Linie unter Ausschluß von Töchter-Söhnen – von den radikalen Publizisten der Liga im Kampf gegen Henri IV zugunsten anderer Nachfolgeordnungen bis hin zur Königswahl durch die Generalstände aufgegeben wurde, ist von den hohen Juristen der Gerichtshöfe nie akzeptiert worden und hat sie die Lösung des Problems von 1589 mit aller Kraft in der Konversion Heinrichs IV. suchen lassen.[63]

So sehen wir durch die Politik der Liga, vor allem durch ihr gewaltsames Vorgehen gegen Henri III. und Henri IV. zwischen 1588 und 1594, innerhalb der Eliten einen breiten politischen Konsens entstehen, der sich nach der Konversion Heinrichs IV. (1593) und nach der Einnahme von Paris (1594) machtvoll zugunsten der Monarchie auswirkte. Es war der Konsens der »Politiker«, der »Dritten Partei« – ein in seinen politisch-theoretischen Prämissen und Umrissen seit langem formuliertes, aber erst jetzt realpolitisch durchschlagendes Programm.[64]

Die Mehrheit der hohen Juristen in den »Cours souveraines« stützte es ebenso wie das hohe Bürgertum und viele gemäßigte Ligisten; selbst im Adel und im hohen Klerus tat es seine Wirkung. Es war in religionspolitischer Hinsicht ein »katholisches« Programm. Mit Recht hat Denis Richet jüngst wieder betont, daß der Katholizismus der überwiegenden Mehrheit der »Politiker« nicht in Zweifel gezogen werden könne: »Loin d'avoir affiché le moindre scepticisme religieux, loin d'avoir nourri à l'égard de la Réforme des sympathies secrètes, la plupart des Politiques souhaitent le triomphe de la Contre-Réforme«.[65] Aber es war ein durch und durch gallikanischer, d. h. gegen den »ultramontanen« Katholizismus, gegen Spanien, gegen die Jesuiten gerichteter Konsens. Seine kirchen- und religionspolitischen Grundzüge wurden gerade nach dem Ende der Liga-Herrschaft noch einmal durch die beiden berühmten Juristen Pierre Pithou und Guy Coquille beschrieben.[66] Er muß auf die an »Ruhe«, innerem Frieden, Sicherheit des Lebens und des Rechts interessierten Notabeln,

Gebildeten, Kaufleute und Bürger eine ungemein starke Wirkung ausgeübt haben, als seine politische Tragfähigkeit 1593 durch die Erfüllung der »conditio sine qua non« – die Konversion des Königs – hergestellt wurde. In der Tat dauerte es noch Jahre, bevor deutlich wurde, daß nicht alle französischen Notabeln auch zugleich »Politiker« waren, daß es neben Gallikanern auch »Devote«, d. h. rom-orientierte, spanienfreundliche Katholiken gab, die im Zeichen der wachsenden Stabilität der inneren Verhältnisse einige Implikationen dieses Konsenses in Frage zu stellen begannen.[67]

Die staatstheoretischen und staatsrechtlichen Prämissen des »politischen« Konsenses waren eindeutig und von Jean Bodin in seinem Hauptwerk von 1576 schon umfassend analysiert worden. Frankreich war das, was Bodin unter einer »Monarchie Royale« verstand: eine erbrechtlich begründete, auf dem »droit divin« und der Souveränität nach innen und außen beruhende Monarchie, die – was immer die hugenottischen und ligistischen Monarchomachen behaupteten – nicht mit einer Tyrannis verwechselt werden konnte. Gottesgnadentum und Souveränität bieten dem französischen König keine Argumente für unbeschränktes, tyrannisches Handeln, sein Regiment ist vielmehr der »loi de Dieu et de nature« und dem Respekt für die »lois fondamentales« unterworfen und hat sich zudem an den überkommenen antiken und humanistischen Klugheitslehren zu bewähren. Das Verhältnis zwischen dem König und den etablierten Institutionen des »Corps politique« (Stände, Magistrate, Cours Souveraines u. a.) ist ein Verhältnis der »Harmonie«, allein die »necessitas« drohender Staatsveränderungen kann die Gewichte zeitweise in Richtung auf die »absolute« Entscheidungsgewalt des Königs verlagern.[68]

Auf der Basis dieses Konsenses votierten die »Politiker« sehr bewußt und offenen Auges für die »absolute« Monarchie und sorgten auf diese Weise dafür, daß andere Konzeptionen, wie sie von den Hugenotten und, vor allem, von der Liga vertreten worden waren, im Kreis der französischen Eliten auf Dauer diskriminiert blieben. Vom Königtum erwarteten sie Respekt für ihre harmonistische Interpretation der französischen Verfassungsgegebenheiten,[69] und sie fühlten sich zumindest nach 1594 zu dieser Erwartung um so mehr berechtigt, als sie dieses Votum für das absolute Königtum von einem weiteren, religions- und außenpolitischen Konsens mit der Monarchie gestützt wußten. Daß der Katholizismus in seiner national-französischen, gallikanischen Gestalt die Staatsreligion Frankreichs sein sollte, daß Spanien aus seiner bestimmenden Position in der französischen Innenpolitik herausgedrängt und in seinen europäischen Hegemoniebestrebungen beschnitten werden sollte – das gab der Option der »Politiker« für die absolute Monarchie ihren tieferen politischen Sinn, der von vielen, nach 1594 zu Henri IV. überlaufenden Notabeln verstanden und auch später von den »Devoten« niemals auf Dauer erfolgreich konterkariert wurde. Im Grunde hat sich diese Konzeption über die ganze Richelieu-Zeit bis hin zur Fronde erhalten, selbst wenn unter Richelieu die Theorie der »Staatsräson« – eine ins Grundsätzliche gewendete Fortentwicklung der alten Necessitas-Lehre[70] – über Gebühr betont wurde. Und wenn Kossmann bei seiner – ironisch kommentierten – Suche nach »liberalen« Anschauungen in der Fronde immer wieder auf »Monarchisten« traf, so vor allem deshalb, weil Kritik an der Monarchie – oder besser: an der Regierung – und Widerstand gegen sie im Denken und Handeln der »Politiker« einen Platz hatte.[71] Widerstand freilich nicht im Sinne der radikalen calvinistischen und ligistischen Monarchomachen, sondern im Sinne der staats- und monarchiebezogenen Juristen und Legisten, die der auf Veränderung und Traditionsbrüche gerichteten Monarchie beharrlich die Basis des Konsenses aus der Epoche der Religionskriege beschrieben und sie auf dem Pfad des »Legalismus« zu halten versuchten.

Die Konsensbereitschaft der französischen Eliten nach der Beendigung der religiösen Bürgerkriege wurde durch eine weitere Erbschaft der Liga-Zeit gefördert, deren Auswirkungen weniger offen zutage lagen als die in vielen Traktaten verbreitete Theorie der gallikanisch orientierten »Politiker«. Zwischen 1588 und 1594 war in Paris und anderen Städten des Landes Widerstand gegen die Monarchie nicht nur theoretisch erwogen und gepredigt, er war auch praktiziert worden. Im Januar 1589 setzten radikale Anhänger der »Seize« in der Sorbonne eine förmliche Erklärung zur Absetzung Heinrichs III. durch, im August 1589 wurde die Ermordung des letzten Valois in Paris durch die Liga als rechtmäßiger Königsmord vehement gefeiert. Nach langen Vorbereitungen trat 1593 in Paris schließlich eine nur aus ligatreuen Deputierten bestehende Versammlung der Generalstände zusammen. Ihr expliziter Auftrag war es, für den als illegitim erkannten Henri IV einen neuen, katholischen König zu wählen und damit zugleich die überkommene erbrechtliche Thronfolge in Frankreich außer Kraft zu setzen.[72] Dieser zeitweilige Erfolg der Liga wird nur verständlich, wenn man bedenkt, daß er in Paris und in anderen Städten von einem erfolgreichen Zugriff dieser Partei auf die Stadtverwaltung und von einer massiven Mobilisierung ihrer »popularen« Anhängerschaft begleitet war. Zwischen 1588 und 1593 war das Pariser »Hôtel de ville« praktisch ununterbrochen in der Hand der »Seize«, selbst ein Teil der Mitglieder des Pariser Parlaments bekannte sich zur Liga, während die dezidiert königstreuen Richter die Stadt vor und nach 1589 verließen. Mit den sich nach 1588/89 zunehmend radikalisierenden »curés« und Ordensgeistlichen verfügte die Liga über eine schlagkräftige Truppe von Propagandisten, die nicht nur Traktate und Flugschriften verfaßten, sondern auch die unter der Belagerung leidende Pariser Stadtbevölkerung in Predigten und Prozessionen hervorragend zu organisieren wußten. Es ist kein Zufall, daß die französischen Historiker gern das Bild der revolutionären Terreur beschwören, wenn sie die von Agitation, Denunziation, Gruppenzwang und Übergriffen geprägte Atmosphäre im ligistischen Paris kennzeichnen wollen.[73]

Für die Notabeln in und außerhalb der Hauptstadt beraubte sich die Politik der Liga durch diese Mobilisierung des »Mobs« und der »Straße« jeglicher Vernunft. Hier waren Kräfte am Werk, die durch die lang anhaltende Schwäche der Monarchie, durch die Konfrontationen des Bürgerkriegs, durch die Gewöhnung an die Gewalt und den Pogrom seit der Bartholomäusnacht an die Oberfläche gespült worden waren und die es durch eine einheitliche Haltung aller konsensbereiten Notabeln zurückzudrängen galt. Denn diese Kräfte bedrohten, in Verbindung mit der ligistischen Agitation gegen die Monarchie und für die Neubegründung politischer Herrschaft auf der Basis einer durch die Stände bzw. das »Volk« getragenen Wahl, nicht nur den König, sondern auch die politisch dominierenden Eliten.

Folgt man neueren Arbeiten zur politischen und sozialen Dimension der Liga-Episode, so war diese Furcht nicht unbegründet. Der ligistische Radikalismus brachte neben dem fanatischen Willen der radikalen Katholiken zur Bewahrung des alten Glaubens und zur Änderung der monarchischen Verfassung auch intensive soziale Spannungen und Konflikte zum Ausdruck, die durch die Belagerung der Hauptstadt besondere Nahrung erhielten. Nach

J. H. H. Salmon gewannen mit zunehmender Dauer der Belagerung in den Jahren 1592 und 1593 in der Politik der »Seize« neben den »curés« die »popularen«, mittel- und kleinbürgerlichen Kräfte an Gewicht, die sich nun auch gegen den ligatreuen Adel und die »moderaten« Ligisten wandten.[74] Unsere modernen soziologischen Kategorien »mittel-« und »kleinbürgerlich« sind freilich viel zu abstrakt, um die sozialen Konstellationen im ligistischen Paris präzise zu erfassen. Auch die Vorstellung, es habe mit zunehmender Verschärfung der Belagerungssituation einen Aufstand der besitzarmen und besitzlosen Schichten gegen die in der Stadt verbliebenen Notabeln gegeben, trifft nicht das Wesentliche. In der Führungsgruppe der Liga traten ab 1591/92 nicht bis dahin unbeteiligte Repräsentanten des »Volkes«, der Masse der unbemittelten städtischen Unterschichten hervor, sondern Vertreter der mittleren und unteren Gerichts- und Verwaltungsberufe, die hinsichtlich ihrer beruflichen Tätigkeit der hohen Robe zugeordnet, von dieser jedoch sozial scharf unterschieden waren. Es war die »basoche«, die Welt der kleinen »officiers«, Schreiber, Gerichtsdiener, Sergenten und Advokaten, die nun, zusammen mit den radikalen »curés«, den Kurs der »Seize« bestimmte. Und ihr Kampf gegen die Notabeln wurde, wie Richet betont hat,[75] von zwei wesentlichen Motiven getragen: einmal dem Ressentiment, der Ranküne gegenüber der hohen Robe, in die aufzusteigen das Ziel jedes ehrgeizigen kleinen Beamten war und die am Ende des 16. Jahrhunderts ihre Reihen nach unten schon fest zu schließen begann; sodann einer traditionellen Vorstellung von »Stadt« und »Gemeinde«, einer anti-patrizischen Konzeption von gemeindlicher Selbstverwaltung, wie sie in vielen europäischen Städten des späten Mittelalters und der frühen Neuzeit bekannt war.

Ziehen wir erneut die Linie von der Liga zur Fronde, so steht außer Frage, daß diese in den Religionskämpfen geweckte Kraft um 1648 noch virulent war. Selbst den Sans-Culotten des Jahres II sagen manche französische Historiker noch ein »reaktionäres«, in die Liga-Zeit und ins späte Mittelalter zurückweisendes politisches Bewußtsein nach.[76] Stadtunruhen gehörten ebenso zur Fronde wie die Revolte der Richter und die ambitiösen Aktivitäten der »Prinzen«. Das Beispiel der »Ormée« in Bordeaux lehrt, daß dabei die Erinnerung an mittelalterliche »Einungen« und »Freiheiten« – Freiheiten nicht nur gegenüber dem fernen Hof, dem »Staat«, sondern weit mehr gegenüber den Häusern und Familien der Patrizier in der Stadt – eine große Rolle spielte.[77] Doch die für die Liga so bezeichnende Konstellation – die Verbindung des ligistischen Radikalismus mit den »popularen« Freiheitsforderungen – bestand in der Fronde nicht mehr, und erst sie hatte aus der Widerstandstheorie der Liga praktische Politik werden lassen. Vor allem die Motoren des ligistischen Extremismus, die »curés«, Jean Boucher und seine noch radikaleren, anonym gebliebenen Kollegen, fanden in der Fronde keine Nachfolger, so daß die politische Atmosphäre dieser Revolte niemals bis zum Ausbruch eines massiven politischen Radikalismus »von unten« aufgeheizt wurde. Und wenn wir davon ausgehen dürfen, daß die aktuelle politische Situation die ihr adäquaten politischen Theorien und Haltungen hervorbringt, so fehlte in der Fronde jeglicher Anlaß, um die verbreitete Unzufriedenheit in die Bahnen eines religiösen Fanatismus zu leiten, der in der Liga die Radikalisierung entscheidend gefördert hatte. Der König und seine Mutter waren unzweifelhaft katholisch, manchen Gallikanern sogar zu katholisch, d. h. Rom-orientiert und Rom-treu.[78] Ludwig XIII. hatte in seiner langen Regierungszeit das Bild eines in jeder Hinsicht gläubigen, ja devoten Königs gezeigt und hatte damit die weit verbreiteten Zweifel an der Gläubigkeit seines Vaters und an dem Fortbestand der in den Religionskämpfen neu entwickelten »loi fondamentale« der Katholizität des französischen Königs zum Verstummen gebracht. Selbst Mazarin, gegen den sonst alles Erdenkliche vorgebracht wurde, bot in dieser Hinsicht keinen politisch glaubhaften Angriffspunkt. Ganz Frankreich hatte zwischen Liga und Fronde einen Prozeß intensiver religiöser Reformen durchlaufen, was im Kontext der französischen Religionsgeschichte erst in zweiter Linie »Gegen-Reformation«, zunächst und vor allem jedoch »katholische Reform« bedeutete, Durchdringen aller Bevölkerungsschichten, auch und gerade der immer altgläubig gebliebenen, mit den Formen und Inhalten der alten, katholischen, durch das Tridentinum erneuerten Glaubenslehre.[79]

Geht man von neueren, noch nicht sehr weit gediehenen Arbeiten zur religiösen Sozialgeschichte Frankreichs zwischen Liga und Fronde aus, so spricht manches dafür, daß der soeben skizzierte Befund – das Fehlen eines substantiellen »popularen« Radikalismus in der Fronde aufgrund der Entschärfung des durch die Hu-

genotten und die radikalen Katholiken geschaffenen Religionsproblems – nicht als mehr oder minder zufälliges Ergebnis der
französischen Religionsgeschichte betrachtet werden darf, sondern daß er »von langer Hand« vorbereitet und in seinen politischen Auswirkungen durchaus geplant worden ist. Denn die
nachtridentinische Frömmigkeit nahm in Frankreich vor allem in
der Form zunehmender sozialer Kontrolle über die städtischen
Bevölkerungen Gestalt an – in der Einrichtung zahlreicher neuer
Orden, in der wachsenden Beaufsichtigung nicht nur des Glaubens, sondern auch der Sitten und Gebräuche, der Feste, Feiern
und Prozessionen. Und wenn Richets Vermutungen zutreffen, so
waren es wieder die französischen Eliten, die an diesem Prozeß
interessiert waren und ihn in der ersten Hälfte des 17. Jahrhunderts vorantrieben.[80]

Nicht die »Politiker« freilich begegnen uns hier, sondern ihre
Gegner, die »Devoten«, die nicht weniger absolutistisch dachten
als diese, aber ihre gallikanische, antispanische und antirömische
Haltung nicht teilten. Auch die »Devoten« zogen ihre Lehren aus
den Religionskämpfen und der Terrorzeit der Liga. »Devote«,
Mitglieder des Adels, des Klerus und – immer wieder – der hohen
Robe waren es vor allem, die für die katholische Reform eintraten, neue Orden gründeten, auf die Zivilisierung der Sitten drängten, die Städte und insbesondere die Hauptstadt von ihrem
»Dreck« und ihrem »Müll« zu reinigen versuchten.[81] Der »popularen« Politik der Liga durchaus abhold, nutzten sie dabei doch
die gesteigerte religiöse Intensität, die von der Liga herbeigeführt
worden war, lenkten diese aber fort von der politischen Demonstration hin zur religiösen Devotion und Disziplin. Richet zitiert
einige »politische« Liga-Kritiker, die zwischen 1588 und 1594 in
Paris geblieben waren und in ihren Tagebüchern und Memoiren
ihren Spott über den Fanatismus der Ligaführer ausgossen.[82] In
vorsichtigen Wendungen erkannten sie jedoch an, daß die Liga
ihre Gläubigen zu lenken und zu disziplinieren verstand. Man
sollte auch nicht übersehen, daß Henri IV., gewiß ein »Politiker«
reinsten Wassers und in Glaubensfragen, wenn nicht von renaissancehafter Unbekümmertheit, so doch gewiß alles andere als
»devot«, der »Devotion« im Lande viele Wege ebnete, soweit sie
ihm nicht seine anti-spanischen Pläne durchkreuzte.[83] Und auch
Richelieu, der die politische Devotion 1629 mit der Ausschaltung
Marillacs ihrer Speerspitze beraubte, hat die katholische Reform

im Lande auf alle erdenkliche Weise gefördert. Ja, in seinem komplizierten Lebenswerk – jener kunstvollen Verbindung von Ausbau des Absolutismus, anti-spanischer und anti-habsburgischer Außenpolitik und forcierter Katholisierung des Landes – flossen gleichsam die »politischen« und »devoten« Strömungen Frankreichs zusammen. Hier vereinigte sich etwas, was unvereinbar schien und von den Historikern allzusehr unter dem Gesichtspunkt des politischen und sozialen Konflikts zwischen einzelnen Parteien, zu wenig aber unter dem der sozialen und kulturellen Einheit der Eliten analysiert worden ist.

So war eine ganze Reihe von Voraussetzungen gegeben, die dazu führten, daß die größte Revolte Frankreichs im 17. Jahrhundert diesem Staat nicht die Erfahrungen und Ergebnisse der »Great Rebellion« bescherten, sondern nur die Aufgeregtheiten, den Lärm, die Hast und das verbissene Gerangel eines »Kinderspiels« (Richet), aus dem die absolute Monarchie schließlich sogar gestärkt hervorging oder zumindest die Argumente ihrer Sicherung und Stärkung zu ziehen wußte.[84] Ein anti-absolutistischer, anti-monarchischer Radikalismus im Stil der englischen »Levellers«, der wirklich »liberal« war und Entwicklungen des späten 18. Jahrhunderts antizipierte, stand den Frondeuren von vornherein nicht zu Gebote, weil er in den in ihrer übergroßen Mehrheit auf den monarchischen Staat bezogen, da von ihm durch Ämterhandel, Privilegien, berufliche Tätigkeit, soziale Verflechtung abhängigen Eliten keine hinreichende soziale Basis hatte. Radikale Alternativen zur absoluten Monarchie im Sinne der protestantischen und vor allem katholischen Monarchomachen waren am Ende des 16. Jahrhunderts gewogen und für zu leicht befunden worden, eine in ihren besten Protagonisten beachtliche politische Theorie hatte sich durch politische Praxis bloßgestellt, die Themen der Liga wurden in der Fronde praktisch nicht mehr diskutiert.[85] Tendenzen zur »Aristokratisierung« der Monarchie, von denen die Aktivitäten der »Prinzen« in der Fronde möglicherweise getragen wurden, hatten keine breite Durchsetzungsmöglichkeit, da sich die zeitweise beachtliche Gefolgschaft dieser »Prinzen«, vor allem Condés, politisch-theoretisch nicht unter einen Hut bringen ließ. Schließlich war im Frankreich der Fronde auch die geistige Folie aller entscheidenden theoretischen und praktischen Versuche zur Veränderung der monarchischen Verfassung in Europa – der religiös-konfessionelle Streit – verblichen. Konnte Ravaillacs Dolchstoß am 14. Mai 1610 noch einmal als Tat aus dem Geist Jean Bouchers begriffen werden, so gaben zu diesem Zeitpunkt die ligistischen Prediger schon lange nicht mehr den Ton in der Hauptstadt an. Seit 1602 weilte, vom König gerufen, François de Sales in Paris, ein neumystischer Heiliger, der eifrig und erfolgreich Proselyten machte für die Abwendung der Gläubigen vom Irdischen, Politischen, für ihre Hinwendung zu Christus und zur Liebe Gottes, der er in seinem 1616 gedruckten »Traité de l'Amour de Dieu« ein außerordentlich viel gelesenes Buch widmete. Seine Anhängerschaft war sozial breit gestreut, denn er predigte leicht verständlich und schrieb ein elegantes, untheologisches Französisch.[86] Doch besonderes Gehör fand er im Adel und in der Robe, in den Eliten, die nach den Exzessen des Bürgerkrieges nur zu bereitwillig den sich mehrenden Rufen zur Abwendung von der Politik, ja, von der Welt folgten.[87] Richelieu, Mazarin und die übrigen »raison-d'état«-Protagonisten im königlichen Rat freilich holten sie in die rauhe Wirklichkeit zurück. Denn sie glaubten, dem konfessionell beruhigten Land einen forcierten Staatsausbau und ein europa-weites außenpolitisches Engagement zumuten zu dürfen, wogegen Marillac und andere »Düpierte« des Jahres 1629 vergeblich opponierten. Die Antwort auf diese Zumutung war die Fronde – in ihrem Kern eine Elitenrevolte, die nun die Impulse aufnahm, die schon seit langem von den aufständischen Adeligen und Bauern gegeben worden waren. Ihren besonderen Schwung zog die Fronde aus der Tatsache, daß der Stand der königlichen Richter dem Unternehmen das Gewicht seines institutionellen, argumentativen und persönlichen Engagements lieh. Die Grenzen der Revolte wurden dadurch gesteckt, daß eben diese Richter aufgrund der sozialen und politischen Entwicklung ihres Standes seit den letzten vierzig bis fünfzig Jahren nicht aus ihrer absolutistischen Haut heraus konnten und wollten. Wenn die zahllosen »Mazarinades« sich so verbissen auf die *eine* Person des Kardinals stürzten und seine ganz persönlichen Schwächen und Fehler für den Zustand des ganzen Landes verantwortlich machten, so war das nur der politisch-psychologische Reflex auf die Tatsache, daß die hohe Robe Schuld nur einer einzelnen Person, nicht aber dem System zuweisen wollte, gegen das sie gleichsam wider Willen rebellierte. Einige wenige Publizisten der Fronde haben das erkannt und haben davor gewarnt, nur auf den Kardinal zu starren und darüber die Verantwortlichkeit des Königs zu vergessen.[88] Die Richter jedoch haben das nicht akzeptiert. Ihr Bild des Königtums war noch ein personales, und sie hielten dafür, daß Fehlentwicklungen der Monarchie noch durch Entscheidungen über ihre Diener zu korrigieren wären. Einhundert Jahre später, als aus der »absoluten« die »administrative« Monarchie geworden war, d. h. als der Systemcharakter der seit Henri IV und Richelieu eingeleiteten Veränderungen überaus klar zutage lag, wurde auch die Politik der Richter und Parlamente »systematisch«.[89] Das war dann keine Fronde mehr, kein »Kinderspiel«, sondern beharrliche Kritik und mannigfaltige Opposition, die wesentlich zur Krise und Destabilisierung der Monarchie beitrugen und der Revolution den Weg ebneten.

Die Voraussetzungen
gesellschaftlicher Stabilität im Absolutismus
Bemerkungen zu Frankreich im
17. und 18. Jahrhundert

In einer Zeit, da sich Frankreich und die Welt anschicken, den 200. Geburtstag der Französischen Revolution in einem Meer von Jubiläumsfeierlichkeiten zu ertränken und wir Gefahr laufen, von einem Sturzbach neuer Bücher über die angeblichen oder tatsächlichen welthistorischen Implikationen dieses Ereignisses hinweggerissen zu werden, soll von einem historischen Phänomen die Rede sein, dem im Vergleich dazu nichts Sensationelles, keinerlei Jubiläumswürdigkeit, wohl aber das Signum der Stabilität, fast schon der langen Dauer im Sinne Braudels anhaftet. Es geht um das französische Ancien Régime, genauer: um jene mehr als einhundert Jahre dauernde Epoche des alten monarchischen und gesellschaftlichen Systems zwischen Fronde und der Krise des Ancien Régime, die nach den Aussagen vieler Historiker als der Höhepunkt des Absolutismus nicht nur in Frankreich, sondern in ganz Europa gelten kann.[1] Trotz ständiger Belastung im Rahmen der internationalen Beziehungen des Landes – zunächst durch den habsburgisch-französischen Gegensatz, dann durch den Prozeß der Machtsicherung und Machtbehauptung im Sinne einer europäischen Hegemonie Frankreichs, schließlich im Zusammenhang mit der Neubestimmung der europäischen Beziehungskonstellation im Rahmen der »großen Mächte« des 18. Jahrhunderts – hat sich dieses System nach innen einer ungewöhnlichen Stabilität erfreut, wie sie in der frühen Neuzeit kein anderer Staat gekannt hat, der sich von vergleichbaren machtpolitischen Ambitionen leiten ließ. Dabei bedeutet der Begriff »Stabilität« zunächst nichts anderes, als daß das politische System der absoluten Monarchie, wie es sich seit dem ausgehenden 16. Jahrhundert in einer Reihe schwerer, durch das Religionsproblem und eine fast permanente Kriegssituation verschärfter innerer Krisen herausgebildet hatte, ohne massive Infragestellung von innen bestand und Frankreich zu einem europäischen Machtzentrum im Rahmen der »großen Mächte« entwickeln konnte.[2]

Die Gründe für diese Stabilität sind lange Zeit in der spezifischen personalen Ausprägung gesucht worden, die das System des Absolutismus in Frankreich gefunden hat. Die entsprechenden Argumente treten etwa bei einem Blick in die Mehrzahl der an deutschen Schulen gebräuchlichen Schulbücher zur frühen Neuzeit hervor, in denen auch heute noch ein völlig ungebrochener Glaube an die personal- und ereignisgeschichtliche Interpretation des französischen Absolutismus vorherrscht.[3] Frankreich im 17. Jahrhundert – dieses Thema kommt in deutschen Geschichtsbüchern einer Stereotype gleich: Immer noch agiert Ludwig XIV. auf der Grundlage der griffigen Souveränitätsdefinitionen des 16. und frühen 17. Jahrhunderts wie ein allgewaltiger Selbstherrscher, immer noch schafft er durch einen Kranz neuer Institutionen Verhältnisse, die es ihm erlauben, das Riesenland mit seinen 20 Millionen Einwohnern wie ein »großer Bruder« des Barockzeitalters in den Griff zu nehmen, immer noch ist Versailles der Ort, von dem aus nach dem Ende der Religions- und Adelskämpfe alles gesteuert wurde. Es ist, als hätten Otto Brunner und Dietrich Gerhard nie geschrieben und gelehrt, von den französischen Sozialhistorikern der 60er und 70er Jahre ganz zu schweigen.

Die deutsche ständegeschichtliche Forschung hat uns ein wesentlich neues Bild des Absolutismus gezeichnet.[4] Sie hat es freilich ganz überwiegend an Beispielen gewonnen, die dem territorialen Raum des alten Reiches entstammten und insofern wenig geeignet waren, zugleich zur Klärung der französischen Verhältnisse beizutragen. Immerhin hat sich gerade Dietrich Gerhard gern mit Frankreich beschäftigt, etwa in seiner Studie über die Amtsträger, in seinen vielen Bemerkungen über die *noblesse de robe,* schließlich aber auch in seiner von einer gewissen Fassungslosigkeit angesichts des Machtphänomens gezeichneten kleinen Arbeit über Richelieu.[5] Bei diesen und vergleichbaren Arbeiten wurde sogleich deutlich, daß Frankreich eine Fülle von Beobachtungen anbot, die es ratsam erscheinen ließen, vom überkommenen simplen Bild des Absolutismus abzulassen.

Deutlich wurde allerdings auch, daß sich die Erforschung des französischen Absolutismus nicht einfach hineinziehen ließ in den Kontext deutscher verfassungsgeschichtlicher Forschungen, die mit ihrer Konzentration auf ständische Versammlungen – auf ihre Kompetenz, ihre Wirksamkeit und ihre Grenzen – einer recht gradlinigen Vorstellung über das Verhältnis von Fürst und

Ständen oder – abstrakter ausgedrückt – über die sozialen Grundlagen des Absolutismus in den Territorien des Reiches anhing. Zu eindeutig war, daß für Frankreich viele Fragen anders gestellt werden mußten: Was war das für ein Land, das mit der lang ersehnten Beendigung der religiösen Bürgerkriege auch seine im 16. Jahrhundert recht aktive, zuvor freilich niemals mit dem englischen *parliament* vergleichbare zentrale ständische Institution über Bord warf? Was war das für ein Land, in dem das offensichtlich nicht auf die Stärke des monarchischen Gegners, sondern auf die Schwäche bzw. Uneinigkeit der Stände selbst zurückging? Wie sahen die Provinzen dieses Landes aus, die sich im Verlauf des 17. Jahrhunderts zu einem großen Teil ihre provinzialständischen Institutionen vom absoluten Staat fortnehmen ließen und statt dessen einen Repräsentanten des Königs akzeptierten? Woran lag es andererseits, daß dies nicht für alle Provinzen galt, daß einige, wie etwa das Languedoc[6], ihre ständische Institution bewahrten und sogar zu einer machtvollen Institution im Rahmen des monarchischen Finanzierungssystems ausbauten?

Diese und ähnliche Fragen, das wurde bald deutlich, ließen sich nicht mit Hilfe eines historiographischen Zugriffs beantworten, der bei allem Interesse seiner Protagonisten für Fragen der Sozial- und Wirtschaftsgeschichte doch ganz wesentlich verfassungs- und in mancher Hinsicht auch ideengeschichtlich ausgerichtet war. Oder, anders ausgedrückt: Sie ließen sich nicht allein in den Denkbahnen und in der Terminologie einer Forschungstradition bewältigen, die es sich angewöhnt hatte, die europäische Geschichte des 16. und 17. Jahrhunderts in verfassungsgeschichtlicher Hinsicht aus der Perspektive ihrer Entstehung im hohen bzw. späten Mittelalter zu betrachten, und die damit nur wenig Gespür dafür entwickelt hatte, daß in der frühen Neuzeit gerade auch im Kleid der alten Begrifflichkeit und Rechtsformen etwas qualitativ Neues entstehen konnte. Vergegenwärtigt man sich z. B., wie stark Otto Brunner Phänomene des 16. und 17. Jahrhunderts – etwa die Souveränitätsdoktrin, aber auch den Absolutismus als solchen – als im spätmittelalterlichen Verfassungsdenken vorgeprägt und *insofern* in seiner spezifisch frühneuzeitlichen Eigenqualität eingeschränkt interpretiert[7], dann macht sich Skepsis breit, die sich nicht auf den Ansatz insgesamt bezieht, wohl aber auf die Frage, ob er in der Lage ist, ein komplexes historisches Phänomen in allen seinen zeitlichen Dimensionen zu erfassen.

Die französische Forschung zum Absolutismus ist von der deutschen Verfassungshistoriographie niemals wesentlich beeinflußt gewesen, was ihren Arbeiten zum frühneuzeitlichen Staat nicht besonders förderlich war und ihnen leicht jenen Charakter deskriptiver Oberflächlichkeit verlieh, dem man selbst in den großen Überblicksdarstellungen Roland Mousniers begegnet.[8] Sie hat sich dagegen frühzeitig intensiv mit sozialgeschichtlichen Fragen in bezug auf den monarchischen Absolutismus befaßt – und auch in diesem Zusammenhang mag ein Hinweis auf Roland Mousnier, diesmal positiv gewendet, zum Beleg dienen: Mousniers Studie über die Ämterkäuflichkeit, schon 1945 erschienen, 1971 in zweiter, verbesserter Auflage vorgelegt[9], ist auch heute noch eine der ganz großen Leistungen französischer Historiographie im Übergang zwischen Verfassungs- und Sozialgeschichte, in ihrer Bedeutung für ihren Forschungsbereich vergleichbar mit der drei Jahre später erschienenen Arbeit über das Mittelmeer von Fernand Braudel.

Die starke sozialgeschichtliche Ausrichtung der französischen Absolutismusforschung hat sich nicht nur bis heute erhalten, sie ist noch dadurch verstärkt worden, daß sich auch die Historiker um die »Annales« – nach den Intentionen seiner Gründungsväter kein Unternehmen, dem die Staats- und Staatengeschichte ein besonderes Anliegen sein sollte – seit längerem gern mit den politischen Strukturen des Ancien Régime vornehmlich in Frankreich beschäftigen und dabei der traditionellen Verfassungs- und Bürokratiegeschichte die Segnungen ihrer elaborierten Forschungsmethoden angedeihen ließen. Im Zeichen der »Annales« ist Anfang der 70er Jahre ein äußerst heftiger, von politischen Implikationen angefüllter Streit um den Charakter des Ancien Régime geführt worden, der jetzt, vor dem Bicentenaire, wiederaufzuflammen droht[10]. Heute, im Rückblick auf diesen Streit und den reichen Forschungsertrag, den er hervorgebracht hat, läßt sich sagen, daß wir in Frankreich sehr viel besser als zuvor und in gewisser Weise auch besser als in anderen Ländern über den Absolutismus und seine sozialen Grundlagen Bescheid wissen. Wenn ich mich im folgenden ein wenig mit diesem Ertrag beschäftige, so geschieht das in der Absicht, Klarheit zu gewinnen über den Typus der Gesellschaft, der den französischen Absolutismus trug und damit die Voraussetzung dafür schuf, daß dieses Land trotz seiner weitausgreifenden Machtpolitik jene eingangs beschriebene Stabilität über mehr als einhundert Jahre zu bewahren vermochte. Mit anderen Worten: Ich möchte, wie ich es in der Einleitung zu meinem Absolutismus-Sammelband formuliert habe, den Versuch unternehmen, die den Absolutismus tragende Gesellschaft in Frankreich zu definieren, ohne auf die der deutschen verfassungsgeschichtlichen Tradition entstammende Bezeichnung »ständische Gesellschaft« zurückzugreifen, die offensichtlich nicht ausreicht, oder gar chronologische Hilfstermini wie »vorbürgerlich« oder »frühbürgerlich« heranzuziehen, die das Problem nicht lösen, sondern verdecken, »da eine solche, mehr chronologische als typologische Bezeichnung die vorangehende Epoche lediglich zur Vorstufe der nachfolgenden degradiert und die eigentliche Aufgabe einer komplexen historischen Begriffsbildung – die zeittypischen Interdependenzen zwischen Gesellschaft und politischem System herauszustellen – verfehlt bzw. mißachtet«[11].

*

Weil wir uns in den letzten Jahren bei der Analyse des europäischen Fürstentums stark von »innenpolitischen«, strukturgeschichtlichen Gesichtspunkten leiten ließen, ist ein wenig aus dem Blick geraten, daß dem frühneuzeitlichen Staat seit seiner Grundlegung im 15. Jahrhundert eine starke, nach außen gerichtete Dynamik zu eigen war. Die Anteilnahme an den europäischen Machtkämpfen, sei es um den Einfluß in politisch schwachen und darum umkämpften Regionen wie Oberitalien, sei es direkt um die Hegemonie in Europa, sei es um Machtsteigerung im Zusammenhang mit der konfessionellen Frage, gehörte zum Wesen dieses Staates, und es stand ganz außer Frage, daß jedem europäischen Monarchen durch Fürstenerziehung, politische Testamente und Erfahrung Einblick in diesen Wesenszug europäischer Politik vermittelt wurde. In der politischen Theorie hat das u. a. in der berühmten Lehre von den »Interessen der Staaten« Ausdruck gefunden – eine machtpolitische, staatsräsonistische Tradition frühneuzeitlicher politischer Theorie[12], die interessanterweise durch eine friedenspolitische (Sully, Crucé, später dann Abbé Saint-Pierre, Kant u. a.) konterkariert wurde[13]. Es lohnt sich, unser Wissen von dieser Tradition auch für die innere Situation einer Monarchie wie der französischen nutzbar zu machen.

In mehreren Arbeiten, u. a. von Michel Morineau und von David Buisseret[14], ist jüngst der Versuch unternommen worden, das französische Staatsbudget im 17. und 18. Jahrhundert einer genaueren Analyse zu unterziehen und damit einen Gegenstand aus dem Bereich des Unbestimmten, Geheimnisvollen herauszuholen, dem wie keinem anderen bis heute die Aura eines Arkanums anhaftete. So wenig abgeschlossen diese Versuche auch noch sind, so deutlich kristallisierte sich eines heraus: Die französische Monarchie betrieb im 17. und 18. Jahrhundert nur in einem sehr ungenauen Sinne Verschwendung, und ihre Finanzverwaltung sowie ihr gesamtes Finanzierungssystem waren auch in einem gleichfalls sehr ungenauen Sinne chaotisch und daher Reformen nicht zugänglich. Beide Charakterisierungen gehören seit Jahren zu den Standardformulierungen von Schulbüchern und jenen popularisierenden Darstellungen, denen es bei der Beschreibung von Absolutismus und Ancien Régime letztlich nur um eine Folie für die Erklärung der nachfolgenden revolutionären Ereignisse geht. Jedes Urteil über die Funktions- und Leistungsfähigkeit der französischen Monarchie muß aber von der Tatsache ausgehen, daß sie sich seit der Mitte des 16. Jahrhunderts durch ihre Beteiligung am europäischen Mächtekampf permanent unter den Druck einer forcierten Finanzierungs- und Schuldenpolitik setzen ließ bzw. selbst setzte, von der aus nahezu alle übrigen Bestandteile des Systems – bis hin zum Verhältnis des Königs zum Beamtentum, zu den einzelnen sozialen Gruppen, insbesondere zum Adel – bestimmt wurde. Dabei ist es relativ gleichgültig, an welchem Punkt der langen Ancien-Régime-Geschichte wir mit der Analyse einsetzen – ob nun in der Mitte des 16. Jahrhunderts, als mit der erstmaligen Beendigung des habsburgisch-französischen Konflikts im Frieden von Cateau-Cambrésis (1559) verhältnismäßige finanzpolitische Ordnung einzukehren schien, ob an seinem Ende, als religiöser Bürgerkrieg, kostspielige Versöhnungsgesten gegenüber Liga und Protestanten und spanisch-französischer Konflikt unter Henri IV schon zu einer beträchtlichen Schuldenkrise kumulierten, oder ob erst im Verlauf des 17. Jahrhunderts mit seinen sattsam bekannten beträchtlichen Steigerungsraten für stehendes Heer, Subsidien, Kriegsmarine, Befestigungen und was sonst noch im Entfaltungsprozeß einer kontinentalen Militärmonarchie erforderlich war[15]. Und daß Frankreich auch im 18. Jahrhundert, wenn auch nicht mehr im Stile Ludwigs XIV., in die

Auseinandersetzungen der europäischen Mächte einbezogen war und von dort her seine gesamte Budgetpolitik konzipieren mußte, braucht nicht ausdrücklich durch einen Hinweis auf den siebenjährigen Krieg oder auf das Engagement Frankreichs in Amerika belegt zu werden.

Vor diesem Hintergrund war Budgetpolitik Kreditschöpfungs- und vor allem Schuldenbedienungspolitik – eine reguläre, auf Jahre vorausschauende Haushaltsplanung war da nicht möglich oder nur in jenen Zeiten relativer außenpolitischer Ruhe, die uns das Bild sparsamer, reformwilliger und fähiger Minister überliefert haben. Hatten die vielgerühmten politischen Fähigkeiten eines Sully, Colbert, Fleury vielleicht etwas damit zu tun, daß ihnen eine umfassende Kriegsfinanzierung erspart blieb und daher eine einigermaßen verläßliche Budgetpolitik möglich wurde? Wie gesagt – es erscheint lohnend, sich die Selbstverständlichkeit des kontinuierlichen mächte- und kriegspolitischen Engagements Frankreichs im Ancien Régime genau vor Augen zu halten, um seine Auswirkungen nach innen zu verstehen.

Versuchen wir nun, diese Auswirkungen etwas genauer zu fassen! Wie bei anderen kontinentalen Monarchien auch, setzte sich das französische Staatsbudget aus sehr unterschiedlichen Einkunftsarten zusammen, deren jeweiliger prozentualer Anteil am Gesamthaushalt von Jahr zu Jahr schwankte und dem besonderen Kapitalbedürfnis der monarchischen Politik angepaßt wurde. Den ältesten, gleichsam »klassischen« Teil stellten die – wenig ertragreichen, weil zumeist auf sehr lange Zeit veräußerten – Domäneneinkünfte und die direkte Steuer, die *taille*, dar, die im 16. Jahrhundert ihren ursprünglichen Charakter als »Ausnahme« längst eingebüßt hatte und zu einer normalen jährlichen Erhebung geworden war. Die *taille* kann man auch als »Bauernsteuer« – besser als Steuer der nicht-privilegierten Landbevölkerung – bezeichnen, denn nicht nur die Oberstände waren persönlich von ihr ausgenommen, sondern auch sehr viele Städte, denen dies irgendwann einmal als Privileg zugestanden worden war. In ihrer Funktion als »Bauernsteuer« ließ sie sich freilich nicht, wie dies Geschichtsbücher so gern behaupten, zur beliebigen Belastung der Landbevölkerung einsetzen, denn die französischen Bauern wußten sich, wie wir aus einer Fülle von Studien über die Volksaufstände des 16. und 17. Jahrhunderts inzwischen wissen, durchaus zu wehren[16]. Es besteht daher Grund zu der Vermutung, daß in der zweiten Hälfte des 17. Jahrhunderts und im 18. Jahrhundert bis hin zur Krise des Ancien Régime auf dem Land eine gewisse Ruhe einkehrte, weil die *taille* nicht mehr stieg, möglicherweise sogar etwas sank, ganz sicher jedoch ihren Anteil am Gesamtbudget verringerte.

Neben der *taille*, die seit dem Ende des 17. Jahrhunderts um einige außerordentliche, alle Stände gleichermaßen betreffende direkte Steuern ergänzt wurde, standen die zahlreichen indirekten Steuern und Zölle, die im 17. Jahrhundert ihren schon zuvor bedeutenden Anteil am Staatsbudget kontinuierlich steigerten. Einzelheiten können hier nicht ausgebreitet werden, es muß der Hinweis auf das Wachstum der *gabelle,* der *octrois* und der verschiedensten innerfranzösischen Zolleinnahmen genügen, das für das spätere 17. und das 18. Jahrhundert durchaus belegt ist.[17] Schließlich muß man in das Tableau regelmäßiger und in gewisser Weise normaler Staatseinkünfte seit dem 16. Jahrhundert auch jene aus dem Ämterverkauf und aus dem Ämterwesen insgesamt einbeziehen; sie konnten, wie noch zu zeigen sein wird, gelegentlich bemerkenswerte Größenordnungen annehmen – bemerkenswert in der Hinsicht, daß dem Verkaufswert, den die französische Monarchie in Krisenzeiten aus neu geschaffenen Ämtern zog, in aller Regel keinerlei Effizienzgewinn in der Verwaltungsorganisation gegenüberstand.

Schon in Friedenszeiten, so wissen wir aus zahlreichen finanzgeschichtlichen Studien, ließ sich mit diesen Einkünften das französische Staatsbudget nicht immer ausgleichen, weit weniger noch im Krieg. Aus diesem Grunde kam zu den beschriebenen Einkünften ein seit dem Engagement Frankreichs im 30jährigen Krieg kontinuierlich wachsendes Schuldenbudget hinzu, das sich, je mehr die Zeit voranschritt, immer weniger aus den klassischen ausländischen, etwa italienischen, Anleihen speiste, sondern zunehmend auch auf Zahlungen französischer Untertanen bzw. Institutionen beruhte. Sie wurden finanztechnisch in sehr verschiedenen Formen abgewickelt, die hier nicht im einzelnen beschrieben zu werden brauchen. Den größten Bekanntheitsgrad haben die von der Krone gezeichneten sogenannten Renten (*rentes*) erhalten, die in der Regel auf Kroneinkünfte gezeichnet und über städtische Institutionen, etwa das Pariser *Hôtel de ville,* abgewickelt wurden und die für die Gläubiger den Wert und die Funktion eines Staatspapiers hatten.[18] Selbst wenn es wegen der regelmäßigen Zahlung dieser Renten mehrfach im Verlauf der Ancien-Régime-Geschichte erhebliche Probleme gab, konnten die Gläubiger doch bis hin zur Revolution mit dieser rechnen.

Überblickt man das gesamte finanzpolitische Geschehen auf der Einnahmeseite, so wird alsbald deutlich, daß es sich hier um ein Staatsbudget handelte, das einen extrem hohen Verwaltungsaufwand erforderte. Denken wir nur an die umständliche Organisation einer landesweiten Verbrauchssteuer auf Güter des täglichen Bedarfs bei dem Wechsel vom Land in die Stadt; denken wir an die Schwierigkeiten des Verkaufs und der Verzinsung von Staatspapieren in einem riesigen Flächenstaat ohne jegliche Ausstattung mit Geschäftsbanken, ohne Verschriftlichung der wesentlichen Bankvorgänge, bei gleichzeitiger Konzentration auf die Edelmetalle als wesentliche Zahlungsmittel; denken wir schließlich auch an die Mühen der Auslobung und des Verkaufs von Ämtern in einer von Paris bzw. von Versailles weit entfernt gelegenen Provinzhauptstadt. Denn natürlich war der Fiskus nicht nur am Geld der wohlhabenden Pariser Bürger interessiert, die aufgrund einer zentrenorientierten Geschichtsschreibung allzu bekannt geworden sind – schon allein deshalb, weil sie die ersten waren, die im wahrsten Sinne des Wortes Krach schlugen, wenn die königliche Anleihenpolitik aus dem Ruder zu laufen drohte. Natürlich ging es auch um Geld aus den entfernten Provinzen, um den außerhalb von Paris wohnenden Adel, um die wohlhabenden Kaufleute in Rouen, Bordeaux oder Marseille.

Nun hatte Frankreich, im Gegensatz etwa zu England, schon seit dem 15. Jahrhundert einen kräftigen Bürokratisierungsschub erlebt, der neben der Justiz vor allem die Finanzverwaltung erfaßt hatte.[19] Ob und wie weit er freilich im 17. Jahrhundert noch im Sinne eines rationellen Umgangs mit den Kroneinkünften wirkte, muß nach allem, was wir dank intensiver französischer und amerikanischer Arbeiten über die *offices* inzwischen wissen, nachdrücklich bezweifelt werden. Jedem Wellenberg der Bürokratisierung folgte stets das Wellental einer erneuten Patrimonialisierung, wofür der Ämterhandel nur das spektakulärste Beispiel ist. Selbst das vielgerühmte Spitzenprodukt französischen Erfindungsgeistes auf diesem Gebiet – die Intendantur – ist im Verlauf des 18. Jahrhunderts von dieser Tendenz erfaßt worden. Schon zu Zeiten Heinrichs IV., um so mehr noch im Jahrhundert danach überstieg der Kapitalbedarf der Krone die Leistungsfähigkeit der klassischen Finanzinstitutionen so deutlich, daß an eine Bewältigung der Aufgaben durch ordentlich installierte Beamte auch für den Fall nicht zu denken war, daß die Behördenorganisation gut funktionierte. So kam es, daß die wesentlichen Bestandteile des französischen Staatsbudgets privaten Geschäftsleuten zur Verwaltung überantwortet wurden.[20] Sie trieben die indirekten Steuern, Zölle, Ungelder u. a. ein, sie organisierten die königlichen Anleihegeschäfte, sie vertrieben die Mehrzahl der kaufbaren Ämter und drangen darüber hinaus selber, als Einzelpersonen oder zu Korporationen zusammengefaßt, in die Finanzierungsgeschäfte der Krone tief ein.

Die Form dieser Privatisierung großer Teile der Staatseinkünfte und der Finanzverwaltung war im 17. Jahrhundert keinesfalls neu; bis hin zu den Steuerpächtern im alten Rom sind vergleichbare Verfahren bekannt[21], und an die nach den Hannibalkriegen entstehende Organisation der *publicani* scheint man auch in Frankreich gedacht zu haben, denn der Begriff *publicain* erscheint in den Quellen und wird auch von modernen Historikern gern benutzt[22]. Es handelt sich um »Kapitalisten«, die sich zu Organisationen zusammenschließen und mit ihrer Tätigkeit die Betriebsfähigkeit des Fiskus durch Vorauszahlung von Pauschalsummen gegen eine vertraglich abgesicherte Überschreibung entsprechender Kroneinkünfte sichern. Was am französischen Beispiel im 17. Jahrhundert hingegen überrascht, sind die außerordentliche Vielgestaltigkeit dieses Systems und die Konsequenz und Systematik, mit der es gehandhabt wurde. In deutschen Überblickdarstellungen hat das bis heute noch keinen angemessenen Platz gefunden – ganz offensichtlich vor allem deshalb, weil sein nicht-öffentlicher Charakter schlecht zu einer verfassungsgeschichtlichen Sicht des Absolutismus paßt, für die diese Epoche immer noch durch ein hohes Maß an neugeschaffener institutioneller Ordnung gekennzeichnet ist. Und in der Tat ist »Unordnung« auch nicht das vorherrschende Kennzeichen des Systems, verfügte doch, wie Yves Durand gezeigt hat, z. B. die Organisation der *fermiers généraux* im 18. Jahrhundert über eine weit bessere »Bürokratie« als die öffentliche Staatsverwaltung.[23] Gegenstand der Kritik wurde das System vielmehr wegen seines privaten Charakters, durch den ein beträchtlicher Teil der französischen Staatseinkünfte jeglicher öffentlichen Kontrolle entzogen wurde.

Bedeutsam ist, daß sich das System der Steuerpacht mangels einer geeigneten, d. h. politisch durchsetzbaren Alternative, etwa durch ständische Schuldentilgung oder durch die Einrichtung einer durch eine repräsentative Institution kontrollierten »nationalen« Schuld, im Grunde zu keinem Zeitpunkt in der langen Geschichte des Ancien Régime abschaffen ließ. Zwar gab es in länger anhaltenden Epochen des Friedens durchaus Reformbemühungen und ministerielle Erfolge bei dem Versuch, das riesig gewordene Einflußfeld der *publicains* zu beschneiden. In der Regel wurde dies auf dem Weg über die öffentliche Anklage gegen bestimmte Leitfiguren der Finanzwelt bis hin zu ehemaligen Ministern erreicht, die angeblich oder tatsächlich mit den Finanzleuten dunkle Geschäfte gemacht hatten. Die Serie spektakulärer Prozesse (*chambres de justice*) gegen einzelne Finanziers, der Prozeß gegen Fouquet und ähnliche Verfahren, durch welche zwar einzelne Personen und Karrieren, nicht aber das ganze System getroffen wurden, ist dafür ein guter Beleg.[24] Den aussichtsreichsten Angriff auf dieses System stellte übrigens die Reformpolitik des Schotten John Law dar, der in der *Régence* Finanzminister wurde und die Unvorsichtigkeit beging, seine weitsichtigen Reformideen mit einem tollkühnen Aktienspekulationsplan zu verbinden.[25]

Law hatte sowenig Erfolg wie seine Vorgänger und Nachfolger, so daß das beschriebene Finanzsystem bis in die Jahre der Vorrevolution hinein in Geltung blieb. Und hatte auch Jacques Necker völlig klare Vorstellungen von den notwendigen Reformmaßnahmen und damit von einer Neukonstituierung des französischen Finanzsystems im Sinne einer transparenten öffentlichen Verwaltung[26], so gelang es ihm nicht, diese im wünschbaren Umfang durchzusetzen, mußte er den Löwenanteil den revolutionären Regierungen überlassen. Das lag einerseits, wie schon gesagt, an dem außerordentlich hohen Kapitalbedarf der Monarchie, der sich im Zeichen von Anleihen und Pachten verhältnismäßig zuverlässig, wenn auch keinesfalls immer friktionslos befriedigen ließ, zu dem es aber unter den Bedingungen einer auf Arkanpolitik festgelegten, auf den europäischen Mächtekampf fixierten Militärmonarchie keine Alternative gab. Hinzu kommt aber noch, daß auch die französische Gesellschaft mit dem System zu leben und es glänzend zu nutzen wußte.

Die Financiers des 17. Jahrhunderts, in der Zeit zumeist als »partisans« und «traitants» bezeichnet, waren ihrer Herkunft nach keine »glänzenden« Leute, doch gehörten sie in der Regel Familien an, die sich schon seit einiger Zeit zumindest in der Gestalt einiger Mitglieder aus den klassischen städtisch-bürgerlichen Berufen zurückgezogen und die Finanzen des Königs zu ihrem beruflichen Hauptbetätigungsfeld gemacht hatten.[27] Es wäre daher ganz falsch, bei der Einschätzung ihrer sozialen und beruflichen Position im klassischen Frankreich den zeitgenössischen Polemiken zu folgen, die sie nicht selten als einem obskuren, dem Kriminellen benachbarten Milieu entstammend beschreiben. In Wahrheit haben wir es mit einer sozialen Gruppe auf dem Weg aus dem unteren, mittleren und hohen Bürgertum in eine höhere ständische Notabilität zu tun. Dieser soziale Aufstiegsprozeß wurde durch den Kauf von Ämtern in der Justiz- und Finanzverwaltung langfristig geplant und vorbereitet und war in vielen Familien erst nach mehreren Generationen beendet. Betrachtet man die Steuerpächter des 18. Jahrhunderts, die sich nun schon als notable Bestandteile des monarchischen Systems betrachten durften, dann wird ganz deutlich, daß hier auf dem Weg über die königlichen Finanzen eine neue soziale Schicht herangewachsen war[28]. Und daß die Entscheidung einer Familie, in die königlichen Finanzen zu gehen, sehr weit nach oben zu führen vermochte, dafür steht das von der Forschung glänzend aufgearbeitete Beispiel der Familie Colbert aus Reims.[29] Die neue Schicht der *financiers* war keinesfalls identisch mit der »noblesse de robe«, wenn sie ihren sozialen Aufstieg auch ganz so wie diese organisiert hatte und zu ihr in vielerlei sozialer Beziehung stand.

Ansehen, Notabilität benötigten die königlichen Finanzleute in hohem Maße. Denn ihre Funktion erschöpfte sich nicht darin, daß sie Steuern einzogen und vorab Pauschalzahlungen an die königliche Kasse tätigten. Ebenso wichtig war es, daß sie Anleihen organisierten, Ämter verkauften, die Regelmäßigkeit von Zinszahlungen an die Gläubiger verbürgten, Positionen in der Zoll-, Steuer- und Ungeldverwaltung weitervermittelten, bestimmte, ihnen überschriebene Einkünfte an private Einzelpersonen oder Institutionen abtraten, kurz und gut: den Kapitaltransfer zwischen den wohlhabenden Schichten des Landes und den königlichen Kassen in Gang hielten und kontrollierten. Das waren keine marginalen Tätigkeiten, vielmehr stehen wir hier im Zentrum des alten monarchischen Systems, denn wenn von »wohlhabenden Schichten« gesprochen wird, heißt das für das klassische Frankreich nichts anderes, als daß auch und gerade der Adel mit dieser Finanzwelt in Verbindung stand und über sie zur Finanzierung der Monarchie beitrug. Nach Daniel Dessert sind die *finances* im 17. Jahrhundert ein privilegiertes Anlagefeld adeliger Vermögen, wobei Dessert in diesem Zusammenhang sogar zu einer gewissen Ausschließlichkeit neigt und auf m. E. unsicherem Beweisgrund die These aufstellt, die Edelmetallwirtschaft des 17. Jahrhunderts sei exklusiv »aristokratisch« gewesen, das bürgerliche Kapital aus den Handelsmetropolen habe sich dem System erst im Zeichen der Ausbreitung des Wechsels und des Papiergeldes im 18. Jh. angeschlossen.[30]

Wie dem auch sei – fest steht, daß Adelige bis hin zum Hochadel im 17. Jahrhundert massiven Anteil an den Geschäften der *finance* nahmen. Nach einem Jahrhundert intensiver Konflikte zwischen Krone und Hochadel zwischen 1560 und 1660 kam es damit offensichtlich zu einem Interessenausgleich zwischen beiden, den man angesichts der neuen Erkenntnisse über die sozialen Grundlagen der *finance* nicht mehr allein als »Entpolitisierung« oder »Domestizierung«, sondern auch als eine Art von »Commanditisierung« des Adels kennzeichnen könnte[31]. Der Adel und alle, die auf den von der Monarchie bereitwillig angebotenen Wegen der sozialen Mobilität in den Adel aufstiegen, wurden zu Geschäftspartnern des Königs und trugen so zur Finanzierung der Monarchie, vor allem ihrer Heeresausgaben bei. Die Leute aus der Finanzwelt vermittelten das Geschäft, wobei ihr wichtigstes Kapital vermutlich ihre weitverzweigten Familienkontakte waren, mit deren Hilfe sie an den verschiedensten Punkten des Landes mit den wohlhabenden Untertanen des Königs in Kontakt traten. Teil des »Geschäfts« scheint der Verzicht auf politische Opposition gewesen zu sein, wie sie das Jahrhundert zwischen 1560 und 1660 im Übermaß gekannt hatte und wie sie nach 1760 unter anderen Vorzeichen erneut aufflackern sollte. Mir scheint, daß die Frage nach den Bedingungen für die soziale Stabilität des absolutistischen Systems in Frankreich zwischen 1660 und 1760 hier eine erste Antwort erhält.

Sie ist gewiß unzureichend, denn viele andere Faktoren müssen noch in den Blick genommen werden. Hier soll nur noch von einem weiteren die Rede sein, der im Zusammenhang mit einer Bewertung des Adels von großer Bedeutung ist und durch neuere Forschungen seit gut 10 Jahren noch besser überschaubar geworden ist als zuvor. Ich meine den Ämterhandel als Quelle der dauernden und in breitem Maßstab betriebenen Ergänzung des Adels von unten her[32]. Welche Mechanismen dazu zur Verfügung standen, wie die Sache rechtlich und faktisch organisiert war – darüber im einzelnen zu sprechen würde hier zu weit führen. Auch in diesem Zusammenhang spielten die *financiers* eine besondere Rolle, gehörte doch die Organisation des ganzen Vorgangs, insbesondere auch die Auslobung der zahlreichen neugeschaffenen Ämter, zu ihren Aufgaben. Ausuferndes Finanzsystem und gleichfalls ausuferndes Ämterwesen bildeten im Ancien Régime ein eng verwobenes Geflecht von Beziehungen, ohne das der französische Absolutismus gerade auch in der langen Regierungszeit des Autokraten Ludwig XIV. nicht zu denken ist. Die Funktion der Ämter war dabei für beide Seiten – den Staat und den Käufer – durchaus vielfältig und unterschiedlich. Für den Staat waren sie in erster Linie eine zusätzliche, in Krisenzeiten schnell mobilisierbare Finanzquelle; ob sie darüber hinaus auch bewußt als Element der Disziplinierung angesehen wurden, mit dessen Hilfe gleichsam ein neuer Stand staatstreuer Untertanen herangezogen wurde, läßt sich nicht mit aller Eindeutigkeit belegen[33]. Für den Käufer war das Spektrum der Nützlichkeit breiter. Ämter, die mit tatsächlichen Funktionen verbunden waren, boten Einkünfte in Form von Sporteln und Gagen, obwohl alle sogenannten »Gagen« für den Amtsinhaber ein Problem darstellten, wurden diese Gagen doch in finanziellen Notzeiten allzu oft »erhöht«, was eine Vorab-Pauschalzahlung des Beamten voraussetzte. »Gagen« waren eben weit mehr Zinsen für investiertes Kapital als Gehalt. Begehrt waren solche Ämter, die den persönlichen oder gar erblichen Adel mit sich brachten – Qualitäten, die sich massiv im Preis niederschlugen und manchen Interessenten zu hohen Investitionen veranlaßten, die durch direkte materielle Erträge aus dem Amt keinesfalls gedeckt wurden.

Eines der bedeutendsten Ämter dieser Art war das eines *secrétaire du roi* bei den verschiedenen Kanzleien (z. B. der *Grande Chancellerie* beim Pariser Parlament) des Landes. Es vermittelte den persönlichen und erblichen Adel nach Ablauf von 20 Jahren, den erblichen zudem sogleich im Falle des Ablebens des Amtsinhabers. Die Inhaber waren offiziell und förmlich von jeglicher Funktion und Residenzpflicht befreit, ihre Aufgaben wurden schon im 17. Jahrhundert von Subalternen versehen. David Bien berichtet von den 22 Stellen eines *secrétaire du roi,* die 1769 auf Korsika beim dortigen obersten Gerichtshof anläßlich der Integration der Insel in das Königreich eingerichtet wurden. Der Gerichtshof wurde von vier auf Korsika geborenen obersten Richtern geleitet, die 22 königlichen Sekretäre jedoch stammten vornehmlich aus dem Raum von Amiens und Reims, und nichts deutet nach Bien darauf hin, daß »irgendeiner ihrer Inhaber Korsika jemals zu Gesicht bekommen« hat[34].

Auch beim Ämterhandel überrascht nicht der Vorgang als solcher, der in Europa seit langem bekannt war, sondern die Dimensionen, die er in Frankreich angenommen hat. Christine Favre-Lejeune hat jüngst eine umfassende Studie über die Biographien von insgesamt 2050 zwischen 1672 und 1789 nur an der *Grande Chancellerie* »tätigen« königlichen Sekretären vorgelegt[35]. Sie zeigt, wie sehr diese Institution – 1672 kostete ein solches Amt 44 000 livres, 1791 wurde es mit über 122 000 livres entschädigt – zu einem Treibriemen der sozialen Mobilität geworden war. Schon 1978 hatte David Bien in einer Studie über die 1789 noch »amtierenden« 800 Sekretäre auf die soziale Bedeutung gerade dieser Gruppe von *officiers* hingewiesen. Ähnlich wie z. B. die der *fermiers généraux* zeichnet sich ihre Entwicklung vom 17. zum 18. Jahrhundert als eine solche zunehmender korporativer Organisation ab: Nach 1720 schließen sich die *secrétaires du roi* in den Provinzen, ähnlich wie die *fermiers généraux,* zu einer Korporation zusammen, um besser gegen die exzessiven Finanzwünsche der Krone und ihrer *financiers* gewappnet zu sein[36]. Auch dieser Vorgang war nichts Neues, hatten doch die *secrétaires* an der *Grande Chancellerie* schon lange vorher etwas Ähnliches getan, und auch im frühen 17. Jahrhundert gab es, worauf Mousnier im Zusammenhang mit den Volksaufständen so oft hingewiesen hat[37], eine ganze Reihe solcher Korporationen. Die Gründungen des 18. Jahrhunderts, allesamt nach dem Scheitern des Experiments von Law beschlossen, fallen dagegen durch eine Besonderheit auf: Sie scheinen im besten Einvernehmen mit der Krone vollzogen worden zu sein! Bien zieht daraus den naheliegenden Schluß, daß der französische Absolutismus, nachdem er im 16. und 17. Jahrhundert den ständischen Gedanken und ständische Korpora, so gut es ging, zurückgedrängt hatte, in einer neuen, freilich nicht ständisch verstandenen Gliederung des Untertanenverbandes – insbesondere seiner wohlhabenden Teile – einen Gewinn, einen vor allem fiskalischen Gewinn, sah[38]. Man könnte diese Beobachtung aus zahlreichen anderen Sektionen des politischen und sozialen Lebens Frankreichs im Ancien Régime ergänzen – etwa aus der Art und Weise, wie unter Ludwig XIV. gerade auch durch Colbert der Zunftgedanke genutzt wurde, um neue Korporationen zu gründen bzw. das alte System zu generalisieren[39].

Von diesen Beobachtungen aus lassen sich zum Schluß einige allgemeinere Aussagen über die französische Gesellschaft des 17. und 18. Jahrhunderts und ihre Beziehungen zum politischen System des monarchischen Absolutismus formulieren.

1. Die äußeren Zeichen der Ständegesellschaft waren im frühneuzeitlichen Frankreich stark und wirksam wie in keinem anderen Land Europas. Insbesondere die Symbol- und Wertewelt des Adels scheint universelle Geltung gehabt zu haben, gerade das 18. Jahrhundert mit seiner vermeintlichen Tendenz zur Auflösung dieser Welt und seiner angeblichen Hinwendung zu der des aufsteigenden Bürgertums erweist sich in vieler Hinsicht als »aristokratischer« als das vorangehende. Sieht man allerdings genauer hin, so läßt sich feststellen, daß gerade die Titel, Zeichen und Privilegien des Adels in außerordentlich starkem Maß durch den absoluten Staat funktionalisiert und instrumentalisiert wurden. Der Stand des Adels war im 17. und erst recht im 18. Jahrhundert derart dem Geld geöffnet und durch Geld erreichbar, daß das Prinzip der ständischen Zuschreibung durch Geburt völlig aufgehoben scheint. Seine Ergänzung von unten, in allen kontinentalen Monarchien durch Nobilitierungen praktiziert und in gewissem Umfang unvermeidlich und für den Adel lebensnotwendig, wurde hier, gemessen am ständischen Prinzip, ad absurdum, d. h. bis zur beliebigen quantitativen Ausweitung des Standes, geführt. Soziale Basis des Absolutismus war in Frankreich keine ständische Gesellschaft, auch kein einzelner Stand mehr, sondern ein mit den Insignien des Adels ausgestattetes Elitenkonglomerat, dessen wesentliche Funktion darin bestand, Herrschafts- und Finanzierungsstütze der absoluten Monarchie zu sein.

2. Diese Monarchie, die, wie andere, angetreten war, die klassischen intermediären Gewalten zurückzudrängen, geriet im späten 17. und im 18. Jahrhundert infolge ihrer Finanzpolitik in zunehmende Abhängigkeit von den Korporationen dieser Elitengesellschaft, die zum Teil schon seit langem bestanden, zum Teil aber

auch jetzt erst errichtet wurden und als deren Schöpfer die absolute Monarchie bezeichnet werden kann. Handlungsfreiheit behielt sie nur insoweit, als sie die Bedingungen der sozialen Mobilität festgelegt hatte und in der Hand behielt. Der monarchische Staat, repräsentiert durch den König und seine *administration,* war die zentrale, steuernde Instanz, die konkurrierenden Eliten formierten sich »in Abhängigkeit von der monarchischen Gewalt und, untrennbar damit verbunden, in Abhängigkeit vom Mechanismus der sozialen Mobilität, der von der monarchischen Gewalt installiert wurde«[40].

Der zeitgenössische Theoretiker dieses Verhältnisses, und zwar in einem sehr genauen, eng an die Wirklichkeit angelehnten Sinn, war Montesquieu. Er spricht nicht von der Ständegesellschaft, nicht von Ständen, sehr wohl aber und sehr ausführlich vom Adel und von den intermediären Gewalten. Der Adel, die »natürlichste untergeordnete intermediäre Gewalt«, geht, so Montesquieu, »irgendwie in das Wesen der Monarchie ein«[41]. Und wenn Montesquieu auch einmal durchblicken läßt, daß Adel für ihn vor allem »alter Adel« ist[42], so deutet seine gesamte Argumentation im *Esprit des Lois* doch darauf hin, daß er nicht in erster Linie die *Stände*qualitäten des Adels, sondern seine *Funktions*qualitäten – eben: die Tatsache seiner die Monarchie vor dem Despotismus bewahrenden Besitztümer, Privilegien, Rechte und Immunitäten – meint, wenn er vom Adel spricht. Dies könnte eine wichtige argumentative Stütze sein, wenn wir versuchen wollten nachzuweisen, daß Montesquieu, der über Frankreich nur gelegentlich und wie am Rande spricht, es aber bei der Entwicklung seiner Regierungslehre stets vor Augen hat, jeden für adelig hielt und zum Adel zählte, der nach den Bedingungen der Zeit über entsprechende Titel verfügte, selbst wenn er dies erst seit einer Woche tat, nachdem sein Vater kurz nach dem Erwerb einer Stelle als *secrétaire du roi* gestorben war. Und mitten in den schönsten Erörterungen über die »Gesetze in ihrer Beziehung zur Natur der monarchischen Regierung« fällt der Philosoph aus seiner Rolle, wird zum Pamphletisten und beschimpft – John Law! »Monsieur Law, der weder von der republikanischen noch von der monarchischen Verfassung etwas verstand, war einer der größten Wegbereiter des Despotismus, den man je in Europa gesehen hat. Außer seinen so plötzlichen, so ungewöhnlichen, so unerhörten Veränderungen wollte er die intermediären Ränge abschaffen und die politischen Körperschaften (*corps politiques*) vernichten«[43]. John Law mag ein Phantast gewesen sein, so wirklichkeitsfern, daß er die *parlements* und die anderen obersten Gerichtshöfe abzuschaffen versucht hätte, war er jedoch nicht. Wohl aber sind unter ihm für einige Zeit die Korporationen der *receveurs* und *fermiers généraux* ausgesetzt worden[44]. Deutet Montesquieus Tirade nicht darauf hin, daß auch der Autor des *Esprit des Lois* der Finanzwelt und ihren Korporationen einen Platz unter den intermediären Gewalten und damit als strukturelle Stütze der Monarchie zuwies?

3. So weist uns Montesquieu möglicherweise den Weg zu einer neuen Sicht der französischen Gesellschaft im Zeitalter des Absolutismus, wie sie in kurzen Zügen schon von Furet, ausführlicher von Bien beschrieben worden ist. Ganz im Gegensatz zu der berühmten Formulierung von Engels, die absolute Monarchie »balanziere« Adel und Bürgertum »gegeneinander«, legt diese Sicht die Vorstellung nahe, sie habe sich – unter dem selbstgesetzten Zwang einer auf den Kontinent gerichteten, mit einem umfassenden Militärapparat verfolgten Macht- und Hegemoniepolitik – eine eigene Gesellschaft, eine »société absolutiste« moduliert, die aus einem einzigen finanzkräftigen Oberstand und den vielen anderen, die draußen blieben, bestand.

Absolute Monarchie und Bürokratie
Bemerkungen über ihre ›Unvereinbarkeit‹ im französischen Ancien Régime

Wir sind es gewohnt, von der »absolutistischen Bürokratie« zu sprechen und setzen damit, sofern wir uns nicht eines sehr allgemeinen Bürokratiebegriffs im Sinne der Parsonschen »evolutionären Universalie« bedienen, voraus, daß der Verwaltungsapparat der absoluten Monarchie im Gegensatz zu älteren Regierungssystemen ein dem Max Weberschen Idealtypus »bürokratische Herrschaft« nahekommendes Maß an Zweckmäßigkeit des institutionellen und personellen Aufbaus besaß. Die Behörden- und Institutionengeschichte des späten 19. und frühen 20. Jh.s, in der Regel an Tocquevilles berühmte These von der verwaltungsgeschichtlichen Kontinuität zwischen absoluter Monarchie und nachrevolutionärem Anstaltsstaat anknüpfend, ist solchen Vorstellungen gern gefolgt.[1] Sie hat uns daher ein recht harmonisches Bild von der Genese, dem Aufbau und den Funktionen der absolutistischen Behördenorganisation gezeichnet. Den Blick allein auf den Prozeß der institutionellen Zentralisierung richtend, hat sie, getreu den Lehren Tocquevilles, den Beitrag des Absolutismus zur Zentralisierung und Bürokratisierung über Gebühr betont und dabei nicht selten das Ergebnis dieses Prozesses – den vollentwickelten Anstaltsstaat des 19. und 20. Jh.s – in die frühneuzeitliche Epoche zurückprojiziert.[2] Einschränkende Faktoren, gegen- und rückläufige Bewegungen, bürokratische Regressionserscheinungen, Tendenzen zur Refeudalisierung oder Repatrimonialisierung fanden in diesem Bild ebensowenig einen Platz wie die sozialen und wirtschaftlichen Strukturwandlungen, von denen solche Tendenzen bestimmt wurden.

Dieses Bild der herkömmlichen Institutionengeschichte, das auch heute noch, vor allem auf französische Rechts- und Verfassungshistoriker, seine Faszination ausübt, ist in den letzten Jahrzehnten von drei Seiten her grundsätzlich korrigiert worden.

1. Die vergleichend angelegte internationale Stände- und Regionalismusforschung, auch sie institutionengeschichtlich argumentierend und den grundsätzlichen Bürokratisierungsimpuls des

Absolutismus nicht leugnend, hat die ständischen und regionalistischen Widerstände gegen die absolute Monarchie herausgearbeitet und dabei auf die engen personellen und institutionellen Verzahnungen zwischen absolutistischen und älteren ständischen Verwaltungskörperschaften hingewiesen.[3] Sie hat die absolute Monarchie gleichsam aus der anstaltsstaatlichen Perspektive in den Zusammenhang der alteuropäischen Verwaltungsstruktur zurückgeholt und damit zweifellos ein zutreffendes Bild ihrer sozialen Voraussetzungen und institutionellen Funktionsweisen gezeichnet.

2. Die moderne Sozial- und Wirtschaftsgeschichte, in Frankreich vor allem in Gestalt umfassender, lange Zeiträume abdeckender Regionalstudien praktiziert, hat den institutionellen Blickpunkt gänzlich verlassen und damit ex negativo zu einer Korrektur des soeben beschriebenen Forschungsstandes beigetragen.[4] Dabei ist sie freilich nicht selten einer derart weitreichenden Vorstellung von der Autonomie sozialer und wirtschaftlicher Strukturwandlungen gefolgt, daß Einflüsse staatlicher Gesetzgebung, staatlicher Entscheidung, die es ohne Zweifel auch im Ancien Régime gegeben hat und die in ihrer für diese Gesellschaft, diese Epoche spezifischen Wirkungsweise auszuloten sind, praktisch aus ihrem Blickfeld verschwanden.[5] Wenn sich heute Historiker der Annales-Schule stärker als zuvor Fragen der Verwaltungs- und Bürokratiegeschichte zuwenden – insbesondere in Auseinandersetzung mit marxistischen Interpretationen der Krise des Ancien Régime[6] –, so rächt sich deutlich, daß der Zusammenhang von Staat, Wirtschaft und Gesellschaft in ihren Forschungen und Darstellungen praktisch seit Jahrzehnten unbeachtet geblieben war. Wie z. B. das Buch von D. Richet mit dem bezeichnenden Titel »L'esprit des institutions« zeigt, ist ihr Bild des Staates, seiner Bürokratie und ihrer Entwicklung eindimensional, undialektisch und steht im Grunde noch völlig in der von Tocqueville begründeten Tradition.[7] Der Staat – das ist hier ein unaufhaltsam zentralisierender und expandierender Moloch, schon im 17. Jh., wie es E. Le Roy Ladurie jüngst modernistisch formuliert hat[8], ein »militärisch-finanzieller Komplex«, das ist der in sich geschlossene und stabile Despotismus im Sinne der aufgeklärten Kritiker des absolutistischen Systems im 18. Jahrhundert.

3. Ein dritter und, wie ich meine, der bedeutendste Anstoß zur Korrektur der alten Absolutismusforschung kam aus der histo-

risch orientierten Bürokratiesoziologie, die von Max Weber ausging und heute durch Namen wie A. J. Lévy, S. N. Eisenstadt, Reinhard Bendix und John A. Armstrong repräsentiert wird.[9] Mit der Erforschung der herrschaftssoziologischen Voraussetzungen des neuzeitlichen Bürokratisierungsprozesses löste sie die Betrachtung von dem seit Tocqueville vorherrschenden Gesichtspunkt der »institutionellen Zentralisierung« und rückte nun das Beamtentum selbst in den Vordergrund – seine soziale Herkunft, seine Laufbahnmuster, den Grad seiner Professionalisierung, seine soziale Homogenität einerseits, seine Beziehungen zur Staatsspitze, d. h. zum grundsätzlich unbürokratisch rekrutierten absolutistischen Herrscher andererseits. Im Zusammenspiel mit der soeben beschriebenen ständegeschichtlichen Forschungsvariante konnte so die von der alten Behördengeschichte zwar überspitzte, aber doch richtig gesehene Tatsache, daß keine Herrschaftsform mehr zur Bürokratisierung der europäischen Staatenwelt beigetragen hat als der Absolutismus, mit der ebenso gesicherten Einsicht in Einklang gebracht werden, daß dieser Prozeß aus zwei Gründen niemals über ein bestimmtes Maß hinaustrieb. Einmal, weil in allen absoluten Monarchien ein unterschiedlich starker, ständisch-regionalistischer Widerstand gegen die Bürokratisierung vorhanden war; zum anderen, weil im Wesen absolutistischer Autokratie selbst historisch und herrschaftssoziologisch bestimmbare Vorbehalte gegenüber einer weitgehenden Bürokratisierung begründet lagen – Vorbehalte, die man nicht fassen und erklären kann, wenn man Bürokratisierung nur als einen linearen und eindimensionalen Prozeß der institutionellen Zentralisierung begreift, wohl aber, wenn man die seit Max Weber entwickelten herrschaftstypologischen Kriterien zugrunde legt.[10]

Es ist freilich bezeichnend und hängt mit dem Fehlen einer nennenswerten bürokratie- und herrschaftssoziologischen Tradition in Frankreich zusammen, daß ein solcher Ansatz für Preußen weit besser zu demonstrieren ist und durchgeführt wurde als für Frankreich. Ich brauche nicht auf die von Max Weber selbst, aber auch von Otto Hintze, E. Kehr, später dann von Hans Rosenberg, R. Koselleck und anderen zu Preußen vorgelegten Ergebnisse einzugehen, denen, so unterschiedlich sie im einzelnen nach Ansatz und Durchführung auch waren, doch eine gemeinsame Konzeption des Verhältnisses von absoluter Selbstherrschaft und rationaler Bürokratie im Sinne der Weberschen Typologie zugrunde lag.[11] Preußen ist nach diesen Forschungen das Musterbeispiel einer Entwicklung, die uns die Bürokratisierung einer Staatsverwaltung und die anschließende Entmachtung der autokratischen Staatsspitze durch die Bürokratie und zugunsten eines »bürokratischen Absolutismus« deutlich macht. Erwähnt und zitiert sei nur, wie E. Kehr schon 1932 gleichsam eine herrschaftstypologische Lehre aus dem preußischen Beispiel zog und – dieses generalisierend – plastisch und ein wenig überspitzt formulierte: »Monarchie und Bürokratie sind, soweit man unter Bürokratie mehr versteht als die Erledigung der Tagesgeschäfte durch geistige Subalterne, keine Korrelate, sondern Gegensätze. Die absolute Monarchie konnte eine selbständige Bürokratie neben sich nicht dulden, und das, was die beiden großen Hohenzollern des 18. Jh.s an Bürokratie aufgebaut haben, war nichts als ein in sich unselbständiger, rein technischer (und das recht schlecht) funktionierender Apparat, in dem niemand etwas anderes als den Willen des fürstlichen Generaldirektors auszuführen hatte und in dem, um die Unselbständigkeit des Apparats organisatorisch zu sichern, niemand alle Zusammenhänge übersehen durfte.«[12]

Die Behauptung, daß solche oder ähnliche Thesen für Frankreich nicht aufgestellt werden können – nicht etwa, weil sie falsch wären, sondern weil wir empirisch zu wenig darüber wissen –, findet ihre Erklärung in dem überraschenden Tatbestand, daß die Geschichte der Bürokratisierung in Frankreich bisher kaum mit Weberschen oder anderen herrschaftssoziologischen Kategorien analysiert wurde.[13] Trotz der von Tocqueville und Marx mehr wortreich behaupteten als analytisch belegten Kontinuität von absolutistischer, revolutionärer und nach-revolutionärer Bürokratie besitzen wir – von Einzelbereichen der öffentlichen Verwaltung abgesehen – bis heute keine Studie, die diesen Zusammenhang in einer den Arbeiten Rosenbergs oder Kosellecks vergleichbaren Weise untersucht. Selbst für das Ancien Régime als solches sind zentrale Fragen einer herrschaftssoziologisch fundierten Bürokratiegeschichte bisher kaum gestellt worden – insbesondere auch nicht jene nach dem Verhältnis von absolutistischem Selbstherrscher und dem von ihm geschaffenen Staatsapparat.

Ich möchte versuchen, die Richtung einer solchen Analyse in groben Zügen anzudeuten. Ich gehe dabei von dem Zeitpunkt Mitte des 18. Jh.s aus, als der Bürokratisierungsprozeß in Frankreich – ganz im Gegensatz zu dem, was die linearen Verlaufsbeschreibungen der herkömmlichen Institutionengeschichte zu suggerieren versuchen – eine Stockungsphase durchlief, die bis in die Revolution hinein anhielt. Diese wurde – herrschaftssoziologisch gesehen – von Funktionsstörungen im harmonischen Zusammenspiel jener beiden Faktoren bestimmt, die, nach Max Weber, über das Tempo und den Erfolg eines Bürokratisierungsprozesses entscheiden: die Herrschafts*struktur*, d. h. die Art und Weise, wie das Verhältnis von nicht-bürokratischer Staatsspitze und abhängiger Beamtenschaft zueinander und das Verhältnis beider zu den Beherrschten geregelt ist; und die Herrschafts*legitimation*, d. h. die Art und Weise, wie »der Anspruch auf Gehorsam der Beamten gegenüber dem Herrn und der Beherrschten gegenüber beiden« begründet wird.[14]

Schon ein flüchtiger Blick auf die innere Situation Frankreichs um 1760 zeigt, daß es in diesen beiden Bereichen zu einem Funktionsproblem gekommen war, das auf einem strukturellen Widerspruch beruhte: dem Widerspruch zwischen einer technisch relativ weit entwickelten und auf weitere Expansion drängenden Behördenorganisation einerseits und der offensichtlichen Legitimationsschwäche der sie tragenden Beamtenschaft und der Staatsspitze andererseits. Eine gehaltvolle Analyse dieses, wie ich es nennen möchte, »französischen Bürokratieproblems im 18. Jh.« darf sich nicht auf unmittelbar wirksame Faktoren aus der politischen, wirtschaftlichen und sozialen Entwicklung dieser Zeit beschränken. Sie muß den gesamten Verlauf der Bürokratisierung Frankreichs seit dem späten Mittelalter einbeziehen, und dies nicht im Sinne einer vermuteten linearen historischen Entwicklung, sondern eben unter dem Gesichtspunkt, ob, wann und wie lange eine funktionsgerechte Interdependenz von Herrschaftsstruktur und Herrschaftsgeltung gewährleistet war und welche Faktoren diese sicherten oder aber in Frage stellten.

Versucht man, den Bürokratisierungsprozeß in Frankreich in der frühneuzeitlichen Epoche zu periodisieren, so lassen sich drei zeitlich unterschiedliche, sachlich aber eng aufeinander bezogene Vorgänge beschreiben:

1. Die Entstehung und Entwicklung des Rechts- und Finanzbeamtentums in den sich seit dem späten Mittelalter entfaltenden Behörden, mit anderen Worten: die Geschichte des »officier«-Standes vom 15. bis zum Ende des 17. Jh.s.

2. Die administrativen Reformen, ja, wenn man so will, der Bürokratisierungsschub in der Zeit Richelieus, Mazarins und Ludwigs XIV. – mit der Einrichtung der Intendantur als dem wichtigsten Ergebnis.
3. Der Fortschritt der sogenannten »administrativen Monarchie«
   nach dem Ende des »persönlichen Regiments« Ludwigs XIV.
   und die Konflikte, die er seit der Mitte des 18. Jh.s provozierte.

Von diesen drei Entwicklungen haben Tocqueville und all jene,
die sich in seine Tradition stellten, nur die letzten beiden im Auge
gehabt und damit das »office«-Wesen gänzlich außer acht gelassen.[15] Demgegenüber muß hervorgehoben werden – zum Beleg
sei nur auf die zahlreichen Arbeiten R. Mousniers verwiesen[16] –,
daß mit dem französischen »officier«, nicht anders als mit dem
spanischen »letrardo« oder den Räten an den Höfen der deutschen Fürsten, der Prozeß der Bürokratisierung des frühneuzeitlichen Staates begann und daß zumindest in Frankreich bis zum
Ende des Ancien Régime das »office«-Problem ein zentraler Bestandteil dessen blieb, was ich das französische Bürokratieproblem genannt habe. Braudel ist sogar so weit gegangen, die beträchtliche Vermehrung dieses neuen Beamtentyps im 16. Jh. als
»soziale Revolution« zu bezeichnen – eine Revolution, verursacht
durch das wachsende Bedürfnis des Fürsten- und territorialen
Flächenstaates nach neuen Gehilfen, die etwa in Spanien häufig
von niederer städtischer und nicht selten großbäuerlicher Herkunft waren.[17]

In der Tat bildeten sich mit dem »officier« einige jener Laufbahn-
merkmale aus, die wir für das moderne Beamtentum als notwendig voraussetzen und an die Max Weber gedacht hat, als er seinen
Kriterienkatalog rationaler bürokratischer Herrschaft entwarf.
Zumindest solange, wie sich die Ämterkäuflichkeit noch nicht zu
einem universellen Rekrutierungssystem erweitert hatte, waren
die »officiers« mit Amtsautorität ausgestattete Träger der Justiz-
und Finanzverwaltung, deren Laufbahn nicht völlig nach dem
freien Ermessen ihres Herrn verlief, sondern einer gewissen Regelhaftigkeit unterlag, wie wir sie vom modernen Beamtentum
her kennen.[18]

So gab es zumindest für die hohen Gerichte eine Amtsernennung
nach allgemein geregelter Qualifikation; als Beispiel sei auf die
juristische Eignungsprüfung für Parlamentsräte verwiesen, die

zum Eintritt in das Parlament kraft Kooptation anstanden. Ebenso gab es in diesem Bereich genaue, durch königliche Ordonnanzen festgelegte Altersmaßstäbe für den Amtseintritt, die neben der Sicherung der auf Universitäten erworbenen Fachkompetenz dem Zweck dienten, die Ausbildung von Familienclans innerhalb der Gerichtskorporationen zu verhindern. Die zeitweise ausreichende Bezahlung bestimmter Beamtengruppen ist ebenso nachgewiesen wie die schon erwähnte Herauslösung einzelner Beamter aus dem Zusammenhang ihrer sozialen und familiären Bindungen. Dieses letzte Kennzeichen einer nach eigener Autonomie drängenden Beamtenschaft läßt sich freilich, wie Braudel betont hat, nur im hohen Verwaltungspersonal und in der Diplomatie nachweisen.[19] Daß dagegen das mittlere und untere Verwaltungspersonal in den zentralen und provinzialen Gerichts und Finanzinstitutionen in einem Geflecht von teilweise sehr alten, teilweise neu sich ausbildenden Klientelbeziehungen stand, ist durch Arbeiten über die sogenannte neue Feudalität des 16. Jahrhunderts eindrucksvoll belegt worden.[20]

Ganz entscheidend wurde jedoch für den Stand des »officier« die Entwicklung der Ämterkäuflichkeit und des Ämterhandels, die spätestens seit Beginn des 16. Jh.s der des »officiers« parallel lief. Diese gerade für Frankreich gut erforschte Institution[21] macht deutlich, daß der zum Nutzen des frühneuzeitlichen Fürstenstaates ausschlagenden bürokratischen Rationalisierungstendenz, die dem »office«-Wesen ohne Frage innewohnte, enge Grenzen gesetzt waren. Ein wenig zugespitzt könnte man sagen: Durch die Hausse des käuflichen Amtes im späten 16. und im 17. Jh. wurde eine in der Entwicklung des Beamtentums in dieser Zeit möglicherweise angelegte Rationalisierungstendenz erschüttert und abgebogen. Indem das Königtum – sei es, weil es seine Beamten nicht zu versorgen vermochte, sei es, weil es aus Finanznot Beamtenstellen massenweise schuf und zum Verkauf anbot – mit dem Amt einen Teil der herrscherlichen Amtsgewalt in den Privatbesitz der Untertanen überführte, trug es zur Stabilisierung jener Herrschaftsstruktur in Frankreich bei, die Max Weber als »patrimoniale Herrschaft« prinzipiell vom Typus »bürokratische Herrschaft« abgesetzt hat – unbeschadet der Tatsache, daß beiden Herrschaftsformen scheinbar gleiche Rationalisierungsmuster eigentümlich waren. Das, was ursprünglich einer Straffung und Zentralisierung der Herrschaftsmittel dienen sollte – die Schaf-

fung des »office« als eines der territorialstaatlichen Machtauswei-
tung und Interessenpolitik dienenden fachkompetenten und loya-
len, weil aus alten Sozial- und Familienbindungen herausgelösten
Amtspersonals –, wurde damit zum Ausgangspunkt einer strukturellen Dezentralisierung.[22]

Selbst wenn man in Rechnung stellt, daß die französische Monarchie in der ersten Hälfte des 17. Jh.s sehr viel Nutzen aus dem
Ämterhandel zog – der faktisch unabsetzbare »officier«, Mon-
taignes 4. Stand, war bis zur Fronde und auch danach die einzige
dauerhafte soziale Stütze für die absolutistische Politik – so war
der staatlich legalisierte und kontrollierte Ämterhandel doch ein
den Bürokratisierungsprozeß in Frankreich auf lange Sicht hemmendes Element. Die Herrschaftsstruktur Frankreichs wurde wie
die anderer Staaten, die einen ausgedehnten Ämterhandel kannten, nicht von einer funktionsgerechten Beamtenhierarchie mit
einer gut etablierten Funktionskompetenz bestimmt, sondern –
im Gegenteil – von der »Pfründen- und Sportelkonkurrenz« unter den massenweise in das Amt drängenden und vom Staat immer wieder angelockten Amtsinhabern und -anwärtern. Weber
spricht im Zusammenhang eines solchen, durch Ämterhandel ge-
währleisteten Rekrutierungssystems von »patrimonialer Stereotypierung«, ein – m. E. – glücklicher Begriff, der insbesondere die
massive »bürokratische« Verfestigungstendenz innerhalb der »officiers« im 17. Jh. zum Ausdruck bringt.[23] Zugleich spricht Weber auch von einer sich erneut ausbildenden »ständischen Struktur« – ohne Frage auch dies ein sachlich zutreffender Begriff, der
freilich den Tatbestand verdeckt, daß die kraft erblichem Amtsbesitz möglich werdende Distanzierung der Amtsinhaber von der
Staatsspitze nicht auf ständischem Eigenrecht und Eigengewicht
beruhte, sondern eben auf patrimonialem Ämterbesitz und insofern eng mit dem absolutistischen Regierungssystem verbunden
war.

Wie überaus stark dieses Strukturelement die innere Entwicklung
des Absolutismus bis zum Ende des Ancien Régime bestimmte,
hat D. Bien jüngst am Beispiel der »secrétaires du roi« gezeigt.[24]
Dieses im 18. Jh. (spätestens) gänzlich funktionslos gewordene
Amt gehörte in dieser Zeit gleichwohl zu den am Ämtermarkt
gesuchtesten Objekten – war es doch mit glänzenden Privilegien,
und d. h. mit sozialen Aufstiegs- und politischen Machtchancen
ausgestattet und insofern materiell und statusmäßig bestens aus-

gewiesen. Durch F. Furet lebhaft unterstützt, hat Bien aus diesen und ähnlichen Beobachtungen übrigens für das späte 18. Jh. die These aufgestellt, der französische Absolutismus habe sich seine eigene »société absolutiste« moduliert, worauf an anderer Stelle noch einzugehen ist.[25]

Ich komme damit zur zweiten, oben beschriebenen Etappe – den administrativen Reformen des 17. Jh.s. Es ist bekannt, daß Colbert u. a. die Problematik des kaufbaren Amtes sehr wohl erkannt und nach Wegen zu seiner Reform gesucht haben. Das Scheitern solcher Versuche und das Fortleben der Käuflichkeit im 18. Jh. ist zugleich die Geschichte der – im Vergleich zu England und Preußen – durchaus eigentümlichen Art und Weise der französischen Staatsfinanzierung, die bis zur Revolution unverändert geblieben ist. Mit der Ämterkäuflichkeit blieb die Bürokratisierung in Frankreich im gesamten Ancien Régime an die Methode des französischen Absolutismus gebunden, öffentliches Vertrauen, will sagen, öffentliche Kredite nicht auf dem Wege über repräsentative Institutionen und die in ihnen vertretenen wohlhabenden Schichten des Landes zu erwerben, sondern eben mit Hilfe des Verkaufs von Ämtern und der mit ihnen verbundenen Privilegien.[26]

Von diesem Tatbestand blieb die wichtigste Neuschöpfung des Absolutismus – die Intendantur – nicht unberührt. Wir besitzen eindrucksvolle Zeugnisse Colberts und anderer, die zeigen, daß diese neue Institution und dieser neue Beamtentypus – der Intendant war »commissarius«, d. h. mit einer individuellen, zeitlich befristeten und jederzeit widerrufbaren »commission« des Königs ausgestattet – als neuartiges Verwaltungsinstrument gedacht war, dem schrittweise Funktionen des alten Beamtentums sowie neue Aufgaben aus dem Bereich der Statistik, der Steuerverwaltung, der Wirtschaft und der Information zugedacht waren.[27]

In der Tat entwickelte sich die Intendantur im 17. und 18. Jh. dann auch in einer Weise, die deutlich das Zeichen des modernen Fachbeamtentums erkennen läßt und dazu geführt hat, in dieser Institution das »bürokratischste« Element des französischen Absolutismus zu sehen. Die direkte, durch keinen patrimonialen Amtsbesitz geschützte Abhängigkeit des Intendanten von der Zentrale, seine freie Ab- und Versetzbarkeit, das Prinzip der schnellen Intendantenrotation durch die Provinzen, das grundsätzliche Verbot des Grundbesitzerwerbs in den Verwaltungssprengeln – diese in den ersten Jahrzehnten Ludwigs XIV. relativ streng befolgten Vorschriften lassen sich sinnfällig als Rationalisierung von Regierungsmitteln begreifen. Im nicht-militärischen Bereich wurde die Intendantur im Verlauf des 18. Jh.s die einzige Institution, in der sich so etwas wie ein Laufbahnmuster ausbildete. Und auch die Verwaltungsarbeit der Intendanten in der ersten Hälfte des 18. Jahrhunderts trägt deutliche Züge jener »bürokratischen Rationalität«, welche die traditionelle Behördengeschichte zum Schwärmen brachte.[28]

Doch auch hier muß vor Fehldeutungen gewarnt werden. Ich lasse dabei Entwicklungen beiseite, die sich im 18. Jh. in der Intendantur selbst zeigen, Entwicklungen der Verfestigung, die J. Armstrong kürzlich zu seiner These einer »bürokratischen Regression« im Frankreich des 18. Jh.s geführt haben.[29] Wichtiger erscheinen in unserem Zusammenhang strukturelle Barrieren in der gesamten Herrschaftsstruktur des Landes, die bürokratischen Rationalisierungstendenzen mit Hilfe solcher Neuschöpfungen von vornherein im Wege standen. So erscheint bedeutsam, daß die Intendantur trotz Colberts weitreichender Pläne zunächst, im 17. Jahrhundert, vor allem zum Zweck der Beobachtung und Überwachung des traditionellen Beamtentums eingesetzt wurde. Da die alten Institutionen und Beamtenkorporationen bestehenblieben, und mit ihnen das komplizierte Geflecht miteinander in Konkurrenz liegender Amtsträger, wurde die französische Herrschaftsstruktur wenn nicht der Intention, so doch dem Ergebnis nach durch die Intendantur nicht eigentlich rationalisiert, sondern um ein weiteres konkurrierendes Element bereichert. Der König, Haupt einer patrimonial stereotypierten Beamtenschaft, die sich aufgrund des patrimonialen Ämterbesitzes von der Staatsspitze emanzipiert hatte, pfropfte die neue Institution des strikt an seine Person gebundenen Kontrolleurs und Verwalters gewissermaßen nur auf das bestehende System auf – ein Verfahren, das bei aller immanenten »Rationalität« der im 18. Jh. schnell sich entfaltenden Institution nach Webers Terminologie nur als patrimonial-staatliche, nicht aber als »bürokratische« Rationalisierung zu bezeichnen ist. Darauf deuten auch andere Faktoren hin. Trotz aller Transparenz und Regelhaftigkeit der Intendantenkarriere blieb die Rekrutierungsbasis dieser Institution vor allem im 18. Jh. äußerst schmal. Zu einem großen Teil stammten die Intendanten des 18. Jh.s aus der hohen Magistratur, was nicht heißt, daß sie nach dem Überwechseln in den Rat des Königs mit

Loyalitätsproblemen zu ringen hatten, wohl aber, daß sie auch als Verwalter des Königs nicht selten den alten, mentalen Traditionen der hohen Gerichtsinstitutionen verhaftet blieben.[30]

Zudem war die Legitimationsbasis der Intendanten verhältnismäßig schwach. Trotz seiner beachtlichen, gewissermaßen naturwüchsigen behördenmäßigen Entfaltung blieb der Intendant, herrschaftstypologisch gesehen, ein durchaus persönlicher Diener des Königs, und bis in die Reformzeit der ersten Notabelnversammlung war das Königtum nicht bereit, seine Rekrutierungsbasis zu erweitern oder gar seine Legitimationsbasis durch beratende Teilnahme provinzialer Eliten an der Intendantenverwaltung zu stärken.

In diesem Sinne unterschied sich die Einrichtung der Intendantur nicht von anderen, freilich weniger erfolgreichen Reformschritten des französischen Absolutismus. Der berühmte Staatsstreich des Kanzlers Maupeou, durch den 1771 die Ämterkäuflichkeit für einen Teil der oberen Gerichtsbehörden ausgesetzt wurde – auf den ersten Blick nahm er sich wie ein tiefgreifendes bürokratisches Reformvorhaben aus –, war in Wahrheit nichts anderes als die Ersetzung einer oppositionellen, patrimonial-stereotypierten Beamtengruppe durch ein vom Königtum frei absetzbares, gefügiges neues Beamtentum. Er war, wie Weber es formulieren würde, die Überwindung der patrimonialen Stereotypierung durch einen Akt des »arbiträren Patrimonialismus«, der von der großen Mehrheit der kritisch räsonierenden Öffentlichkeit – mit der berühmten Ausnahme Voltaire – freilich zupackender Despotismus genannt wurde.[31]

Mit Maupeous Aktion von 1771 stehen wir chronologisch bereits mitten in der oben beschriebenen dritten Etappe des Bürokratisierungsprozesses Frankreichs im Absolutismus. In ihrem Verlauf änderten sich die Grundlagen der Herrschaftsstruktur dieser Monarchie nicht. Die traditional legitimierte Staatsspitze stand einerseits einer breiten, patrimonial-stereotypierten Beamtenschaft in den Gerichts-, Finanz- und Polizeiinstitutionen gegenüber, deren Kontrolle und schließlich auch politische Bekämpfung sie andererseits mit Hilfe eines konkurrierenden Systems neuer Beamter und Behörden zu leisten versuchte. Dies neue System, das in der Provinz durch die Intendanten, in der Zentrale durch den »Contrôle Général« repräsentiert wurde, hatte im Verlauf des 18. Jh.s einen mehr oder minder naturwüchsig verlaufenden, quantitativ bedeutenden Expansionsprozeß durchlebt und entfaltete nun – nicht zuletzt durch beachtliche Erfolge der »aufgeklärten« Verwaltungsarbeit – ein beträchtliches behördliches Eigengewicht, von dem aus konkrete und politisch gewichtige Forderungen zur weiteren Beschleunigung der Bürokratisierung Frankreichs an das Königtum gestellt wurden.[32]

Um zu verstehen, warum solche Forderungen vom Königtum nur halbherzig aufgenommen, gelegentlich wohl auch vorsichtig umgesetzt oder aber im Stil des Kraftaktes Maupeous verwirklicht und wenige Jahre später wieder zurückgenommen wurden, muß ein Blick auf die zweite Beobachtungsebene geworfen werden, die für eine Analyse des französischen Bürokratieproblems im 18. Jh. relevant ist: die Herrschaftslegitimation. Beiseite bleiben können hier Bemerkungen zum säkularen Prozeß des Legitimationsverlustes der Monarchie im Verhältnis zu den Beherrschten insgesamt. Ihm kommt zentrale Bedeutung zu, wenn es darum geht, die unmittelbare Vorgeschichte und den Verlauf der Revolution in ihrer ersten Phase zu erklären. Was den zweiten Strang legitimatorischer Beziehungen angeht, den zwischen der Staatsspitze und der Gesamtheit des Beamtentums, so erscheint der Begriff Legitimationsverlust nur wenig geeignet, die Vorgänge des 18. Jh.s angemessen zu beleuchten. Was sich im Frankreich des 18. Jh.s abspielte, ist nicht eigentlich ein Verlust der Herrschaftsgeltung der Monarchie gegenüber den von ihr in Dienst genommenen Beamten, sondern ihre völlige Anpassung an die Herrschaftsstruktur, wie sie sich seit dem 17. Jh. ausgebildet hatte. Um dies zu erläutern, muß noch einmal kurz in das vorige Jahrhundert zurückgeblickt werden.

In der Forschung besteht Einigkeit darüber, daß Ludwig XIV. wie keiner seiner Vorgänger oder Nachfolger die in der Tradition der französischen Monarchie angesammelten Legitimationschancen genutzt, umgeformt und um zentrale Elemente erweitert hat. Besondere Aufmerksamkeit ist der Ludovizianischen Hoforganisation geschenkt worden.[33] Die amts-, erb- und personalcharismatischen Traditionen seines Amtes aufnehmend und gewaltig steigernd, hat Ludwig XIV. Teile der adligen Führungsschicht unter seinen Herrschaftsstil gezwungen, wenngleich dies nicht, wie von Krüdener behauptet, »die Funktionalisierung des französischen Adels«[34] für die Bürokratie, sondern seine Privatisierung auf der Grundlage von Privilegien auf dem Lande und Pfründenappropriation am Hof, im Klerus und im Heer zur Folge hatte. Gegenüber den herkömmlichen Beamtenkorporationen dagegen setzte Ludwig XIV. eine subtile Mischung von materiellen Zugeständnissen und physischen Zwangsmitteln zur Anerkennung seines persönlichen Regiments ein: Fortsetzung der Ämterkäuflichkeit einerseits – Zwangssteuern, zwangsweise Gagenerhöhungen, Semestrierung einzelner Korporationen, Rücknahme und Neuausgabe der Ämter und der mit ihnen verbundenen Vorrechte, ja direkte Repressionen durch Inhaftierung und Exilierung. Sichergestellt wurden diese Maßnahmen durch die Regierungstechnik eines ein wirkliches persönliches Regiment realisierenden Herrschers, der auf der Grundlage einer konsequent patrimonialstaatlichen Amtsauffassung, die das ganze Land nach der patrimonialen Trias von Herrn – Dienern – Untertanen gegliedert sah, genau für die Dauer seine Regierungzeit Gehorsam im Land provozierte.[35]

Blicken wir dagegen ins 18. Jh., so ist hier an die Stelle der ins Gigantische gesteigerten Legitimationsbemühungen Ludwigs XIV. ein steriler politischer Traditionalismus getreten, der gelegentliche arbiträre Kraftakte im Stile Maupeous legitimatorisch überhaupt nicht abzusichern vermochte. M. Antoine hat in seinem großen Buch über den »Conseil du Roi« vorzüglich herausgearbeitet, wie sehr die auf das Königtum bezogene politische Theorie des 18. Jh.s von einem »doktrinalen Immobilismus« geprägt wurde.[36] Ein Blick in unveröffentlichte Quellen zur Unterrichtung des Dauphins im 18. Jh. zeigt ein ängstliches Sichklammern an überkommene Maximen, ein furchtsames Festhalten am Gottesgnadentum u. a.[37] Im Gegensatz zu Staaten wie Preußen und Österreich hat das französische Königtum im 18. Jh. die Entwicklung des öffentlichen Rechts und seiner Lehre an den Universitäten kaum gefördert. Noch 1773, als die Errichtung eines öffentlich-rechtlichen Lehrstuhls am »College royal« ins Auge gefaßt wurde, hat der diesem Plan ursprünglich gewogene Kanzler Maupeou ihn mit der Begründung abgelehnt, er »werfe für die königliche Autorität gefährliche Fragen auf«.[38] Zusätzlich braucht nur darauf hingewiesen zu werden, daß die staatsbezogene politische Theorie Frankreichs im 18. Jh. praktisch keinen Beitrag zur Lehre des aufgeklärten Absolutismus geleistet hat, die, wie immer man sie im einzelnen einschätzt, insgesamt als Versuch bewertet werden kann, die Legitimationsgrundlagen der absoluten Monarchie des 17. Jh.s den veränderten Bedingungen des 18. Jh.s anzupassen.

Das alles könnte nun durchaus den Eindruck von Legitimationsschwäche, Legitimationsverlust erwecken. Doch wie immer wir den monarchischen Traditionalismus des 18. Jh.s bezeichnen, der sich auf die drei Elemente: Gottesgnadentum, Respektierung des »lois fondamentales« und die Regierung aus dem Rat stützte, wichtiger erscheint es, nach seiner Funktion zu fragen. Diese wird unmittelbar sichtbar in dem komplexen Systemzusammenhang von Staatsfinanzierung, Bürokratisierung und korporativem Beamtentum. Mit der exzessiven Staatsverschuldung Frankreichs unter Ludwig xiv. und der schon seit den religiösen Bürgerkriegen vollzogenen Zurückdrängung ständisch-repräsentativer Institutionen war, wie schon angedeutet, der Ämter-, Pfründen- und Privilegienhandel zu einem wirksamen System staatlicher Kreditschöpfung geworden. Im Gegensatz zu älteren Auffassungen wird man davon ausgehen können, daß dieses System im 18. Jh. nicht nur nicht stagnierte, sondern noch expandierte und sich vor allem regularisierte. Seine Träger und Nutznießer waren die »wohlhabenden Schichten«, ganz gleich, welchem sozialen Stand sie entstammten; vor allem natürlich das Handelsbürgertum, das auf diesem Wege den unverändert begehrten sozialen Aufstieg in den erblichen Adel organisierte.

Es leuchtet ein, daß der oben beschriebene monarchische Traditionalismus die dieser Situation angemessene politische Theorie war. Wer Ämter, Pfründen, Privilegien erwarb und mit ihrer Hilfe sozialen Aufstieg begehrte, hatte kein Interesse an arbiträren Kraftakten im Sinne Ludwigs xiv. oder Maupeous, ebensowenig an einer sich konsequent modernisierenden und rationalisierenden Bürokratie. Denn ihr erstes Ziel hätte sein müssen, wie die Reformversuche unter Necker, Calonne, Lomenie de Brienne später zeigen, die Verwaltungsstrukturen Frankreichs so einzurichten, daß eine allmähliche Veränderung des gesamten Systems der Staatsfinanzierung möglich geworden wäre. Der politisch-theoretische Immobilismus der letzten beiden Bourbonen, verbunden mit ihrer dauernden Bereitschaft, administrative Reformversuche auf massiven Parteidruck hin aufzugeben, war dagegen ein Zeichen für die Aufrechterhaltung des Status quo.

Vor diesem Hintergrund bildete sich in der zweiten Hälfte des 18. Jh.s das französische Bürokratieproblem zu seiner vollen Schärfe

aus. Die Intendanten hatten sich in den Provinzen behördenmä-
ßig weit entfaltet und mußten nun immer mehr die Schwäche
ihrer eigenen Legitimationsbasis erkennen, in der sich die fehlende Bereitschaft der Monarchie spiegelte, dieser Institution
nennenswerte Legitimationshilfen zu geben. Bürokratische Regressionserscheinungen, die J. Armstrong gerade für das 18. Jh.
für die französischen Intendanten nachgewiesen hat, finden hier
ihre Erklärung.[39] Es leuchtet ein, daß eine Beamtenschaft, die von
der Zentrale keine ausreichenden Argumente für die Gestaltung
einer reformerischen Politik in der Provinzialverwaltung erhielt,
diese entweder kraft Amtsanmaßung und Kompetenzüberschrei-
tung selbst einleitete – hier liegen die Ursachen für die objektiv
wohl unberechtigten revolutionären Polemiken gegen die Intendantur als das verhaßte Symbol der tyrannischen Ancien Régime-
Verwaltung[40] – oder sich jeglicher politischer Initiative enthielt
und sich damit gewissermaßen selbst überflüssig machte – auch
dieser Tatbestand findet sich in zahlreichen Beispielen der revolutionären Intendantenkritik wieder[41] – oder aber ein Arrangement
mit den provinzialen Eliten und Beamtenkorporationen suchte,
was dem ursprünglichen Auftrag, den diese Institution zu erfüllen hatte, strikt zuwiderlief. In der Tat gibt es zahlreiche Beispiele
dafür, daß einzelne Intendanten im 18. Jh. in ihrem persönlichen,
politischen, sozialen und administrativen Habitus gleichsam in
jenen Traditionalismus zurückfielen, den abzubauen sie ursprünglich ernannt waren.

Die zentrale Finanzbehörde, der »Contrôle Général«, hatte sich
schon seit langem zu einem großen Verwaltungsapparat entwik-
kelt, der in sich auch relativ konsequent bürokratisch organisiert
war und eine Fülle von kompetenten Fachkräften an sich gezogen
bzw. aus sich hervorgebracht hatte.[42] Doch angesichts des monarchischen Immobilismus blieb er im Grunde eine sehr schlecht
placierte Institution, die – anstatt konsequent reformieren und
wirkliche Finanzpolitik betreiben zu können – vor allem mit der
Verwaltung der alten und ihren führenden Köpfen seit langem
suspekten Finanz- und Schuldensysteme befaßt war. Wenn – wie
unter Turgot, Necker und Calonne – Reformen versucht wurden,
so stießen diese sofort auf den erbitterten Widerstand der alten
Institutionen. Und diese hatten keine Mühe, ihre beachtlichen
Kanonaden von Vorwürfen gegen den »ministeriellen Despotismus«, gegen die Macht der »commis«, der kleinen Leute, abzu-

schießen, die keiner kenne und die von keinem legitimiert seien.[43] Und wenn diese Vorwürfe auch in den meisten Fällen nur die Interessenpolitik einer um ihren Besitzstand fürchtenden Finanz- oder Gerichtsinstitution verschleierten, so trafen sie doch ins Schwarze. Denn die Intendanten und mehr noch der »Contrôle Général« operierten legitimatorisch andauernd im luftleeren Raum und waren auf unmittelbare Absicherung durch die Staatsspitze angewiesen. Doch deren Möglichkeiten zu patrimonialstaatlichen oder gar bürokratischen Reformen waren begrenzt oder nicht vorhanden. Die »gesellschaftliche Stärke« der vom Absolutismus selbst geschaffenen und durch aktive Förderung der allgemeinen sozialen Mobilität ohne nennenswerte Rücksicht auf ständische Schranken und ständische Zuschreibung seitens des Staates immer besser etablierten »société absolutiste« wurde im Verlauf des 18. Jahrhunderts so groß, daß Reformpolitik spätestens seit den 1760er Jahren in gewisser Weise automatisch zu Konflikten führte.

Damit ordnet sich das, was ich das »französische Bürokratieproblem im 18. Jh.« genannt habe, recht deutlich in jenen übergeordneten Zusammenhang ein, den man als Krise des Ancien Régime zu bezeichnen pflegt und um dessen Erklärung ich mich in meinen Arbeiten bemühe. Diese Krise war lange, bevor sie unter dem Einfluß politischer, sozialer und wirtschaftlicher Faktoren akzelerierte und in den Prozeß der Revolution einmündete, eine Krise des politischen Systems, das sich seit der Mitte des 17. Jh.s im technischen Sinne weit ausdifferenziert, dabei aber keine wirkungsvollen dauerhaften Mechanismen zur Kontrolle und Steuerung des zugrundeliegenden Gesellschaftssystems ausgebildet hatte. Nach der einmal getroffenen Entscheidung, die patrimonialstaatlichen Grundlagen des Staates nicht zu verändern, ja, sie forciert im Interesse einer territorialstaatlichen Machtpolitik im Rahmen des alteuropäischen Mächtesystems zu nutzen, blieb der Bürokratisierungsprozeß in Frankreich bis in die Revolution hinein von dieser Entscheidung bestimmt. »Bürokratische« Prozesse im Sinne der Weberschen Kriterien, die im 18. Jh. durchaus gefordert und zeitweise auch betrieben wurden, hatten in diesem Zusammenhang keine Aussicht auf dauerhafte Durchsetzung. Von der Einrichtung von Verwaltungsfachschulen über die formelle Festlegung bindender Laufbahnmuster, die regelmäßige und ausreichende Bezahlung weniger, aber funktionsgerechter

Amtsträger, ihre Ernennung nach generell geregelten Qualifikationen, die Einrichtung öffentlich-rechtlicher Lehrstühle, die Trennung der justiz- und verwaltungsstaatlichen Kompetenzen im Bereich des sogen. »contentieux administratif« wie überhaupt in der gesamten, in dieser Hinsicht noch völlig ungeschiedenen und von Kompetenzkonflikten förmlich erdrückten Polizeiverwaltung reicht die lange Liste bürokratiegeschichtlicher und herrschaftssoziologischer Defizite, die im 18. Jh. zum Ausbruch der Krise des politischen Systems beigetragen haben. Die naheliegende, etwa von preußischen Zeitgenossen auch gelegentlich gestellte Frage, warum dieses politische System im 18. Jh. überhaupt noch hat funktionieren, ja, in Teilbereichen eine besondere Effektivität hat entfalten können, läßt sich gleichwohl eindeutig beantworten. In dem Maße, wie das politische System des Absolutismus in Frankreich auf weitere Ausdifferenzierung verzichtete und – z. B. im Stile aufgeklärt-absolutistischer Reformpolitik – nicht prinzipiell und dauerhaft in die Entwicklungsprozesse der übrigen gesellschaftlichen Teilsysteme eingriff, blieb ihm seine zentrale Steuerungsfunktion im Rahmen der patrimonialstaatlichen Grundstruktur voll erhalten. Die Privilegiengesellschaft des Ancien Régime hatte sich zwar gegenüber jeglicher Reformpolitik der Krone sicher abgeschottet, blieb aber auf die Funktionen dieses politischen Systems, sofern diese traditional legitimiert wurden und auf die Erhaltung des Status quo ausgerichtet waren, existentiell angewiesen. Zu einer Zeit, da die Trennung von Justiz- und Verwaltungsstaat, Gewaltenteilung oder die Trennung von Staat und Gesellschaft auch in Frankreich zu Themen der politischen Theorie wurden, war die Aufrechterhaltung des politischen Status quo in Frankreich in extremer Weise an die Gegenpole dieser drei Vorgänge gebunden. Das politische System des Absolutismus in Frankreich im 18. Jh. funktionierte dann und so lange reibungsfrei und damit auch gelegentlich effektiv, wie es seine zentrale patrimonialstaatliche Aufgabe – die Mobilisierung der gesellschaftlichen Ressourcen und ihre konventionelle Verteilung auf die Privilegiengesellschaft – angemessen erfüllte.

Insofern war es symptomatisch, daß die Krise des Ancien Régime nicht durch ein einziges spektakuläres innen- oder außenpolitisches Ereignis provoziert wurde, sondern in Gestalt der Finanzkrise seit der Jahrhundertmitte an das Licht der Tagespolitik trat. Im Kern war sie nicht Ausdruck eines Staatsbankrotts, sondern

Ergebnis einer Überanstrengung der patrimonialstaatlichen Finanzierungs- und Herrschaftsmethoden in diesem Staat. Der Schlüssel zu ihrer Lösung lag nicht in der verzweifelten Suche nach neuen Steuer- und Finanzierungsquellen, nicht einmal allein in einer Steuerreform, sondern in der Durchforstung und Bürokratisierung der Finanzverwaltung. Erst die Revolution freilich sollte zeigen, daß eine solche Aufgabe nicht Gegenstand einer isolierten Reformpolitik sein konnte, sondern in alle Bereiche des alten Staats- und Gesellschaftssystems eingreifen mußte.

Justice Versus *Administration*
Aspekte des politischen Systemkonflikts in der Krise des Ancien Régime

Als Jacques Necker in den ersten Jahren der Französischen Revolution den bisher wenig beachteten Versuch unternahm, die »progression morale de la révolution française« in Form einer apologetisch gefärbten Revolutionsgeschichte zu beschreiben[1], bediente er sich bei der Behandlung der Konflikte zwischen der monarchischen Zentralregierung und den Parlamenten einer ungewöhnlichen Ausdrucksweise. Er nannte das Königtum und die Parlamente die beiden »Systeme«, welche die Verwaltung Frankreichs in der Hand gehabt hätten. »Le premier système, en réunissant sous la même autorité le pouvoir exécutif et le pouvoir législatif, présentoit l'idée du despotisme. – Le second, en soumettant toutes les dispositions d'un ordre général à l'assentissement de treize parlemens, délibérans chacun à part pour l'étendu de leurs ressorts, offroit un modèle de confusion.«[2]

Neckers Äußerung verdient nicht deshalb Beachtung, weil er den Konflikt zwischen Königtum und Parlamenten als solchen in das Zentrum seiner Betrachtungen über die Ursachen der Revolution rückt. Die große Bedeutung der Parlamentspolitik für den Ausbruch und die Akzeleration der Ancien-Régime-Krise war allen Zeitgenossen bewußt, und auch heute noch wird dieser Faktor, zumindest was das äußere politische Geschehen angeht, hoch eingeschätzt. Bemerkenswert erscheint vielmehr die Bewertung, die Necker hier vornimmt. Die monarchische Zentralregierung auf der einen Seite, die Parlamente auf der anderen sind für ihn gleichgewichtige Elemente, die, da sie beide auf fehlerhaften Prinzipien – hier dem »Despotismus«, dort der *confusion* – beruhten, eine »fehlerhafte« Verwaltung – und das ist für den aufgeklärten Bürokraten Necker praktisch gleichbedeutend mit »Verfassung« – produzierten. »Le combat entre ces deux systèmes, et leur supériorité alternative selon que l'opinion favorisoit l'un ou l'autre, étoient et devoient être une source continuelle de troubles et de divisions.«[3] Es habe einen Konflikt zwischen zwei verschiedenen Autoritäten gegeben, der *autorité royale* und der *autorité parlementaire*, der mit gleichwertigen Waffen geführt worden sei, dem

Exil und individuellen Verhaftungen auf der Seite des Königtums, dem kollektiven Justizstreik auf der Seite der Parlamente. »Les parlemens discréditoient le conseil du Roi; le conseil cherchoit à avilir les parlemens; et durant le cours de ces débats et de ces offenses mutuelles, la considération de toutes les autorités s'affoiblissoit.«[4]

Es mag dahingestellt bleiben, ob der Verwaltungsfachmann Nekker hier nicht zur Überschätzung eines spezifisch verwaltungsgeschichtlichen Vorgangs als Erklärung der Ursachen der Französischen Revolution neigt. Die Zeiten, da man sich mit der Behauptung an die wissenschaftliche Öffentlichkeit wagen konnte: »La Révolution française a été avant tout un phénomène administratif«[5], sind endgültig vorüber. Freilich, die Aktualität der Bemerkungen Neckers scheint auch gar nicht in ihrer Betonung verwaltungsgeschichtlicher Tatbestände zu liegen. Wer Neckers zahlreiche Schriften aus den letzten Jahren des Ancien Régime kennt, weiß, daß er selbst, wenn auch mit größtem Bedauern, nicht mehr an eine Lösung der Probleme des Ancien Régime »auf dem Verwaltungswege« glaubte. Originell erscheinen seine Äußerungen vielmehr, weil sie den Konflikt zwischen Königtum und Parlamenten ganz unabhängig von politischen Tagesfragen und sozialen Interessenlagen her analysieren und ihn durchaus auf die Ebene eines Systemkonflikts hinaufheben, wobei Necker so weit geht, der Verwaltungstätigkeit der Parlamente einen der monarchischen Verwaltung prinzipiell gleichgewichtigen Systemcharakter zuzusprechen. Necker, der die letzten Jahre des Ancien Régime und vor allem den Beginn der großen antiaristokratischen Polemik seit 1788 im Zentrum des politischen Geschehens miterlebt hat, verschließt sich damit einer Interpretation der Parlamentspolitik, die spätestens seit der Option des Pariser Parlaments für die Einberufung der Generalstände »entsprechend den Formen von 1614« allgemein vertreten wurde: die Parlamente als Hort der Reaktion, als »Zitadelle der Privilegien«[6].

Necker ließ sich dabei sicher nicht von Sympathien für den Parlamentsadel leiten. Es gibt Äußerungen von ihm, welche den Korpsgeist dieser Gruppe tadeln und ihre Eignung für eine dauerhafte Repräsentation der französischen Bevölkerung in Zweifel ziehen – »des particuliers, élevés en autorité par l'acquisition vénale d'un office«[7]. Wichtiger ist jedoch, daß er sich in seiner Analyse der Ancien-Régime-Krise überhaupt nicht von den vor-

827 Seiten. Leinen. DM 88,–

Blumenbergs »Höhlenausgänge« haben ihre Stelle im Entwu
einer Theorie der Unbegrifflichkeit, die sich mit der
Identifizierung von Philosophie und Abstraktion nicht
abfinden lassen will. Dabei ist weder an eine Gegenwelt noc
an eine Unterwelt zur Rationalität zu denken. Im Gegenteil
Die Arroganz des Begriffs gegenüber der Anschauung, der
Deduktion gegenüber der Beschreibung wird auf ihr Maß
»reduziert‹ das im Anlehnungsbedürfnis aller theoretischen
Begrifflichkeit an imaginative – mythische, metaphorische
narrative – Orientierungen besteht.

Suhrkamp

Hans Blumenberg
Höhlenausgänge

INHALT

Suhrkamp Verlag, Suhrkamp Haus, 6000 Frankfurt am Main 1 (99244) 3/89 revolutionären Polemiken leiten ließ, sondern ganz bewußt die letzten drei bis vier Dezennien des Ancien Régime einbezog, in denen von seinem Standpunkt aus, der durchaus der eines »aufgeklärten« Verwaltungsdespoten war, die Ursachen für die zunächst noch korrigierbaren Fehlentscheidungen der französischen Politik lagen. Necker nahm damit keinen so hochliegenden Beobachtungspunkt ein wie etwa Barnave[8], für den die Französische Revolution das Ergebnis säkularer sozioökonomischer und sozio-kultureller Wandlungen war; doch erfaßte er gerade jene Zeit seit etwa 1750, in der die französische Geschichte, will man eine Äußerung Le Roy Laduries[9] entsprechend erweitern, aus dem Zustand der *histoire immobile* allmählich in den einer *histoire mobilisée* überging. Steigende Bevölkerung, steigende Preise, steigende soziale Mobilität, vor allem auch steigende Anteilnahme einer kritisch räsonierenden Öffentlichkeit an religiösen und politischen Auseinandersetzungen – das sind nur einige Indikatoren für einen historischen Tempowechsel, mit dem die Krise des Ancien Régime einsetzte.

Nun war auch Necker in seinen zahlreichen politischen Schriften zu sehr der Tagespolitik verhaftet, als daß er den Gedanken des Systemkonflikts, wie er sich in seiner Revolutionsgeschichte abzeichnet, mehr als oberflächlich hätte reflektieren können. Die Revolutionshistoriographie des 19. und 20. Jahrhunderts hat ihn, auch wenn sie die Konflikte des ausgehenden Ancien Régime immer wieder untersucht hat, kaum aufgenommen. Für sie standen zunächst ideengeschichtliche und später sozialgeschichtliche Aspekte im Vordergrund. Dabei spiegelte sie häufig lediglich die Parteikämpfe wider, die in den Konflikten zwischen dem Königtum und den Parlamenten zum Ausdruck kamen. Wir finden z. B. parlamentsfreundliche Historiker, die den Repräsentationsanspruch dieser Institutionen im späteren 18. Jahrhundert ernst nahmen und so zu einer positiven Einschätzung ihrer politischen Rolle kamen[10]; wir finden Anhänger einer starken Staatsgewalt, die die Argumente der bourbonischen Ministerialbürokratie wiederholten und in der Oppositionspolitik der Parlamente allein eine »Obstruktion« sahen, durch die das Scheitern einer evolutionären, aufgeklärt-despotischen Reformpolitik verursacht worden sei[11]; wir finden schließlich die heute gängige sozialgeschichtliche Interpretation, die allein den Kampf der Parlamente für die Erhaltung der Privilegien für wichtig hält und diese Institutionen somit in den Kontext der »aristokratischen Reaktion« gegen sozialen und politischen Fortschritt in Frankreich einordnet[12]. Alle genannten Deutungen lassen sich jeweils gut aus bestimmten Quellenbeständen ableiten, allen ist jedoch gemeinsam, daß sie nur einen Teilaspekt der Realität erfassen und damit wenig zu einer angemessenen Einschätzung dieser für das Ancien Régime so besonders typischen Institution beitragen.

Es erscheint daher lohnend, die großen politischen Konflikte des ausgehenden Ancien Régime, in deren Mittelpunkt das Königtum einerseits, die Parlamente und übrigen souveränen Gerichtshöfe andererseits standen, erneut zu analysieren und dabei den von Necker, wenn auch in vordergründiger Weise, schon erwogenen Aspekt des Systemkonflikts zu beachten. Dabei muß den Ergebnissen der modernen Forschungen im Bereich der historischen Bürokratiesoziologie, der Evolutions- und der Systemtheorie Rechnung getragen werden. Ich gehe insbesondere von den Arbeiten S. N. Eisenstadts aus, in denen das Phänomen des vor- und frühmodernen *bureaucratic empire* als eines eigenständigen Entwicklungstypus staatlich-politischer Organisation herausgearbeitet wird[13]. Für Eisenstadt, wie auch für die moderne Systemtheorie, ist die Geschichte der aus dem Familien- und Stammesverband herauswachsenden Gesellschaftssysteme in erster Linie ein Prozeß der Ausdifferenzierung eines politischen Systems oder einer »politischen Sphäre«, die im Vergleich zu allen übrigen gesellschaftlichen Gruppen und Individuen ein gewisses Maß an Eigenständigkeit gewinnt und universelle, gesamtgesellschaftliche »Zielorientierungen« entwickelt[14]. Neuere Arbeiten haben diesen Zusammenhang evolutionstheoretisch untermauert. Mit dem Auftreten des Privateigentums und der Ausbildung von Klassenverhältnissen innerhalb eines sozialen Systems tritt das politische System in eine zentrale Steuerungsfunktion ein, die erst mit der Generalisierung und Verselbständigung des Marktsystems, d. h. mit dem vollentwickelten Liberalkapitalismus des 19. Jahrhunderts, an Gewicht verliert[15]. Die Prozesse der Systemintegration, der Nutzbarmachung und Verteilung der gesellschaftlichen Ressourcen werden in vorindustriellen Gesellschaften somit ganz wesentlich vom politischen System gesteuert, und das Ausmaß, in dem es sich hier gegenüber Gruppeninteressen durchzusetzen versteht, gibt Auskunft über den Grad seiner Ausdifferenzierung und Eigenständigkeit.

In diesem, hier nur umrißhaft skizzierten Zusammenhang gewinnt das Phänomen des Verwaltungskonflikts in vorindustriellen, traditionalen Sozialsystemen eine neue Dimension. Die Kumulation von politischen Konflikten deutet auf Identitätsprobleme des politischen Systems hin, die sich, bei entsprechend heftigem Konfliktverlauf und einer gleichzeitigen Krisen- und Konfliktanfälligkeit anderer gesellschaftlicher Subsysteme (soziale Krisen, Wirtschaftskrisen, religiöse Krisen etc.), zum Existenzproblem des politischen Systems ausweiten können. Verwaltungskonflikte, sofern sie in einem quantitativ beachtlichen Ausmaß auftreten, bringen nicht etwa Alternativen des politischen Handelns zum Ausdruck, die gleichsam zur Disposition des souverän agierenden politischen Systems stehen, sondern sie sind Störungen der Systemfunktionen und indizieren, daß die Grenzen des Systems entweder noch nicht scharf genug ausgebildet sind oder aber, infolge einer Überforderung seiner Steuerkapazitäten, an Stabilität verloren haben.

Die Geschichte der Konflikte zwischen Königtum und Parlamenten in Frankreich illustriert diese Behauptung auf anschauliche Weise. Spätestens seit dem 14. Jahrhundert bildete das Pariser Parlament einen festen Bestandteil des sich entfaltenden politischen Systems. Über weite Strecken war seine Geschichte und, seit dem 15. Jahrhundert, die der Provinzialparlamente, eng an das Schicksal der Monarchie gebunden. Man könnte die historische Funktion dieser Institutionen dabei, *cum grano salis*, in zwei Begriffe fassen: im 15. und 16. Jahrhundert unterstützten sie die »Einigung« der Monarchie, am Ende des 16. und in der ersten Hälfte des 17. Jahrhunderts dienten sie der Wahrung ihrer »Einheit«[15a]. Die Fronde, die erste große Krise des französischen Absolutismus, war von den Parlamenten aus kein Angriff auf das gesamte politische System, sondern richtete sich gegen die Verselbständigung eines seiner Bestandteile, die Omnipotenz der Kardinäle und der in ihrem Schutz agierenden *partisans* und *traitants*[16]. Nicht zuletzt, weil Ludwig XIV. den bedeutsamen Entschluß faßte, »ohne ersten Minister« zu regieren, waren seine Beziehungen zu den Gerichtshöfen konfliktärmer als z. Z. Heinrichs IV. und Ludwigs XIII. Trotz einer forcierten patriarchalisch-erbcharismatischen Herrschaftslegitimation, trotz seiner berühmten Majestätsakte des Jahres 1673 ließ er der Rechts- und Verwaltungspraxis der Gerichtshöfe offenbar weit mehr Spielraum, als es die Einschränkung des Remonstrations- und Registrierungsrechts von 1673 vermuten läßt[17].

Erst im Verlauf des 18. Jahrhunderts, in der beharrlichen und zwischen 1752 und 1770 beinahe permanenten Opposition der Parlamente gegen die monarchische Regierung, wurde eine Wandlung dieses Verhältnisses sichtbar. Seit mehr als zwei Jahrhunderten ein fester Bestandteil des politischen Systems, entwickelten sich die Parlamente jetzt – ihrer Argumentation und ihrer politischen Praxis nach – zu einem Konkurrenzsystem zur monarchischen Verwaltung. Dieser Vorgang ist oft beschrieben und analysiert worden. Die Forschung hat sich dabei vor allem von der aufwendigen Rhetorik der Parlamentsremonstrationen, von Flugschriften des 18. Jahrhunderts und von der politischen Theorie (Montesquieu) und Apologetik (Le Paige u. a.) in der Umgebung der Parlamentsopposition leiten lassen[18]. Insbesondere das Auftauchen moderner verfassungsrechtlicher Begriffe und Ansprüche seit etwa 1760 ist dabei immer wieder betont worden. Begriffe wie *nation, constitution, droits de législation* erschienen in dieser Zeit in der Tat immer häufiger, und sie rückten die Parlamentsopposition in die Nähe einer Haltung, wie sie etwa vom englischen Parlament eingenommen wurde. Man wird Denis Richet recht geben können, der jüngst betont hat, daß sich hinter der Rhetorik der Parlamentspolitik in dieser Zeit eine ganz präzise politische Forderung verbarg: die »Kontrolle der Gesetze und Steuern«[19].

Nichts deutet freilich darauf hin, daß die politische Öffentlichkeit Frankreichs bereit war, den Parlamenten oder auch nur dem Pariser Parlament – einer weder im ständischen noch gar im modernen Verständnis als repräsentatives Organ legitimierten Institution – ein derart weitgehendes Recht einzuräumen. Was die Politik der Parlamente für eine breitere Öffentlichkeit interessant machte, war die Tatsache, daß in Frankreich keine oder nur regional begrenzte und nicht sehr gut funktionierende repräsentative Institutionen zur Verfügung standen, so daß ein Verzicht auf die Parlamente letztlich die Aufgabe einer »letzten Bastion« gegen die Verselbständigung des politischen Systems bedeutet hätte[20].

Diese äußerst günstige Situation haben die Parlamente über Jahrzehnte glänzend genutzt. Sie haben dabei jedoch ihre weitgehenden verfassungspolitischen Vorstellungen keinesfalls realisieren können. Niemand wird behaupten wollen, daß etwa das Pariser

Parlament im Verlauf des 18. Jahrhunderts in Fragen der Gesetzgebung oder der Besteuerung eine dem englischen Parlament vergleichbare Position erobert hat. Dagegen hat es, zeitweise in intensiver Kooperation mit den Provinzialparlamenten und gelegentlich auch mit den übrigen souveränen Gerichtshöfen, einen offenen Systemkonflikt provoziert, der das politische System periodisch handlungsunfähig machte. Bei aller Modernität ihrer verfassungspolitischen Ansprüche, die sich ohne großes Risiko in die aufwendige Phraseologie der Remonstrationen einfügen ließen, haben sich die Parlamente dabei politischer Argumente und Praktiken bedient, die dem Entwicklungsstand des politischen Systems und dem Bewußtseinsstand einer breiteren politischen Öffentlichkeit vollkommen angemessen waren.

Ein auch nur flüchtiger Blick auf die Remonstrationen der Parlamente zeigt nämlich, daß die modernen verfassungsrechtlichen Forderungen, von denen bisher die Rede war, keinesfalls dominieren[21]. Im Zentrum steht vielmehr ein Argument, das der ureigenen Tradition der Monarchie entstammt und daher auf Verständnis vor allem in der provinzialen Öffentlichkeit rechnen konnte: die Verteidigung des Richters (*magistrat*) als institutionellen und personellen Nukleus der monarchischen Verwaltung. Bürokratiegeschichtlich ist das ein bedeutsames Indiz[22]. Die alte Behördengeschichte, insbesondere die französische Institutionengeschichte, hat den frühneuzeitlichen Prozeß der Bürokratisierung gern so beschrieben, als sei die zum modernen Anstaltsstaat führende Tendenz zur institutionellen Rationalisierung im Ancien Régime bereits derart fortgeschritten, daß wir schon hier mit einem sich kontinuierlich rationalisierenden Institutionensystem rechnen können. Geschichte der Bürokratie war demnach in erster und nahezu einziger Linie die Entwicklung von rationalen Kompetenzabgrenzungen. In Wahrheit verlief der absolutistische Bürokratisierungsprozeß durchaus ungeordnet und sprunghaft[23], und er enthüllte seine rationale Konsequenz erst im Rückblick, aus der Perspektive des 19. Jahrhunderts. Verwaltungstechnische Kompetenzabgrenzung spielte in diesem Prozeß eine herausragende Rolle, doch war sie selten das Ergebnis einer planvollen, ungebundenen Entscheidung des politischen Systems, sondern zumeist eines innerbürokratischen Kompetenzkonflikts, der letztlich durch die »gesellschaftliche Stärke« (Norbert Elias) der beteiligten Gruppen entschieden wurde. Hinzu kommt noch, daß dabei kaum jemals endgültige, nicht umkehrbare Ergebnisse erzielt wurden. Vielmehr gehört es zum politischen Systemkonflikt des 18. Jahrhunderts, daß einzelne Gruppen und Institutionen Kompetenzen für sich reklamierten, die sie unter Umständen schon seit Jahrzehnten oder gar Jahrhunderten verloren hatten und die, da sie alle der einen, unteilbaren Gewalt des Königtums entstammten, niemals auf Dauer an eine subalterne Institution delegiert worden waren[24].

Der ideologische Reflex auf diesen Tatbestand wird in den Parlamentsremonstrationen des 18. Jahrhunderts überaus deutlich. In der emphatischen Stilisierung der Rolle der *magistrats* tritt die politische Psychologie eines Verwaltungspersonals ans Licht, das sich als legitimer, durch monarchisches Herkommen legitimierter Träger der königlichen Administration begreift, diese Position durch personelle Veränderungen im politischen System bedroht fühlt und sie, defensiv und offensiv zugleich, durch eine umfassende Selbstdarstellung seines Berufsstandes zu halten versucht[25]. Als Beleg können die Konflikte der Parlamente mit den Intendanten, mit dem *conseil du Roi* und den *financiers* des Königs dienen.

Aus den zahllosen Verlautbarungen, in denen sich die Parlamente gegenüber der Intendantur abzugrenzen versuchten, geht deutlich hervor, daß sie dabei nicht etwa an eine planvolle, arbeitsteilige Trennung der justiz- und verwaltungsstaatlichen Kompetenzbereiche dachten, sondern durchaus von der Überlegenheit ihrer eigenen Befugnisse im Sinne einer die Interessen der Untertanen schützenden Verwaltung ausgingen. Der Generalanwalt (*procureur général*) des Parlaments von Grenoble sprach einmal davon, daß seine eigenen Kompetenzen im Rahmen der *grande police* durchaus mit denen des Intendanten zu vergleichen, ja, ihnen überlegen seien, »parce qu'elles ont pour objet la tranquillité publique, l'honneur et la vie des citoyens, au lieu que celles des commissaires départis sont absolument bornées à l'administration des finances«[26]. Die Fähigkeit der Intendanten, Verwaltungsstreitigkeiten auf richterlichem Wege angemessen zu lösen, wurde von den Parlamenten gerade mit dem Blick auf jene Kennzeichen der Intendantur bestritten, die in den Augen der Monarchie als administrativer Fortschritt erscheinen mußten: universelle Kompetenzen des Intendanten, Schnelligkeit der Rechtsprechung infolge der Überschaubarkeit der Zuständigkeiten. Als Beleg kann eine Remonstration des Parlaments von Toulouse vom 17. September 1757 dienen, in der die mangelnde Fähigkeit der Intendanten, Steuerbeschwerden der Untertanen sachdienlich zu erledigen, beklagt wird: »Mais dans cette multitude de détails dont ils sont chargés, sur ce tribunal universel qui leur est formé d'attributions de toute espèce, et qui demanderoit les connaissances réunies de tous les tribunaux, et de toutes les professions, dans l'impossibilité de connoître par euxmêmes si les requêtes en demande de modération sont justes ou déraisonnables, ils ne font que les renvoyer aux préposés qui se gardent bien de condamner leur propre ouvrage. Ainsi l'avis est conforme à la taxe; l'intendant signe, et le jugement est rendu.«[27]

Aus solchen Äußerungen geht hervor, wie stark das Verhältnis von Parlamenten und Intendantur noch im 18. Jahrhundert unter dem Gesichtspunkt der Konkurrenz gesehen wurde. Mit Ausnahme jener Intendanten, die eine moderne, rationale Komponente in ihre Verwaltungsarbeit einführten und daher zu Recht in der Forschung als »aufgeklärte« Intendanten firmieren, sah sich auch der Intendant des 18. Jahrhunderts noch sehr betont als *magistrat,* der sich qualitativ kaum vom Parlamentsrichter unterschied. D'Argenson, ein früher Protagonist aufklärerischer Verwaltungskritik im Ancien Régime, hat gerade die »magistralen« Ursprünge der Intendantur zum Anlaß für seine scharfe Intendantenkritik genommen[28]. Bedenkt man etwa, daß die Intendanten der gleichen, relativ homogenen sozialen Schicht entstammten wie die *parlementaires* und bis zu einem bestimmten Punkt die gleiche berufliche Ausbildung durchliefen, so wird die unmittelbare Konkurrenzsituation zwischen beiden Institutionen und ihrem Personal deutlich – ein Personal, das sich, sehen wir einmal von Spezialbehörden wie der Brücken- und Straßenbauverwaltung ab, in einem hinsichtlich seiner justiz- und verwaltungsstaatlichen Komponenten grundsätzlich noch nicht differenzierten politischen System einzurichten hatte.

Denis Richet hat jüngst davor gewarnt, die institutionellen Unterschiede und damit auch die Konfliktanfälligkeit des Verhältnisses von Intendantur und Magistratur überzubewerten und darüber die Homogenität des zugrundeliegenden sozialen und kulturellen Milieus zu vergessen[29]. Geht man dabei, wie Richet es tut, allein von dem formalen Unterschied zwischen dem *commissaire* und dem *officier* aus, so kann man ihm zustimmen. Stellt man jedoch die beschriebene Konkurrenzsituation zwischen einer jahrhundertealten Verwaltungskörperschaft und einem in ihren Augen nicht besser qualifizierten, vom Königtum aber auf einzigartige Weise protegierten neuen Personal in Rechnung, so sticht der sozialpsychologische, mentalitätsgeschichtliche Hintergrund solcher Konflikte um so mehr ins Auge, je mehr sie sich gerade innerhalb eines homogenen sozialen und kulturellen Milieus abspielten. Man muß in dieser Hinsicht die exaltierte Sprache der Remonstrationen völlig ernst nehmen, die, in der Endphase traditional-legaler Herrschaftsformen in Westeuropa, die Abkehr der Monarchie von überkommenen personellen und institutionellen Mustern der Regierung und Verwaltung gleichsam in der Sprache verstoßener Diener gegenüber ihrem Herrn beklagten: »Votre parlement, Sire, ce corps auguste né avec la monarchie, pourroît-il bien être remplacé par ces juges indéfinissables, autrefois inconnus à la nation, existans et agissans sans principes; affectant toute jurisdiction, n'en ayant légitimement aucune, placés, ce semble, entre deux intérêts, esclaves de l'un, tyrans de l'autre; jouissant par emprunt et à charge de retour d'une protection générale et sans bornes, à qui ont été et sont sans cesse adressés des délibérations de votre conseil, des ordres secrets, des réflexions, des plans, des systêmes à tenter, à exécuter, sans autre raison qu'un vouloir absolu, sans autre mesure que l'avidité insatiable des traitans, leurs justiciables en apparence, pour que le public le soit réellement?«[30]

Gegen diese mit allen Mitteln der juristischen Demagogie inkriminierten Tätigkeiten eines nicht ausreichend legitimierten Personals setzten die Parlamente die traditionell bewährten Qualitäten des *magistrat* – die feste Ressortbindung und seine umfassende Aufsichtskompetenz im Rahmen der *grande police*.

In der großen Polemik der 50er und 60er Jahre gegen die Bestrebungen des königlichen Rates, Prozesse an den Hof zu ziehen und Beschlüsse der regionalen Gerichtsbehörden zu kassieren, erkannten die Parlamente zwar das grundsätzliche Recht des Königs auf Evokation und Kassation an, wehrten sich jedoch gegen eine Generalisierung dieser Praxis und gegen die Substitution ihrer Institution durch den Rat als ausführendes Organ. Ihr wichtigstes Argument war, neben dem stereotypen Hinweis auf die Verletzung der Tradition, die fehlende Ressortkompetenz der Ratsgremien und damit ihre mangelnde Fähigkeit, gemäß den provinzialen Gewohnheitsrechten zu entscheiden. »Il semblerait qu'il n'est point de loi, point de coutume, point d'usage local dont ils n'aient mieux pénétré l'esprit que les magistrats établis sur les lieux et qui ont fait de l'étude des lois particulières à une province leur unique ocupation. Juges sans ressort, les gens du conseil prétendent embrasser toute la surface du Royaume; juges sans jurisdiction, il n'est point de Sujet de Votre Majesté qui, dans leur système, ne soit exposé à devenir, par le fait, leur justiciable.«[31]

Diese hier allein die Gerichtsverfassung betreffenden Argumente wurden, wenn nötig, auf andere Verwaltungsebenen übertragen. Auch die seit gut einhundert Jahren institutionalisierte Intendantenverwaltung mußte sich den Hinweis auf die fehlende Ressortkompetenz wiederholt gefallen lassen. Den Intendanten wurden zwar »einfache« Verwaltungskompetenzen zugestanden, es sei jedoch ein Fehler des Königtums gewesen, ihnen auch richterliche Befugnisse in Verwaltungsstreitigkeiten einzuräumen. »Ils ne sont juges que par des attributions particulières, relativement à l'administration dont ils sont principalement chargés. Ces attributions ne sont que momentanées, ils n'ont point de tribunal, et ce seroit changer tout l'objet de leur institution, que de leur en accorder.«[32]

Am weitesten griff der Ressortanspruch zweifellos, wenn er mit regionalen Vertretungsansprüchen gekoppelt wurde. Es wurde schon erwähnt, daß sich das Pariser Parlament im Laufe des späteren 18. Jahrhunderts immer stärker in die Rolle eines die Generalstände ersetzenden Vertretungsorgans hineinsteigerte. Auf regionaler Ebene finden wir diesen Anspruch in jenen Provinzen, die ihre Ständeversammlungen im 16. und 17. Jahrhundert verloren hatten. Bemerkenswert ist auch hier, daß dieser Anspruch kaum aus den generellen Repräsentationsideen der Zeit, sondern in erster Linie aus den richterlichen Funktionen des *magistrat* abgeleitet wurde. Es war eine durchaus rückwärts gewandte Blickrichtung, wenn die Gerichtshöfe die traditionellen Aufsichtsbefugnisse der Magistrate in ihrem *ressort* zum Kriterium eines allgemeinen Vertretungsrechts erhoben. »Les provinces d'élection ne péuvent être défendues que par leurs compagnies souveraines: elles seules, par la nature de leurs fonctions, sont chargées de veiller à tout ce qui a rapport au bien public et à l'intérêt général des peuples de leur ressort.«[33] Wir sind noch nicht ausreichend darüber informiert, inwieweit solche Ansprüche auf Verständnis und Zustimmung in der Öffentlichkeit trafen. Ohne Frage haben zahlreiche Zeitgenossen die mangelnde Eignung der Parlamente für eine Interessenvertretung der Regionen in ähnlich klarer Weise gesehen, wie Necker es tat. Die verbreitete Ablehnung des »Staatsstreichs« Maupeous zeigt andererseits, daß man sich, vor die Wahl zwischen dem administrativen Despotismus der Monarchie und den korporativen Vertretungsansprüchen der Gerichtshöfe gestellt, für eine Übergangsepoche für die letzten entschied[34]. Auch Necker legte Zeugnis von der Bedeutung dieses Anspruchs ab, wenn er einmal davon sprach, daß sich in den *pays d'élection* die Hoffnungen auf die Parlamente richteten, »qui deviennent ainsi dans l'opinion les protecteurs des peuples«[35].

Ohne Frage gewann der in den Remonstrationen vage und rhetorisch anmutende Hinweis auf die Aufsichtsrechte und Fürsorgepflichten des *magistrat* seine wirksamste Gestalt in dem Anspruch der Parlamente auf die *grande police*. Aufgrund einer lange Zeit gepflegten Verwaltungshistoriographie, die ihre Begriffe und Perspektiven der Staatsrechtslehre des 19. Jahrhunderts entnommen hatte, sind wir über die Tragweite dieses Anspruchs freilich kaum informiert. Die großen französischen Traktate zum Polizeirecht und zur Polizeiverwaltung des Ancien Régime sind bis heute praktisch noch nicht ausgewertet, und unsere Vorstellungen von der *police* im Sinne des traditionellen, umfassenden Polizeibegriffs sind, was Frankreich angeht, mehr als vage[36]. Das gilt insbesondere auch hinsichtlich der Kompetenzabgrenzung der einzelnen, an der Polizeiverwaltung beteiligten Institutionen. Nur soviel steht fest: wie in der Justiz- und Finanzverwaltung auch, ist das Ancien Régime hier zu keiner einheitlichen, geschweige denn zentralistischen Einrichtung klarer Kompetenzhierarchien gekommen. Der oft beobachtete und beklagte Marasmus der Ancien-Régime-Verwaltung, der jüngst noch von J. F. Bosher für die *finances* nachgewiesen wurde[37], scheint im Bereich der *police* nicht minder groß gewesen zu sein.

Das von den Parlamenten beanspruchte und ihnen dem Herkommen nach zugestandene Recht auf die *grande police* oder *police générale* bedeutete keineswegs, daß sie sich mit bestimmten »generellen« Kompetenzen begnügten. *Grand* und *général* meinte vielmehr, daß ihnen ein letztinstanzliches Aufsichts- und Reglementierungsrecht über die lokalen Polizeibehörden zustand, das sie mit Hilfe allgemeiner, für ihr gesamtes Ressort wirksamer gerichtlicher Verordnungen (*arrêts de règlement*) zur Geltung brachten. Treibendes Element dieser Aufsichtsbefugnis war der jeweilige Generalanwalt, der sich durch die in den *bailliages* und *sénéchaussées* tätigen *officiers de police* über alle relevanten Vorgänge informieren ließ und gegebenenfalls zur Vorbereitung einer Verordnung im Parlament initiativ wurde.

Wie in kaum einem anderen Bereich kam den Parlamentsräten hier die traditionelle Doppelstellung des *magistrat* zu Hilfe, der nicht nur Richter, sondern königlicher *officier* und Richter in einer Person war. Loyseau hatte die besondere, aus der königlichen Prärogative der Gesetzgebung hergeleitete Position des *magistrat de police* schon klar erkannt, wenn er die *police* als das Recht definierte, »de faire des reglemens sans postulation d'aucun demandeur, ni d'audition d'aucun défendeur, et qui lient tout un peuple«[38].

Naturgemäß hatte das Königtum dem Intendanten, der immer auch *magistrat* war, schon im 17. Jahrhundert die gleichen Befugnisse eingeräumt, was schon in seiner offiziellen Bestallung als *intendant de justice, finances et police* zum Ausdruck kam[39]. In den großen Städten des Landes war zudem am Ende des 17. Jahrhunderts der *lieutenant général de police* hinzugekommen. Da der Intendant durch seine direkte Bindung an den königlichen Rat dem kontrollierenden Zugriff der Parlamente entzogen war, hatte er im Bereich der *police* wie auf anderen Ebenen eine den Parlamenten überlegene Aktivität entfalten können, die es dem Kritiker der Ancien-Régime-Verwaltung Duclos ratsam erscheinen ließ, in der Intendantur den Träger der Polizeiverwaltung zu feiern[40]. Wir haben uns daher die *police* im Ancien Régime als ein Nebeneinander verschiedener Zuständlichkeiten vorzustellen, in dem die Intendantur mit ihren wirksameren bürokratischen Möglichkeiten dominierte. Das besagt jedoch nicht, daß die vom Königtum im 17. Jahrhundert eingerichtete Kompetenzkonkurrenz zwischen Intendantur und Parlamenten beseitigt war. Konnten sich die Parlamente gegen die Ausdehnung der Finanzverwaltung letztlich nur rhetorisch zur Wehr setzen, die Jurisdiktion der Intendanten in Verwaltungsstreitigkeiten nur in Einzelfällen bekämpfen, so bot ihnen die *police* jederzeit ein unmittelbares Einflußfeld, auf dem sich politische Konflikte provozieren ließen. Dies mochte so lange ohne große Bedeutung bleiben, wie sich das

»Polizei«-verständnis des monarchischen Absolutismus noch im traditionellen, patriarchalischen Rahmen der »guten Polizey« hielt. Doch gerade im 18. Jahrhundert wurden zentrale Bereiche der älteren Polizeilehre zum Gegenstand staatlicher Reformbemühungen, die ihrerseits die Ansprüche der traditionellen Gerichtsinstitutionen auf den Plan riefen. Man bedenke nur, welch eine Rolle in Frankreich seit dem ersten Drittel des Jahrhunderts Fragen des Wege-, Straßen- und Brückenbaus gespielt haben, die, mit ihren unvermeidlichen *voirie*-Konflikten, ein nahezu permanentes Jurisdiktions- und Kompetenzgerangel zwischen der königlichen Brücken- und Straßenbauverwaltung und der Intendantur einerseits, den für die Wegepolizei zuständigen Gerichten (*bureaux des finances*) andererseits auslösten[41]. Auch der Bereich der Marktaufsicht und Getreideversorgung ist ein vorzügliches Beispiel, um die Konfrontation einer traditionellen, auf Inspektion, Kontrolle, Vor- und Fürsorge gerichteten *police*-Konzeption mit den Reformplänen des 18. Jahrhunderts zu veranschaulichen, in denen Gedanken wie Handelsfreiheit, Marktfreiheit, Export und Import wichtig wurden und die auf die Einrichtung ausgedehnter, überregionaler Marktverhältnisse zielten[42]. Blickt man in die Polizeitraktate De la Mares, Duchesnes oder Des Essarts', so wird unmittelbar deutlich, daß letztlich alle inneren Verwaltungsaufgaben, die der Absolutismus zu reformieren versuchte, vom traditionellen Polizeibegriff erfaßt wurden und damit, potentiell, dem Reglementierungsanspruch der Gerichtsbehörden ausgesetzt waren. Wenn Duchesne in der Nachfolge De la Mares einmal formulierte: »La police a pour objet général l'intérêt public, la paix et la concorde des Citoyens, l'ordre et l'harmonie de la société«[43], so gab er damit exakt das Motto aus, unter dem das Interesse der *magistrats* an der Polizeiverwaltung stand.

Trotz der beachtlichen »bürokratischen« Aktivitäten ihrer Generalanwälte[44] hatten die Parlamente keine praktischen Möglichkeiten, mit der königlichen Polizeiverwaltung zu konkurrieren. Vom Prinzip ihrer überkommenen Verwaltungsfunktionen her waren sie allein in der Lage, auf dem Wege der Reglementierung für die Bewahrung der alten Verhältnisse und Verordnungen einzutreten. Damit wurde ihr Einfluß, sobald es um Reformen im Sinne des sich allmählich wandelnden Polizeibegriffs ging, zwangsläufig auf die Reaktion gegen die Pläne des Absolutismus zurückgedrängt. Sie verdeckten dies, indem sie ihre *police*-Funktionen zu umfassenden Fürsorgeaufgaben hochstilisierten, die einer dem monarchischen Absolutismus zunehmend skeptisch gegenüberstehenden Öffentlichkeit durchaus verteidigenswert erschienen. Dies gelang ihnen um so besser, als der Polizeibegriff der traditionellen, »wohlfahrtsstaatlichen« Polizeilehre einen derart umfassenden Charakter hatte, daß sich der Demagogie der geschulten Parlamentsjuristen Tor und Tür öffneten, um von hier aus Einfluß auf alle denkbaren Vorgänge der inneren Verwaltung zu nehmen. Der Abbé de Véri, ein prononzierter Gegner der Parlamente aus der Umgebung Turgots, hat dies einmal höchst anschaulich beschrieben: »Cependant les parlements se sont arrogés le pouvoir d'entrer dans toutes ces parties sous le prétexte qu'ils ont la surveillance sur la police générale de leur ressort. Ce mot de grande police ou de police générale est un passepartout qui introduit leur influence dans tous les objets dont il leur prend fantaisie de se mêler.«[45]

Was sich in den Augen eines radikalen Kritikers der Parlamente wie eine unzulässige Amtsanmaßung ausnahm, stellte sich in der Konzeption der Parlamente ganz anders dar. Die *grande police* war für sie der konstitutionelle Rechtstitel zur Entfaltung einer umfangreichen, durchaus nicht regulär-bürokratischen, sondern sprunghaften, auf Überwachung, Kontrolle, politische »Notfälle« hin angelegten Verwaltungstätigkeit, die in ihren Augen das Wesen der justizstaatlichen Verwaltung ausmachte und den außergewöhnlichen Waffen der *justice* ihre eindeutige Priorität gegenüber den »normalen«, alltäglichen Mitteln der *administration* sicherte. Dieses Bewußtsein hat kaum jemals besseren rhetorischen Ausdruck gefunden als in der Remonstration des Parlaments von Aix vom 21. Januar 1754, die diese Rangordnung von »justiz«- und »verwaltungs«-staatlicher Regierungspraxis innerhalb des als unteilbar gedachten politischen Systems auf den Begriff brachte: »Il est, Sire, pour les maladies du corps politique, comme pour celles du corps naturel, des remèdes tranchans et rigoureux qui arrêtent les procès du mal, et des remèdes lents et insensibles qui rétablissent l'ordre intérieur. Le soin d'appliquer les premiers est laissé aux Magistrats sous votre inspection; et votre justice vengeresse imprime sur l'esprit des peuples plus de respect encore que de crainte, losqu'elle les rend eux-même témoins de l'enchaînement de ses opérations; lorsque dirigée par les règles, entourée de l'apareil majestueux de l'ordre judiciaire, elle force les coupables même au silence, et ajoute la confusion à la peine en faisant précéder la conviction au jugement.« Angesichts dieser umfassenden und schwierigen Aufgabe bedürfen die anderen Mittel, die der »normalen« Verwaltung, kaum der Erwähnung: »Les autres remèdes, qui appartiennent à l'administration, ne peuvent être dispensés que par votre souveraine puissance ...«[46]

Dieser hochstilisierten Selbsteinschätzung der Parlamente entsprachen die Möglichkeiten und Mittel ihrer politischen Praxis auf nahezu ideale Weise. Wir können uns hier kurz fassen, da dieser Zusammenhang im Rahmen einer allgemeinen Konfliktgeschichte und -typologie des ausgehenden Ancien Régime demnächst eingehender beschrieben werden soll. Was der Abbé de Véri mit dem Blick auf die *police*-Pflichten der Parlamente schon kritisch bemerkt hatte, galt im Grunde für sämtliche politischen Aktivitäten dieser Institutionen. Die Remonstrationen, die Einregistrierung der Gesetze, die regionalen und lokalen Gerichtsverordnungen dienten im Konflikt mit der Monarchie immer einem einzigen Ziel: der Blockierung einer vom politischen System gewollten Entscheidung, die ohne den Eingriff der Gerichtshöfe auf dem weitgehend »geheimen« Wege der *administration* getroffen worden wäre. Die »administrativen« Funktionen der Höfe, in früheren Jahrhunderten ein normaler und auch unentbehrlicher Bestandteil des administrativen Prozesses, nahmen auf diesem Wege einen völlig veränderten Charakter an: Verwaltungsentscheidungen wurden nicht mehr oder nicht mehr allein mit dem Blick auf ihre rechtliche Zulässigkeit oder administrative Ratio geprüft, sondern ganz wesentlich und zuweilen ausschließlich unter dem Aspekt ihrer Relevanz für den Konflikt zwischen zwei miteinander konkurrierenden Gruppen. Dies besagt nicht, daß die Parlamente dabei nicht wichtige inhaltliche Alternativen und Reformprogramme entwickelten. Es besagt auch nicht, daß sie vor dem Ausbruch der Ancien-Régime-Krise ihre Aufsichtspflichten stets im Sinne einer gleichsam objektiven, von allen *Préséance*- und Konkurrenzgesichtspunkten freien Haltung wahrgenommen hätten. Mit der Ancien-Régime-Krise trat jedoch der Aspekt der Systemkonkurrenz und institutionellen *Préséance* derart in den Vordergrund, daß die zur Debatte stehenden sachlichen Entscheidungen fast völlig verdeckt wurden. Als Beispiel können die Bemühungen Turgots im Jahre 1775 dienen, die sich ausbreitende Viehseuche im Südwesten des Landes mit Hilfe eindeutiger Verwaltungsvorschriften zwecks Tötung der betroffenen Viehbestände einzudämmen. Es ist kaum anzunehmen, daß den Parlamentsräten von Toulouse der Sinn einer solchen Anordnung nicht einleuchtete. Dennoch wirkten sie ihr mit *police*-Verordnungen entgegen, die, wie die Korrespondenz Turgots zeigt, die Seuchenbekämpfung erheblich störten[47].

Größere Relevanz bekamen die Aktivitäten der Parlamente, wenn sie sich in einen schon laufenden Konflikt der Zentralgewalt mit regionalen oder lokalen Institutionen und sozialen Gruppen einschalten konnten. Der säkulare Kampf um die Kontrolle der kleineren Städte und Gemeinden, ihrer Verwaltung und Finanzgebarung, ist dafür sicher das beste Beispiel. Jean Claude Perrot hat einen solchen Konflikt in Caen unter klassenspezifischen Aspekten analysiert und ist dabei zu dem Ergebnis gekommen, daß der vorrevolutionäre Klassenkonflikt zwischen der um ihren Einfluß auf die Verwaltung Caens kämpfenden Bourgeoisie und Aristokratie für das Parlament von Rouen kaum relevant war, wohl dagegen der Wunsch der Zentrale, über den Intendanten von Caen die Stellenbesetzung in der Stadt zu kontrollieren[48]. In der Korrespondenz Belbeufs, des *Procureur Général* des Parlaments von Rouen, die Perrot bei seiner Analyse nicht berücksichtigt hat, finden sich zahlreiche wertvolle Hinweise auf die Haltung, mit der provinziale Magistrate noch am Ende des Ancien Régime ihre Aufsichtsrechte über die Städte verteidigten. Die städtischen Beamten (die *maire et échevins* von Caen) versuchten seit 1781, ihre Funktionen ohne die vorgesehene Neuwahl durch die städtische Notabelnversammlung fortzusetzen. Der Intendant von Caen unterstützte sie in dieser Politik, so daß einige Bürger der Stadt, die Interesse an einer Neuwahl hatten, beim Parlament von Rouen intervenierten. Dieses ergriff sogleich Partei für ihr Anliegen, obwohl, wie Perrot betont, ein Bündnis des aristokatischen Parlaments mit der bürgerlichen Partei, gegen die aristokratischen *maire et échevins,* nicht »in der Natur der Sache lag«[49]. Wie die Korrespondenz Belbeufs zeigt, war das Parlament an dem sozialen Hintergrund des Konflikts nicht interessiert. Die Briefe seines Gewährsmanns in Caen, des *lieutenant général* des Bailliage von Caen, Delisles, stellen dagegen den Aspekt der Konkurrenz mit königlichen Verwaltungsinstitutionen, insbesondere der Intendantur, deutlich heraus. »Mais tous ces actes«, so schreibt Delisles am 24. Oktober 1784 an Belbeuf, »et tous ces faits sont ils néces-saires pour établir la compétance de la Cour sur un corps qui existe dans son ressort? quel étrange privilege seroit celui des villes, si elles pouvoient se soustrarie à l'inspection des dépositai-res des Loix! quels abus ne naitroient pas de cette indépendance? comment en arrester le cours?«[50] Und in einem Brief vom 14. November 1786 urteilt Delisles noch grundsätzlicher. Die Bestre-bungen des Bailliage, so heißt es dort, seien es »à maintenir les hôtels de ville dans la dépendance de la Cour (= das Parlament) sous l'inspection du ministere public que vous exercez, Monsieur; ceux des Maire et échevins au contraire n'ont d'autre but que de les soustraire à l'authorité du Parlement et de les mettre entiere-ment sous la main du Conseil et du Commissaire départi; ce point de vue de l'affaire la rend vraiment toute publique ... Les hôtels de ville de la province semblent s'être donnés le signal pour se-couer l'authorité des dépositaires des loix et du seul tribunal na-tional.«[51]

Hier zeigt sich an einem Detailbeispiel, wie wenig der oft be-schriebene Fortschritt der »administrativen Monarchie« gesichert war. Institutionelle Entwicklungen waren, wie schon gesagt, im Ancien Régime niemals irreversibel, und gerade eine exponierte Institution wie die Intendantur stand unter einem dauernden Le-gitimationszwang, d. h. ihr Erfolg war unmittelbar an die Legiti-mationsbereitschaft und -fähigkeit der Monarchie gebunden. In Perioden der monarchischen Legitimationsschwäche schlug die Stunde der alten Institutionen, die sich, eben weil ihre politischen Praktiken und Ansprüche formell nicht neu, sondern traditionell und dem monarchischen Herkommen konform waren, um legiti-matorische Absicherungen nicht zu kümmern brauchten.

Es muß freilich bezweifelt werden, daß die Parlamente mit der beharrlichen Beschwörung ihrer herkömmlichen Verwaltungsbe-fugnisse Erfolg gehabt hätten, hätten sie sich dabei nicht eines Mittels bedienen können, das durchaus nicht dem monarchischen Herkommen entsprach und insofern ihrer eigenen Behauptung, alleinige Inkarnation traditioneller Verwaltungskonzeptionen zu sein, direkt zuwiderlief: die Mobilisierung der öffentlichen Mei-nung. Im Verlauf des Streits um die *billets de confession* hat der Kardinal de Bernis einmal gesagt, das Pariser Parlament zöge seine Kraft allein aus der *voix publique*. Und generalisierend fügte er hinzu: »Les fermentations des Compagnies ne sont rien si elles ne sont appuyées par la fermentation générale.«[52] Diese von zahllosen Zeitgenossen, besonders nachdrücklich auch von J. Necker bestätigte Behauptung verdient unter dem Gesichtspunkt des Systemkonflikts besondere Aufmerksamkeit.

Von der Fronde abgesehen, die für einen kurzen Zeitraum schon einmal so etwas wie eine politische Öffentlichkeit konstituiert hatte, entwickelte sich das Verhältnis von Intendantur und Parlamenten im 17. und beginnenden 18. Jahrhundert intern, von der Öffentlichkeit weitgehend unbemerkt. Erst im späteren 18. Jahrhundert, mit dem Systemkonflikt, trat – ihn bedingend und zugleich von ihm bedingt – die Öffentlichkeit ins Spiel, ja, man kann sagen, sie differenzierte sich zu einem eigenen System aus. Nicht mehr das religiöse System (die Kirche) oder das politische System (die absolute Monarchie) allein definierten jetzt die dem gesamten Sozialsystem zugrunde liegenden kulturellen Normen, sondern sie sahen sich konkurrierenden Geltungsansprüchen aus dem System der Öffentlichkeit ausgesetzt. Ja, im Vergleich zur Epoche Ludwigs XIV., in der hochwirksame Mechanismen der Herrschaftslegitimation und der sozialen Kontrolle eingeführt worden waren, hatte das politische System seine dominierende strategische Position verloren, die darin bestanden hatte, daß es die Prozesse der System- und Sozialintegration überwachen und gleichsam für ihre parallele Entwicklung Sorge tragen konnte. In der sich jetzt konstituierenden Öffentlichkeit wurden Geltungsansprüche formuliert, die den Bedürfnissen des politischen Systems nicht mehr unbedingt entsprechen mußten. Der Hof von Versailles, unter Ludwig XIV. noch ein zentraler Ort der Steuerung und Kontrolle sozialer Prozesse, verlor diese Kraft im 18. Jahrhundert zunehmend, und auch die vielfältigen Formen der staatlichen Zensur vermochten diese Entwicklung nicht aufzuhalten[53].

Die Parlamente und die Zentralregierung haben dieser Situation Rechnung getragen. Ihre beiderseitigen Bemühungen, die »Öffentlichkeit« für ihre Ziele einzuspannen bzw. ihre Wirksamkeit einzuschränken, waren Bestandteil des Systemkonflikts. In der überschaubaren, in Paris und in den großen Provinzhauptstädten trefflich plazierten Institution des »Parlaments«, die einen zwar begrenzten, dafür aber direkten und intensiven Kontakt zu Teilen der städtischen Bevölkerung ermöglichte, verfügten die *magistrats* über ein vorzügliches Instrument der »Öffentlichkeit«, dem die Monarchie nichts entgegenzusetzen hatte[54]. Hinzu kam die *remontrance*, einst ein zum internen Vortrag beim König vorgesehenes Institut, jetzt ein immer häufiger im Druck verbreitetes Instrument der politischen Propaganda und Selbstdarstellung, und mit ihr die »moderne Demagogie« (Max Weber)[55], die sich nicht mehr nur der Rede, sondern auch des gedruckten Worts bediente.

Man kann sich die Bedeutung des Faktors Öffentlichkeit im politischen Systemkonflikt des 18. Jahrhunderts gut veranschaulichen, wenn man die (vergeblichen) Bemühungen der Monarchie beobachtet, die Auseinandersetzungen mit den Parlamenten in den alten Bahnen der Arkanpolitik zu halten. Resigniert schrieb z. B. der Kanzler Lamoignon am 10. August 1757 an den ersten Präsidenten des Parlaments von Rouen, Miromesnil, über die Erfolgsaussichten einer Remonstration des Parlaments an den König: »Je ne puis rien dire du succès que vous pouvés attendre de ces remontrances, le Roy ordonnera ce qu'il jugera à propos. La grande affaire, présentement, est d'empêcher, s'il se peut, qu'elles en soyent imprimées; c'est à quoy je vous exhorte de donner tout vos soins, et cependant je doute que vous puissiés y réussir, parce que le principal objet d'un pareil ouvrage est de le rendre public.«[56] Wie sehr sich die Monarchie hier auf ein ihr ungewohntes Feld begab, zeigt eine Bemerkung des klugen Beobachters Barbier, der die sehr lang geratene Antwort des Königs auf die Remonstration des Pariser Parlaments vom 4. September 1759 mit dem Hinweis kommentierte, man habe sich in Versailles nur deshalb so ausführlich zu Wort gemeldet, um die Antwort sogleich publizieren zu lassen, da auch die Remonstration des Parlaments in den *galéries du palais* verkauft würde[57]. Erst wenn man diesen Hintergrund genau beachtet, wird deutlich, welch immenser politischer Anspruch in der gesamten Oppositionspolitik der Parlamente lag. Weit stärker, als es eine auf die soziale und ökonomische Interessenlage der *magistrats* gerichtete Interpretation zeigen könnte, tritt hier zutage, daß die hohen Gerichtshöfe am Ende des Ancien Régime zu einer Institution geworden waren, welche die der Ancien-Régime-Gesellschaft zugrundeliegenden sozialen und kulturellen Normvorstellungen – in der Sprache der Evolutionstheorie: den Prozeß der Sozialintegration – zu überwachen trachtete. Zitieren wir noch einmal die Remonstration des Parlaments von Aix vom 21. Januar 1754, eines Parlaments wohlgemerkt, das keinesfalls zu den radikalsten Gegnern des Königtums gehörte: »C'est là, Sire, la destination de la Magistrature dans le royaume. C'est dans les Parlemens qu'on a voulu établir à perpétuité une école des moeurs, de fidélité et de force propre à former des sujets de ces caractères! C'est là que les Rois ont placé le sanctuaire de leur justice pour y demeurer incorruptible, le dépôt des loix pour en assurer la stabilité, l'azile de la vérité pour la retrouver au besoin.«[58]

Im Grunde hat sich diese deutliche Stilisierung der Parlamentspolitik in Richtung auf eine patriarchalische, der traditionellen Legitimationsbasis der Monarchie angenäherte Funktion für die Parlamente besser ausgezahlt als ihre Versuche, sich zu einem Ersatzorgan der alten Generalstände zu entwickeln. Auf dem Wege über ihre »Polizei«befugnisse haben die Parlamente von Paris, Rouen und Dijon gegen die Freihandelspolitik der Regierung opponieren können. Ihre Stellungnahme für die alten Reglementierungen im Bereich der Märkte und des Getreidehandels in den Krisenjahren nach 1770 waren in den Augen der betroffenen, notleidenden Bevölkerungsschichten eine Hilfeleistung für jene wirtschaftliche Haltung, die E. P. Thompson und Louise A. Tilly als *moral economy* der Unterschichten charakterisiert haben[59]. Hier deutet sich eine temporäre Koalition[60] zwischen patriarchalisch denkenden und handelnden Gerichtsräten und jenen Bevölkerungsgruppen an, denen es als oberste Pflicht des Staates erschien, seine traditionellen, wohlfahrtsstaatlichen Fürsorgeaufgaben zu versehen.

Diese Koalition, so wenig sie »in der Natur der Sache« zu liegen schien, hatte durchaus eine konkrete Basis. L. A. Tilly berichtet von einem Volksaufstand im Jahre 1694 vor dem Parlament von Rouen. Während einer zweiwöchigen Abwesenheit des Ersten Präsidenten soll, so lautete der Vorwurf der Aufständischen, der Brotpreis um einen *sol* gestiegen sein. In der Tat setzten die lokalen Polizeibehörden den Brotpreis darauf herunter[61]. Spätestens seit 1769, mit der eintretenden Teuerung, die zur Hungerkrise des Jahres 1771 führte, setzte sich das Pariser Parlament kontinuierlich für die herkömmliche Kontrolle der Brotpreise und der Getreidemärkte ein[62]. Gerade die Tatsache, daß ihm nur die Parlamente von Rouen und Dijon folgten, während etwa das Parlament von Grenoble in seiner ursprünglich, d. h. 1763 auch von Paris und Dijon geteilten Unterstützung der königlichen Freihandelspolitik verharrte, zeigt, wie wenig hier allein das Interesse der *magistrats* als Grundbesitzer dominierte, wie sehr vielmehr ein anderer politischer Kalkül wirksam war. Man hat diese »unnatürlich« wirkende Koalition zwischen hohem Gerichtsadel und den an der *taxation populaire* interessierten Bevölkerungsgruppen schon häufig beschrieben und dafür die »Popularitätssucht« des Pariser Parlaments, seine Angst vor Volksunruhen und seinen politischen Opportunismus verantwortlich gemacht[63]. Das sind für den Einzelfall sicher brauchbare Kategorien der Beurteilung, doch sollte nicht übersehen werden, daß hier eine grundsätzliche politische Konzeption wirksam wurde, die in der beharrlichen (und in den Augen der »aufgeklärten« Minister geradezu stupiden) Wahrung der magistralen Polizei- und Aufsichtsrechte einen Hebel für die Förderung des Systemkonflikts sah. Die *moral economy* breiter Volksschichten und das traditionelle Staatsverständnis der *magistrats* kamen einander entgegen, und es war vor diesem Hintergrund sicher kein Zufall, daß das Pariser Parlament bis zum September 1788 bei den Pariser Volksmassen eine ungewöhnliche Popularität besaß, die aus der *Cour du Parlament* in Paris eine Art von »Ersatzhof« für den längst aus Paris entrückten Königshof machte – einen Hof, in dem angesehene *magistrats* saßen, die die materiellen Bedürfnisse des Volkes im Auge hatten, nicht aber »aufgeklärte« Verwaltungsbeamte, die die alte, paternalistische Wirtschaftskonzeption der Monarchie durch neue, den Volksmassen unverständliche Markt- und Handelsformen zu ersetzen trachteten.

Stellt man diese große Popularität der *magistrats* in Rechnung, berücksichtigt man zugleich die durchaus »luzide« Haltung der aufgeklärten Öffentlichkeit, die einerseits den Korpsgeist, die »Borniertheit« und die Interessengebundenheit der Magistratur klar analysierte, andererseits ihre »intermediäre« Funktion im absolutistischen Staat begrüßte und verteidigte, so wird deutlich, daß sich die Parlamente am Ende des Ancien Régime eine vorzügliche strategische Position erobert hatten. Institutionell immer noch ein Bestandteil des politischen Systems, sozial durch die Verschmelzung von altem Adel und *noblesse de robe* abgesichert, waren sie im Systemkontext von monarchischer Verwaltung, Ancien-Régime-Gesellschaft und aufgeklärter Öffentlichkeit bestens plaziert und hatten sich gleichsam im Schnittpunkt von System- und Sozialintegration fest angesiedelt. Sie waren in der Lage, beide Prozesse – den der Systemintegration mit Hilfe ihrer jegliche Verwaltungsreform blockierenden administrativen Kompetenzen, den der Sozialintegration durch ihre universellen Befugnisse der *grande police* – kontrollierend zu beobachten. Wenn Turgot seinen Schüler Dupont einmal davor warnte, eine allzu gewagte ökonomische These zu veröffentlichen, weil ein Publikationsverbot durch die Parlamente zu diesem Zeitpunkt (1770) dem Ansehen der physiokratischen Schule schaden könne[64], so wird in diesem Detail die Wirksamkeit sozialer Kontrolle durch die *magistrats* deutlich. Auch der Abbé de Véri hat das bestätigt, wenn er die Möglichkeiten der magistralen *grande police* folgendermaßen beschrieb: »C'est par là qu'ils ont cru pouvoir décréter des commandants de provinces, des prêtres, des curés et même des évêques dans les fonctions de leur emploi. Les intendants de province commissaires du Conseil, auxquels l'administration royale est confiée, y sont exposés comme tout autre citoyen. Dans des temps de trouble ou de simple inquiétude parlementaire, personne ne peut en sureté dans tous ces genres, suivre les usages habituels ni exécuter les ordres du Roi s'il craint de déplaire au Parlement. Tout le monde redoute un décret de prise de corps, un bannissement et une note d'infamie parce que leur suite est terrible pour les effets civils, jusqu'à ce qu'un nouvel arrêt les anéantisse.«[65] Mit anderen Worten: was die Kontrollfunktionen der *magistrats* so wirksam machte, war nicht in erster Linie die direkte institutionelle Repression, der sich gerade das hohe Verwaltungspersonal wie die Intendanten mit Hilfe des *Conseil* leicht entziehen konnte; es war vielmehr die konkrete soziale und politische Diskriminierung, die, um nur ein Beispiel zu nennen, der Intendant von Bordeaux Dupré de Saint-Maur in seiner Kontroverse mit dem Parlament von Bordeaux über die Frage der *corvées* sehr direkt zu spüren bekam[66].

Es kann kein Zweifel sein, daß der Wirkung der Parlamentspolitik in der Krise des Ancien Régime Grenzen gesetzt waren. Weniger an die Autoritätsakte der Regierung im Stil Maupeous ist hier zu denken, durch die die Opposition der souveränen Höfe zeitweise, niemals aber auf Dauer zum Schweigen gebracht wurde. Wichtiger erscheint ein Tatbestand, der sich aus der Struktur der Institution selbst und der sie tragenden sozialen Schichten ergab. François Furet hat die Krise des Ancien Régime einmal plastisch als »Elitenkrise«[67] beschrieben, die durch zahllose Konflikte innerhalb der Führungsschichten bestimmt gewesen sei. Wer einen genauen Blick in die Akten und Publizistik zur Geschichte der souveränen Gerichtshöfe im 18. Jahrhundert wirft, wird von der Wahrheit dieser These auf sehr anschauliche Weise überzeugt.

Kaum zu zählen sind die Jurisdiktions- und *Préséance*konflikte, die einzelne Institutionen des alten Rechts- und Verwaltungssystems in einen monate- und nicht selten jahrelangen Gegensatz führten. Der Systemkonflikt, der in seinem Kern auf der Kompetenzkonkurrenz zwischen zwei zu unterschiedlichen Zeiten und zu unterschiedlichen Zwecken entwickelten Bürokratieschichten beruhte, setzte sich hier gleichsam nach unten fort, was dazu führte, daß die oft beschworene Einheit der *magistrats* weit weniger gesichert war, als es die in ihren Remonstrationen propagierte Theorie vermuten läßt. Zwar, zwischen den einzelnen Parlamenten bestand eine feste Ressortabgrenzung und zudem eine auf der Tradition beruhende Hierarchie des Ansehens und der Bedeutung. Vehemente Konflikte »vor Ort«, d. h. am Sitz der Institutionen, waren daher nicht möglich. Um so mehr Beachtung verdient das Verhältnis traditioneller Gerichtshöfe innerhalb einer Region oder Stadt. Leider sind wir über die sozialen und personellen Hintergründe solcher Konflikte, die nicht selten mit derselben Verbissenheit und argumentativen Vehemenz ausgetragen wurden wie die Konflikte mit der Regierung, bisher kaum informiert. Es wäre reizvoll, die Spannungen zwischen der *Cour des Comptes, Aides et Finances* der Provence und dem Parlament von Aix unter diesem Gesichtspunkt einmal genau zu studieren, wobei die Situation in Aix noch dadurch kompliziert wurde, daß der Intendant der *généralité d'Aix* zugleich Erster Präsident des Parlaments war.

Wichtig erscheint auch eine Erforschung des Verhältnisses von Parlamenten und untergeordneten Gerichtshöfen wie den *Présidiaux* oder den *bailliages* und *sénéchaussées*. Wir wissen sehr wenig über die Beziehungen zwischen »hoher« und »niederer« Magistratur. Zeitgenossen, die den Parlamenten kritisch gegenüberstanden, scheinen hier einen geeigneten Ansatzpunkt für eine Polemik gegen die universellen Ansprüche der hohen Gerichtsräte gesehen zu haben. In einer anonymen Flugschrift mit dem Titel »Lettre écrite à M***, Président du Parlement de Rouen, par un membre d'un Présidial dans le ressort de ce parlement«[68] wird der naheliegende Versuch gemacht, die Parlamentsansprüche auf die niederen Gerichte zu übertragen und daraus eine Kritik an der gesamten Parlamentspolitik abzuleiten. Zum Remonstrations-recht heißt es da z. B.: »Toutes les fois que Sa Majesté vous adresse ses édits, elle vous permet de lui faire des remontrances. Votre Cour nous adresse souvent des arrêts de réglement. La pleine confiance que nous avons toujours eue dans vos lumières, ne nous a jamais permis d'élever des difficultés sur la sagesse de ces arrêts. Ne nous seroit-il pas permis de vous faire à notre tour de très-humbles remontrances? car quoique l'universalité des Par-lements soit infaillible, il est probable que chacun d'eux en parti-culier peut errer. Or, dans ce cas, n'est-il pas du devoir de tout Magistrat de montrer l'erreur au législateur, lorsqu'elle porte pré-judice au bien public?«[69]

Ihre deutlichste Grenze fand die Parlamentspolitik und -ideologie aber zweifellos in dem Phänomen der *préséance*. Wir besitzen noch keine Studie über diesen Schlüsselbegriff, der m. E. wie kein anderer die politische Mentalität der gelehrten *magistrats* und ihrer Korporationen kennzeichnet. Konflikte verschiedener Ge-richtskorporationen innerhalb derselben Stadt oder Region waren zumeist auch institutionelle und soziale *Préséance*konflikte, deren Vehemenz m. E. aus der Tradition eines patrimonialen, vormo-dernen, aller bürokratischen Rationalität fernen Beamtentums zu erklären ist. Zur Erhellung eines solchen Phänomens bietet sich ein Blick auf Max Webers Studien zum chinesischen Patrimonial-beamtentum an, die Wolfgang Schluchter jüngst glänzend analy-siert hat. Bei aller Verschiedenheit der zugrundeliegenden büro-kratie- und sozialgeschichtlichen Strukturen wird doch eine vergleichbare soziostrukturelle Position des chinesischen Patri-monialbeamtentums und der französischen Magistratur sichtbar. Wie in China griff in Frankreich jede Veränderung durch staatli-che Reformpolitik »in unabsehbar viele Sportel- und Pfründenin-teressen der ausschlaggebenden Schicht«[70] ein, wie in China war diese Schicht zwar durch individuelle (und institutionelle) Kon-kurrenz nach innen partikularisiert, nach außen aber zu Vetokoa-litionen gegen staatliche Reformen fähig. Die *Préséance*konflikte waren Musterbeispiele solcher inneren Partikularisierung, die *union des classes* und weitergehende Einigungsbestrebungen der gesamten Magistratur dagegen typischer Ausdruck einer Veto-koalition.

Webers Ideen weisen uns zurück auf unser Thema, den System-konflikt in der Krise des Ancien Régime. Was Jacques Necker in seinem vorwissenschaftlichen Sprachgebrauch als Gegensatz von *despotisme* und *confusion* beschrieben hatte, war in letzter Analyse der innere Konflikt eines Staatssystems, das seine patrimonialistische Grundstruktur abzubauen begann. Dieser Abbau vollzog sich im Konflikt, da keine Seite über so weitgehende Machtchancen verfügte, daß sie ihre Konzeption vollständig hätte durchsetzen können. Die Monarchie war technisch im Vorteil, da sie seit der Mitte des 17. Jahrhunderts kontinuierlich an einer Rationalisierung ihrer administrativen Mittel gearbeitet hatte. Doch ihrer administrativen Modernität entsprachen nicht die Mittel und Fähigkeiten der Legitimation – ein Tatbestand, dessen politische Bedeutung im 18. Jahrhundert spürbar wurde, als Reformprozesse einerseits einen neuen Entwicklungsschub der »administrativen« Monarchie provozierten, als eine kritisch räsonierende Öffentlichkeit andererseits die Legitimationsschwächen der Monarchie aufdeckte und den Willen der Gesellschaft zu politischer Partizipation artikulierte. Daraus entsprang eine Politik der monarchischen Regierung, die zwischen arbiträren Kraftakten und nachgebender Anpassung an völlig unterschiedliche politische Konzeptionen hin und her schwankte. Die Folge war ein weiterer kontinuierlicher Legitimationsverlust, unter dem nicht zuletzt die königlichen Institutionen (*Contrôle Général*, Intendantur) zu leiden hatten.

Die Parlamente nutzten diese Situation, um einen Systemkonflikt zu provozieren, der – bei aller Modernität ihrer verfassungspolitischen Ansprüche – auf die Abwehr bürokratischer Modernisierungsprozesse und die Bewahrung der alten, patrimonialistischen Grundstruktur der Monarchie zielte.

Bibliographischer Nachtrag (Auswahl)

John A. Carey: *Juridical reform in France before the Revolution of 1789.* Cambridge (Mass.) 1981.

François Xavier Emmanuelli: *L'intendance du milieu du XVIIe siècle à la fin du XVIIIe siècle.* France, Espagne, Amerique: Un mythe de absolutisme. Paris 1981

Peter Alexis Gouvevitch: *Paris and the provinces.* The politics of local government reform in France. Los Angeles 1980

Sahra Maya: »Le tribunal de la nation. Les mémoires judiciaires et l'opi-

Suhrkamp
Wissenschaft
1. Halbjahr 1989

GESAMTAUSGABEN, GESAMMELTE SCHRIFTEN, WERKAUSGABEN

GEORG SIMMEL
Gesamtausgabe
Herausgegeben von
Otthein Rammstedt

Band 2:
Aufsätze 1887–1890
Über sociale
Differenzierung (1890)
Die Probleme der
Geschichtsphilosophie (1892)
Herausgegeben von
Heinz-Jürgen Dahme
434 Seiten. Ln. DM 48,–
Subskriptionspreis: DM 40,–
ISBN 3-518-57952-5
stw 802
DM 24,–
ISBN 3-518-28402-9

Band 6:
Philosophie des Geldes
Herausgegeben von
David P. Frisby
und Klaus Christian Köhnke
787 Seiten. Ln. DM 74,–
Subskriptionspreis: DM 64,–
ISBN 3-518-57956-8
stw 806
DM 28,–
ISBN 3-518-28406-1

Band 3:
Einleitung in die
Moralwissenschaft
Eine Kritik der ethischen
Grundbegriffe
Erster Band
Herausgegeben von
Klaus Christian Köhnke
Etwa 460 Seiten
Ln. ca. DM 48,–
Subskriptionspreis:
ca. DM 40,–
ISBN 3-518-57953-3
stw 803
ca. DM 26,–
ISBN 3-518-28403-7 (Mai)

Die Georg Simmel Gesamt-
ausgabe ist auf 24 Bände
angelegt. In den folgenden
Jahren sollen in der Regel
jeweils zwei Bände erscheinen.
Alle Bände erscheinen gleichzeitig in Leinen gebunden und
in der Reihe »suhrkamp
taschenbuch wissenschaft«.
Den hier angezeigten Titeln
werden folgen: *Einleitung in
die Moralwissenschaft.*
Zweiter Band (Gesamt-
ausgabe Band 4), *Soziologie*
(Gesamtausgabe Band 11).
Der Subskriptionsprospekt für
die Georg Simmel Gesamt-
ausgabe enthält die Inhaltsver-
zeichnisse aller geplanten
Bände sowie der bisher
erschienenen Einzelausgaben
von und über Simmel.

SOZIALGESCHICHTE, GESCHICHTE

Reinhart Koselleck
Vergangene Zukunft
Zur Semantik
geschichtlicher Zeiten
stw 757. 389 Seiten. DM 24,–
ISBN 3-518-28357-X

Recht und Justiz
im »Dritten Reich«
Herausgegeben von Ralf
Dreier und Wolfgang Sellert
Erstausgabe
stw 761. Etwa 360 Seiten
ca. DM 24,–
ISBN 3-518-28361-8 (Mai)

Soziale Arbeit und Faschismus
Herausgegeben von Hans-
Uwe Otto und Heinz Sünker
stw 762. 345 Seiten. DM 24,–
ISBN 3-518-28362-6

Ernst Hinrichs
Ancien Régime
und Revolution
Erstausgabe
stw 758. Etwa 300 Seiten
ca. DM 20,–
ISBN 3-518-28358-8 (Juni)

Helmut Reinalter
Die Französische Revolution
und Mitteleuropa
Erscheinungsformen und
Wirkungen des Jakobinismus
Seine Gesellschaftstheorien
und politischen Vorstellungen
Mit einem Vorwort von
Michel Vovelle
stw 748. 235 Seiten. DM 18,–
ISBN 3-518-28348-0

POLITISCHE ÖKONOMIE, STAATS- UND POLITIKTHEORIE

Zwi Batscha
»Despotismus von jeder Art
reizt zur Widersetzlichkeit«
Die Französische Revolution
in der deutschen
Popularphilosophie
Erstausgabe
stw 759. 364 Seiten. DM 24,–
ISBN 3-518-28359-6

Richard Saage
Vertragsdenken und Utopie
Studien zur politischen
Theorie und zur Sozial-
philosophie der frühen Neuzeit
Erstausgabe
stw 777. 240 Seiten. DM 18,–
ISBN 3-518-28377-4

PHILOSOPHIE

Ludwig Wittgenstein
Logisch-philosophische
Abhandlung
Tractatus logico-philosophicus
Kritische Edition
Herausgegeben von
Brian McGuinness und
Joachim Schulte
Etwa 300 Seiten. Ln.
ca. DM 98,–
ISBN 3-518-57987-8 (April)

Texte zum Tractatus
Aufsätze von Hidé Ishiguro,
Anthony Kenny, Norman
Malcolm, Brian McGuinness,
David Pears, Frank Ramsey,
Peter Simons
Herausgegeben und übersetzt
von Joachim Schulte
Erstausgabe
stw 771. Etwa 200 Seiten
ca. DM 16,–
ISBN 3-518-28371-5 (Mai)

Ludwig Wittgenstein
Vortrag über Ethik
und andere kleine Schriften
Herausgegeben und übersetzt
von Joachim Schulte
Erstausgabe
stw 770. 144 Seiten. DM 14,–
ISBN 3-518-28370-7

Merrill B. Hintikka /
Jaakko Hintikka
Untersuchungen
zu Wittgenstein
Übersetzt von Joachim Schulte
Etwa 430 Seiten. Geb.
ca. DM 78,–
ISBN 3-518-57980-0 (Mai)

P. M. S. Hacker
Einsicht und Täuschung
Wittgenstein über
Philosophie und die
Metaphysik der Erfahrung
Übersetzt von Ursula Wolf
WSA. 422 Seiten. Kt. DM 24,–
ISBN 3-518-57985-1

Hans Blumenberg
Höhlenausgänge
827 Seiten. Ln.
ca. DM 78,–
ISBN 3-518-57882-0 (April)

Michel Foucault
Der Gebrauch der Lüste
Sexualität und Wahrheit 2
Übersetzt von Ulrich Raulff
und Walter Seitter
stw 717. 328 Seiten
ca. DM 20,–
ISBN 3-518-28317-0 (Mai)

Michel Foucault
Die Sorge um sich
Sexualität und Wahrheit 3
Übersetzt von Ulrich Raulff
und Walter Seitter
stw 718. 316 Seiten
ca. DM 20,–
ISBN 3-518-28318-9 (Mai)

ZWISCHENBETRACHTUNGEN

Im Prozeß der Aufklärung
Jürgen Habermas zum 60. Geburtstag

Herausgegeben von Axel Honneth,
Thomas McCarthy, Claus Offe, Albrecht Wellmer
Etwa 800 Seiten. Ln. ca. DM 98,–
ISBN 3-518-57947-9
(Mai)

Mit Beiträgen von

Karl-Otto Apel · Johann P. Arnason
Sheyla Benhabib · Richard J. Bernstein
Hauke Brunkhorst · Peter Bürger
Cornelius Castoriadis · Jean Cohen / Andrew Arato
Erhard Denninger · Helmut Dubiel · Klaus Eder
Iring Fetscher · Günter Frankenberg
Hans-Georg Gadamer · Dieter Henrich · Axel Honneth
Martin Jay · Alexander Kluge · Leo Löwenthal
Thomas McCarthy · Johann Baptist Metz
Gertrud Nunner-Winkler · Claus Offe
Gajo Petrović · Herbert Schnädelbach · Charles Taylor
Michael Theunissen · Ernst Tugendhat
Hans-Ulrich Wehler · Albrecht Wellmer
Rudolf Wiethölter

Max Raphael
Das göttliche Auge
im Menschen
Zur Ästhetik der romanischen
Kirchen in Frankreich
Herausgegeben von Hans-
Jürgen Heinrichs
Mit Beiträgen von Franz
Dröge, Knut Nievers und
Johann Konrad Eberlein
Etwa 350 Seiten
Ln. ca. DM 48,–
ISBN 3-518-57975-4
Kt. ca. DM 38,–
ISBN 3-518-57976-2

SOZIOLOGIE, THEORIE DER GESELLSCHAFT

Niklas Luhmann
Gesellschaftsstruktur
und Semantik
Studien zur Wissenssoziologie
der modernen Gesellschaft
Band 3
Etwa 320 Seiten. Ln.
ca. DM 42,–
ISBN 3-518-57948-7 (Mai)

Helga Nowotny
Eigenzeit
Entstehung und Struk-
turierung eines Zeitgefühls
Etwa 180 Seiten. Geb.
ca. DM 28,–
ISBN 3-518-57949-5 (April)

Klassenlage, Lebensstil
und kulturelle Praxis
Theoretische und empirische
Beiträge zur Auseinander-
setzung mit Pierre Bourdieus
Klassentheorie
Herausgegeben von
Klaus Eder
Erstausgabe
stw 767. Etwa 300 Seiten
ca. DM 20,–
ISBN 3-518-28367-7 (Mai)

Hans Joas
Praktische Intersubjektivität
Die Entwicklung des Werkes
von George Herbert Mead
stw 765. 259 Seiten. DM 18,–
ISBN 3-518-28365-0

Richard Münch
Die Struktur der Moderne
Grundmuster und differen-
tielle Gestaltung des institu-
tionellen Aufbaus der
modernen Gesellschaften
WSA. 763 Seiten. Kt. DM 38,–
ISBN 3-518-57986-X

Weder Sozialtechnologie noch
Aufklärung?
Analysen zur Verwendung
sozialwissenschaftlichen
Wissens
Herausgegeben von Ulrich
Beck und Wolfgang Bonß
Erstausgabe
stw 715. Etwa 500 Seiten
ca. DM 28,–
ISBN 3-518-28315-4 (Juni)

Thomas McCarthy
Kritik der Verständigungs-
verhältnisse
Zur Theorie von
Jürgen Habermas
Übersetzt von Max Looser
stw 782. Etwa 550 Seiten
ca. DM 28,–
ISBN 3-518-28382-0 (Juni)

Nelson Goodman
Catherine Z. Elgin
Revisionen
Philosophie und andere
Künste und Wissenschaften
Übersetzt von Bernd Philippi
Etwa 240 Seiten. Geb.
ca. DM 48,–
ISBN 3-518-57979-7 (Mai)

Martin Heidegger:
Innen- und Außenansichten
Herausgegeben vom Forum
für Philosophie Bad Homburg
Erstausgabe. stw 779.
Etwa 340 Seiten. ca. DM 20,–
ISBN 3-518-28379-2 (Mai)

Wolfram Hogrebe
Prädikation und Genesis
Metaphysik als Fundamental-
heuristik im Ausgang von
Schellings »Die Weltalter«
Erstausgabe
stw 772. 136 Seiten. DM 14,–
ISBN 3-518-28372-3

Axel Honneth
Kritik der Macht
Reflexionsstufen einer kriti-
schen Gesellschaftstheorie
stw 738. 408 Seiten. DM 24,–
ISBN 3-518-28338-3

Friedrich Kambartel
Philosophie der humanen Welt
Abhandlungen
Erstausgabe
stw 773. 160 Seiten. DM 16,–
ISBN 3-518-28373-1

Helmut Pape
Erfahrung und Wirklichkeit
als Zeichenprozeß
Charles S. Peirce'
Entwurf einer spekulativen
Grammatik des Seins
Etwa 400 Seiten. Kt.
ca. DM 38,–
ISBN 3-518-57950-9 (April)

W. V. O. Quine
Wurzeln der Referenz
Übersetzt von Hermann Vetter
stw 764. 204 Seiten. DM 16,–
ISBN 3-518-28364-2

Manfred Riedel
Urteilskraft und Vernunft
Kants ursprüngliche
Fragestellung
Erstausgabe
stw 774. Etwa 180 Seiten
ca. DM 18,–
ISBN 3-518-28374-X (Juni)

Anke Thyen
Negative Dialektik
und Erfahrung
Zur Rationalität des
Nichtidentischen bei Adorno
Etwa 352 Seiten. Kt.
ca. DM 38,–
ISBN 3-518-57977-0 (April)

WISSENSCHAFTS-FORSCHUNG

Gideon Freudenthal
Atom und Individuum im Zeitalter Newtons
Zur Genese der mechanistischen Natur- und Sozialphilosophie
WSA. 331 Seiten. Kt. DM 24,–
ISBN 3-518-57984-3

Wolfgang Krohn /
Günter Küppers
Die Selbstorganisation der Wissenschaft
Erstausgabe
stw 776. Etwa 160 Seiten
ca. DM 14,–
ISBN 3-518-28376-6 (Juni)

SPRACHWISSEN-SCHAFT

Sprache im Faschismus
Herausgegeben von
Konrad Ehlich
Erstausgabe
stw 760. 328 Seiten. DM 20,–
ISBN 3-518-28360-X

ÄSTHETIK, THEORETISCHE TEXTE ZU LITERATUR UND KUNST

Gilles Deleuze
Das Bewegungs-Bild
Kino 1
Übersetzt von
Ulrich Christians
und Ulrike Bokelmann
Etwa 360 Seiten. Geb.
ca. DM 58,–
ISBN 3-518-57978-9 (Mai)

Raymond Klibansky /
Erwin Panofsky /
Fritz Saxl
Saturn und Melancholie
Studien zur Geschichte
der Naturphilosophie
und Medizin, der Religion
und der Kunst
Übersetzt von
Christa Buschendorf
Mit einem Bildteil
Etwa 600 Seiten. Geb.
ca. DM 88,–
ISBN 3-518-57981-9 (Mai)

Kurt Wölfel
Jean Paul-Studien
Herausgegeben von Bernhard
Buschendorf
Erstausgabe
stw 742. 432 Seiten. DM 24,–
ISBN 3-518-28342-1

nion publique à la fin de l'Ancien Régime«. In: *Annales.* 42 (1987), S. 73-90

Roland Mousnier: »La fonction publique en France, du début du xvie siècle à la fin du xviiie siècle«. In: *Revue historique.* 103 (1979), S. 321-325

Roland Mousnier: *Les institutions de la France sous la monarchie absolue.* t.2: Les organes de l'état et la société. Paris 1980.

John Rogister: *Parlementaries, sovereigny and legal opposition in France under Louis xv. An introduction.* London 1986.

Bailey Stone: *The French Parlements and the crisis of the Old Regime.* Chapel Hill University of North Carolina Press 1986.

Produit Net, Propriétaire, Cultivateur
Aspekte des sozialen Wandels
bei den Physiokraten und Turgot

Die Nettoproduktlehre François Quesnays und ihre steuerpoliti-schen Implikationen, die in seiner Fiskaltheorie Ausdruck fan-den, zählen noch heute zu den umstrittensten Beiträgen der Phy-siokraten zur Volkswirtschaftslehre. Schon die zeitgenössischen Kritiker Quesnays und seiner Schule, allen voran Voltaire, mach-ten die physiokratische Forderung, allein die Grundeigentümer sollten hinfort die Steuerlast des Staates tragen, zum Gegenstand von Satiren[1], ohne jedoch den Kontext der in Quesnays »Tableau économique« entwickelten volkswirtschaftlichen Doktrinen zu beachten. Auch die liberalen Ökonomen des 19. und 20. Jahrhun-derts konnten mit dem Fiskaltheoretiker Quesnay wenig anfan-gen. Sie ironisierten oder ignorierten seine im »Tableau économi-que« vorgenommene Analyse des wirtschaftlichen Kreislaufs[2], die eine notwendige Voraussetzung für das Verständnis seiner Steuertheorie bildete, und reduzierten seine Volkswirtschafts-lehre auf eine Reihe handfester Lehrmeinungen, die ihrem eige-nen Laissez-faire-Programm entsprachen[3]. Erst als die bürgerli-che Ökonomie Karl Marx zur Kenntnis nahm und entdeckte, daß seine »Theorien über den Mehrwert« und das zweite Buch des »Kapital« der Auseinandersetzung mit Quesnay wesentliche An-regungen verdankten, setzte eine Revision der physiokratischen Interpretation ein, welche die im 19. Jahrhundert übliche Laissez-faire-Deutung wesentlich vertiefte. Neben Schumpeter[4] haben vor allem angelsächsische Ökonomen[5] auf die vielfältigen ökono-mischen, politischen, sozialen und ethischen Implikationen der Theorien Quesnays hingewiesen und damit die Oberflächlichkeit der liberalen Interpretation bloßgelegt. Wenn die physiokratische Theorie seitdem als Programm der »ökonomischen Rationalisa-tion« begriffen werden konnte[6], wenn das Verhältnis von »Staat und Eigentum«, von »Wirtschaftspolitik und sozialem Wandel« zum Gegenstand von Untersuchungen über die Physiokraten ge-macht werden konnte[7], so wiesen solche Themen bereits auf die Richtung dieser wissenschaftlichen Neubesinnung hin. Heute steht außer Frage, daß die Theorien Quesnays, Turgots und ihrer Epigonen[8] weit mehr darstellten als ein allgemeines Programm der wirtschaftlichen Liberalisierung oder als eine »Bewegung« zur Förderung der Agrikultur in Frankreich zwischen 1750 und 1770. Indem die moderne Forschung[9] das Hauptwerk Quesnays, das »Tableau économique«, in das Zentrum ihrer Analyse stellte und die Nettoproduktlehre als ihr notwendiges Korrelat begriff, legte sie die beiden wesentlichen Komponenten seiner Theorie frei: Analyse der volkswirtschaftlichen Grundbedingungen einer »nationalen Ökonomie« und Demonstration der ökonomischen und politischen Mechanismen, die diese Bedingungen, unter der Führung und Kontrolle des Staates, in Richtung auf eine als möglich betrachtete, der Vernunft, Natur oder der »Evidenz« entsprechende optimale Ordnung verändern konnten.

Diese Neueinschätzung der physiokratischen Doktrin und die damit verbundene teilweise historische Rechtfertigung der Nettoproduktlehre wurden möglich, weil man sich nicht mehr auf die Interpretation einiger weniger Leitsätze Quesnays beschränkte, sondern den systematischen Ansatz seiner Lehre und seine Verankerung in der französischen Wirtschafts- und Gesellschaftsordnung des Ancien Régime erkannte. Herbert Lüthy hat wohl am entschiedensten die Auffassung vertreten, daß dem »Tableau économique« Quesnays eine freilich schematische Analyse des wirtschaftlichen Zirkulationsprozesses Frankreichs im 18. Jahrhundert zugrunde lag und daß die Nettoproduktlehre gerade auch in ihrer uns so abseitig anmutenden Betonung der Grundsteuer einen historisch legitimen Versuch darstellte, die grotesken Fehler dieses Wirtschaftssystems zu korrigieren[10]. Frankreich war im 18. Jahrhundert noch ein Agrarstaat, die Mechanismen des wirtschaftlichen Kreislaufs wurden weitgehend vom Getreide bestimmt, dem einzigen Gut, für das eine wirkliche Massennachfrage bestand. Wenn Quesnay und seine Schule von diesem Tatbestand auf die ausschließliche Produktivität des Bodens schlossen und nur durch die Landwirtschaft, den Bergbau (und den Fischfang) einen echten Mehrwert entstehen sahen, so waren sie dazu durch die besonderen Verhältnisse der französischen Wirtschaft im 18. Jahrhundert und durch die Fehlentwicklungen der merkantilistischen Wirtschaftspolitik berechtigt, auch wenn sich ihre Auffassung später als irrig erweisen sollte.

Diese historische Legitimation der Nettoproduktlehre erscheint noch einleuchtender, wenn man berücksichtigt, daß Quesnay sie nicht als eine absolute wissenschaftliche Erkenntnis, als einen Wert an sich begriff, sondern ihre funktionalen Möglichkeiten zur Umwandlung der bestehenden sozialen und ökonomischen Verhältnisse betonte[11]. Anders ausgedrückt: Auch Quesnay hätte sich einer Revision seiner Anschauungen möglicherweise nicht entzogen, wenn er nicht das vorrevolutionäre Wirtschaftssystem Frankreichs ständig als Anschauungsobjekt vor Augen gehabt hätte. Auch modernen Betrachtern, die sich mit der Sprachgebung Quesnays und der dogmatischen Starrheit seiner Nettoproduktlehre nicht befreunden können, muß zu denken geben, daß Turgot, der wohl bedeutendste französische Ökonom des 18. Jahrhunderts, trotz aller kritischen Distanz zu seinem Lehrmeister die Nettoproduktlehre verteidigte[12] und den *impôt unique* als optimale Form aufgeklärt-despotischer Finanzgebarung ansah[13]. Quesnay hatte, genau wie Turgot, das ökonomisch widersinnige Steuersystem des Ancien Régime vor Augen und die unendlich verfilzte Gesellschaft der Privilegierten, die allein von dieser Steuerordnung profitierte[14]. Er sah förmlich die unvermeidliche Katastrophe herannahen, in die Frankreich stürzen mußte, wenn seine Führungsschichten die Grundgesetze eines Agrarstaates fortgesetzt mißachteten und wenn das Königtum weiterhin den merkantilistischen »Irrlehren« verhaftet blieb. Sicher vermögen Hinweise auf die Biographie Quesnays nicht alle Ansätze seiner Volkswirtschaftslehre zu erklären; es erscheint jedoch bedeutsam, daß Quesnay, der Hofarzt und Vertraute Ludwigs xv., seine Karriere am Hof nicht als Agronom begonnen hat, sondern als einer jener zahlreichen Gehilfen des Monarchen, deren wichtigster Dienst die theoretische und praktische Suche nach neuen, gesünderen Geldquellen war. »A l'origine, les Physiocrates ne sont pas des amis de l'agriculture, mais des financiers en quête d'argent.«[15]

Der immer wieder betonte Beitrag der Physiokraten zu der in Frankreich um die Mitte des 18. Jahrhunderts einsetzenden agronomischen Modernisierungsbewegung wird damit, nimmt man den Systemcharakter ihrer Theorien und ihre radikalen ökonomischen und sozialen Implikationen ernst, zu einem sekundären Faktum[16]. Man braucht nur die Schriften Quesnays, Turgots, Merciers de la Rivière, Baudeaus oder Duponts de Nemours durchzublättern, um festzustellen, daß von Agronomie recht selten und dann niemals isoliert die Rede ist, sehr oft dagegen von den Bedürfnissen des »Staates«, von den »Steuern«, von der »natürlichen Ordnung«, von den einzelnen »Klassen« der Gesellschaft und ihrer Interessenharmonie mit dem Staat, von »Profit« und »Renten«, von »Eigentum« und »Einkommen«. Für Quesnay und seine Schüler bestand kein Zweifel, daß in einem Agrarstaat die Landwirtschaft blühen würde, wenn die politische Ökonomie dieses Landes die Lebensgesetze eines Agrarstaates respektierte[17].

Im Zuge der beschriebenen Neubesinnung auf den Gehalt und den komplexen analytischen »Wert« der physiokratischen Lehre ist eine Frage aufgeworfen worden, die der liberalen Interpretation unproblematisch erschien und daher – sehen wir auch hier von dem lange Zeit unbeachtet gebliebenen Beitrag von Karl Marx ab – erst in unserem Jahrhundert auf Interesse stieß: die Frage nach der sozialen Zuordnung der physiokratischen Theorie[18]. Für die französischen Sozial- und Wirtschaftshistoriker selbst der jüngsten Generation sind die Physiokraten das geblieben, was sie für die liberalen Ökonomen des 19. und 20. Jahrhunderts immer waren: Anwälte des Laissez-faire, Laissez-passer, Initiatoren von Liberalisierungsvorgängen, Propheten einer ökonomischen Heilslehre, deren Segnungen jenen Mitgliedern der französischen Gesellschaft des Ancien Régime zugute kommen sollten und kamen, die auf Grund ihrer Herrschafts- und Wirtschaftsprivilegien als erste aus einer solchen Bewegung Nutzen ziehen konnten: den privilegierten Grundbesitzern, in deren Taschen alle Wege, auf denen die Grundrente transponiert wurde, endeten. Georges Lefebvre, der vor allem den physiokratischen Beitrag zur Liquidation der bäuerlichen Kollektivrechte betonte, sah in dem *propriétaire foncier* – dem »être sacro-saint des Physiocrates« – den Privilegierten des Ancien Régime[19]. Auch Ernest Labrousse, der brillante Historiker der Agrarpreisbewegungen in Frankreich vor der Revolution, identifiziert die *classe propriétaire* der Physiokraten mit der Klasse der privilegierten *rentiers,* »où figurent – indépendamment du souverain lui-même – les bénéficiaires de fermages, les décimateurs, les champarteurs et autres bénéficiaires de droits seigneuriaux analogues à la dîme et au champart«[20].

Nimmt man die recht häufigen Ausfälle Quesnays gegen die Feudalherren zur Kenntnis[21], so muß ein solches Urteil überraschen.

Mehr noch muß überraschen, daß weder Lefebvre noch Labrousse mit einem Wort Quesnays und Turgots Fiskaltheorie
erwähnen, ein Mangel, der auch in Mandrous Darstellung Frankreichs im 17. und 18. Jahrhundert herrscht, wo im Kapitel über
die Physiokraten zwar von den Methoden der agrarischen Modernisierung, nicht jedoch von dem »Tableau économique« gesprochen wird[22]. Ohne Frage profitierten vor allem die Privilegierten – wenn auch nicht sie allein – im 18. Jahrhundert von der
Hausse der Agrar- und Pachtpreise, besonders in den vorrevolutionären Krisenjahren, als interzyklische Preisbewegungen den
seigneurialen und zehntherrlichen Naturalabgabenbesitz begün-
stigten[23]. Fraglich erscheint jedoch, ob eine solche Entwicklung,
die der allgemeinen Agrarkonjunktur und nicht der physiokratischen Propaganda entsprang[24], den Intentionen Quesnays und
seiner Schüler entsprach. Daß die Physiokraten Handelsfreiheit
und einen »guten Preis« für Getreide forderten, mag zu dem
allgemeinen wirtschaftlichen Optimismus der 60er Jahre beigetragen haben. Wesentlich erscheint jedoch, daß sie dieses ökonomische Programm mit allgemeinen politischen und sozialen Postula-
ten verbanden, was freilich von den Privilegierten des Ancien
Régime nur zu bereitwillig übersehen wurde[25]. Eine undifferen-
zierte Parallelisierung der physiokratischen »Bewegung« mit der
Agrarkonjunktur des 18. Jahrhunderts, welche die Lehren Quesnays selbst gleichsam zu einer Folgeerscheinung der Hausse und
damit lediglich zu einem ideologischen Reflex des grundherrlichen Klasseninteresses werden läßt, erscheint daher unzulässig.
Sie verwässert den systematischen Denkansatz Quesnays und
seine prinzipiellen Gedanken über Wirtschaftspolitik und sozialen Wandel.
Andere Wirtschafts- und Sozialhistoriker, die nicht von der Wirtschaftsgeschichte des 18. Jahrhunderts, sondern von der physiokratischen Lehre selbst ausgingen, haben darum in ihr auch ganz
andere Gruppeninteressen am Werk gesehen. Erwähnt seien hier
nur die Ansätze Onckens, der die Physiokratie als Protektionssy-
stem des ländlichen dritten Standes begriff[26], und Norman Wares,
der von den wirtschaftlichen Bedürfnissen einer »neuen Grundbesitzerklasse« spricht, die eine Rationalisierung des in Frankreich herrschenden Steuersystems im Interesse einer einträglichen
Agrarproduktion gewünscht habe[27]. Diese neue Klasse von
»commoner landowners«, wie Ware sie nennt, habe überwiegend

aus Mitgliedern der französischen Bürokratie bestanden, welche die Stelle des alten Adels eingenommen, jedoch ihre »bürgerlichen Ideen des Profitmachens« bewahrt hätten[28]. Stellt man Quesnays wiederholtes Plädoyer für das Eindringen städtischen Kapitals in das Land in Rechnung[29], so erscheint Wares Argumentation nicht unberechtigt. Dennoch läßt sie, wie Ronald Meek betont hat[30], manche Frage offen. Meek weist auf einen bedeutsamen Tatbestand hin, der nicht übersehen werden sollte, wenn der Versuch unternommen wird, die physiokratische Lehre mit den Interessen bestimmter gesellschaftlicher Gruppen des Ancien Régime zu identifizieren. In allen Schriften der Physiokraten ist nur höchst beiläufig von der konkreten sozialen Realität Frankreichs im 18. Jahrhundert die Rede. Wenn Quesnay oder Mercier de la Rivière von »Klassen« sprechen, so meinen sie fast immer die theoretische Dreiklassenschichtung des »Tableau économique«: *classe productive, classe propriétaire, classe stérile*. Sofern Quesnay überhaupt auf die Klassenstruktur des Ancien Régime eingeht, polemisiert er gegen das Wirtschaftsverhalten der Privilegierten oder zeigt Mittel und Wege, wie einzelne Gruppen des Ancien Régime – etwa die *noblesse commerçante* – in seinem Sozialmodell untergebracht werden können[31]. Wo Quesnay Klasseninteressen und Klassenverhältnisse analysiert, geht es ihm immer um das Verhältnis der »produktiven« Klasse der agrarischen Pächter und Lohnarbeiter zu den Grundeigentümern. Beiden Klassen kommt im Rahmen seiner Zirkulationsanalyse ihre fest umrissene volkswirtschaftliche Bedeutung zu, beide haben in Quesnays *royaume agricol* ihre »evidente«, naturgegebene Position und ihre gegeneinander abgegrenzten und abgesicherten Interessen. Wenn Ware nur von dem Gruppeninteresse einer neuen Grundbesitzerklasse spricht und die agrarischen Unternehmer der produktiven Klasse (die *cultivateurs*) unerwähnt läßt, so übersieht er entweder diesen zentralen Ansatz Quesnays, oder er hat nur die selbstwirtschaftenden Grundbesitzer im Auge[32], die im Sinne Quesnays zu beiden Klassen gehörten – ein Fall, für den Frankreich (wie England) zwar viele Beispiele bot, der für Quesnay aber, wie noch zu zeigen ist[33], praktisch die Negation dessen darstellte, was er in seinem »Tableau« zu demonstrieren versuchte.

So ist Meek nur zuzustimmen, wenn er alle Versuche einer Identifikation der physiokratischen Theorie mit konkreten Gruppeninteressen des französischen Ancien Régime für vergeblich hält und auf ihren gesamtwirtschaftlichen Aspekt verweist. Meek sieht es als erwiesen an, daß die Physiokraten in erster Linie eine Steigerung der nationalen Produktion und eine Umwandlung des »feudalen« Wirtschaftssystems Frankreichs in eine kapitalistische Ordnung anstrebten – mit ganz konkreten Folgen für die Gesellschaft, auf der diese Ordnung ruhen würde. »The society which the Physiocrats visualized, in short, was indeed a ›capitalist‹ society in the broad sense, but a capitalist society in which the landowning classes, by accommodating themselves to the new conditions, would be able to retain their old position of predominance.«[34]

Diese Interpretation eines Ökonomen, dem es vor allem um die analytische Triftigkeit (validity) der physiokratischen Methoden im Rahmen einer Geschichte der volkswirtschaftlichen Lehrmeinungen geht[35], trifft zweifellos in den Kern der physiokratischen ökonomischen Theorie. Den Historiker interessieren jedoch die einzelnen Faktoren und Etappen des gesellschaftlichen Wandels, so, wie er sich nach der Auffassung der Theoretiker vollziehen sollte. Nach ihnen fragt der vorliegende Beitrag, der zunächst die Prinzipien der Nettoproduktlehre und der Fiskaltheorie Quesnays und Turgots analysieren und dann ihre vermuteten Wirkungen auf die einzelnen agrarischen Klassen beobachten wird. Am Schluß soll dann kurz der Konflikt innerhalb der physiokratischen Schule über den Inhalt der Nettoproduktlehre beschrieben werden, der in der Forschung bisher kaum Beachtung gefunden hat.

Die zeitgenössischen Kritiker der Physiokraten haben immer wieder den unmenschlichen Charakter ihrer Lehre angeprangert – unmenschlich in dem Sinne, daß der Mensch als Träger der geschichtlichen Entwicklung und als Gestalter des Fortschritts im Vergleich zur Natur eine untergeordnete Rolle spielt[36]. Für Mably, Linguet, Galiani und andere humanitär und sozial engagierte Autoren des 18. Jahrhunderts war der physiokratische *Ordre naturel* eine mechanische, maschinenhafte Ordnung, in der die »Menschen wie Tiere oder Maschinen erscheinen, von denen man eine mechanische Anstrengung verlangt und die man unterhält, damit sie weiterhin täglich benutzt werden können«[37]. Autoren wie Linguet oder Mably hatten bei ihrer Kritik vor allem die breiten Schichten der Besitzlosen, Unvermögenden im Auge. Von der

radikalen Mystifikation des Grundeigentums bei den Physiokraten abgestoßen, die jedoch erst bei den Schülern Quesnays zu einer
ebenso radikalen Mystifikation des Grundeigentümers führte[38],
übersahen sie dabei, daß ihr Urteil prinzipiell auch auf die Klasse
der Grundeigentümer zutraf. Der maschinenhafte Charakter des
Ordre naturel Quesnays erfaßte sämtliche Gesellschaftsschichten
und spannte sie in ein System ökonomischer Funktionen ein, das
von einem einzigen Steuerungsmechanismus beherrscht wurde:
dem *produit net* der allein produzierenden Natur.
An dem Nettoprodukt, der »freiwilligen« Gabe der Natur, dem
über die vom Menschen aufgebrachten Investitionskosten hinausgehenden jährlichen Überschuß der agrarischen Produktion, orientierte sich das gesamte ökonomische und soziale Denken der
Physiokraten. Die wichtigste Aufgabe der politischen Ökonomie
war es, diesen als »Nationaleinkommen« begriffenen Überschuß
zu sichern, zu erhalten und durch gesteigerte Investitionen ständig zu vergrößern. Diese Aufgabe konnte nur erfüllt werden,
wenn die verschiedenen, zur Reproduktion des Nationaleinkommens notwendigen ökonomischen Funktionen nach einem rationalen Verfahren auf die einzelnen Klassen der Gesellschaft und
Institutionen des Staates verteilt wurden.
In seiner schematischen Analyse des Wirtschaftskreislaufs (im
»Tableau économique«) hat Quesnay einen solchen Verteilungs-
plan entwickelt[39]. Die wichtigste gesellschaftliche Trennungslinie,
deren historische Genesis Turgot in seinen »Réflexions sur la
formation et la distribution des richesses«[40] nachzeichnete, stellte
die beiden an der agrarischen Produktion interessierten Klassen
einander gegenüber: die *classe productive* mit den landwirtschaftlichen Unternehmern (den *cultivateurs, agriculteurs* oder *fermiers*) an der Spitze, die nicht Eigentümer, sondern Pächter des
Bodens waren, und die *classe propriétaire* oder *classe disponible*
der Grundeigentümer, die selbst nicht mehr durch Arbeit an der
Reproduktion beteiligt war, sondern sich die über die Produk-
tionsinvestitionen hinausgehenden Erträge des Grundeigentums
als freies Einkommen aneignete. Quesnay und Turgot sahen
zwar, daß die französische Agrarstruktur des 18. Jahrhunderts
sehr schlecht geeignet war, die »Evidenz« dieser ökonomischen
Grunderkenntnis transparent zu machen, doch das hinderte sie
nicht daran, sie allen ihren wirtschafts- und fiskalpolitischen
Überlegungen zugrunde zu legen. Die Trennung des *cultivateur*

vom *propriétaire* war für Turgot eine »unvermeidliche« Folge der Eigentumsentwicklung, die im Prinzip des Eigentums und der menschlichen Arbeit begründet lag[41]. Turgot ging sogar so weit, das Entstehen eines Nettoprodukts und damit eines Nationaleinkommens von diesem ökonomischen Grundgesetz abhängig zu machen[42]. Auch wenn sich in Frankreich, im Unterschied zu England, im 18. Jahrhundert noch keine moderne Pachtstruktur ausgebildet hatte, die diesen Gegensatz ganz deutlich machte, so gingen Turgot und Quesnay doch immer von dem Tatbestand aus, daß sich auch in Frankreich eine produzierende Klasse von Kleinbauern, kleinen bäuerlichen Pächtern und landwirtschaftlichen Unternehmern und eine konsumierende Klasse von Grundeigentümern, feudalen Grund- und Zehntherren und Inhabern von Grundrenten aller Art gegenüberstanden[43].

Die zentrale Bedeutung der Nettoproduktlehre Quesnays und Turgots lag nun darin, daß sie dieses als »unvermeidlich« betrachtete Naturgesetz der Trennung von Pächtern und Grundeigentümern in den Dienst einer auf sozialen und ökonomischen Wandel gerichteten ökonomischen Politik stellte. Wenn es ökonomisch sinnvoll war, daß eine Gesellschaftsklasse ganz in der landwirtschaftlichen Produktion aufging, die Güter leitete, die Landarbeiter beschäftigte und entlohnte, die ursprünglichen und die jährlichen Investitionen leistete und damit die Last der Landwirtschaft und ihre Risiken trug, so konnte man ihr nicht auch noch die übrigen gesellschaftlichen Lasten aufbürden, ohne das jährliche Nationaleinkommen zu gefährden, ja – »sans arrêter tout le mouvement de la machine politique«[44]. Sämtliche Investitionskosten der *classe productive*, selbst die Gewinne, welche die Pächter im Verlauf einer Pacht herauswirtschaften konnten und die nach den etwas optimistischen Vermutungen Turgots der agrarischen Reproduktion zugute kommen würden[45], sollten daher von den staatlichen und kirchlichen Steuern – der Realist Turgot fügt auch noch die grundherrlichen Abgaben hinzu[46] – frei sein. Steuern sollten allein auf jene Einkommen erhoben werden, die disponibel waren – auf die Nettoeinkommen der Grundeigentümer, d. h. praktisch auf die periodisch zwischen ihnen und den Pächtern ausgehandelten Pachtsummen[47].

Zu dieser im Vergleich zu der Steuerpraxis des Ancien Régime radikalen Änderung des Fiskalsystems fühlten sich Quesnay und Turgot um so eher berechtigt, als sie in ihr keine gegen die

Grundeigentümer gerichtete politische Entscheidung sahen, sondern sie im Grunde als der ökonomischen »Evidenz« entsprechende, die wahren Interessen der Grundeigentümer berücksichtigende Steuerpolitik begriffen. In ihrer Kritik an der alten französischen Fiskalpraxis haben die Physiokraten immer wieder zu belegen versucht, daß auch dort letztlich alle Steuern dem Grundeigentümer zur Last fielen, selbst wenn die Privilegierten von den direkten Steuern weitgehend befreit waren und daraus scheinbar erheblichen Profit ziehen konnten[48]. Wenn die Voraussetzung zutraf, daß nur der Grund und Boden einen echten, frei verfügbaren Mehrwert produzierte, der einer Gesellschaftsklasse als freies, nicht durch Arbeit erworbenes Einkommen zufloß, alle übrigen Tätigkeiten in der nationalen Wirtschaft dagegen keinen Mehrwert produzierten, sondern nur zur Entlohnung von Arbeit führten, so war einsichtig, daß jede Form der Besteuerung, die nicht auf dem Einkommen der Grundeigentümer ruhte, sondern in den Arbeitslohn der übrigen Bevölkerungsgruppen – vor allem der landwirtschaftlichen Produzenten – eingriff, eine Wertminderung der Nettoeinkommen der Eigentümer bewirken würde. »En vain, le cultivateur est-il taxé personellement; il faut, ou qu'il puisse rejeter la taxe sur le propriétaire, ou qu'il diminue sa culture.«[49]

Die ausschließliche Steuerschöpfung aus dem Nettoeinkommen der Grundeigentümer richtete sich somit gegen die Steuerpolitik des Ancien Régime. Sie sollte gewährleisten, daß die staatliche und kirchliche Steuerlast hinfort nicht mehr auf die produzierenden Schichten oder besser auf jenen Produktionsbereich abgewälzt wurde, dessen einzige ökonomische Funktion darin bestand, die landwirtschaftliche Reproduktion zu sichern. Für die Grundeigentümer würde sich daraus zwangsläufig eine Wertsteigerung ihres Besitzes ergeben. Das erhöhte Interesse der vom Steuerdruck befreiten bäuerlichen Produzenten an der landwirtschaftlichen Produktion würde das Land zum Blühen bringen, das Nettoeinkommen der Grundeigentümer erhöhen und den Verkaufswert ihrer Güter steigern. Staat, Kirche und Grundeigentümer, durch den Mechanismus der neuen Steuer zu einer ökonomisch sinnvollen Nutzung des Grundeigentums gezwungen, würden gleichermaßen von der Steigerung des Nationaleinkommens profitieren, die staatliche Wirtschaftspolitik würde automatisch zum Schutz und zur Sicherung des Grundeigentums veranlaßt[50].

Quesnay und Turgot haben freilich klar erkannt, daß die Einführung eines solchen Fiskalsystems eine im Vergleich zur Ideologie der Privilegierten grundsätzlich neue Konzeption des Grundeigentums voraussetzte. Quesnay und seine Schüler, die weit stärker als Turgot zur staatstheoretischen Untermauerung ihrer ökonomischen Anschauungen neigten, haben aus der Theorie des *impôt unique* weitgehende eigentumsrechtliche Schlüsse gezogen. Im Gegensatz zu den Privilegierten des Ancien Régime sahen sie die Steuern nicht als Eingriff des Staates in die individuellen Eigentumsrechte der Grundeigentümer an. Die Steuern sollten technisch zwar durch Zahlungen der Eigentümer an den Fiskus eingetrieben werden, juristisch repräsentierten sie jedoch lediglich den proportional zum jährlichen Nettoprodukt erhobenen Eigentumsanteil der »universellen« Miteigentümer *(co-propriétaires)* Staat und Kirche am Nationaleinkommen[51].

Diese scheinbar so glatt aufgehende Steuerkonzeption barg zweifellos den Keim zahlreicher politischer Konflikte in sich. Selbst wenn man voraussetzt, daß sich Staat, Kirche und Grundeigentümer über eine alle *copropriétaires* befriedigende Aufteilung des nationalen Nettoeinkommens hätten einigen können, so hätte jedes zusätzliche staatliche Steuerbegehren, das theoretisch ein die Konfiskation streifendes Ausmaß hätte annehmen können[52], den Widerstand der Grundeigentümer herausfordern müssen. Quesnay hat dieses Problem nicht explizit in seine Argumentation aufgenommen. Überhaupt scheint ihm die politische Sicherung der Grundbesitzerklasse kein besonders dringliches Anliegen gewesen zu sein, worin er sich, wie noch zu zeigen ist[53], wesentlich von seinen Epigonen unterschied. Einige Hinweise kann man jedoch Quesnays Äußerungen über das englische Steuer- und Agrarsystem entnehmen, das er sich immer wieder zum (fraglos idealisierten) Vorbild nahm. Das englische Beispiel belege, so sagt Quesnay, daß selbst in Zeiten eines erhöhten staatlichen Steuerdrucks (z.B. in Kriegen) der Vorteil letztlich bei den Grundeigentümern liege. »Les propriétaires, chargés eux-mêmes de l'impôt, souffrent dans les temps de guerre des subventions passagères; mais les travaux de la culture des terres n'en sont point ralentis et le débit et la valeur vénale des bienfonds sont toujours assurés par la liberté du commerce des denrées du crû. Aussi chez cette nation l'agriculture et la multiplication des bestiaux ne souffrent aucune dégradation pendant les guerres les plus longues et les plus dispendieuses; les propriétaires retrouvent à la paix leurs terres bien cultivées et bien entretenues, et leurs grands revenus bien maintenus et bien assurés.«[54]

Dieses Zitat macht die soziale Blickrichtung Quesnays deutlich. Das Grundeigentum, wenn es ökonomisch richtig verstanden und genutzt wurde, war und blieb a priori ein privilegiertes Element der Gesellschaftsordnung, um dessen Zukunft Sorge zu tragen nicht die vordringliche Aufgabe der ökonomischen Politik war. Daß einzelne Grundeigentümer, die durch die Steuererhöhung möglicherweise zum Verkauf ihres Besitzes gezwungen wären, eine »partielle Enteignung« hätten hinnehmen müssen[55], da die Käufer ihrer Güter den gefallenen Wert des Nettoeinkommens in ihrem Kaufangebot berücksichtigt hätten, blieb für Quesnay – im Gegensatz etwa zu Mercier de la Rivière[56] – außerhalb der Betrachtung. Seine Schriften zeigen, daß er sich weit mehr auf das Ziel richtete, die privilegierten Grundbesitzer Frankreichs durch die Mechanismen seiner Fiskaltheorie in eine neue soziale Rolle und unter einen neuen ökonomischen Zwang zu stellen. Die Klasse der Grundeigentümer, als ihrer Person und ihrem Einkommen nach disponible Klasse, war für Quesnay wesentlich eine Klasse von Konsumenten. Wie das »Tableau économique« zeigt, sah Quesnay auch die *propriétaires* des Ancien Régime schon in dieser Rolle. Er stellte diese Rolle nicht in Frage, versuchte ihr aber einen für die Nationalökonomie nützlichen Inhalt zu geben. Für eine befriedigende Funktion des wirtschaftlichen Kreislaufs war es erforderlich, daß es eine Klasse von Konsumenten gab, die sich das Nationaleinkommen aneignete und erneut derart in die Zirkulation zurückführte, daß es zu seiner eigenen ständigen Reproduktion eingesetzt werden konnte. Hieraus ergab sich für Quesnay eine Art Ausgabepflicht der Grundeigentümer, deren Nichterfüllung weitreichende eigentumsrechtliche Folgen haben konnte. Denn in die politische Realität des Ancien Régime übertragen, bedeutet diese Ausgabepflicht nichts anderes, als daß Grundeigentümer, die mit ihren Gewinnen in die vom Colbertinismus geförderten Luxusgüter flohen oder andere Formen der Thesaurierung wählten, sich ihres Eigentumsrechtes an ihrem Anteil am Nationaleinkommen begaben und damit ihre Enteignung durch den universellen Miteigentümer Staat provozierten. »...si les propriétaires retenaient ces revenus, il faudrait nécessairement les en dépouiller; aussi cette sorte de richesse appartient autant à l'Etat qu'aux propriétaires mêmes; ceux-ci n'en ont la jouissance que pour les dépenser.«[57]

Hier zeigt sich erneut, daß die traditionellen naturrechtlichen Normen und Formen des Eigentumsrechts, soweit sie das Verhältnis von Staat und Eigentum betrafen, für Quesnay so gut wie irrelevant waren. Das Eigentumsrecht am Grund und Boden galt ihm nicht als heiliges, unverletzliches Menschenrecht des einzelnen, sondern als soziales und politisches Faktum, das ausschließlich im Dienst eines ökonomischen Zieles stand – der Sicherung und Steigerung des Nationaleinkommens. Nur solange der einzelne Grundeigentümer diesen Dienst, d. h. die Verwaltung und »sinnvolle« Weiterverwendung seines Nettoeinkommens, angemessen versah, konnte er sich nach Quesnays Auffassung auf sein Eigentumsrecht berufen[58].

Über die Art und Weise dieser Ausgabepflicht hat sich Quesnay leider nicht ausführlicher geäußert. Offenbar hat es darum auch trotz der intensiven Harmonisierungsversuche Duponts de Nemours über diese Frage erhebliche Meinungsverschiedenheiten zwischen Turgot und Quesnay gegeben, deren Reflex wir einigen Schriften Turgots entnehmen können[59]. Turgot, der im Vergleich zum Zirkulationstheoretiker Quesnay den Faktor der Kapitalakkumulation weit höher einschätzte und darin von der Entwicklung des Kapitalismus bestätigt wurde, hat Quesnay zu korrigieren versucht, indem er auf die Gefahr einer Vernachlässigung der Akkumulation zugunsten der reinen Zirkulation hinwies[60]. Er konnte damit freilich nicht widerlegen, daß Quesnays Plädoyer für die Ausgabepflicht, wenn es auch den Faktor der zunächst notwendigen Akkumulation unterschätzte, als Kritik an den Konsumtions- und Anlagegewohnheiten des Ancien Régime kohärent war. Quesnay, stets ein wenig durch seine Monomanie für die unmittelbare Steigerung des landwirtschaftlichen Output fehlgeleitet, hatte vor allem das Ziel, den in den Städten lebenden aristokratischen Konsumenten, deren Geld sich in Seide und Prunk verwandelte, ihre Kapitalien zu entreißen und sie auf das Land zurückzuführen[61].

Von diesem Ziel her bestimmte sich auch die neue ökonomische Rolle des Grundeigentümers. Der *propriétaire foncier* war für Quesnay, und hier finden wir Turgot stets auf den Spuren seines Lehrers, kein privilegiertes, höheres Wesen mehr, dessen »ewige« Rechte den Schutz besonderer Formen des Eigentums- und Erbrechts verlangten[62] – den prinzipiellen staatlichen Schutz für das Grundeigentum natürlich ausgenommen. Das Grundeigentum war nicht mehr ein besonderes Gut, ein *héritage,* es war allein Einkommen, *revenu.* »Tout autre idée de revenu est illusoire. Lorsqu'on achète un bien-fonds, c'est ce revenu seul qu'on achète.«[63] Der Grundeigentümer wurde bewußt den Gesetzen der kapitalistischen Konkurrenz unterworfen, vor denen er sich nur behaupten konnte, wenn er sein Wirtschaftsverhalten den neuen, vom Geldkapital gesetzten Bedingungen anpaßte. Als Grundeigentümer mußte er somit sein Nettoeinkommen vor allem dort wieder anlegen, wo es zur Sicherung seiner eigenen sozialen Existenz verwendet wurde: im Grund und Boden, d. h. durch Landkauf, Investitionen oder Kredite an die landwirtschaftlichen Produzenten. »Quand les grands propriétaires d'un royaume n'ont point d'autre ressource que le produit de leurs terres pour soutenir leurs dépenses, ils soutiennent et protègent l'agriculture par leur crédit...: on conserve aux habitants de la campagne les facultés qui leur sont nécessaires pour faire valoir les bien-fonds, pour payer les fermages et les impôts[64], et pour établir commodément leurs familles dans l'état où ils on été élevés.«[65] Daß einzelne Grundeigentümer oder ganze gesellschaftliche Gruppen, die den feudalen Produktionsformen oder der *rentiers*-Mentalität verhaftet blieben, dabei unter die Räder kommen würden, daß – im Sinne Taines – eine »Übertragung von Eigentum« die Folge dieser neuen Wirtschaftspolitik sein würde, lag in der Konsequenz der physiokratischen Theorie[66]. Die Mobilität des Bodens, die »freie Konvertierbarkeit« von Geldkapital in Grundeigentum, die Ersetzung eines »alten« Eigentümers durch einen »neuen«, gehörte ebenso zum Arsenal der physiokratischen Politik wie die Handelsfreiheit und der »gute Preis«[67]. Die fiskaltheoretischen Schriften Quesnays und Turgots zeigen, daß sie die sozialrevolutionären Gefahren einer solchen Theorie für gering erachteten. Gestützt auf ihr Vertrauen in das wirtschaftliche Eigeninteresse des einzelnen, in das rationale Wirtschaftsverhalten des *homo oeconomicus,* stellten sie die Grundeigentümer unter den Druck eines im Vergleich zum Ancien Régime völlig neuartigen Wirtschafts- und Fiskalsystems und erwarteten, daß diese sich den neuen Bedingungen anpassen würden. Wer dazu nicht bereit oder aus finanziellen Gründen nicht in der Lage war, mußte durch seinen vermögenderen Konkurrenten ersetzt werden: »Il est constant qu'une multitude d'évènements périodiques, et de différentes espèces, occasionne une telle révolution dans la fortune des propriétaires fonciers, qu'on peut dire qu'elle les met tour à tour dans l'impuissance de soutenir les charges de la propriété foncière. Alors il faut que des acquéreurs se présentent pour les remplacer, avec des richesses mobilières capables de satisfaire à ces mêmes charges.«[68]

Daß Quesnay und Turgot die Nettoproduktlehre als konkretes Instrument des wirtschaftlichen und sozialen Wandels begriffen, zeigt sich auch, wenn man ihre Aussagen über das Verhältnis zwischen den beiden an der Nutzung des Bodens interessierten Klassen – der *classe productive* und der *classe propriétaire* – untersucht. Für Quesnay wie für Turgot lag die unternehmerische Hauptlast der Agrarproduktion auf den landwirtschaftlichen Pächtern, der Oberschicht der *classe productive*[69]. Während diese Agrarunternehmer, ähnlich wie die Grundeigentümer, im »Tableau économique« vornehmlich in ihrer Funktion für die Distribution der nationalen Reichtümer gesehen wurden, ist Quesnay in seinen übrigen ökonomischen Schriften immer wieder auf ihre eminent dynamische Rolle in der Agrarproduktion eingegangen[70]. Dabei machte er wie Turgot ganz deutlich, daß ihn nicht nur seine theoretischen volkswirtschaftlichen Erkenntnisse, sondern auch die konkreten Fortschritte der westeuropäischen Agrarwirtschaft zum Postulat der Pächterwirtschaft führten. Der physiokratische Großpächter (*cultivateur*) war der englische *farmer* des 18. Jahrhunderts oder der französische *fermier* der getreideintensiven Großgüter im Nordwesten, in der Ile de France und im Orléannais, der seine Existenz der im Vergleich zum Süden bevorzugten Marktsituation dieser Gebiete verdankte[71]. Seine bedeutende Stellung im physiokratischen Agrarsystem beruhte auf seinem Reichtum an mobilen Kapitalien, der ihm die Übernahme einer zumeist auf neun Jahre befristeten Geldpacht ermöglichte, ohne daß der Grundeigentümer, wie in den mittleren und südlichen Provinzen, zu einer Beteiligung an den jährlichen Investitionskosten gezwungen war. Der Akkumulationstheoretiker Turgot hat die Gründe für das Entstehen »großer Güter« im Norden Frankreichs gerade auf die in diesen Regionen vorhandenen Möglichkeiten der Kapitalansammlung in der Hand der landwirtschaftlichen Unternehmer zurückgeführt[72]. Das Überwiegen kleiner Pachten in den übrigen Provinzen, besonders in der Gestalt des hohe Eigentümerinvestitionen erfordernden *métayage*, beruhte nach seiner Ansicht nicht auf dem unterschiedlichen Wert der Böden, sondern allein auf der archaischen Marktstruktur dieser Gebiete, die das Preisniveau für Getreide drückte und damit eine Kapitalakkumulation in der Hand der Produzenten verhinderte[73].

Der Vorteil der Großgutwirtschaft des Nordens (der *grande culture*) gegenüber den *métayage*-Pachten des Südens und der grundherrschaftlichen Erbzinsleihe, die in allen Regionen noch eine bedeutsame Rolle spielte[74], war für Turgot und Quesnay nicht nur ein agrartechnischer, betriebswirtschaftlicher. Den entscheidenden ökonomischen Fortschritt der *grande culture* sahen sie darin, daß sie weitgehend als Geldpacht betrieben wurde und so eine strikte Trennung der Pächter-Profite von den Einkommen (*revenus*) der Grundeigentümer möglich machte[75]. Damit war in diesen Gebieten die wichtigste Voraussetzung für die physiokratische Steuertheorie geschaffen. Wie schon erwähnt, sahen Quesnay und Turgot die Pachtverträge zwischen den Grundeigentümern und den Pächtern als Bemessungsgrundlage für das jährlich entstehende Nettoprodukt und damit für die Besteuerung an[76]. Man kann sogar sagen: Das Dogma von der alleinigen Produktivität des Bodens erhielt nur dadurch einige politische Relevanz, daß Quesnay und Turgot bereit waren, die theoretisch keinesfalls zwingende Gleichung Nettoprodukt = die Summe der zwischen Grundeigentümern und Pächtern ausgehandelten Pachtzahlungen zu akzeptieren. Erst durch diesen Schritt ebneten sich die Wege, die zur fiskalpolitischen Realisierung der Nettoproduktlehre in der Form eines allein von den Grundeigentümern zu leistenden *impôt unique* führen konnten. Eine Ausbreitung der *grande culture* in ihrer ökonomisch vorteilhaften Form als Geldpacht, an deren Ende die Verpachtung des gesamten Grundeigentums, und d. h. die völlige Klassentrennung zwischen Grundeigentümern und Pächtern, stehen würde, hätte damit zugleich die Verwirklichung des *impôt unique* wesentlich fördern können. Wir sahen, daß Turgot nicht nur die technische Realisierbarkeit dieser Steuer, sondern im Grunde auch das Entstehen eines Nettoprodukts an diese ökonomische Bedingung band: »Quand le propriétaire cultive lui-même, il n'a plus de revenu disponible; mais il confond, dans sa personne, son revenu comme propriétaire et son profit comme cultivateur, profit qui n'est point disponible.«[77] Ähnlich kommentierte Quesnay eine Passage aus der »Théorie de l'impôt« Mirabeaus: »Il ne paraît pas qu'on puisse déterminer le produit net autrement que par la part qui revient au propriétaire et qui a été débattue sur le marché entre le fermier et le propriétaire.«[78]

Aus diesen Zitaten geht hervor, daß auch der Pächter, ähnlich wie der Grundeigentümer, im physiokratischen System unter die Gesetze der kapitalistischen Konkurrenz gestellt wurde[79]. So sehr er im Verlauf seiner Pacht von dem Druck der Fiskalität und der grundherrlichen Ausbeutung frei war, so sehr diente der periodisch wiederkehrende Pachtabschluß dazu, daß auch er seinen Anteil an der Steigerung des nationalen Nettoprodukts trug. Der Druck, den der Staat durch den *impôt unique* auf die Grundeigentümer ausüben konnte, setzte sich im Pachtsystem nach unten fort. Der Pachtabschluß bot dem Grundeigentümer die regelmäßige Möglichkeit, die Konkurrenz der Pächter zur günstigeren Gestaltung seiner Verträge auszunutzen[80]. »Les propriétaires, fixés à cette règle par le gouvernement, seraient attentifs, pour la sûreté de leur revenu et de l'impôt, à n'affermer leurs terres qu'à de riches fermiers; cette précaution assurerait le succès de l'agriculture.«[81]

Von den agrarwirtschaftlichen und fiskalischen Vorteilen einer solchen Konkurrenz sowohl zwischen den Grundeigentümern als auch zwischen den Pächtern waren die Physiokraten zutiefst überzeugt[82]. So standen letztlich ihre großen wirtschaftspolitischen Ideen unter dem besonderen Zweck, die Ausbildung der *grande culture* und damit der modernen Geldpacht in Frankreich zu fördern. Die Handelsfreiheit im Getreidesektor, der »gute Preis« und der *impôt unique* wurden von Quesnay und Turgot ganz bewußt als wirtschaftspolitische Hebel zur Umwandlung der französischen Eigentums- und Nutzungsordnung im Ancien Régime betrachtet[83], die nach Turgots heute noch gültiger Einschätzung zu zwei Dritteln aus Eigenwirtschaft oder aus den unrationellen, archaischen *métayage*-Pachten bestand[84]. In welcher Reihenfolge sie diese Instrumente anzuwenden gedachten – darüber läßt sich kein klares Bild gewinnen. Es scheint, daß sie der Handelsfreiheit die größte unmittelbar verändernde Wirkung zusprachen, weil sie die Bildung beweglicher Vermögen förderte, die ihrerseits zu einer Ausbreitung der *grande culture* führen konnten[85]. Andererseits hat Turgot immer betont, daß diese *révo-*

lution der französischen Agrarstruktur nicht ohne die Steuerreform denkbar war[86].

Gerade in der Periode eines solchen Übergangs, die in den Schriften Quesnays und Turgots eine weit bedeutsamere Rolle spielt als in den Kompilationen der orthodoxen Systematiker Mercier de la Rivière und Baudeau, kam den Klassenverhältnissen zwischen den Grundeigentümern und den landwirtschaftlichen Pächter-Unternehmern ein besonderes Gewicht zu. Gemäß der in der Entwicklung des Grundeigentums liegenden Trennung von Eigentum und Produktion, von Einkommen und Profit, sahen Quesnay und Turgot die neue Agrarwirtschaft als eine Form der »Arbeitsteilung« an, in der die *classe productive* ganz auf die Bewirtschaftung der Güter beschränkt blieb, während die Grundeigentümer auf die eher kaufmännische Tätigkeit der Förderung und Anlage ihres Nettoeinkommens und damit zugleich der Sicherung des staatlichen Steueraufkommens verwiesen wurden. Es ist oft betont worden, daß Quesnay und Turgot dabei den Leistungsanteil und die Bedeutung des kapitalkräftigen Pächters außerordentlich stark betonten, während der nationalökonomische Nutzen der Grundeigentümer von ihnen gering bewertet wurde[87]. In der Tat finden sich in ihren Schriften gelegentlich Wendungen, die den Rechten der Pächter und ihren in die Agrarproduktion fließenden Kapitalien die Weihe der »Heiligkeit« und »Unantastbarkeit« zusprachen[88], Formeln, die man im 18. Jahrhundert vor allem in dem apologetischen Schrifttum der Grundeigentümer zu finden gewohnt war, die mit dem Hinweis auf die »Heiligkeit« des Eigentums ihre außerwirtschaftlich begründeten, feudalen Besitzstände gegen die Nivellierungsversuche des monarchischen Despotismus verteidigten[89]. E. Faure ist bei seiner Analyse der Nettoproduktlehre Turgots darum zu dem Ergebnis gekommen, daß Turgots Argumentation letztlich eine »conception travailliste et non pas propriétiste« der Wirtschaft und der Fiskalität zugrunde lag[90]. Sein Ziel sei es gewesen, jede Form der menschlichen Aktivität, der Arbeit, des Unternehmergeistes, der Initiative zu ermutigen, indem er alle Einkünfte, die solchen Haltungen entsprangen, von dem Druck der Fiskalität befreite; dagegen habe er jene Einkommen treffen wollen, die ihr Entstehen nicht einer physischen oder geistigen Anstrengung verdankten, die an kein Risiko, an keine Verpflichtung und an kein Verdienst gebunden waren. Das Nettoprodukt sei nicht mehr das adlige

Einkommen »von göttlichem Recht« gewesen, sondern ein steriles Einkommen, das man ohne Schaden für die wirtschaftlichen Aktivitäten hätte besteuern können. Im Gegensatz zu dem, was die physiokratische Terminologie zu verkünden scheine, sei gerade die Klasse der Grundeigentümer mit dem Stigma der Sterilität belegt worden, »disponible pour l'impôt et pour le service«, ja man könne beinahe sagen »taillable et corvéable à merci«[91], wie einst die Leibeigenen und grundherrschaftlichen Bauern.

So sehr diese Interpretation der Logik mancher Schriften des radikalen wirtschaftspolitischen Rationalisten Turgot entsprechen mag, so wenig befriedigt sie, wenn man seine allgemeinen Anschauungen über wirtschaftlichen und sozialen Wandel zugrunde legt. Turgot griff, genau wie Quesnay, zu radikalen Formulierungen, wenn er die im Ancien Régime praktizierten Formen der Eigentumsnutzung kritisierte[92]. Daß Faures Interpretation auf Turgots Haltung zu den adligen Feudalherren und *rentiers* zutrifft, steht außer Frage. Daß seine ökonomische Theorie nicht ohne die Institution Grundeigentum, d. h. jedoch ohne die Ausbildung der in Faures Sinne »sterilen« Nettoeinkünfte – der Grundrente – zu denken war, läßt sich ebensowenig bezweifeln. Die Ausbreitung der *grande culture,* die vollständige Trennung des Grundeigentums von den Pächterprofiten setzten nicht nur die Existenz einer kapitalkräftigen Klasse von Pächter-Unternehmern voraus, die durch die staatliche Steuer- und Geldzinspolitik zur Agrarproduktion ermutigt wurde, sondern auch die einer an einer angemessenen Grundrente interessierten Klasse von Grundeigentümern. Wenn Turgot – wie Quesnay – der politischen Sicherung dieser Klasse so wenig Aufmerksamkeit zu schenken schien, so vor allem, weil hier nicht die entscheidende Aufgabe der ökonomischen Politik Frankreichs am Ende des Ancien Régime lag[93]. Die Einführung der neuen, kapitalistischen Agrarproduktion, für Turgot und Quesnay untrennbar mit der Ausbreitung der *grande culture* verbunden, war nur als ein durch die Handelsfreiheit und die Steuerreform allmählich geförderter Prozeß denkbar, in dessen Verlauf die unzähligen, auf Selbstversorgung und Subsistenzsicherung gerichteten französischen Klein- und Erbpächter sich entweder selbst zu kapitalistischen Pächter-Unternehmern entwickeln würden oder aber von diesen verdrängt und zu landwirtschaftlichen Lohnarbeitern umgewandelt werden mußten. Die Grundeigentümer, das zeigen Turgots praktische Reformschriften eindringlich[94], würden aus dieser Entwicklung automatisch ihren Nutzen ziehen, wenn sie sich den neuen Produktionsbedingungen anpaßten.

Turgot und Quesnay ließen sich bei der Beschreibung des neuen Grundeigentümers immer wieder von dem Vorbild des englischen *landlord* leiten[95]. Auch dieser war, freilich mit manchen Ausnahmen, die Turgot sehr wohl kannte[96], kein selbstwirtschaftender Gutsherr, sondern ein Grundeigentümer im physiokratischen Sinne, für den die Nutzung von Grundeigentum identisch war mit der Aneignung des von seinen Pächtern erwirtschafteten Überschusses, der Grundrente[97]. In der Vorstellung Quesnays trennten den englischen *landlord* jedoch Welten vom privilegierten Grundbesitzer des französischen Ancien Régime. Die Aneignung der Grundrente bedeutete für ihn nicht den Rückzug vom Lande, die Flucht in die Stadt und die Anlage seines Kapitals in Luxusgütern. Auch wenn die landwirtschaftliche Produktion in den Händen der Pächter (*farmer*) lag, so verlangte die Pflege des Eigentums, die Förderung der landwirtschaftlichen Produktivität doch die Anwesenheit des Grundeigentümers auf seinen Gütern – von (wahl)politischen Gründen für diese Präsenz, die Quesnay nicht erwähnt, einmal ganz abgesehen[98]. Er kontrollierte und verwaltete seine Pachteinkünfte genau, reduzierte den Pachtzins vorübergehend, wenn Ernte- oder Verkaufskrisen dies ratsam erscheinen ließen; er überwachte die Pflege der Güter und leistete vor allem die notwendigen Grundinvestitionen zur agrarischen Modernisierung des Landes[99]. »Et cette bonne conduite de la part des propriétaires, peut doubler et tripler la valeur des biens-fonds du royaume. En Angleterre, les grands propriétaires habitent leurs terres une partie de l'année, et ils ont porté fort loin l'amélioration de leurs biens; parce que dans ce royaume l'agriculture est la source de leurs richesses.«[100]

Turgot, der mehr noch als Quesnay die Probleme des konkreten Wandels der französischen Agrarstruktur ins Auge faßte, hat, gerade weil er in der Ausbreitung der von Pächtern getragenen *grande culture* eine »lange Revolution« sah, ganz bewußt mit dem wachsenden wirtschaftlichen Interesse der großen Grundeigentümer gerechnet und ihnen für die Perioden des Übergangs wichtige Aufgaben zugewiesen. In seiner Auseinandersetzung mit dem orthodoxesten Vertreter der physiokratischen Steuertheorie, mit Mirabeau, hat er nachdrücklich auf die Tatsache hingewiesen, daß in mehr als zwei Dritteln Frankreichs keine modernen Pachten bestanden und somit die Bemessungsgrundlagen für den *impôt unique* fehlten[101]. Mirabeau hatte für diese Gebiete selbst Übergangslösungen vorgeschlagen und dabei nach Turgots Ansicht das Tempo der Ausbreitung der *grande culture* zu optimistisch eingeschätzt. Solange in diesen Regionen die Voraussetzungen für die Bildung großer Pachtgüter fehlten, so folgerte Turgot, müsse die Modernisierung von den Grundeigentümern selbst ausgehen. »La restauration de la culture ne peut commencer que par les propriétaires. La masse des capitaux destinés à faire la base des entreprises rurales a besoin d'un long temps pour se former.«[102] Ganz ähnlich argumentierte Turgot in seinen Briefen über die Handelsfreiheit. Auf lange Sicht konnte die Handelsfreiheit nur zu den gewünschten transformierenden Ergebnissen führen, wenn sie durch die Steuerreform ergänzt wurde. »Mais, en attendant qu'elle soit opérée, les propriétaires recueilleront immédiatement les fruits du haussement des valeurs et de l'augmentation des productions de leurs terres; leur richesse tournera en grande partie à l'accroissement de la culture par l'augmentation de leurs avances en bestiaux, en bâtiments, en plantations, par les améliorations de toute espèce, défrichements, dessèchements, fossoyements, clôtures, etc., qu'ils seront en état de faire dans leurs domaines.«[103] Quesnays Hymnen auf das Wirtschaftsverhalten der englischen *landlords* und einiger Großgrundbesitzer in Frankreich, die ihre *dépenses nécessaires* zur Pflege und Melioration der Güter und zum Schutz der von Verlusten bedrohten Pächter leisteten, wiesen in die gleiche Richtung[104].

Weder Turgot noch Quesnay haben sich jedoch durch diese positive Bewertung der Rolle der Grundeigentümer bei der agrarischen Modernisierung zu einer Revision ihrer fiskalpolitischen Grundanschauungen verleiten lassen. Das erhöhte Interesse der Grundeigentümer an der Ausbreitung wirtschaftlich rationeller Pacht- und Kulturformen war für sie eine selbstverständliche Leistung, die allein in der Wertsteigerung der Güter und ihrer Produkte ihren angemessenen Lohn fand[105]. Die Folgerung, daß die Eigeninvestitionen der Grundeigentümer, legt man die Prinzipien der Nettoproduktlehre zugrunde, ebenso zur Steigerung des Nationaleinkommens beitrugen wie die Pächterprofite und daher wie diese von der Besteuerung hätten befreit werden müssen, haben beide Ökonomen, wie es scheint, bewußt nicht gezogen[106].

Dies blieb den Schülern Quesnays, vor allem Mercier de la Rivière, vorbehalten, die damit, wie H. Lüthy betont hat, die Nettoproduktlehre entscheidend in Frage stellten[107].

Vergleicht man die Hauptschrift Merciers de la Rivière, in der die physiokratische Lehre im Jahr 1767 zum ersten Mal in ein umfassendes System gepreßt wurde, mit den Reformschriften Turgots und Quesnays, so fällt auf, daß die physiokratische Argumentation hier eine prinzipielle Richtungsänderung erfuhr. Während Quesnay und Turgot die Nettoproduktlehre in erster und nahezu einziger Linie als ein gegen die alten französischen Führungsschichten gerichtetes Instrument des wirtschaftlichen und sozialen Wandels begriffen und sie zur nationalökonomischen Rechtfertigung einer auf dem *impôt unique* beruhenden Steuerreform benutzten, abstrahierte Mercier de la Rivière völlig von den Verhältnissen des französischen Ancien Régime und damit auch von den aktuellen politischen Inhalten der überfälligen Steuerreform. Zwar übernahm er den Grundgedanken der Nettoproduktlehre – die Aufteilung des Nationaleinkommens zwischen den Samteigentümern Staat und Grundbesitzern[108]. Im Gegensatz zu Quesnay und Turgot legte er jedoch außerordentliches Gewicht auf die exakte Festlegung ihrer jeweiligen proportionalen Anteile[109]. Damit führte er das bei Quesnay und Turgot praktisch nicht berücksichtigte Problem der Steuersicherheit in die physiokratische Steuertheorie ein. Ohne Frage konnte Mercier de la Rivière theoretisch gute Gründe für diesen Schritt geltend machen. Wie kaum ein anderer Physiokrat forderte er die Kommerzialisierung des Bodens, die »Verehelichung« von mobilem und festem Kapital. Gerade sie erschien ihm jedoch gefährdet, wenn die staatliche Steuerquote – der Anteil des Miteigentümers Staat am nationalen Nettoprodukt – nicht ein für allemal festgelegt war[110]. Dieses Postulat erhob Mercier de la Rivière nicht nur, weil die Steuerunsicherheit die aktuellen Eigentümer in der Nutzung ihrer Einkünfte bedrohte, sondern vor allem, weil sie die Attraktivität des Grundeigentums für das mobile Kapital minderte. »Il est évident que, dans une telle position, le propriétaire foncier ne l'étant pas d'une portion fixe et assurée dans le produit de ses terres, *il ne peut vendre une propriété qu'il n'a pas*. Mais, dès qu'il n'est aucune portion du produit qui soit vénale, les terres ne le sont plus aussi: il n'est plus possible ni de les vendre, ni de les faire entrer dans les engagements que les membres d'une même société ont si souvent besoin de contracter entre eux.«[111]

Es läßt sich kaum bezweifeln, daß Quesnay und Turgot ähnlichen Befürchtungen Ausdruck verliehen hätten, wenn die staatliche Steuerpolitik Frankreichs im Ancien Régime dazu Anlaß gegeben hätte. Als Mercier de la Rivière sein Hauptwerk schrieb, stagnierten die Modernisierung der Landwirtschaft und die Kommerzialisierung des Bodens nicht etwa, weil die herrschende Steuerunsicherheit für die Grundeigentümer und die Inhaber von mobilem Kapital eine Kapitalanlage in Grund und Boden unattraktiv machte, sondern weil der Fiskus die Produktivität des Bodens durch die Steuerbelastung der *classe productive* hemmte und Formen der Eigentumsnutzung duldete und förderte, die eine Modernisierung und Kommerzialisierung blockierten (Feudalrechte, grundherrschaftliche Abgaben und Bannrechte, langfristige und »dauernde« Grundrenten und Hypotheken)[112]. Indem Mercier de la Rivière die den Grundeigentümer bedrohenden Gefahren des *impôt unique* so einseitig betonte, hob er die physiokratische Lehre aus dem Kontext konkreter Reformbedürfnisse des Ancien Régime heraus und leitete damit ihre Ideologisierung im Interesse der Grundeigentümer ein, deren Reflex wir den Schriften der Kritiker Mably, Necker, Linguet und Galiani noch heute entnehmen können.

Andere Argumente Merciers de la Rivière weisen in die gleiche Richtung. Es wurde schon erwähnt, daß Turgot den Investitionen der Grundeigentümer bei der agrarischen Modernisierung gerade in den Perioden des Übergangs großes Gewicht beimaß, ohne daß seine steuerpolitischen Prinzipien dadurch tangiert wurden. Auch diesen – theoretisch zweifellos widersprüchlichen, politisch aber kohärenten – Ansatz Turgots ließ Mercier de la Rivière fallen. Er war der erste Physiokrat[113], der die Eigentümerinvestitionen (*avances foncières*) in das physiokratische System einbaute und sie steuerrechtlich gleichberechtigt neben die Pächterinvestitionen (*avances primitives* und *annuelles*) stellte. »Ce que je dis ici des charges de la propriété foncière, nous montre que le revenu des terres n'est point dans tout son entier véritablement disponible; qu'il en est une partie spécialement affectée aux dépenses que ces charges exigent; qu'on ne peut la détourner de son emploi naturel et néccessaire, sans préjudicier à la richesse de la nation; qu'ainsi cette partie ne doit point entrer dans la masse à partager entre les propriétaires et l'impôt.«[114]

Mit dieser Forderung waren die Prinzipien der Nettoproduktlehre Quesnays und Turgots praktisch aus den Angeln gehoben – und mit ihnen die scharfe Kritik des Schulgründers an dem Wirtschaftsverhalten der französischen Führungsschichten. Für Quesnay und Turgot war die Modernisierung der französischen Landwirtschaft an die Ausbreitung der *grande culture* mit ihrer klaren Trennung von Pächtern und Grundeigentümern gebunden. Bei Mercier de la Rivière – mehr noch bei Baudeau und Dupont de Nemours – verwischte sich diese Grenze wieder, wurde der Grundeigentümer durch das besondere Gewicht seiner *avances foncières* in eine Rolle zurückgeführt, die weder dem tatsächlichen Verhalten des französischen Privilegierten noch den Vorstellungen Quesnays und Turgots über den Prozeß der agrarischen Modernisierung Frankreichs entsprach.

Turgot selbst hat dies in einer berühmt gewordenen Kontroverse mit dem Abbé Baudeau und Dupont de Nemours klargestellt[115]. Anlaß des Streits war der Paragraph XVII der »Réflexions« Turgots, in dem er den »wesenhaften Unterschied« zwischen der Eigentümer- und Pächterklasse beschrieb. Dupont de Nemours, der Redakteur und Herausgeber dieser Schrift, veröffentlichte sie mit einigen bezeichnenden Veränderungen und handelte sich dabei eine kräftige Rüge seines Lehrers ein. Turgot ging es in diesem Paragraphen noch einmal um den Nachweis, daß der Grundeigentümer seinen Besitz nur durch die Arbeit des Pächters zu nutzen vermochte. Sein Eigentumsrecht am Boden wurde dadurch zwar nicht tangiert, denn es beruhte, wie Turgot in der Nachfolge Lockes anerkannte, auf der einstmals vollzogenen »ursprünglichen Okkupation«, als die ersten Bebauer des Bodens ihn noch selbst kultivierten, und es wurde auch, als sie die Eigenwirtschaft aufgaben, durch Verträge und Gesetze geschützt[116]. Turgot verwahrte sich jedoch scharf dagegen, diesem als Ergebnis der Eigentumsentwicklung anerkannten Faktum mehr Bedeutung beizumessen, als ihm seiner ökonomischen Theorie nach zukam. Der nicht selbst wirtschaftende Grundbesitzer – in Frankreich im 18. Jahrhundert zweifellos der Normalfall – genoß den vollen Schutz seiner Eigentumsrechte, doch er war in der Nutzung seines Eigentums auf den Pächter angewiesen. »Le propriétaire n'a rien que par le travail du cultivateur; il reçoit de lui sa subsistance et ce avec quoi il paye les travaux des autres stipendiés. Il a besoin du cultivateur par la nécessité de l'ordre physique, en vertu duquel la terre ne produit point sans travail; mais le cultivateur n'a besoin du propriétaire qu'en vertu des conventions humaines et des lois civiles qui ont garanti aux premiers cultivateurs et à leurs héritiers la propriété des terrains qu'ils avaient occupés, lors mêmes qu'ils cesseraient de les cultiver.«[117] Der Pächter stand demnach dem ersten »Bebauer« näher als der Grundeigentümer, mit dem wesentlichen Unterschied jedoch, daß er jetzt durch seine Arbeit kein Eigentum mehr erwarb und seine Überschüsse an den Grundeigentümer – den *homme oisif* – abgeben mußte[118].

Ganz anders sah die Eigentumstheorie Duponts und Baudeaus aus. Dupont versuchte nicht nur, die im ökonomischen Sinne »natürliche und physische Vorrangstellung« des Pächters, von der Turgot gesprochen hatte[119], zu eliminieren, indem er nicht mehr wie Turgot von *conventions humaines* und *lois civiles*, sondern schlicht von *conventions* und *lois* sprach und so die Eigentumsrechte der Grundeigentümer aus dem sozio-institutionellen Zusammenhang herauslöste und sie zu vorgesellschaftlichen Naturrechten werden ließ[120]; vor allem band er das Eigentumsrecht direkt und bewußt an die »avances foncières, par lesquelles ils (die Grundeigentümer) ont mis ces terrains en état d'être cultivés, et qui se sont pour ansi dire incorporées au sol même«[121]. Diese Theorie, die das Einkommen der Grundeigentümer praktisch zu einem Zinsertrag der Grundinvestitionen machte, erschütterte nicht nur die Nettoproduktlehre, sondern verunklarte auch den analytischen Wert der Ansätze Quesnays und Turgots, die auf der Unterscheidung von Produktion und Konsumtion beruhten und die Funktion der einzelnen Gesellschaftsklassen allein in diesem Rahmen bestimmten. So war es verständlich, wenn Turgot seinen Freund und Schüler mit folgender, für unseren Zusammenhang besonders wichtigen Bemerkung korrigierte: »Je vous dirai que, quoique les avances que vous appelez *foncières* contribuent pour leur part à la production des récoltes, ce que j'aurais dit si mon objet avait été de développer les principes du tableau économique, il est cependant faux que les avances foncières soient le principe de la propriété.«[122]

Turgots Proteste blieben ohne Wirkung. Nach Mercier de la Rivière wurden die *avances foncières* zu einem festen Bestandteil der physiokratischen Lehre. Beschränkte sich Mercier noch auf die Revision der physiokratischen Fiskaltheorie im Hinblick auf die steuerrechtliche Bewertung der *avances foncières*, so leitete Baudeau aus der sich über Jahrhunderte erhaltenden Wirksamkeit dieser Investitionen eine Theorie der Vorrangstellung der Grundeigentümer ab und verknüpfte sie ausdrücklich mit Elementen der überkommenen Adelsideologie[123]. Von den *avances foncières* ging für Baudeau geradezu eine mystische Kraft aus, die jedem, der bereit war, sein mobiles Kapital in die »Ehe« mit dem Grundbesitz zu führen, und selbst seinen Erben den Status der sozialen *prééminence* verlieh[124]. Zwar ließ Baudeau in seiner »Ökonomischen Philosophie« auch die übrigen Gesellschaftsklassen des »Tableau économique« nicht außer acht, doch indem er die Wirkung (*l'effet*) der Grundinvestitionen ausdrücklich zur Basis jeglicher – auch der aktuellen – Agrarproduktion machte, stellte er die Theorien Turgots und Quesnays »von den Füßen auf den Kopf«[125]. Mit welcher rhetorischen Gewandtheit er auch versuchte, die völlige Absage an die ökonomischen Erkenntnisse Quesnays und Turgots zu verschleiern – es läßt sich nicht übersehen, daß er die von Turgot so nachdrücklich betonte Trennung von »Arbeit« und »Eigentum«, von »Produktion« und »Konsumtion« aufhob, wenn er die Wirksamkeit der *avances foncières* an die durch sie dem Boden einverleibte Arbeit des Grundeigentümers band. »L'effet de ces avances foncières ne dure-t-il pas à proportion de la grandeur et de la solidité des travaux, c'est-à-dire à proportion de la dépense et de l'industrie qu'on y emploie?«[126]

Die Ursachen für diese radikale Richtungsänderung in der Argumentation der physiokratischen Schule sind praktisch noch unbekannt. Die moderne Forschung, vor allem die nationalökonomische Dogmengeschichte, neigt dazu, diese Schule als Einheit zu sehen und Quesnay mit Hilfe seiner systematischeren Schüler zu interpretieren. Daß Turgot, der Schüler der Antipoden Quesnay und Gournay war und sich selbst gern von den *économistes* distanzierte, eine Sonderstellung einnahm, ist zwar oft betont worden, doch ging es dabei zumeist um seine Skepsis gegenüber der Agronomanie der Physiokraten und nicht um die für unsere Fragestellung bedeutsamen Prinzipien der Nettoproduktlehre und der Fiskaltheorie. Allein H. Lüthy hat, sich auf einige bissige Bemerkungen Neckers stützend[127], die Kehrtwendung der Epigonen Quesnays kurz, aber mit aller Schärfe beleuchtet. Ob sein eher pragmatischer Deutungsversuch, die Nachfolger Quesnays seien vor den politischen Konsequenzen seiner Fiskaltheorie zurückgeschreckt, ausreicht, bleibe jedoch dahingestellt. Andere

Erklärungen bieten sich zumindest an. So mag das Problem der Systematisierung und »Verschulung« der Physiokratie und ihre damit verbundene wachsende Entfernung von der sozial-ökonomischen Realität Frankreichs eine gewisse Rolle gespielt haben. Beachtung verdient auch die Überlegung, ob die in den 70er Jahren einsetzende *restauration nobiliaire* nicht in den Schriften Merciers, Baudeaus und Duponts ihren ersten ideologischen Niederschlag fand[128]. Selbst konkrete agrarwirtschaftliche Wandlungen, die den Prognosen Turgots über die langfristige Ausbildung einer Großpachtstruktur in Frankreich widersprachen, lassen sich als Hintergrund für den physiokratischen »Sündenfall« in Erwägung ziehen. Es ist bekannt, daß die französischen Privilegierten des Ancien Régime nur selten Eigenwirtschaft betrieben[129]. Die Theorie der *avances foncières* Merciers und Baudeaus beinhaltete jedoch in gewisser Weise ein Plädoyer für die Eigenwirtschaft, denn sie betonte, auch wenn sie die Klassenschichtung von Grundeigentümern und Pächtern theoretisch nicht antastete, den unternehmerischen Beitrag der Grundeigentümer und trat für seinen Schutz vor dem Zugriff des Fiskus ein. Wohl aus diesem Grund konnte Carl Brinkmann die Physiokratie als Versuch der »französischen Aristokratie« bewerten, »sich theoretisch dieselbe starke Wirtschaftsposition zu erobern, die sich in Osteuropa der kleinadlige Gutsbesitz seit der frühen Neuzeit geschaffen hat«[130]. Es braucht nicht noch einmal ausgeführt zu werden, wie wenig diese These Brinkmanns auf Quesnay und Turgot zutrifft. Daß sie jedoch die Intentionen ihrer Schüler richtig interpretiert, sollte zumindest nicht ausgeschlossen werden. Wie Georges Lefebvre beobachtet hat, gehörte der Protest gegen die Eigenwirtschaft der Privilegierten ebenso zum Inhalt der bäuerlichen *cahiers* in Nordfrankreich wie der gegen die Zusammenlegung einzelner Pachtgüter zu großen Pachten im Sinne der physiokratischen *grande culture*[131]. Beide Forderungen spiegelten die Furcht der Bauern vor der durch diese Operationen wachsenden Steuerbelastung der nicht-privilegierten Bevölkerung[132] und zugleich ihren Wunsch, die kleinen Pachten als Grundlage ihrer eigenen Subsistenzsicherung zu bewahren[133]. Für unseren Zusammenhang bliebe noch zu untersuchen, ob die Eigenwirtschaft der Privilegierten gerade am Ende des Ancien Régime im Vergleich zu den vergangenen Jahrhunderten wesentlich im Wachsen begriffen war oder ob die bäuerlichen Klagen in den *cahiers* nur einen quantitativ unbedeutenden Faktor der vorrevolutionären Agrarentwicklung betrafen. Erst dann ließe sich entscheiden, inwieweit sich hinter der Theorie der *avances foncières* reale Kräfte verbargen, die in den Schriften der physiokratischen Epigonen den ihnen angemessenen ideologischen Ausdruck fanden.

An diesem Punkt lohnt es sich, noch einmal auf die Thesen N. Wares einzugehen[134]. Es wurde schon erwähnt, daß sie keine ausreichende Erklärung der Theorien Quesnays und Turgots zu bieten vermögen. Nicht zufällig scheint Ware seine recht allgemeinen Beobachtungen vor allem auf die Schrift Merciers zu stützen. Vor dem Hintergrund der physiokratischen Lehre nach Quesnay und Turgot kommt Wares Auffassung, die Physiokratie stelle die Rationalisation der Interessen einer neuen Schicht von »commoner landowners« dar, einige Bedeutung zu. In der Tat gab es in der höchst vielfältigen ländlichen Sozialstruktur Frankreichs im 18. Jahrhundert zahlreiche Repräsentanten dieser Wirtschaftsgesinnung[135]. Sie nutzten ihre Güter weder auf »feudale« Weise (durch Erbzinsleihe oder *métayage*-Pachten), noch zeigten sie Interesse an der modernen Geldpacht Quesnays; sie betrieben vielmehr »bürgerliche« Eigenwirtschaft. Auch die Adelsideologie Baudeaus stand dem Sozialbewußtsein dieser häufig der Bürokratie entstammenden und durch ihre Ämter geadelten Schicht von neuen Grundeigentümern nicht entgegen. Auch Baudeau war kein Ideologe des »alten« Adels und der verschlafenen junkerlichen Feudalherren in den ökonomisch rückständigen Provinzen Frankreichs[136]. Die *prééminence* des Adels genoß in seinen Augen jeder Kapitalinhaber, der Grund und Boden erwarb, seine *avances foncières* leistete und sich damit zugleich die Weihen der schon im Boden ruhenden, früheren *avances* erkaufte[137].

So erscheint es nicht angebracht, die Schüler Quesnays zu simplen Mystifikatoren des Land- und Hirtenlebens zu stempeln, wozu Lüthy in seiner von der Genialität Quesnays faszinierten Interpretation neigt[138]. Selbst wenn man berücksichtigt, daß die steuerrechtliche Gleichstellung der Eigentümerinvestitionen mit denen der Pächter und die exakte Festlegung der staatlichen Steuerquote in Zeiten wachsenden Steuerdrucks erneut zu einer erhöhten Belastung der unteren, produktiven Volksschichten hätten führen müssen – eine Konsequenz, die von Mercier de la Rivière oder Baudeau nicht einmal erwogen wurde –, so läßt sich doch nicht leugnen, daß auch ihre Schriften bestimmte ökonomisch progressive Aspekte der Theorien Quesnays und Turgots spiegeln. Auch sie stellten die Wirtschaftsgesinnung der Privilegierten implicite in Frage, auch sie strebten eine Modernisierung der Landwirtschaft durch eine weitgehende Verbindung von mobilem Reichtum und Grundbesitz an. Im Gegensatz zu ihren Lehrern mißachteten sie völlig die Probleme des Übergangs, des konkreten wirtschaftlichen und gesellschaftlichen Wandels. Vor allem banden sie die von ihnen entworfene Agrarordnung wieder eindeutig an die angesichts der französischen Verhältnisse im Ancien Régime insgesamt doch anachronistisch wirkende ökonomische und soziale Führungsstellung der Grundeigentümer, die freilich nicht mit den Privilegierten alten Stils identifiziert wurden. Dadurch gaben sie die gesamtwirtschaftliche Blickrichtung Quesnays und Turgots auf und wurden tatsächlich zu Interessenvertretern bestimmter sozialer Gruppen und ihrer Wirtschaftsgesinnung. Die physiokratische Theorie, bei Quesnay und Turgot vor allem ein Instrument des gesamtwirtschaftlichen Wandels und insofern auch sozial verhältnismäßig offen[139], zeigt bei ihnen das Bild einer schon fertigen, neuen Ordnung, die von den Wirtschaftsprivilegien einer neuen Grundbesitzerklasse bestimmt wird – einer Ordnung, die zu errichten Turgot, der nicht nur die wenigen selbstwirtschaftenden Grundbesitzer, sondern die ganze komplexe Agrarstruktur Frankreichs vor Augen hatte, für unmöglich halten mußte.

Der Konflikt innerhalb der physiokratischen Schule über die Bewertung der *avances foncières* hat freilich im Ancien Régime niemals wirkliche politische Relevanz erhalten. Die physiokratische Steuerlehre blieb selbst dann reine Theorie, als Turgot 1774 zum Leiter der Finanz- und Wirtschaftspolitik berufen wurde und 1776 mit seinen »sechs Edikten« bestimmte extreme Auswüchse der alten Steuer- und Wirtschaftsordnung zu beseitigen versuchte[140]. Der *impôt unique* gehörte in seiner den Reformschriften der 60er Jahre eigentümlichen Radikalität nicht mehr zu den Reformplänen des Ministers Turgot. In seinem Munizipalitätsentwurf von 1775 machte Turgot vielmehr deutlich, daß eine Steuerreform nur das Ergebnis langer vorbereitender Planungen sein könne, an der die betroffenen Kräfte, durch repräsentative Versammlungen organisiert, aktiv beteiligt werden sollten. Deutlicher als jede andere Schrift Turgots zeigt dieser Entwurf[141], wie sehr auch er bei der Verwaltungs- und Wirtschaftsreform Frankreichs mit der Klasse der Grundbesitzer rechnete. Doch auch in den »Réflexions« von 1766 hatte es dafür zumindest Andeutungen gegeben. Klarer als Quesnay hatte Turgot dort der physiokratischen Einschätzung der sozialen Rolle der Grundeigentümer Ausdruck verliehen, indem er sie als *classe disponible* bezeichnete. Da der *propriétaire* Nutznießer eines nicht durch Arbeit erworbenen Einkommens war, betrachtete Turgot ihn als seiner Person und seinem Einkommen nach »disponibel«, verfügbar »für die allgemeinen Belange der Gesellschaft«, »soit par un service personnel, soit par le paiement d'une partie de son revenu avec laquelle l'Etat ou la société soudoie des hommes pour remplir ces fonctions«[142]. Zweifellos standen für Turgot in den »Réflexions« die fiskalpolitischen Folgen dieser »Verfügbarkeit« der Grundeigentümer – die *disponibilité* ihrer Nettoeinkommen – im Vordergrund, denn er ging auf ihren sozialen und politischen Aspekt kaum ein. Insofern war »verfügbar« in dieser Schrift, wie E. Faure mit Recht betont[143], praktisch gleichbedeutend mit »besteuerbar«, eine Schlußfolgerung, die schon in Quesnays »Tableau économique« angelegt war. Andererseits lagen der Konzeption der persönlichen Verfügbarkeit der Grundeigentümer ohne Frage Vorstellungen zugrunde, die an die persönlichen Dienstfunktionen des Adels erinnern[144], und so erscheint es möglich, von den »Réflexions« eine Brücke zu dem Munizipalitätsentwurf zu schlagen. In dieser Schrift, die seine Gedanken über eine neue Lokal- und Provinzialverwaltung Frankreichs auf repräsentativer Basis enthält, gab Turgot die Nettoproduktlehre und die physiokratische Steuertheorie auf; um so mehr tritt in ihr die soziale und politische Präponderanz des Grundeigentümers hervor. Die Repräsentation dieses Entwurfs war eine ausschließliche Repräsentation der Grundeigentümer. Sie allein sollten gemäß ihren Einkünften, aber unabhängig von ihrer Zugehörigkeit zur überkommenen Ständeordnung, Stimmrecht in den geplanten Munizipalversammlungen erhalten[145]. Zur Begründung dieser eingeschränkten Form der Repräsentation übernahm Turgot die typischen Vorurteile des 18. Jahrhunderts über die »Flüchtigkeit« des mobilen Kapitals und über die »vaterlandslosen Gesellen«, »lesquels portent leur talent avec eux où ils jugent que l'emploi leur en sera le plus profitable, et souvent hors du Royaume«[146].

Das Jahr 1775 war nicht mehr ein Jahr kühner wirtschafts- und fiskalpolitischer Reformpläne, wie sie in den Schriften Turgots,

Quesnays und Mirabeaus in den 60er Jahren Ausdruck gefunden hatten. Allein die Tatsache, daß Turgot jetzt eine Verwaltungsreform konzipierte, deren wesentliche Aufgabe nicht etwa die Einführung des *impôt unique*, sondern Versuche zur »répartition la plus équitable de l'impôt«[147] sein sollten, zeigt schon, wie sehr er sich inzwischen von der theoretischen Radikalität der Nettoproduktlehre entfernt hatte. Noch in seinem Steuermemorandum von 1763 hatte Turgot zumindest angedeutet, daß in einer absoluten Monarchie eine alle Kräfte befriedigende Lösung der Steuerfrage jede Form der Repräsentation im Grunde überflüssig machen würde: »Une loi immuable pourrait terminer à jamais toutes les disputes entre le gouvernement et le peuple, surtout en fixant une quotité pour la guerre et une pour la paix. On s'arrangerait sur ce pied dans les achats et les ventes, et l'on n'achèterait pas plus la part qu'aurait l'impôt dans le produit net, qu'on n'achète celle du curé. Au bout de quelque temps, il est très vrai que personne ne payerait d'impôt; mais le Roi serait propriétaire d'une partie proportionelle du revenu de toutes les terres.«[148] Schon in diesem Memorandum hatte Turgot freilich zugegeben, daß ihm die Verwirklichung der physiokratischen Steuertheorie in Frankreich »vollkommen unmöglich«[149] erschien. Frankreich war agrarwirtschaftlich überwiegend ein Land der *petite culture* und politisch ein »System«, wo »die Regierung oder der König allein gegen alle«[150] stand. Auch die von Mirabeau zur Realisierung der Steuerreform ins Gespräch gebrachten Provinzialstände flößten ihm nur wenig Vertrauen ein. »Il s'en faut bien que les principes de l'honnêteté et du patriotisme soient enracinés dans les provinces; ce ne peut être qu'à la longue qu'ils s'établiront par la voie lente de l'éducation.«[151] Gerade auf diesem Prinzip bauten die repräsentativen anti-ständischen Munizipalversammlungen auf, von deren Einsetzung er sich neben wirtschafts- und verfassungspolitischen Reformen vor allem die Ausbildung eines allmählich wachsenden, an den Aufgaben des gesamten Staates orientierten politischen Bewußtseins der provinzialen Führungsschichten erhoffte[152].

Bibliographischer Nachtrag
(Auswahl)

Manuela Albertone: *Fisiocrati, instruzione e cultura.* Turin 1979.

Peter Burger/Gerhard Leithauser: *Die Theorie der Physiokraten.* Zum Problem der gesellschaftlichen Funktion wissenschaftlicher Theorien. Wolfenbüttel 1976, S. 355-375.

Dibattio sulla fisiocrazia, a cura di G. Candela e M. Palazzi. Florenz 1979.

Elisabeth Fox-Genovese: *Physiocracy and the overthrow of the Ancien Régime.* 3rd meeting of the Western Society for french History. Denver 1976, S. 156-164.

Elisabeth Fox-Genovese: *The origins of physiocracy.* Economic revolution and social order in eighteenth-century France. London 1973.

Elisabeth Fox-Genovese: »The physiocratic model and the transition from feudalism to capitalism.« In: *Journal of European economic History* 4 (1975), S. 725-737.

René Grandami: *La physiocratie. Théorie générale du dévelopement économique.* Paris 1973.

Peter Groenewegen: »Turgot's place in the history of economic thought: a bicentary estimate«. In: *History of political Economy* 15 (1983), S. 585-616.

Folkert Haussmann: *Staat und Absolutismus im Denken der Physiokraten.* Ein Beitrag zur Physiokratischen Staatsauffassung von Quesnay bis Turgot. Frankfurt a. M. 1976.

Heinrich Häuffele: *Aufklärung und Ökonomie: zur Position der Physiokraten im Siècle des Lumières.* München 1978.

Ulrich Muhlack: »Physiokratie und Absolutismus in Frankreich und Deutschland«. In: *Zeitschrift für historische Forschung* 9 (1982), S. 15-46.

Jean-Claude Perrot: »La comparabilité des entreprises agricole dans l'économie physiocratique.« In: *Annales E. S. C.* 13 (1978), S. 559-579.

Turgot. Economiste et administrateur. (Actes d'un Séminaire organisé par la Faculté de Droit et des Sciences économiques de Limoges 8-10. Oct. 1981). Paris 1982.

Georges Weulersse: *La physiocratie à l'aube de la Révolution.* Paris 1984.

Die Ablösung von Eigentumsrechten

Zur Diskussion über die *droits féodaux* am Ende des Ancien Régime und in der Revolution

I

Die Beschlüsse der konstituierenden Nationalversammlung über die »vollständige Zerstörung des feudalen Regimes«, die im August 1789 verkündet wurden und im Frühjahr 1790 ihre gesetzliche Fassung erhielten, sind von zeitgenössischen Publizisten und von Historikern vielfach kritisiert worden[1]. Noch heute gehört es zu den Standardbehauptungen der Literatur über die Konstituante, daß die Gesetze vom März und Mai 1790 einen Verrat darstellten an den patriotischen Opfern der Nacht vom 4. August 1789. Während in dieser Nacht die Hoffnungen der Bauern auf eine vollständige und endgültige Befreiung ihres Eigentums von Abgaben und Diensten geweckt worden seien, so läßt sich diese Kritik zusammenfassen, habe die spätere Gesetzgebung über die Ablösung *(rachat)* der *droits féodaux* einen großen Teil des alten Abgabensystems bewahrt und damit zur Radikalisierung der Revolution beigetragen. Vor dem Hintergrund der Ablösungsgesetze, so formuliert es J. Godechot, müsse die Entschließung vom 4. August als »veritable Illusion«, ja, schlimmer noch, als »Schwindel« erscheinen[2]. Geht man von den Bedürfnissen und Forderungen der Bauern aus, so erscheint die Kritik Godechots nur allzu berechtigt. In der Tat gelang es der Konstituante auch nicht, die revolutionären Unruhen der Bauern auf längere Zeit zurückzudrängen. Schon am Ende des Jahres 1789, mehr noch nach den Märzgesetzen, formierte sich die ländliche Front erneut, bis das Verlangen der Bauern nach der vollständigen Abschaffung des Feudalsystems im August 1792 und im Juli 1793 – freilich unter den Vorzeichen einer ohnehin veränderten politischen Konstellation – erfüllt und die französischen Bauern damit »an die Verfassung gebunden wurden«[3].

Den zeitgenössischen und späteren Kritikern der Konstituante fiel es nicht schwer, die Ursachen für die mangelnde Kompromißbereitschaft der Nationalversammlung gegenüber den Bauern zu ergründen. Trotz ihres seit dem 17. Juni immer wieder verkündeten Anspruchs, die ganze Nation zu vertreten, war die Konstituante, die aus den alten Generalständen hervorgegangen war, nur eine Vertretung der oberen französischen Bevölkerungsschichten[4]. Das Bauerntum war in Versailles nicht repräsentiert. Die Abgeordneten des Tiers Etat waren in der Mehrzahl Juristen, die das Wesen ihrer politischen Aktivität in der Ausarbeitung einer neuen politischen Verfassung, nicht aber in der Durchsetzung einer Agrarreform erblickten. Ein nicht unbeträchtlicher Teil der adligen und bürgerlichen Deputierten gehörte zum Stand der Grundherren, um dessen Abgabeneinkommen es bei der Feudalitätsgesetzgebung ging. So erscheint es berechtigt, wenn man die Augustbeschlüsse des Jahres 1789, soweit sie die bäuerlichen Forderungen betrafen, als ein Ergebnis politischer Taktik bewertet. Durch die im ganzen Land aufflammenden Bauernrevolten in die Enge getrieben, sah sich die Konstituante vor die Alternative gestellt, entweder den verhaßten Apparat der staatlichen Repression zur Wiederherstellung von Ruhe und Ordnung zu Hilfe zu rufen und damit der sich um den König sammelnden Konterrevolution in die Hände zu arbeiten, oder das Land auf dem Wege gesetzgeberischer Konzessionen an die Bauern zu befrieden. Von den beachtlichen manipulativen Praktiken einer radikal anti-aristokratischen Pressure-group[5] gelenkt, entschied sich die Konstituante in der berühmten Nachtsitzung des 4. August für den zweiten Weg. In dieser Sitzung wurden die im Verlauf der Nacht verkündeten »Opfer« der privilegierten Stände, Gruppen, Institutionen und Körperschaften zunächst nur summarisch zusammengefaßt[6]. Nach tagelanger Diskussion gab die Konstituante dann am 11. August mit revolutionärem Pathos die »vollständige Zerstörung des feudalen Regimes« bekannt[7], wobei sie auch jetzt die Modalitäten dieses Liquidationsprozesses nur allgemein skizzierte, die Einzelheiten jedoch einer Feudalitätskommission überließ, die ihr nach langer Vorbereitung schließlich im März 1790 die Ablösungsgesetze vorlegte[8]. In ihnen wurde die Grenze zwischen »entschädigungswürdigen« und ohne Entschädigung abzuschaffenden Rechten gezogen, während Einzelheiten des Ablösungsverfahrens, vor allem die Höhe der jeweiligen Ablösungssätze, Gegenstand eines weiteren, im Mai 1790 erlassenen Gesetzes waren[9].

Wie wenig Aussicht auf Erfolg die Forderung nach einer entschädigungslosen Liquidation des Feudalsystems im Jahre 1789 hatte, wird deutlich, wenn man beachtet, welch eine hervorragende Rolle das *Eigentumsargument* selbst in den Debatten der Legislative über die Feudalität im Sommer 1792 spielte[10]. Weit größeres Gewicht noch mußte ihm in der Konstituante zukommen, einer Versammlung, die sich im August 1789 gerade anschickte, allen Bürgern des Staates ihre »natürlichen und unverjährbaren Menschenrechte« *Freiheit, Eigentum, Sicherheit* und *Schutz gegen Unterdrückung* zu garantieren. Unvermittelt sah sich die Nationalversammlung nach dem 4. August vor die Aufgabe gestellt, diese aus der naturrechtlichen Opposition gegen den Absolutismus erwachsene Menschenrechts- und Verfassungskonzeption mit der revolutionären Tagespolitik in Einklang zu bringen. Den vom Land gegebenen revolutionären Impuls aufnehmend, nutzte die anti-aristokratische Mehrheit der Nationalversammlung die Gunst der Stunde, nicht um das französische Bauernland auf revolutionärem Weg zu allodifizieren, sondern um das bestehende Rechtssystem von all jenen Zügen zu reinigen, die ihrem eigenen politischen und sozialen Bewußtseinsstand nicht mehr entsprachen. »Indem sie die Ablösung der meisten seigneurialen Abgaben und der Gerichtsämter (vorsah)«, so wurde es jüngst formuliert, »(setzte) die große bürgerliche Versammlung in Wirklichkeit nur ihr eigenes Zivilrecht an die Stelle desjenigen der Grundherren«[11].

So fanden in der ersten, summarischen Zusammenfassung der Beschlüsse vom 4. August recht unterschiedliche, nicht nur die Bauern betreffende Eingriffe in bestehendes Recht Platz[12]: neben der Abschaffung der persönlichen Gutsuntertänigkeit, der Ablösung der *droits seigneuriaux*, der Zerstörung der grundherrlichen Gerichtsbarkeit, der Aufgabe der adligen Exklusivrechte (Jagdrecht, Recht auf alleinige Haltung von Taubenschlägen und Kaninchengehegen) beschloß die Nationalversammlung auch die Abschaffung nahezu aller Privilegien von einzelnen, Gruppen, Städten und Provinzen, die Zulassung aller Bürger zu den zivilen und militärischen Ämtern, die Steuergleichheit, die Abschaffung der gerichtlichen Sporteln und der Ämterkäuflichkeit und schließlich eine Zunftreform. Pierre Goubert hat die Haltung der Konstituante im Jahre 1789 vorzüglich charakterisiert, indem er darauf hinwies, daß sie sich mit ihren Beschlüssen gegen die »sozialen, juristischen und psychologischen Züge des Ancien Régime« richtete, daß sie »eine Gesellschaft, Gesetze, Gebräuche, Sitten« verurteilte, nicht aber die Monarchie und den in dieser Gesellschaft herrschenden Respekt für das Eigentum. »Le régime qu'ils venaient de détruire était, pour eux, un régime féodal dont ils conservaient pourtant le respect de la propriété et celui de la monarchie.«[13]

Die Interpretation bedarf freilich einer wichtigen Erläuterung, die den revolutionären Gehalt der Augustbeschlüsse erst richtig zu verdeutlichen vermag. Wenn Goubert der Konstituante ihren Respekt für das Eigentum bescheinigt, so setzt er damit ein Verständnis von Eigentum voraus, das zwar in der politischen Publizistik des Ancien Régime schon weitgehend entwickelt worden war[14], in die Rechts- und Verfassungspraxis aber noch keinen Eingang gefunden hatte. Die französische Gesellschaft des Ancien Régime war eine Gesellschaft der »wohlerworbenen Rechte« *(droits acquis)*, gegen deren sämtliche öffentlichen Funktionen beherrschende Einflüsse sich die Reformpolitik des aufgeklärten Absolutismus über Jahrzehnte nur unzureichend hatte durchsetzen können. Noch zur Zeit der Notabelnversammlung von 1787/88 und der Gerichtsreform Lamoignons (1788) hatten Mitglieder der französischen Führungsschichten mit dem Hinweis auf ihre »heiligen und unverletzlichen Eigentumsrechte« Reformen verhindert, die von der aufgeklärten Öffentlichkeit schon lange als unumgänglich angesehen wurden[15]. Das berühmte Vorspiel der großen Revolution, die *révolution nobiliaire*, stand ihrer Theorie nach im Grunde unter dem Zeichen des »heiligen Eigentumsrechts«, in dem die privilegierten Gruppen und Institutionen ihre einzige Waffe gegen die egalitäre Politik des monarchischen Despotismus sahen. Sie konnten sich dabei auf die konstitutionelle Entwicklung Frankreichs seit dem Regierungsantritt Ludwigs XIV. berufen, in deren Verlauf sie als Entschädigung für ihre eigene »Entpolitisierung« ein dickes Bündel »öffentlicher« Rechte erworben hatten, die sie als zu ihrem Patrimonium gehörige, private Eigentumsrechte begriffen. »Dem souveränen Gesetzgeber und Verwalter des Königreichs, der königlichen Gewalt, stellte sich im Eigentumsrecht der einzige Anspruch in den Weg, der sich seinem Willen zu widersetzen vermochte.«[16]

Diesem Zustand setzte die Konstituante mit den Augustbeschlüssen ein Ende. Sie löste endgültig den »universellen Eigentumsbegriff« der französischen Privilegierten des Ancien Régime auf, der zwar durch die ständigen Reformversuche des aufgeklärten Absolutismus und durch die Publizistik der Aufklärung schon erschüttert worden war, in der Praxis aber dennoch ein »einzigartiges Ausmaß« angenommen hatte und keinesfalls nur auf dem Grundbesitz beruhte, sondern »dem privaten Eigentum alle erworbenen Positionen und alle Teilaneignungen öffentlicher Rechte und Einkünfte« inkorporiert hatte[17]. So, um nur einige Beispiele zu nennen, das Recht auf Steuerfreiheit, das Recht auf Befreiung von der staatlichen Fron (corvées royales), das Recht auf alleinigen Zugang zu Würden und Ämtern in Verwaltung, Kirche und Militär. Wenn die Konstituante all diesen Rechten den Charakter eines individuellen, privaten Eigentums absprach, so sah sie darin keine Verletzung des naturrechtlichen Eigentumsbegriffs des 18. Jahrhunderts, mit dessen Hilfe die Privilegierten ihre wohlerworbenen Rechte gegen den Absolutismus verteidigt hatten. Sie schränkte vielmehr nur den Wirkungsbereich dieses Eigentumsbegriffs ein, indem sie durch ihre Beschlüsse deutlich machte, daß allein die Zugehörigkeit zu einer ständisch privilegierten Gruppe kein Kriterium mehr für die Bildung von Eigentum sein und daß öffentliche Funktionen und Rechte, die einem Privilegierten nur auf Grund seiner ständischen Position zugeflossen waren, kein privates, individuelles Eigentum mehr sein konnten. Allein die privatrechtlich-vertraglich gesicherte und nachweisbare Erwerbung materieller Besitzstände war jetzt die Richtschnur für die Begründung von privatem Eigentum, eine Entscheidung, die später in dem »einfachen, am Grundbesitz orientierten Eigentumsbegriff« des Code Civil[18] ihren verfassungsrechtlichen Ausdruck fand.

Die Tragweite dieser Entscheidung wurde sichtbar, als sich die Konstituante im Verlauf ihrer Arbeit am Problem der Feudalität mit der Entschädigungsfrage auseinanderzusetzen hatte. Kaum ein Historiker hat mit heftiger Kritik an der Konstituante und ihrer Feudalitätskommission gespart, wenn er über ihre begrifflichen Ansätze zur Aufteilung des *complexum feudale* in »ablösbare« und entschädigungslos abzuschaffende Rechte zu urteilen hatte[19]. In der Tat bietet die Politik der Konstituante in dieser Hinsicht zuweilen das Bild einer fast kompletten Konfusion und Widersprüchlichkeit. Dennoch läßt sich aus den Begründungen, mit denen die Feudaljuristen der Konstituante ihre Entscheidungen zu untermauern suchten, eine Grundhaltung ablesen, die dem neu gewonnenen Eigentumsverständnis Rechnung trug, auch wenn sich im Verlauf der Debatte viele Gruppen darum bemühten, möglichst jegliche mühsam erreichte theoretische Klarheit wieder zu verwischen und auf diese Weise umstrittene Rechts- und Abgabenbestände vor der drohenden entschädigungslosen Zerstörung zu bewahren[20].

Überblickt man die Ablösungsgesetze von 1790 insgesamt, so läßt sich die Politik der Konstituante kurz so umreißen: Ohne Entschädigung wurden jene Gerechtsamen, Abgaben und Dienste abgeschafft, die, wie der Leiter der Feudalitätskommission, Merlin de Douai, es formulierte, »ne dérivent ni de contrats d'inféodation ni de contrats d'accensement, qui ne sont dus que par les personnes, indépendamment de toute possession du fonds, et qui n'ont pour base qu'une usurpation enhardie par la féodalité, soutenue par la puissance seigneuriale, légitimée par la loi du plus fort«[21]. Hierunter fielen u. a. die in manchen Regionen Frankreichs noch bestehenden Reste persönlicher und realer Schollengebundenheit (die *servitude personnelle* und die *mainmorte réelle*), nicht jedoch jene Zinsabgaben, die schon vor 1789 an die Stelle einer Untertänigkeit getreten waren; die grundherrlichen Bannrechte, sofern der Grundherr nicht ihr rechtlich-vertragliches Zustandekommen nachweisen konnte; dazu noch weitere sechzig, zum Teil nur regional oder lokal bekannte Gerechtsamen[22]. Ebenso wie die adligen Ehrenrechte, das Jagdrecht oder das Recht auf die alleinige Haltung von Taubenschlägen wurden diese Rechte nicht mehr als privates Eigentum gewertet, sondern als Ausdruck der seigneurialen »Anmaßung« und »Arroganz«, als Zeichen persönlicher Herrschaft eines Menschen über andere, als Verletzung des »heiligen« Prinzips der Gleichheit.

Als legitime Eigentumstitel anerkannt und einem schon dem alten Recht bekannten Ablösungsverfahren unterworfen[23] wurden dagegen alle Rechte, die als vertraglich festgelegte, unverjährbare, an den Boden gebundene Gegenleistung für eine lehnsmäßige oder grundherrschaftlich-domaniale Eigentumsübertragung durch den Lehns- oder Grundherren an den Lehnsträger oder Zinspächter (*vassal, censitaire*) definiert werden konnten[24]. Dazu zählten alle Geld- und Naturalabgaben, die das ausgegebene Land als solches qualifizierten und damit den Besitztitel des Lehns- und Grundherren, seinen Anspruch auf das *dominium directum* (seine *mou-*

vance oder *directe*) über das Land auf alle Zeiten sicherten: der Zins *(cens)*, wenn es sich um Geldleistungen handelte, der *champart*, wenn die Verträge Naturalabgaben vorsahen. Zum *dominium directum* gehörten auch all jene Rechte, die nicht unmittelbar mehr mit der vorausgesetzten Eigentumsübertragung zusammenhingen oder dem Grundherren gar aus einer anderen Quelle zugeflossen waren, auf Grund ihrer vertraglichen Sicherung aber eine dem Zins vergleichbare rechtliche Gültigkeit erlangt hatten. Wir meinen, um nur einige Beispiele zu nennen, die Wechselrechte[25] *(droits de mutation)*, die bei einem Verkauf oder einer Vererbung in indirekter Linie der in der *mouvance* liegenden Besitze fällig waren *(lods et ventes* für nicht-adlige Güter, *quint, requint* für Lehen) und die in die Hand vieler Grundherren übergegangenen, ehemals kirchlichen Zehnten *(dîmes inféodées)*.

Diese Unterscheidung der Feudalitätskommission, die einen bestimmten Bereich des *complexum feudale* der »feudalen« Anarchie zuwies, andere, materiell weit bedeutendere Grundlasten als vertraglich gesicherte Eigentumsrechte wertete, bewahrte in der Tat den Kern der alten Abgabenordnung zunächst weitgehend. Wenn A. Cobban jedoch die Beschlüsse der Konstituante wegen dieser ihm künstlich erscheinenden Aufteilung kritisiert, weil beide Rechtsbereiche im Ancien Régime veräußerbare Rechte umfaßt hätten, d. h. ein echtes, von ihren Inhabern bona fide erworbenes Privateigentum gewesen seien, so deckt er damit den revolutionären Gehalt der Gesetzgebung gerade zu[26]. Er liegt in dieser – ohne Frage im materiellen Interesse der Grundherren interpretierten – Aufsplitterung des *complexum feudale* in »feudal-rechtlich« und »vertraglich-privatrechtlich« begründete Abgaben und Leistungen. Die im weiteren Revolutionsverlauf auf *sämtliche* Feudalrechte ausgedehnte Theorie der Usurpation[27] auf einen beschränkten Rechtsbereich anwendend, opferte die Konstituante in der Tat veritable Eigentumsrechte und setzte für sie auch die Theorie der bona-fide-Erwerbung außer Kraft. Für den materiell bedeutsameren Rechtsbestand zog sie sich auf eine – für viele von den Grundherren tatsächlich »usurpierte« Rechte sicher fiktive – vertragliche, auf dem Boden ruhende *concession primitive* zurück. Indem sie hier den um 1789 so häufig beschworenen Respekt für das »heilige, unverletzliche Eigentum« voll zur Geltung brachte, schaffte sie sich das ideologische Fundament für eine politische Taktik, die es ihr ermöglichte, »das seigneuriale

Eigentum zu opfern, um das bürgerliche Eigentum zu retten«[28].

Die in der Revolutionszeit zunehmend vertretene These vom Usurpationscharakter des gesamten Feudaleigentums mit Entschiedenheit zurückweisend[29], entkleidete die Konstituante die eine *concession primitive* repräsentierenden Abgaben lediglich ihrer feudalrechtlichen Hülle und wandelte sie in einfache Grundrenten um. Damit dokumentierte sie zugleich, wie stark ihr ökonomisches Denken von den Finanzpraktiken des Ancien Régime bestimmt wurde. Mindestens seit dem 16. Jahrhundert zählte die Grundrente *(rente foncière),* ähnlich wie die Staatsrente *(rente constituée),* in Frankreich zu den gebräuchlichsten Formen der Kapitalanlage und des Kredits, die auch von den strengen Bestimmungen des kanonischen Zinsleihverbots ausgenommen war. Sofern sie nicht ausdrücklich auf Lebenszeit *(rente viagère)* oder auf unbeschränkte Zeit *(rente foncière perpétuelle*[30]*)* abgeschlossen war, unterlag sie stets der Ablösung. Der Leiter der Feudalitätskommission, Merlin de Douai, einer der führenden Feudaljuristen seiner Zeit, gab dieser Haltung der Konstituante in seinem Bericht vom 8. Februar 1790 deutlichen Ausdruck: »En détruisant le régime féodal, vous n'avez pas entendu dépouiller de leurs possessions les propriétaires légitimes des fiefs; mais vous avez changé la nature de ces biens: affranchis désormais des lois de la féodalité, ils sont demeurés soumis à celles de la propriété foncière; en un mot, ils ont cessé d'être fiefs, et sont devenus de vériables alleux.«[31] Und an anderer Stelle präzisiert Merlin de Douai noch: »Il n'existe plus de fiefs: donc les droits utiles dont sont chargés les biens cidevant féodaux ne doivent plus être considérés que comme des droits purement fonciers et des créances purement réelles.«[32]

In diesen und ähnlichen Zitaten aus der Debatte der Konstituante tritt der zugleich revolutionäre und bewahrende Charakter ihrer Gesetzgebung hervor. Sie stellte das Bodenrecht auf ein neues Fundament, ohne die soziaökonomische Struktur der alten Bodenordnung grundsätzlich anzutasten. Sie schuf die Voraussetzung für das Entstehen freien bäuerlichen Eigentums, blockierte es aber zugleich durch eine konservative Ablösungsgesetzgebung. Wenn das Land nach den mit patriotischem Enthusiasmus verkündeten und aufgenommenen »Opfern« des 4. August mehr erwartet hatte, so konnte es sich keinesfalls auf die Nationalver sammlung berufen. Der zum liberalen Adel gehörende Herzog von Aiguillon, einer der größten Grundbesitzer Frankreichs, Mitglied des Club Breton, in dem am 3. August die politische Vorentscheidung für die Sitzung der Konstituante gefallen war, faßte in seiner berühmten, als Initialzündung wirkenden Rede in der Nacht des 4. August Umfang und Grenzen der grund- und lehnsherrlichen Opferbereitschaft in folgende eindeutige Sätze: »Je ne doute pas que les propriétaires de fiefs, les seigneurs de terres... ne soient disposés à faire à la justice le sacrifice de leurs droits. Ils ont déjà renoncé à leurs privilèges, à leurs exemptions pécuniaires; et dans ce moment, on ne peut pas demander la renonciation pure et simple à leurs droits féodaux. Ces droits sont leur propriété. Ils sont la seule fortune de plusieurs particuliers; et l'équité défend d'exiger l'abandon d'aucune propriété sans accorder une juste indemnité au propriétaire, qui cède l'agrément de sa convenance à l'avantage public.«[33]

II

Durch den Beschluß der Konstituante, die materiell gewichtigen Teile des *complexum feudale* in ablösbare Grundrenten umzuwandeln, verschob sich die Diskussion über die französische Agrar- und Bodenordnung in den ersten Jahren der Revolution in ganz ähnlicher Weise wie später die Auseinandersetzung über die preußische Bauernbefreiung. Es zeigte sich nämlich sogleich nach dem August 1789, daß auch in Frankreich »bei der Allodifikation, d. h. der Schaffung freien bäuerlichen Eigentums, die Hauptschwierigkeit *nicht die Eigentums-, sondern die Ablösungsfrage* bildete«[34]. Im Gegensatz zu Preußen und anderen deutschen Territorien sind wir über den Gang der französischen Ablösungsdiskussion vor und während der Revolution kaum informiert. Es ist zwar bekannt, daß die Forderung nach Ablösung seit der Mitte des 18. Jahrhunderts gelegentlich zum Thema der politischen und ökonomischen Publizistik wurde[35]. Auch der äußere Verlauf der Debatte in der Konstituante sowie die Bestimmungen ihrer Ablösungsgesetze sind vielfach analysiert worden, doch in der Regel mit dem Blick auf den politischen und juristischen Gehalt des Ablösungsvorgangs. Erst in jüngster Zeit ist im Zuge der neu entfachten Diskussion über die »soziale Interpretation der Französischen Revolution« auch der soziale und wirtschaftliche Aspekt des Feudalitätsproblems wieder stärker ins Blickfeld gerückt, ohne daß dem Vorgang der »Ablösung« hinreichende Aufmerksamkeit geschenkt worden wäre. Zu diesem Desinteresse ist es ohne Frage vor allem deshalb gekommen, weil die Ablösungsbewegung – in vielen anderen mitteleuropäischen Territorien der Ausgangspunkt umfassender wirtschaftlicher und gesellschaftlicher Wandlungsvorgänge[36] – in Frankreich praktisch gescheitert ist. Zwar wurden auch in Frankreich seit 1790 in manchen Gebieten Ablösungen auf Grund der Gesetze vom Frühjahr 1790 getätigt, doch das Ausmaß dieser Bewegung blieb begrenzt[37]. Im August 1792 wurden die Ablösungsgesetze der Konstituante, deren Unzulänglichkeiten unmittelbar zum Ausbruch weiterer Bauernrevolten geführt hatten, entscheidend zugunsten der Abgabenschuldner modifiziert[38], und im Juli 1793 dekretierte der Konvent schließlich die vollständige, entschädigungslose Aufhebung des Abgabeneigentums, sofern es noch nicht abgelöst war, und bereitete der französischen Ablösungsbewegung damit ein frühzeitiges Ende[39].

Die grundsätzlichen Auswirkungen dieser Entwicklung sind bekannt[40]. Der Verzicht auf Ablösung war eine Entscheidung zugunsten all jener Bauern und Grundeigentümer, die bereits im Ancien Régime Land besaßen und jetzt ihren Besitz von den letzten, außerwirtschaftlich begründeten Belastungen befreien und ihr *dominium utile* damit in ein absolutes, freies Eigentum umwandeln konnten. Auch kleinere Bauern, die im Ancien Régime am stärksten unter der grundherrschaftlichen und kirchlichen »Vorerhebung« *(prélèvement)* ihrer Produktionserträge gelitten hatten, konnten sich nach der schon 1789 vollzogenen entschädigungslosen Abschaffung der kirchlichen Zehnten und nach der jetzt vollendeten Zerstörung der Feudalabgaben in ihrem Besitz konsolidieren. Mehr noch profitierten die mittleren und großen Grundeigentümer, in denen man zudem die Hauptnutznießer der Kirchengutsveräußerungen zu vermuten hat, von dieser Entwicklung, denn sie ermöglichte ihnen die Aufnahme einer einträglichen, von alten Produktionshemmnissen befreiten Agrarwirtschaft. Zumindest tendenziell wiesen somit die Entscheidungen der Legislative und des Konvents die französische Agrarwirtschaft in eine moderne Richtung.

Dennoch bedeutete gerade der Verzicht auf Ablösung zugleich

den Verzicht auf ein Stück agrarischer Modernisierung in Frankreich. Es ist bekannt, daß die Französische Revolution trotz vielfältiger ökonomischer und sozialer Wandlungen die französische Agrarstruktur, deren hervorstechendes Kennzeichen noch im 19. und 20. Jahrhundert die Zergliederung und Zersplitterung des ländlichen Eigentums war, nicht grundsätzlich veränderte, ja, in gewisser Weise sogar verfestigte und perpetuierte[41]. Sicher wäre es falsch, dafür allein das Scheitern der Ablösungsbewegung verantwortlich zu machen. Das Ancien Régime mit seinen vielen, einer Agrarreform entgegenstehenden strukturellen Eigentümlichkeiten wirkte gerade im ökonomischen Bereich weit über die Revolution hinaus. Die Agrarpolitik der revolutionären Parlamente, sofern man von einer solchen überhaupt sprechen kann[42], war keinesfalls einheitlich oder in ihren Tendenzen eindeutig, sondern wurde weitgehend von den politischen Forderungen des Tages diktiert. Die bäuerlichen Kollektivrechte, von den »Ökonomisten« des Ancien Régime als Haupthindernis für die Agrarreform gebrandmarkt, wurden nicht vollständig liquidiert und erhielten sich zum Teil bis ins 20. Jahrhundert hinein[43]. Die Emigration vieler adliger und »suspekter« Grundherren beraubte das Land einer Schicht von Grundeigentümern, die am ehesten zum Träger einer agrarischen Modernisierungsbewegung hätte werden können. Die von den Physiokraten so scharf verurteilten Pachtformen in den westlichen und mittleren Provinzen – vor allem der *métayage* – überlebten die Revolution praktisch ohne Veränderung. Ihr wesentliches ökonomisches Kennzeichen – mehr Instrument der persönlichen Ausbeutung als einer wirtschaftlich sinnvollen Eigentumsnutzung zu sein – verstärkte sich noch dadurch, daß die Grundeigentümer ihre Pächter mit Billigung der revolutionären Versammlungen zwingen konnten, als Äquivalent für die einst an Grundherren und Kirche zu leistenden Abgaben eine entsprechende Erhöhung der Pachten in Kauf zu nehmen[44]. Der Kampf weiter kleinbäuerlicher Kreise für die *petite culture* und damit gegen landwirtschaftliche Modernisierungsbestrebungen im physiokratischen Sinne war zu Beginn der Revolution noch keinesfalls entschieden und wurde über die Revolution hinaus fortgeführt[44a]. Schließlich hat die neuere angelsächsische Forschung[45] nachdrücklich auf die in der Wirtschaftsmentalität breiter Grundbesitzerschichten liegenden Widerstände gegen eine moderne, auf kapitalistischer Risikobereitschaft beruhende

Agrarproduktion hingewiesen, die von der Revolution keinesfalls beseitigt wurden.

Gerade in diesem Zusammenhang scheint dem Verlauf und dem Scheitern der Ablösungsbewegung aber eine Schlüsselrolle zuzukommen. In allen Untersuchungen über die Feudalität in Frankreich vor und während der Revolution hat man den zaghaften publizistischen Angriffen des Ancien Régime auf die *féodalité* Beachtung geschenkt. Besonders die 1776 erschienene Schrift Jean Pierre Boncerfs ist immer wieder in ihrem auf die Durchsetzung eines modernen, absoluten Eigentumsbegriffs gerichteten Gehalt gewürdigt worden[46]. Die moderne französische Agrargeschichtsforschung, repräsentiert vor allem durch die Arbeiten A. Soboules, hat Boncerf zum Zeugen für das im Ancien Régime herrschende Bedürfnis nach einer Befreiung des Bodens von allen feudalen Belastungen und nach einer Befreiung seiner Inhaber von der grundherrschaftlichen Tyrannei aufgerufen[47]. Liest man Boncerfs kleine, von revolutionärer Rhetorik durchsetzte Schrift, so fällt in der Tat ihre gegen die feudale Anarchie sich richtende Polemik sogleich ins Auge. Ebenso deutlich wird freilich, daß Boncerf nur am Rande soziale Argumente berücksichtigt, im Kern jedoch mit der Zerstörung der *féodalité* wirtschaftspolitische Ziele verbindet. Im Zentrum seiner Argumentation steht nicht die »Bauernbefreiung«, sondern die agrarwirtschaftliche Modernisierung des Landes, die durch die »feudale« Anarchie behindert werde. Aus diesem Grunde vor allem erscheint, wie an anderer Stelle noch ausführlicher zu zeigen ist[48], die finanzielle Ablösung bei Boncerf weniger als juristisches Verfahren der Eigentumsentschädigung, sondern wesentlich als nationalökonomisches Instrument der Bereinigung der herrschenden Eigentumsverhältnisse.

Georges Lefebvre hat in einem frühen Aufsatz über die Stellung der französischen Bauern zur Revolution auf die unmittelbaren Beziehungen zwischen Ablösung und agrarischer Modernisierung hingewiesen[49]. Weit mehr als die heutigen Ökonomen, die den Grad der agrarischen Modernisierung gern an dem Niveau der Produktionsziffern und an dem erreichten Stand des anbautechnischen Fortschritts ablesen, sah Lefebvre die Voraussetzungen für eine Modernisierung in der Eigentumsstruktur angelegt. So maß er auch das französische Ancien Régime an den Vorbildern der englischen Großpachtwirtschaft und der ostelbischen

Gutsherrschaft und kam zu dem Ergebnis, daß Frankreich nur auf dem Weg über eine grundlegende Bereinigung der Eigentumsverhältnisse eine Agrarreform hätte einleiten können. Dieser Weg hätte einmal über die Liquidation der bäuerlichen Allmende und Gemeinnutzungsrechte und zum anderen über eine vom König dekretierte Ablösung der *droits féodaux* führen müssen[50].

Es verdient Beachtung, daß Lefebvre diesen Parallelismus von *Enclosure*-Bewegung, wie man den Angriff auf die *biens communaux* in Anlehnung an das englische Vorbild etwas verkürzt zu nennen pflegt, und Ablösungsbewegung so klar betonte. Ähnlich wie der von Marc Bloch so meisterhaft untersuchten *Enclosure*-Bewegung[51] wohnte der Ablösung eine ökonomische und soziale Dynamik inne, die sich in erster Linie gegen das im Rahmen der Grundherrschaft liegende kleinbäuerliche Eigentum richten mußte. Die *féodalité* war eben nicht nur ein Pressionsinstrument vieler Grundherren gegenüber ihren Bauern, mit dessen Hilfe sie, gestützt auf die in Frankreich noch außerordentlich hoch entwikkelte grundherrschaftliche Gerichtsbarkeit, einen herrschaftlich angeeigneten Ertrag der bäuerlichen Produktion abschöpfen konnten, sondern zugleich ein sozialpsychologisch höchst wirksames Rechtssystem, das sie von einer die feudalen Erträge übertreffenden Agrarproduktion abhielt. Die vielen auf dem Boden und den Personen lastenden Abgaben, Dienste, Monopole und Bannrechte blockierten die für eine Modernisierung im englischen oder ostelbischen Sinne notwendige Zusammenlegung von Gütern *(remembrement)*; die lehnsrechtlichen Wechselgebühren, Verkaufsbeschränkungen und Vorkaufsrechte behinderten das Eindringen städtischen Kapitals in das Land; die bequemen Möglichkeiten der grundherrlichen »Vorerhebung« produzierten eine passive, parasitäre Wirtschaftsgesinnung, die durch die staatlichen Vergünstigungen der Steuer- und Fronfreiheit, des Ämtereigentums, des Staatsrentenbesitzes und der Domänenverpachtung nur noch verstärkt wurde.

Eine vom König verordnete Ablösung hätte zumindest einen Teil dieser Hindernisse zur Agrarreform aus dem Weg räumen können. Viele Grundherren, ob adliger oder bürgerlicher Herkunft, wären durch die Ablösung eines Teils ihrer Einkünfte beraubt und zu einer Änderung ihres Wirtschaftsverhaltens gezwungen worden. Gleichzeitig hätte die Ablösung ihnen beträchtliche Kapitalien in die Hand gegeben, die in dem von seinen Verkaufsbeschränkungen befreiten Boden angelegt werden konnten[52]. Bürgerliches Kapital hätte verstärkt Zugang in das Land finden können, weil weder die hohen Wechselrechte für Lehen und grundherrschaftliches Land noch die an den Staat zu leistende Gebühr des *franc-fief* beim Erwerb von Lehen hätten gezahlt werden müssen. Der Aufbau oder Wiederaufbau großer Domänen wäre nicht mehr auf das Hindernis eines durch die *féodalité* zwar belasteten, in gewisser Weise aber auch geschützten kleinbäuerlichen Eigentums gestoßen; die Ablösung hätte vielmehr, vor allem, wenn sie mit einer umfassenden gesetzlichen *Enclosure*-Bewegung einhergegangen wäre, die Kommerzialisierung des Bodens vorangetrieben, deren erstes Opfer – ähnlich wie in England – mit Sicherheit das kleinbäuerliche Eigentum gewesen wäre[53].

III

Richtet man den Blick auf die französische Agrarwirtschaft in den letzten Jahrzehnten des Ancien Régime, so fällt auf, daß es neben den bekannten Stagnationserscheinungen auch Tendenzen der Modernisierung in der beschriebenen Art gegeben hat. Auf die *Enclosures* der 60er Jahre wurde schon hingewiesen. Die in ihrer ökonomischen und sozialen Relevanz sicher nicht zu überschätzende *réaction seigneuriale*[54], die zu einer durch die Agrarkonjunktur geförderten Neubelebung der grund- und zehntherrlichen Abgaben führte, hat ein wenig den Blick dafür verstellt, daß die französische Grundherrschaft am Ende des Ancien Régime in einigen Regionen auch Schauplatz einer, wenn auch wahrscheinlich sehr begrenzten, Ablösungsbewegung war[55]. Zumindest einzelne Feudalrechte wurden durch freiwillige Vereinbarungen zwischen den Gläubigern und Schuldnern von Abgaben auf dem Weg über eine Ablösung gelöscht. Über den Umfang dieser Bewegung lassen sich noch keine genauen Angaben machen. In Nord-Burgund hat sie nach Saint Jacob überraschend viele Anhänger gehabt[56]. Im Zuge eines von der »physiokratischen Offensive« geförderten Booms des Grund- und Abgabenhandels wurde z. B. der Zins *(cens)* – zumeist nicht die belastendste Abgabe, die jedoch den Rechtsanspruch des grundherrlichen Obereigentums symbolisierte – zu einem beliebten Handels- und Ablösungsobjekt. Gegen entsprechende Geldzahlungen wurde der Zins verkauft, reduziert oder aufgehoben. Zinsrechte wurden gegen andere oder gegen ein Stück Land eingetauscht. Bürgerliche Kaufleute erwarben Zinsrechte und taten damit den ersten Schritt zur Erwerbung des Bodens selbst. Neben ausgeprägten Verschärfungen der Grundabgaben, die den gerade in Burgund rigiden Charakter der *réaction seigneuriale* spiegeln, griff hier eine Bewegung Platz, die wichtige Bestandteile der traditionellen Grundherrschaft auflöste. Unmittelbar vor der Revolution kam es in Burgund zu einer förmlichen »Schleifung« der Grundherrschaft[57], die nicht nur von den Bauern, sondern auch, freilich aus ganz anderen Motiven, vom Bürgertum und der Geschäftswelt herbeigesehnt wurde.

Blickt man in die von Saint Jacob zitierten *cahiers* Nord-Burgunds, so zeigt sich klar, was die auf Ablösung drängenden Kreise von diesem Vorgang erhofften. Sie verlangten die Aufgabe der hohen Wechselrechte, die auf dem *dominium utile* ruhten; sie forderten den freien Zugang der *roturiers* zu den Lehen, d. h. die Aufgabe des *franc-fief,* die Abschaffung aller feudalen Heimfallrechte, und des *retrait lignager*[58]. Das *cahier* des Ortes Aignay forderte die Ablösung des Zins und der grundherrlichen Renten mit dem Hinweis, daß »dies den Handel erleichtere, das Geld zirkulieren lasse und den Preis der Böden anhebe«. Man wünschte in Aignay die generelle Abschaffung der *droits seigneuriaux,* »mais plutôt«, so beschreibt Saint Jacob die für unseren Zusammenhang bedeutsamste Aussage des *cahiers,* »le rachat que l'extinction pure et simple qui favoriserait trop le petit tenancier«[59].

Das Beispiel Nord-Burgund demonstriert, wie genau man in diesem der Kommerzialisierung des Bodens aufgeschlossenen Gebiet die wirtschaftlichen und sozialen Folgen einer Ablösung zu kalkulieren verstand. Cobban hat die These vertreten, die städtischen *cahiers* des Jahres 1789 hätten sich »bemerkenswert abgeneigt« gezeigt, »irgendetwas mit den grundherrschaftlichen Abgaben zu unternehmen«, wodurch er seine hartnäckig verfochtene These, daß die Konstituante im Bereich der Feudalität so gut wie keine Veränderung intendierte, zu stützen versuchte[60]. Nicht nur die Beispiele aus Burgund zeigen, daß diese Behauptung keinesfalls für alle Gebiete Frankreichs zutrifft. Das *cahier* des Dritten Standes der Sénéchaussée von Vannes (Bretagne) forderte die »faculté aux vassaux de franchir les rentes, les grands et petits rachats, soit en argent, soit en fonds de terre, à l'option des débiteurs«[61]. In dem *cahier* der Stadt Nantes heißt es: »Les droits féodaux, comme lods et ventes, rachat, retrait féodal et autres, seront convertis en simples redevances franchissables au denier trente.«[62] Das *cahier* des Dritten Standes der Sénéchaussée von Trevoux forderte, »qu'il soit permis à l'emphytéote de se racheter des cens et rentes foncières, sur le pied qui sera réglé et fixé par les Etats généraux; que, par réciprocité, il soit permis aux seigneurs de forcer le vassal à ce rachat, qui sera fait, au gré de ce dernier, en argent ou en contrat de rente«[63]. Dieses letzte *cahier* verdient besonderes Interesse, da es nicht in die bisherige Vorstellung einer einheitlichen, ablösungsunwilligen Grundherrenschicht paßt. In manchen Gebieten ging der Wunsch zur Ablösung offenbar von den Grundherren aus und traf auf den Widerstand ihrer *tenanciers,* die zu der Ablösung nicht bereit oder in der Lage waren. In dem allgemeinen *cahier* der Gemeinden der Provinz Anjou wird die Entscheidung der Konstituante auch terminologisch weitgehend vorweggenommen: »Le cens, qui étoit imprescriptible de sa nature, étant converti en simple redevance foncière, sera gouverné par les mêmes loix que les autres redevances, et sera admortissable; et les propriétaires seront tenus, pour sa conservation, d'user les mêmes précautions que pour toutes les autres rentes. – Toutes les terres, maisons et rentes, seront à l'avenir de même nature, sans distinction de nobles et de censives; en conséquence les droits de franc-fief seront anéantis.«[64] Das *cahier* des Dritten Standes des Bailliage von Dijon befaßte sich sehr eingehend mit dem Ablösungsproblem. Es schlug für den Fall, daß Zinsrechte ungeteilt auf einer Gemeinde lasteten, allgemeine Ablösungen zwischen den Grundherren und den Gemeinden vor. Diejenigen Bauern, die sich der Ablösung widersetzten, sollten ihren Anteil am Zins weiterbezahlen – »lequel cens appartiendra, tant pour les arrérages, que pour le capital, en cas de remboursement, à ceux des dits habitans ou forains qui auront fait ledit rachat«[65]. Wer zu arm oder aus anderen Gründen zur Gemeinschaftsablösung nicht bereit war, sollte demnach in Zukunft der Gemeinde zinspflichtig bleiben. Hier deuten sich die nach 1789 sichtbar werdenden Spannungen innerhalb der bäuerlichen Gemeinde an. Neben den Tagelöhnern und Kleinbauern, die häufig nur einen kleinen Streifen Land besaßen, gab es in Frankreich eine aufstrebende Schicht wohlhabender Bauern, die *laboureurs,* die nicht nur über ausreichende Mittel und Böden verfügten, um nach modernen wirtschaftlichen Methoden zu produzieren, sondern auch – wie die Grundherren und großen Pächter – ein marktgerichtetes Wirtschaftsverhalten entwickelten[66]. Die breite Schicht von Kleinbauern, die selten einen verkaufbaren Überschuß produzierten, war den *laboureurs* sehr oft verschuldet[67]. Die Haltung der *laboureurs* zur Ablösungsfrage kann, sofern überhaupt Material vorliegt, nur von Fall zu Fall beschrieben werden. Es ist jedoch denkbar, daß sie, obwohl selbst Schuldner von Abgaben, Gegner einer entschädigungslosen Abschaffung der *droits féodaux* waren, die das kleinbäuerliche Eigentum befreit und damit ihrem Zugriff entzogen hätte. Zudem bot die Ablösung Aussichten auf günstige Kreditgeschäfte. Der Einfluß kreditgebender Kreise scheint hinter dem *cahier* des Dritten Standes der Sénéchaussée von Lyon zu stehen, in dem ebenfalls der *rachat* gefordert wurde – mit dem zusätzlichen Hinweis, »(que) le prêteur qui aura fourni les deniers de rachat sera privilégié à tous les créanciers, même au bailleur de fonds«[68]. Die Sénéchaussée von Lyon bietet schließlich auch ein Beispiel dafür, daß selbst der Adel gelegentlich für den *rachat* eintrat. In dem entsprechenden *cahier* heißt es, »que les états généraux examinent s'il convient de faciliter et de procurer l'affranchissement des possessions territoriales, en permettant des rachats généraux et proportionnés à la véritable valeur de la propriété des seigneurs directs et justiciers«[69]. Diese Forderung erhob der Adel von Lyon nicht ohne Grund. In der Umgebung von Lyon wies die französische Grundherrschaft ein auch für andere Gebiete typisches, komplexes Erscheinungsbild auf. Die adligen Grundherren waren hier nicht nur Inhaber der *seigneurie* und damit des *dominium directum*, sondern zugleich oft auch Besitzer von *censives*, für die sie anderen Grundherren Abgaben schuldeten. Der Ablösungsautor Rieussec wies in der Sitzung der Lyoner Landwirtschaftsgesellschaft vom 5. Januar 1787 auf diesen Tatbestand hin: »... d'ailleurs, dans cette généralité où toutes les directes sont mêlées, presque tous les seigneurs sont eux-mêmes emphytéotes; par conséquent, ils sont presque tous intéressés, à raison de leurs bien ruraux, à l'affranchissement des servitudes féodales, au rétablissement de la plénitude de la propriété.«[70]

Diese zwangsläufig unvollständige und unsystematische Übersicht über die städtischen *cahiers* des Jahres 1789 zeigt deutlich, daß der französische Kleinbauer am Ende des Ancien Régime nicht nur den traditionellen Grundherren und seinen General-pächter, die sich um die Anhebung der Abgabenerträge bemüh-ten, zu fürchten hatte; auch jene (bürgerlichen wie adligen) Grundherren, die den bäuerlichen Wunsch nach der Befreiung des Bodens teilten, waren ihm nur unzuverlässige Bundesgenos-sen; hinter ihrer Forderung nach Ablösung verbarg sich der Drang nach Kommerzialisierung und Kapitalisierung, verbarg sich die Dynamik der Ablösung, die zu leisten nur jene grundbe-sitzenden Schichten in der Lage waren, die über ausreichende Geldmittel oder genügend Land verfügten. Und auch die spätere Gesetzgebung der Konstituante, die ja das alte Abgabensystem nicht schlechthin bewahrte, sondern es durch die Möglichkeit der Ablösung seiner mobilitätsfeindlichen Rechtsformen beraubte, muß aus der Sicht dieser Forderungen nicht unbedingt als eine nur konservative, die traditionellen Grundherren begünstigende Entscheidung angesehen werden.

Es wurde schon betont, daß quantitative Angaben über freiwillige Ablösungen im Ancien Régime noch nicht möglich sind. Es ist vorstellbar – die Beispiele Dijon, Lyon und Nantes machen das glaubhaft –, daß sich Ablösungsbestrebungen in Gebieten artiku-lierten, in denen eine ausgeprägte grundherrschaftliche Struktur und relativ bedeutende Handels- und Manufaktur- bzw. Indu-striezentren bestanden. Jeder Versuch der Generalisierung er-scheint aber gewagt. Kommerzielles Denken mußte sich nicht unbedingt in einer Ablösungsbewegung äußern; dort, wo die Grundherrschaft ausreichende Abgabenerträge produzierte, konnte es sich der Kanäle der *réaction seigneuriale* bedienen und damit die Feudalstruktur verfestigen[71]. Eine weitere, für unsere Themenstellung bedeutsame Frage ist zudem noch völlig unge-klärt. Welche langfristigen wirtschaftspolitischen Ziele verfolgten die auf Ablösung drängenden, nichtbäuerlichen Kreise? Die von Saint Jacob gegebenen Beispiele zeigen, daß kapitalkräftige bür-gerliche (und großbäuerliche?) Schichten die *féodalité* vor allem deshalb bekämpften, weil sie einer Geldanlage im Boden im Weg stand. Was geschah jedoch mit dem Land, wenn es nach Zinsab-lösungen, Zinstausch oder Zinsreduktion »befreit« worden war? Wurde jetzt meliorisiert, arrondiert, eingezäunt, nach modernen Methoden produziert? Nicht jeder Grundeigentümer, der sein Land »nach oben« befreit hatte, wurde damit automatisch zu einer modernen Nutzungshaltung gezwungen, nicht jeder

Grundherr oder Inhaber einzelner Feudalrechte mußte sein Ablösungskapital zur Arrondierung seines Besitzes anlegen. Wo der Landhunger der Bauern groß genug war, boten die alten, ökonomisch widersinnigen Pachtformen zumindest kurzfristig eine günstigere Rendite als die zunächst kostspielige Eigenwirtschaft. Wenn, wie das Beispiel Nord-Burgunds zeigt, die Wechselrechte einen besonderen Angriffspunkt der bürgerlichen Forderungen bildete, so läßt das zunächst nur auf einen erhöhten Drang zur Kommerzialisierung schließen, nicht jedoch auf eine spezifische agrarische Modernisierungsbewegung. Die Kommerzialisierung des Bodens, eine der »heiligen Kühe« der Physiokraten, mochte die notwendige Voraussetzung der Modernisierung bilden, sie zwangsläufig bedingen mußte sie nicht[72].

Zudem bildete die Ablösung – vor allem, wenn sie nicht vom Staat verordnet wurde, sondern den individuellen Bestrebungen einzelner Grundherren und Grundbesitzer überlassen blieb – nicht die einzige Voraussetzung für eine Bereinigung der ländlichen Eigentumsverhältnisse. Gehen wir von der im 18. Jahrhundert keinesfalls von allen Ökonomen akzeptierten[73] physiokratischen These aus, daß das »große Gut« den geeignetsten Schauplatz für die Agrarreform bot, so enthielt auch das herrschende Recht der *coutumes* selbst rechtliche Instrumente zur Verwirklichung von Flurbereinigungen. Jeder Grundherr hatte die Möglichkeit, die als Lehen oder *censives* ausgegebenen Böden zurückzugewinnen, wenn er sein gewohnheitsrechtlich gesichertes Vorkaufsrecht geltend machte, sobald einer seiner »Vasallen« Verkaufsabsichten zeigte. Dieses Vorkaufsrecht wurde zum Heimfallrecht, wenn Teile der grundherrlichen *mouvance* nicht mehr ausreichend kultiviert wurden oder ihre Inhaber gar in die Städte emigrierten. Daß beide Möglichkeiten im Ancien Régime genutzt wurden, ist belegt[74].

Parallel zu dieser von der *seigneurie* ausgehenden agrarischen Modernisierung, über deren Ausmaß so gut wie nichts bekannt ist, war in manchen Regionen, bei voller Bewahrung der grundherrschaftlichen Struktur, das *dominium utile* selbst Gegenstand von Modernisierungs- und Wachstumsbewegungen. In der von E. Mireaux untersuchten Provinz La Brie – nicht zufällig in einer nahe der Großstadt Paris gelegenen Provinz! – bildeten sich schon im 17. Jahrhundert auf den *censives* große Güter aus, die agrarkapitalistisch produzierten[75]. Inhaber dieser Güter waren freilich kaum noch Bauern, sondern ländliche Kaufleute, Bürger, königliche Beamte und selbst Adlige. Sie schuldeten den Grundherren – etwa den Domherren der Kathedrale Notre Dame in Paris – weiterhin Abgaben, waren aber naturgemäß gegen eine *réaction seigneuriale* weit besser gewappnet als die Kleinbauern anderer Provinzen mit ihrem parzellierten Eigentum und ihren schmalen Erträgen. Wie stand es in La Brie mit dem Problem der Ablösung? Wie verhielten sich die Grundherren, die in La Brie Inhaber einer *censive* waren und an einer Modernisierung Interesse hatten, in einer anderen Provinz jedoch Nutzen aus dem *dominium directum* einer Grundherrschaft zogen? Traten sie möglicherweise auf dem einen Besitz für Ablösungen ein, während sie den anderen durch einen Generalpächter verwalten ließen, der seinerseits zu einem typischen Vertreter der *réaction seigneuriale* wurde?

Für eine Antwort auf diese Fragen ist der Boden noch nicht bereitet. Überblickt man die neuere französische Agrargeschichtsforschung, so wird deutlich, daß äußerste regionale und lokale Differenzierung das besondere Kennzeichen der französischen Agrarordnung im Ancien Régime war[76]. Die einzelnen Provinzen standen im 18. Jahrhundert auf ganz verschiedenen wirtschaftlichen und sozialen Entwicklungsstufen, die zugleich ein Ausdruck der unterschiedlichen ländlichen Produktionsverhältnisse waren. Die Grundherrschaft selbst war alles andere als ein ökonomisch und juristisch eindeutig zu fassender Begriff. Zwar läßt sich grundsätzlich feststellen, daß Frankreich im 18. Jahrhundert, sehen wir von den vor allem im Südwesten nicht unbedeutenden allodialen Enklaven ab, in 40 bis 50 Tausend *seigneuries* unterteilt war, d. h. unterschiedlich große »Territorien« mit unterschiedlich vielen bäuerlichen, bürgerlichen oder adligen Untereigentümern, die dem Obereigentümer – einem einzelnen Adligen, Bürger, Beamten oder einer kirchlichen Gemeinschaft (Kloster, Domkapitel) – Abgaben schuldeten[77]. Doch diese, die einzelnen Eigentumsrechte definierende, in den grundherrlichen Grundbüchern *(terriers)* festgelegte Ordnung war weitgehend abstrakt, d. h. sie bestimmte nicht zugleich die ökonomische Realität der landwirtschaftlichen Nutzung. Vielmehr gab es kaum noch Beziehungen zwischen der »Ausdehnung der Nutzungseinheit auf der einen Seite und der der Grundherrschaft auf der anderen«[78]. Es ist bekannt, welch große Schwierigkeiten die

Grundherren und ihre »Feudalberater« *(feudistes)* bei der Erfassung ihres Abgabeneigentums und seiner Zuordnung zu den entsprechenden Herrschaften und Lehen hatten. Wichtiger erscheint noch, daß sich grundherrschaftliche Abgabennutzung und ökonomische Pacht- und Nutzungsstruktur in vielen Gebieten fast unüberschaubar überlagerten[79].

In den getreideintensiven Regionen des Pariser Beckens, in Teilen der Normandie und in Flandern war die grundherrschaftliche Zergliederung des Bodens zugunsten des in Geldpacht betriebenen, von der grundherrlichen Domäne aus arrondierten »großen Gutes« zurückgewichen, das den Physiokraten als Modell für einen optimalen landwirtschaftlichen Betrieb diente[80]. Die Belastungen durch das seigneuriale Regime in diesen Provinzen werden von der Forschung als »ziemlich leicht« bewertet; die meisten bäuerlichen Verpflichtungen waren unter dem Einfluß der durch die erhöhte Geldzirkulation allmählich »offener« werdenden Wirtschaft schon frühzeitig in feste Geldzahlungen umgewandelt worden und hatten im Zuge der Geldentwertung ihren belastenden Charakter verloren[81].

Im Westen, in Mittelfrankreich und im Südwesten dominierte auf der grundherrlichen Domäne der *métayage,* eine für die bäuerlichen Pächter sehr ungünstige Pachtform, die eine Beteiligung des Grundherren an den Grundinvestitionen und den Ausgaben für Saat, Ernte u.ä. und als Pachtleistung eine Teilung der Erträge stipulierte[82]. Sie nutzte die Arbeitskraft der bäuerlichen Familien für die Bewirtschaftung kleiner und kleinster Parzellen aus und widerstand Modernisierungsversuchen im physiokratischen Sinne besonders hartnäckig. Daß sie dennoch, besonders in Weinbaugebieten, eine am Profit orientierte, marktgerichtete Nutzung erlaubte, zeigen die Untersuchungen Forsters über Bordeaux und Toulouse[83]. Im Poitou gaben die adligen Grundherren, die im Verlauf des 16. Jahrhunderts ihre im Spätmittelalter zergliederte Domäne *(réserve, domaine proche)* wieder arrondiert hatten, ihr Land gern in der Form des *métayage* aus[84]. In allen *métayage*-Gebieten vermengten sich die traditionelle Grundleihe, d.h. die einer förmlichen Eigentumsübertragung nahekommende, langfristige Ausgabe der *mouvance (dominium utile),* und die kurzfristigen *métayage*-Pachten, d.h. die oft auf neun Jahre befristete Verpachtung der grundherrlichen *réserve,* zuweilen auf unentwirrbare Weise. Viele Grundherren ergänzten die in der

Halbfruchtpacht vorgesehene Ertragsteilung durch zusätzliche Abgaben, deren »feudaler« Charakter nicht zu verleugnen war[85]. Viele Inhaber des *dominium utile,* unter ihnen selbst kleinbäuerliche Eigentümer, verpachteten ihren Besitz weiter – neben dem Land, wenn möglich, auch die Abgaben.

Die seigneuriale Grundleihe schließlich prägte die Agrarstruktur der Bretagne, der Auvergne, Burgunds, der Freigrafschaft und des Elsaß[86]. Vor allem in diesen im Vergleich zur Ile de France ökonomisch rückständigen Gebieten haben wir jenen rückständigen Grundherrentyp zu suchen, der überwiegend oder gar ausschließlich von seinem Abgabeneinkommen lebte[87].

Dieser kurze Blick auf die äußerst differenzierte französische Agrarordnung des Ancien Régime macht schon deutlich, auf welche technischen, juristischen und politischen Schwierigkeiten eine sich selbsttätig entfaltende Ablösungsbewegung in Frankreich treffen mußte. Einige wenige Regionen zeigten in der zweiten Hälfte des 18. Jahrhunderts eine gewisse Disposition zur Ablösung, die, wie die zitierten *cahiers* belegen, in erster Linie auf dem Drang bestimmter lokaler und regionaler Gruppen von Grundherren und Grundeigentümern zur Kommerzialisierung des Bodens beruhte. Wie weit diese Neigung auf Sympathie in den staatlichen und gesellschaftlichen Institutionen traf, die im Ancien Régime mit der Verwaltung und der Reform der Landwirtschaft befaßt waren, läßt sich nur schwer beurteilen[88]. Es ist bekannt, daß einzelne aufgeklärte Intendanten das Problem der Feudalrechte zum Gegenstand von Eingaben an den Generalkontrolleur machten und dabei vor allem die Interessen der unteren Bauernschichten ihrer Provinz vertraten, die unter der doppelten Belastung von staatlicher Steuer und grundherrlicher »Punktion« litten[89]. Auch die regionalen und lokalen Akademien und Landwirtschaftsgesellschaften, in denen die Agrartheorien der Aufklärung eine gewisse institutionelle Repräsentanz erhielten, diskutierten das Ablösungsproblem gelegentlich, blieben aber zumeist in einer vordergründig wirkenden philanthropischen Propaganda für die »Befreiung des Bodens« stecken[90]. Ob sich ein gewisser Trend zur Ablösung auch in den Ständeversammlungen der Provinzen artikulierte, ist bisher noch nicht erforscht. Zumindest für jene Regionen, deren *cahiers* im Jahr 1789 eine Ablösungsdisposition erkennen lassen, könnte eine Untersuchung dieser Frage lohnend erscheinen[91].

Das gilt auch für die unter Necker und Calonne eingesetzten Provinzialversammlungen neuen Stils, die ihre Aufgabe im Gegensatz zu den traditionellen Ständeversammlungen in der eingehenden, auf empirischen Untersuchungen beruhenden Vorbereitung von Agrarreformen sahen und vom Absolutismus mit diesem besonderen Auftrag ins Leben gerufen worden waren. Die Akten dieser Versammlungen zeigen zwar, daß ihre Mitglieder ihren Reformauftrag insgesamt eher im Sinne der technischen, agronomischen Ideen des 18. Jahrhunderts begriffen, doch zumindest die Versammlungen von Haute-Guyenne und von Berri nahmen in ihre Reformpläne auch gezielte Vorschläge zur Umwandlung der herrschenden Eigentums- und Nutzungsordnung auf[92]. Dabei richtete sich die Kritik der Versammlung von Haute-Guyenne ausschließlich gegen die Naturalabgaben, den *champart,* der sich hier wie in anderen Provinzen in der zweiten Hälfte des 18. Jahrhunderts als besonders tückisches, die Produktivität des Bodens hemmendes Recht erwiesen hatte. Zwar bot er dem Grundherren bequeme Möglichkeiten der Markt- und Preispolitik; für den kleinbäuerlichen *tenancier* wirkte sich der Erhebungsmodus unter dem Einfluß interzyklischer Preisbewegungen jedoch verheerend aus. Ebenso wie die kirchlichen Zehnten *(dîmes)* wurde der *champart* proportional zum bäuerlichen Bruttoertrag erhoben, d. h. er nahm seinen Anteil nicht nur vom produzierten Überschuß, sondern auch von den für die Aussaat und andere Investitionen vorgesehenen Erträgen. Nach dem Abzug des Zehnten, des *champart* und der *taille* blieben den Bauern häufig keine ausreichenden Mittel zur Vorbereitung der neuen Ernte, geschweige denn Mehrerträge, die sich verkaufen ließen. Lavoisier hat diesen Mechanismus 1787 genau beschrieben: »Les champarts, les dîmes inféodées, les dîmes même ecclésiastiques, enlèvent dans quelques cantons plus de la moitié, quelquefois la totalité du produit net de la culture, en sorte que le malheureux cultivateur, pressé de tous côtés par des droits qui croissent quelquefois dans une proportion plus forte que le produit net, n'a aucun intérêt d'augmenter ses avances et d'améliorer sa culture.«[93] Die Folgen waren eindeutig: Rückgang der Erträge, Emigration der Bauern, Stagnation und Rückgang der Abgaben, stagnierende Boden- und Pachtpreise. Während in anderen Provinzen Grundherrschaften und Abgaben bereits vom Prozeß der Kommerzialisierung erfaßt wurden, fehlten in Gebieten, wo der *champart* dominierte, dazu die wichtigsten Voraussetzungen. So überrascht es nicht, wenn hier selbst eine von Grundbesitzern getragene Reformversammlung energisch Änderungen forderte. Als geeignetes Reformmittel wurde in der Versammlung von Haute-Guyenne die Umwandlung der Naturalabgaben in feste, dem Zins oder der Grundrente vergleichbare Geldleistungen angesehen – keine vollständige Ablösung also, sondern gleichsam eine Transposition der *féodalité* von einem besonders archaischen, belastenden in einen moderneren, wirtschaftlicheren Zustand[94].

IV

Die volle soziale und politische Relevanz des Ablösungsproblems wird freilich erst deutlich, wenn sich der Blick von einzelnen lokalen und regionalen Ablösungsbestrebungen dorthin richtet, wo es am grundsätzlichsten und umfassendsten angepackt wurde: in der Feudalitätskritik der aufklärerischen ökonomischen und politischen Publizistik. Zwischen 1770 und 1789 entstand als publizistisches Pendant zu den beschriebenen Ablösungstendenzen eine Traktatliteratur, die für eine umfassende Ablösung aller bestehenden Belastungen des Bodens eintrat und die wirtschaftlichen, sozialen und politischen Argumente für die »Befreiung des Bodens« zu einer förmlichen Ablösungstheorie zusammenfaßte[95]. Im Gegensatz zur Feudalitätskritik der Philosophen, die vor allem in den Werken Mablys Gestalt annahm, beschränkten sich ihre Autoren nicht auf eine allgemeine, historisch-politische Argumentation. Sie analysierten den wirtschaftlichen Prozeß der Ablösung, den sie nicht als isolierten Vorgang begriffen, sondern in eine Beziehung zu anderen Befreiungsvorgängen setzten – zur Aufhebung der *biens communaux*, zur Abschaffung der kirchlichen Zehnten und vor allem zur Freisetzung des königlichen Domanialbesitzes. Ihr Angriff richtete sich somit nicht nur gegen jene Kräfte, die mit der *féodalité* ein bestimmtes Verständnis der herrschenden französischen Gesellschaftsordnung verteidigten, sondern zugleich gegen den Staat und die Monarchie, sofern sie sich noch als Repräsentanten des traditionellen französischen Staatsgedankens begriffen, der im Ancien Régime seinen besonderen Ausdruck in der Bewahrung bestimmter *lois fondamentales*

– unter ihnen an hervorragender Stelle die *inaliénabilité du domaine* – gefunden hatte[96]. Ihre viel gepriesenen Vorbilder waren die französischen Könige des Spätmittelalters, die den Prozeß der Befreiung der Bauern aus der Gutsuntertänigkeit tatkräftig gefördert hatten[97], der König von Sardinien, der in Savoyen 1762 und 1771 die Befreiung der Gutsuntertänigen und den *rachat* der grundherrschaftlichen Abgaben eingeleitet hatte[98], und schließlich der Ludwig XVI. des Jahres 1779, der mit seinem berühmten, von Necker inspirierten Edikt die *mainmorte* auf den königlichen Domänen liquidiert hatte[98a].

Überblickt man die politische Publizistik Frankreichs am Ende des Ancien Régime, so fällt freilich auf, daß sich derartige Schriften, die ganz konkret für Wandlungen eintraten und auch die technischen Voraussetzungen einer umfassenden Ablösungsbewegung zu klären versuchten, weit weniger Gehör verschaffen konnten als die Schriften der Philosophen oder Ökonomen, die mit ihrer allgemeinen, darum aber auch unverbindlicheren Kritik gelegentlich auch ihre Gegner gewannen[99]. Abgesehen von Jean Pierre Boncerf, dessen Traktat »Les inconvéniens des droits féodaux« (1776) wahrscheinlich von Turgot angeregt und zu einem Zeitpunkt publiziert wurde, als die Reformpolitik Turgots den Minister in die Konfrontation mit dem Pariser Parlament führte[100], errang bis 1789 kein Autor mit der Forderung nach Ablösung große publizistische Erfolge. Das große Werk des Physiokraten Le Trône über die Provinzialverwaltung, das im Anhang eine dezidierte Kritik an der *féodalité* enthielt, blieb nach seiner ersten Auflage von 1779 so gut wie unbeachtet[101]; erst die Neuausgabe von 1788 hatte eine größere Wirkung. Der Ablösungstraktat von Simon Clicqot de Blervache, 1783 von der Akademie von Châlons preisgekrönt, kam erst 1789 in zwei Ausgaben heraus[102]. Im übrigen tauchte das Thema vor allem in örtlichen Publikationen, in landwirtschaftlichen Fachzeitschriften oder in den Protokollen einzelner Landwirtschaftsgesellschaften auf, wo es mit dem Blick auf die besonderen Belastungen der *féodalité* in einzelnen Provinzen und Amtsbezirken abgehandelt wurde[103].

Dennoch spiegelt der mangelnde publizistische Erfolg der Ablösungstheorie kein Desinteresse der französischen Gesellschaft an diesem Thema. Er war weit mehr Ausdruck für die scharfe Abwehrhaltung der Führungsschichten und mancher staatlicher Institutionen gegenüber wirtschaftlichen und politischen Reformen, die ihre eigenen gesellschaftlichen Positionen in Frage stellen mußten[104]. Die schroffe Reaktion des Pariser Parlaments auf die kleine Schrift Boncerfs – es machte sie zum Gegenstand eines Prozesses und einer großen »Remonstranz« an den König und verbrannte sie schließlich öffentlich[105] – zeigt schon, welche Widerstände sich einer Umwandlung der herrschenden Agrarordnung entgegenstellten. Was sich im Verlauf einzelner regionaler Reformbestrebungen auch für die Privilegierten durchaus als wirtschaftlicher Vorteil erweisen konnte, mußte doch sogleich zu grundsätzlichen politischen Konflikten führen, wenn es zum Gegenstand einer umfassenden, auf königlicher Gesetzgebung beruhenden Reform gemacht wurde. Turgot, den seine Fron- und Zunftreform in die Konfrontation mit den *parlements* geführt hatte, ließ den Bereich der *féodalité* in seiner kurzen Amtszeit weitgehend unangetastet[106] – ohne Frage aus taktischen Gründen, denn seine Biographen Dupont de Nemours und Condorcet berichten, daß er auf lange Sicht auch die Feudalrechte in seine Reformprojekte habe einbeziehen wollen. Wie vorsichtig er dabei vorzugehen gedachte, zeigt die Tatsache, daß er die Ablösung nur mit Hilfe der von ihm geplanten Provinzialversammlungen durchsetzen wollte, in deren Einrichtung er eine unerläßliche Voraussetzung für eine allgemeine Reform der Staatsfinanzen und Verwaltung sah[107]. Auch die Nachfolger Turgots – durch seinen Sturz ohnehin vor einer erneuten Konfrontation mit den Privilegierten gewarnt – beschränkten sich auf partielle Reformen und ließen insbesondere die grundherrschaftlichen Abgaben fast unberührt[108].

So kam es, daß die *féodalité* im Verlauf der Auseinandersetzungen zwischen den Reformministerien und den Privilegierten nicht zum Gegenstand des Konflikts wurde. Welche Dimensionen er hätte annehmen können, zeigt jedoch die Haltung des Pariser Parlaments gegenüber der Schrift Boncerfs. Zu einer Zeit, als die grundherrliche Eigentums- und Wirtschaftsideologie ihren Ausdruck in einer wachsenden Produktion juristischer Handbücher über das Lehnsrecht und über die Anfertigung grundherrlicher Eigentumsordnungen fand[109], stellte ein Angriff auf die *féodalité* die radikalste Bedrohung der Gesellschaft der Privilegierten dar. Anders als die Steuerreform strebte er nicht mehr die Reduktion einzelner Privilegien an, sondern eine umfassende Veränderung der rechtlichen Beziehungen zwischen den Untertanen. Er bedrohte nicht nur die wirtschaftliche Existenz jener Grundherren, die jegliche Eigenwirtschaft zugunsten der Abgabennutzung aufgegeben hatten, sondern auch die hierarchische Sozialverfassung des Landes, die von den Privilegierten zumeist im Sinne Montesquieus interpretiert wurde. So brachte das Pariser Parlament in seiner Remonstranz gegen die Schrift Boncerfs neben wirtschaftlichen sogleich auch verfassungspolitische Argumente ins Spiel, die, wie in allen anderen Konflikten des 18. Jahrhunderts, in dem Hinweis auf die Schutzfunktion der Monarchie für das bestehende Eigentum gipfelten[110] – wohl wissend, daß es damit seinem eigenen Anspruch, an Stelle der Generalstände die Vertretung des ganzen Landes gegenüber der Krone zu sein, die wirkungsvollste Plattform geben konnte. Bis unmittelbar zum Ausbruch der Revolution konnte das Pariser Parlament die Erfahrung machen, wie wirksam sich der monarchische Despotismus angreifen ließ, wenn man das Eigentumsargument nicht nur auf den Konfliktfall bezogen anwandte, sondern ihm eine umfassende naturrechtliche Begründung gab[111]. Daß die Eigentumstheorie der Konstituante, auch wenn sie den feudalen Eigentumsbegriff »vereinfachte«, grundsätzlich nicht revolutionär erscheint, hatte seine Ursache darin, daß die von ihr geforderte prinzipielle Heiligkeit des Eigentums auch in der Ideologie der Privilegierten des Ancien Régime fest verwurzelt war. Der Repräsentationsanspruch, den das Pariser Parlament in Kooperation mit den regionalen obersten Gerichtshöfen geltend machte, beruhte gerade auf seinen durch Remonstranz und Gesetzesregistrierung gegebenen, institutionellen Möglichkeiten, die Eigentums- und Freiheitsrechte der Untertanen gegenüber der Krone zu vertreten: »Dans les affaires des particuliers, la compétence du Parlament est circonscrite dans un ressort déterminé..., il ne pourrait étendre au-delà l'exercice de ses pouvoirs, sans enfreindre la loi de sa constitution, mais... dans tout ce qui tient à la propriété et à la liberté civile, les règles sacrées de l'enregistrement, l'établissement des emprunts, la création des impôts, les principes constitutifs de la Monarchie, en un mot dans tout ce qui a un rapport essentiel avec l'ordre public du Royaume, il existe un intérêt commun et général, qui affecte individuellement chaque citoyen sous quelque ressort qu'il soit placé; ...dans l'absence des Etats généraux, la Nation ne pouvant faire entendre sa voix, a droit d'attendre du Parlement, qui est l'intermédiaire entre le Souverain et ses peuples, les réclamations qu'exigent les atteintes portées à ses droits.«[112] Jean Egret hat beobachtet, daß die vom Pariser Parlament so oft beschworene Einheit aller Gerichtshöfe – die *union des classes* – vor allem dann politische Realität wurde, wenn es um eigentumsrelevante Gesetze der Krone ging, während sie im übrigen zumeist ein Wunschtraum des um seinen Führungsanspruch kämpfenden Pariser Parlaments blieb[113].

Welche Haltung die *parlements* zu Fragen der Wirtschaftsreform – besonders im Agrarbereich – einnahmen und wie weit ihr Verfassungskampf gegen den monarchischen Despotismus ihre Einstellung zu den Reformedikten der Krone bestimmte, die diese unter physiokratischem Einfluß seit etwa 1763 erließ, läßt sich noch nicht gut überblicken. Der Kampf des Pariser Parlaments gegen Turgot bietet zwar ein klares Bild, doch er liegt nach dem Staatsstreich Maupeous, der zur vorübergehenden Einsetzung neuer, von der Ämterkäuflichkeit und dem Sportelwesen unabhängiger Gerichtshöfe geführt hatte. Der Angriff Maupeous galt der Existenz der *parlements* und trug wesentlich zu ihrer entschiedenen Haltung zur Zeit Turgots bei[114]. In den 60er Jahren dagegen scheinen sie agrarwirtschaftlichen Reformen nicht grundsätzlich abgeneigt gewesen zu sein. Die Physiokratie hatte in einigen Gerichtshöfen entschiedene Anhänger, wenn auch zu keiner Zeit eine wirkliche Klientel[115]. Ohne Frage deckten sich die physiokratischen Interessen bis zu einem gewissen Grad mit denen der Privilegierten. Unüberbrückbare Gegensätze mußten aber entstehen, wenn die Entwicklung über einige lokale oder regionale Reformen hinausging und zu einer Konfrontation zwischen der politischen Theorie der Privilegierten und der Verfassungsdoktrin der Physiokraten führte[116]. Quesnays Ideal des *despotisme éclairé* paßte nur schlecht zum Selbstverständnis etwa des Robenadels, das sich auf den von Quesnay bekämpften Montesquieu und auf unbedeutendere Ideologen der Robe stützte[117]. Der physiokratische *propriétaire foncier* war nicht der privilegierte Grundbesitzer alten Stils, in dessen Patrimonium sich neben dem Eigentumsrecht am Boden eine Fülle anderer Rechte fand, die nichts mit dem einzigen sozialen Auftrag des Grundbesitzers – der Schaffung eines möglichst großen nationalen Nettoprodukts – gemein hatten. Quesnays *propriétaire* war zwar nach wie vor ein Privilegierter, jedoch im Sinne der neuen, »postfeudalen«

Klassengesellschaft, nicht in dem der ständisch-agrarischen Ordnung des Ancien Régime. Seine Theorie sprach nicht nur die traditionellen Grundherren an, die ein Interesse an der Umwandlung ihrer zergliederten Domänen in ein modernes, »großes Gut« zeigten, sondern jeden kapitalkräftigen Bürger des Landes, der bereit war, sein Kapital im Land zu investieren und nach physiokratischem Muster zu produzieren[118].

Es scheint, daß die *parlements* im Verlauf der staatlich geförderten Reformversuche ein Bewußtsein dafür entwickelten, daß die angestrebten Veränderungen des Agrar- und Wirtschaftssystems eine eigene Dynamik entfalten, zur Annäherung verschiedener sozialer Gruppen und damit zur Aufweichung der traditionellen ständischen Grenzen führen konnten. Saint Jacob hat betont, wie sehr das Parlament von Dijon das in das Land eindringende bürgerliche Kapital fürchtete. Die *parlementaires* von Dijon wurden um so heftigere Apologeten der Grundherrschaft, je mehr diese unter den Einfluß der sie bedrohenden ökonomischen Strömungen geriet. Nicht nur verfassungspolitische, sondern auch wirtschaftliche und soziale Argumente wurden in Burgund nach 1770 zur Verteidigung der *féodalité* herangezogen, selbst, wenn es sich um ihre rückständigste und härteste Form – die *mainmorte* – handelte. Die *mainmorte,* so versuchte der Parlamentspräsident von Dijon, Bouhier, nachzuweisen, schütze den Bauern, die Böden in *mainmorte*-Gebieten seien weit ertragreicher und besser kultiviert als die anderer Gegenden[119]. Nicht alle Parlamente unterstützten rückhaltlos die Angriffe der Grundherren auf die bäuerlichen Gemeinnutzungsrechte[120]. In seiner Remonstranz an den König anläßlich des Verfahrens gegen Boncerfs Traktat warf sich das Pariser Parlament gar zum Beschützer des kleinen bäuerlichen Eigentums auf, welches es durch die von Boncerf geforderte Ablösung dem Zugriff der Kommerzialisierung schutzlos ausgeliefert sah. »Et cependant, Sire, quel est le but que l'on se propose? quel est le bien qui peut résulter, ou de laisser ces projets se produire, ou d'en méditer l'exécution? En est-ce donc un, que de présenter l'idée d'une libération qui est impossible, à moins qu'elle ne soit violente et injuste, de dégoûter le riche d'aller porter une partie de ses dépenses dans ses habitations, d' où les violences et l'insubordination de ses vassaux le forceront à s'éloigner, de le contraindre à placer sur des domaines utiles des sommes qui étaient représentées par ses mouvances et d'envahir encore sur ces petites propriétés qui fixent le cultivateur dans les campagnes et le garantissent de l'indigence?«[121]

Mag dieses Zitat auch vor allem Zeugnis von den demagogischen Talenten der Pariser *parlementaires* ablegen, so gibt es doch eine richtige Erkenntnis wieder, die das Parlament für seine Zwecke auszunutzen suchte. Die von Boncerf skizzierte Ablösung stand zwar unter dem Zeichen der Befreiung jedweden Eigentums, richtete sich aber, wie an anderer Stelle schon betont wurde, praktisch gegen das in Frankreich weitverbreitete kleine bäuerliche Eigentum. Hinter dem Ruf nach der Befreiung des Bodens standen jene grundbesitzenden Schichten, die kein Interesse mehr an grundherrlichen Abgaben, Renten und Diensten hatten, sondern ihr Eigentum im Sinne der *propriété utile* oder *propriété bourgeoise* nutzen wollten. Die *parlements,* solange einer derartigen Nutzung von Eigentum nicht abgeneigt, wie sie sich mit den verfassungspolitischen Interessen der Privilegierten vereinbaren ließ, erkannten nach 1770 die inhärenten Gefahren dieser Bewegung zunehmend. Durch den Staatsstreich Maupeous bereits einmal in einem zentralen Bestandteil ihrer »vested interests« – der Ämterkäuflichkeit – bedroht, wurden sie jetzt zu rigorosen Verteidigern der *féodalité* und der durch sie geprägten Formen wirtschaftlichen Verhaltens. Der objektive Verlauf der agrar- und verfassungspolitischen Entwicklung zwang sie in diese defensive Position, von der aus allein die sich aus den ökonomischen Umwandlungen zwangsläufig ergebenden Veränderungen der feudalständischen Ordnung verhindert werden konnten.

Diese Entscheidung der *parlements* hatte zur Folge, daß sich ihr Plädoyer für die »Heiligkeit und Unverletzlichkeit« des Eigentums zunehmend zu einer Ideologie jener Grundherren verengte, die einer passiven Nutzung ihres Abgabeneigentums verhaftet blieben und kein Interesse an einer Modernisierung, d. h. aber an einer Arrondierung und Aneignung des parzellierten bäuerlichen Eigentums, zeigten. Sie mußte ihnen und den betroffenen Grundherren um so leichter fallen, als die *réaction seigneuriale* ihnen einen materiellen Ersatz für die Gewinne bot, die ihnen aus einer modernen, »bürgerlichen« Nutzung ihres Eigentums zugeflossen wären. Die Wirtschaftskonjunktur bestätigte sie noch in dieser Haltung, da, wie E. Labrousse nachgewiesen hat, das Abgabeneigentum im Verlauf der agrarischen Subsistenzkrisen am Ende des Ancien Régime im Vergleich zu den übrigen Grundeinkünften weit weniger krisenanfällig war, vor allem, wenn es aus den auf das bäuerliche Bruttoprodukt erhobenen Naturalabgaben bestand[122].

So machte sich das Pariser Parlament im Boncerf-Prozeß nicht ohne ein gewisses Recht zum Anwalt des kleinen bäuerlichen Eigentums. Denn eine Verteidigung der *féodalité* implizierte immer auch eine Anerkennung der Rechte der *tenanciers*. Daß diese dafür im Verlauf der *réaction seigneuriale* einen hohen Preis entrichten mußten, der sie schließlich 1789 in einen definitiven Konflikt mit der Grundherrschaft führte, ändert nichts an diesem Tatbestand. In der französischen Jurisprudenz des 18. Jahrhunderts herrschte weitgehende Einigkeit darüber, daß Lehnsvasallen und Zinspächter praktisch vollwertige Eigentümer des *dominium utile* waren, auch wenn die alten Rechtsakte nicht von einer förmlichen Eigentumsübertragung sprachen. So deutet z. B. Pothiers Sprachgebrauch darauf hin, daß er den *vassal,* den *censitaire* oder *champartier* als »Eigentümer« ansah, sofern er seine Abgaben pünktlich leistete und seine Dienste ordnungsgemäß versah. »Le domaine direct« – so heißt es in der klassischen Studie Pirets über Pothier – »sembla se résorber en une simple servitude sur la propriété d'autrui, du vassal.«[123] Die Auffassung der Juristen wird durch die Analyse der Ökonomen bestätigt. Als Turgot in seinen »Réflexions« die historisch bekannten Arten der Bodennutzung aufzählte, sah er die grundherrliche Ausgabe des Bodens – »en abandonnant le fonds moyennant une rente« – nicht mehr als Nutzung von Eigentum, sondern als Eigentumsübertragung an; sie war für ihn »moins une manière de faire valoir sa propriété qu'un abandon de sa propriété moyennant une créance sur le fonds, en sorte que l'ancien propriétaire n'est plus, à proprement parler, qu'un créancier du nouveau«[124].

Die Haltung der *parlements* mußte hier ausführlich analysiert werden, weil in ihr die Eigentumsideologie und das Wirtschaftsverhalten einer Schicht von Grundherren zum Ausdruck kamen, gegen die sich die Ablösungsautoren fast ausschließlich richteten. Der fern von seiner Domäne lebende, die Abgaben der Bauern in der Stadt verschwendende, von seinen wahren (d. h. landwirtschaftlichen) Interessen abgelenkte Grundherr war für sie der eigentliche Verantwortliche für die Misere auf dem Lande. Ihn – und sein Kapital – auf das Land zurückzubringen, sahen sie als ihre wichtigste publizistische Aufgabe an[125]. Schon hier wird die überwiegend ökonomische Blickrichtung der Ablösungstheorie deutlich. Ihr einziges Ziel war die Befreiung des Bodens von Abgaben und Diensten im Interesse einer intensiveren landwirtschaftlichen Nutzung. Soziale Anliegen waren ihr nicht fremd, doch sie standen im Dienst dieses ökonomischen Programms. Die feudale Agrarordnung und die im Ancien Régime praktizierten Formen der Steuerexemption von Klerus, Adel und anderen privilegierten Körperschaften drückten die bäuerlichen Produzenten auf oder unter das Niveau der bloßen Subsistenzsicherung hinab. Das Mit-Eigentum *(co-propriété)* von Staat (durch die *taille*), Kirche (durch die Zehnten) und Grundherren (durch Bannrechte, Abgaben und Dienste) an den landwirtschaftlichen Erträgen beschränkte sich nicht auf den verfügbaren Mehrwert, sondern griff in ein Gut ein, das letztlich gar nicht angeeignet werden konnte, weil es zur jährlichen Reproduktion notwendig war: den Arbeitslohn des *cultivateur* und die Investitionskosten für Saatgut, Geräte, Gebäude u. ä.[126]. Die grundherrliche Rentenaneignung, von den Ablösungstheoretikern euphemistisch als Entfernung des grundherrlichen Kapitals vom Lande gedeutet, war in Verbindung mit den staatlichen und kirchlichen »Vorerhebungen« auf die bäuerlichen Erträge in Wahrheit ein Akt gegen die ökonomische Vernunft, dessen soziale Folgen in dem mangelnden Interesse der *cultivateurs* an der Produktion oder in Landflucht zum Ausdruck kamen.

Die Physiokraten hatten dieses Dilemma klar erkannt und mit ihrer Lehre vom *produit net* ein Modell entwickelt, das die ausdrücklich anerkannten Ansprüche von Staat und Kirche auf ihre *co-propriété* sicherte, ohne daß die Agrarproduktion darunter litt[127]. Sie gingen von einer ganz utilitaristischen und funktionalen Eigentumsordnung aus: Der Staat als Steuereinnehmer und die Kirche als Zehntherr blieben weiterhin *co-propriétaires*, doch ihr Anteil wurde proportional zum *produit net*, d. h. zum frei verfügbaren jährlichen Produktionsertrag festgelegt. Das grundherrliche Abgabeneigentum erschien in diesem Modell nicht mehr, an seine Stelle trat die Grundrente des Grundbesitzers, das nach Abzug von Steuern und Zehnten frei verfügbare Nettoprodukt, »die wirkliche ökonomische Form des Grundeigentums«[128]. Ebensowenig kannten die Physiokraten ein bäuerliches Eigentum am Grund und Boden. Ihre scharfe Trennung von *propriétaire* und *cultivateur*, die der Trennung von Arbeit und Kapital entspricht, setzte das Verschwinden des im Rahmen der Grundherrschaft bestehenden parzellierten bäuerlichen Eigentums voraus. Der Bauer war für die Physiokraten nicht als Eigentümer, sondern als Produzent und Konsument interessant[129], er sollte Pächter seines Bodens, als solcher aber sozial gesichert und von jeglicher Belastung durch Steuern, Zehnten u. ä. befreit sein. Er führte als Pacht an den Grundeigentümer ab, was neben seinen Lohn- und den zur Reproduktion notwendigen Investitionskosten übrigblieb. Diese Pacht wurde in der Hand des Grundeigentümers zur Grundrente oder zum *produit net,* das allein von Staat und Kirche zu besteuern war.

Vor allem aus den Arbeiten H. Lüthys geht hervor, daß das »Tableau économique« Quesnays nur als schematische Analyse der Wirtschaftszirkulation Frankreichs im 18. Jahrhundert adäquat begriffen werden kann und daß seine Nettoproduktlehre dem einzigen Zweck diente, dem Ancien Régime »zu zeigen, daß es nicht ungestraft seine eigenen Lebensgesetze und die Quellen seines Reichtums mißachten könne«[130]. Die *classe des propriétaires* Quesnays war die französische Herrenschicht des Ancien Régime, deren einzige Funktion seit der »absolutistischen Revolution Ludwigs xiv.« darin bestand, »das Nationaleinkommen auszugeben«[131]. Quesnay stellte die Existenzberechtigung einer solchen Klasse nicht in Frage, da sein Zirkulationsschema einer »disponiblen« Klasse mit einem gleichfalls disponiblen, »freien«, d. h. besteuerbaren Einkommen, bedurfte, die selbst nicht produzierte, das jährliche Nationaleinkommen »sinnvoll« ausgab und damit in den Zirkulationsprozeß zurückführte.

Die Kritik Quesnays an den französischen Zuständen ergab sich aus zwei Tatbeständen. Die Führungsschicht des Ancien Régime gab ihre Gewinne nicht »sinnvoll« aus, sondern verschwendete sie in Luxusgütern, die nicht der agrarischen Urproduktion des Landes, sondern den »künstlichen Pfropfungen des Colbertinismus«[132] entstammten. Vor allem aber konsumierte sie ohne Rücksicht darauf, daß auch die staatlichen und kirchlichen Steuern »sinnvollerweise« nur aus dem frei verfügbaren, disponiblen Nationaleinkommen bestritten werden konnten. Sie wälzte auch diese Lasten noch auf die Masse der Produzenten in Landwirtschaft und Manufaktur ab. Mit seiner Nettoproduktlehre versuchte Quesnay auf radikale Weise, Wege zur Änderung dieses Zustands zu weisen, ohne die sozialökonomischen Verhältnisse grundsätzlich anzutasten. Die vollständige »Umwälzung« der staatlichen und kirchlichen Steuerlast auf die Grundrente diente den Physiokraten als Hebel, die produktiven Bevölkerungsschichten von Steuern »und somit von aller Staatsintervention«[133] zu befreien.

Es ist offenkundig, welche Hindernisse einer Verwirklichung der Fiskaltheorie Quesnays im Frankreich des Ancien Régime entgegenstanden. Quesnay hat, wie nach ihm die Ablösungstheoretiker, die parasitäre Wirtschaftsgesinnung der französischen Führungsschichten heftig kritisiert und dieser Klasse gleichsam Uneinsichtigkeit in die prekären Bedingungen ihrer wirtschaftlichen und sozialen Existenz vorgeworfen[134]. Lüthy, der doch die politische Genesis dieser Klasse so klar beschreibt, ist Quesnay darin gefolgt und hat von der »Verblendung« und dem »Wahnsinn« gesprochen, von der die Privilegierten befallen gewesen seien, als sie »die Steuerlast des Staates von sich abzuwälzen«[135] versuchten. Die von Quesnay nachgewiesenen Mechanismen einer gut funktionierenden, auf der agrarischen Urproduktion beruhenden Volkswirtschaft zeigen jedoch, daß das Klasseninteresse der Privilegierten nicht die Ursache, sondern das Ergebnis der wirtschaftlichen Fehlentwicklung Frankreichs war, daß eine Wandlung der Wirtschaftsgesinnung der Privilegierten demnach nicht den Anfang, sondern erst den Schlußpunkt einer Veränderung der herrschenden Wirtschaftsordnung bilden konnte.

Quesnays Fiskaltheorie, d. h. die Umwälzung der Steuer auf die Grundrente, setzte das Bestehen einer fiskalisch überschaubaren Form von Grundrente oder, anders ausgedrückt, die weitgehende Trennung von Grundeigentum und Pachtnutzung voraus. Quesnay und Turgot haben immer wieder auf die Bedeutung dieser ökonomischen Grunderkenntnis für eine effektive Fiskalpolitik hingewiesen. Ihren Blick auf das bewunderte englische Vorbild richtend, haben sie in dem periodisch sich wiederholenden Akt des Vertragsabschlusses zwischen Grundeigentümern *(propriétaires fonciers)* und Pächtern *(cultivateurs)* geradezu den fiskalischen Ansatz zur Feststellung des besteuerbaren Nettoprodukts gesehen. »Le fermage fournit la règle pour établir l'imposition proportionellement au produit, car le propriétaire et le fermier veillent également à leur intérêt dans leurs conventions.«[136] »C'est ce produit net que le cultivateur peut abandonner, et qu'il abandonne en effet au propriétaire pour obtenir de lui la permission de cultiver.«[137] Hier zeigt sich, daß die Wirtschaftsgesinnung der Grundbesitzer für Quesnay und Turgot unproblematisch wurde, wenn die Prämissen ihrer Theorie erfüllt waren. Der Grundbesitzer, unter dem staatlichen und kirchlichen Steuerdruck stehend, würde zwangsläufig Interesse an einer optimalen Nutzung seines Eigentums zeigen: »Les propriétaires, fixés à cette règle par le gouvernement, seraient attentifs, pour la sûreté de leur revenu et de l'impôt, à n'affermer leurs terres qu'à des riches fermiers; cette précaution assurerait le succès de l'agriculture.«[138]

Frankreich bot im 18. Jahrhundert den extremen Kontrast zu einer Eigentums- und Nutzungsordnung, wie sie Quesnay und Turgot vorschwebte. Zwar gab es die im wesentlichen »nur konsumierende« Herrenklasse, doch sie eignete sich das Nationaleinkommen in einem Maße an, das das frei verfügbare Nettoeinkommen weit überstieg. Es gab keine einheitliche, fiskalisch überschaubare Form der Grundrente, sondern ein höchst differenziertes Geflecht von einzelnen *rentes foncières*, Pachteinkünften, grundherrschaftlichen Abgaben, Hypotheken, Staatsrenten, Ämtereinkünften, Zehnten, Steuer- und Domänenpachten, königlichen Pensionen, Bannrechten und Monopolen. All diese Rechte bildeten die Kanäle, auf welchen das Nettoprodukt und beträchtliche Teile des ökonomisch im Grunde nicht verfügbaren Bruttoprodukts in die Taschen der Privilegierten flossen, deren zu geringer Beitrag zu den direkten Steuern (*capitation, taille réelle, vingtième, don gratuit* des Klerus) die volkswirtschaftliche Fehlentwicklung des Landes von Jahr zu Jahr vorantrieb. Die risikoarme Nutzung dieser Rechte ließ das Interesse der Privilegierten an dem Grundeigentum als solchem im Laufe der Jahrhunderte immer mehr zurückgehen und verführte sie dazu, sich durch »außerökonomischen Zwang und durch die Gewalt des Staates«[139] einen möglichst großen Anteil des Nationaleinkommens anzueignen.

Vor diesem Hintergrund mußte Quesnays Nettoproduktlehre reine Theorie bleiben. Sie setzte die Existenz einer einheitlichen Klasse von Grundeigentümern voraus, die in einer Interessengemeinschaft mit einer kapitalistisch orientierten Pächterklasse für das Allgemeinwohl tätig war. Diese Voraussetzung aber fehlte im merkantilistischen Agrarstaat Frankreich völlig. Philanthropische Appelle an die privilegierten Grundbesitzer, auf das Land zurückzukehren, halfen nur wenig, solange sich ihnen so viele bequemere, vom Staat über Jahrhunderte geförderte Möglichkeiten des Profits boten. Turgot, der Quesnays Nettoproduktlehre akzeptierte, sah in der in den 60er Jahren schüchtern betriebenen Freihandelspolitik ein Mittel zur Ausbildung einer modernen Pachtstruktur in Frankreich[140]. Doch die in widerstreitende Interessen verstrickte königliche Administration konnte sich niemals zu einer konsequenten Freihandelspolitik durchringen, so daß dieses Mittel, das einer stetigen, langfristigen Anwendung bedurft hätte, versagte.

Einen anderen Ansatzpunkt faßte nun die Ablösungstheorie ins Auge. Ähnlich wie die Propagandisten des Freihandels suchte sie nach Möglichkeiten einer evolutionären Umwandlung der französischen Eigentumsordnung. Die Ablösung, d. h. die Transformation des prinzipiell unverjährbaren grundherrlichen Abgabeneigentums in ein das Vielfache einer jährlichen Abgabe repräsentierendes Geldkapital oder in Grundbesitz, diente ihr als Hebel für die Ausbildung einer neuen, an der kapitalistischen Nutzung des Bodens interessierten Klasse von Grundeigentümern. Verglichen mit den Lehren Quesnays und Turgots bedeutete dies, daß sie jeden fiskalischen oder freihändlerischen Reformansatz aufgab oder zurückstellte und sich direkten agrarischen Flurbereinigungen zuwandte. Gerade der Vergleich mit Quesnays Ansatz erscheint lehrreich. Lüthy hat betont, daß Quesnay letztlich feudalrechtlichen Vorstellungen folgte, wenn er das gesamte Nationaleinkommen unter die drei *co-propriétaires* Staat, Kirche und Grundeigentümer aufteilte und ihnen als »produktive Klasse« die bäuerlichen Produzenten, die *agriculteurs,* gegenüberstellte[141]. In der Tat kann man in dieser Klassenschichtung eine ökonomisch begründete Wiederbelebung der alten Feudaltheorie sehen – Staat, Kirche und Grundherren (= Lehnsherren) als »ursprüngliche Eigentümer« *(propriétaires éminents)* oder *premiers propriétaires,* die Produzenten als *tenanciers,* deren Eigentumsrechte sich auf die Nutzung des *dominium utile* beschränkten. Gerade in dieser Hinsicht war aber Quesnays Ansatz als Interpretation der französischen Verhältnisse im 18. Jahrhundert besonders untauglich. Das, was man in der Revolution als *feodalité* zu bezeichnen pflegte, hatte mit der alten lehensrechtlichen Ordnung so gut wie keine Ähnlichkeit mehr. Die *propriété éminente* hatte sich zu einer reinen Fiktion verflüchtigt, und das nicht nur, weil die Grundherren die weitgehenden Eigentumsrechte der *tenanciers* anerkannten, sondern vor allem, weil sie ihr Obereigentum selbst als ein auf die Nutzung von Abgaben und Renten zusammengeschrumpftes Recht begriffen.

Die Ablösungstheorie zog aus diesem klaren Tatbestand eine naheliegende Konsequenz und gab die Konzeption der staatlichen, kirchlichen und grundherrlichen *co-propriété* am Grund und Boden auf, ja, bekämpfte sie und setzte ihre Hoffnung auf eine Änderung der herrschenden Eigentumsverhältnisse in erster Linie auf die Inhaber des *dominium utile,* gleichgültig, ob diese dem wohlhabenden Bauerntum, dem Bürgertum oder dem Adel angehörten, sofern sie nur die Mittel zur Ablösung aufbringen konnten[142]. Doch auch die traditionellen Grundherren blieben für sie interessant – nicht als feudaler Stand mit seinen politischen und sozialen Privilegien, sondern als vermögende Schicht, die mit Hilfe der Ablösung und der noch in ihrem Besitz verbliebenen grundherrlichen Domäne *(réserve)* auf das Land zurückgeführt und zur Aufnahme einer kapitalistischen Agrarproduktion ermutigt werden konnte. Nur wenn man dieses wirtschaftspolitische Anliegen der Ablösungstheorie in Rechnung stellt, lassen sich widersprüchlich erscheinende Argumentationen in bezug auf die Grundherren erklären. Die Ablösungstheorie richtete sich in ihrer scharfen, der revolutionären Publizistik in nichts nachstehenden Kritik immer wieder gegen die politischen Ansprüche, welche die Grundherren aus der Geschichte der Feudalität in Frankreich ableiteten, zog daraus aber keinesfalls, wie später die Legislative und der Konvent, den Schluß einer entschädigungslosen Zerstörung des gesamten Abgabeneigentums. Nach langen, sehr polemisch gehaltenen Exkursen über die Geschichte, die Dekadenz und die gegenwärtige »Überflüssigkeit« der *féodalité* als Grundlage der französischen Verfassungsordnung[143] zogen sich alle Autoren auf die bona-fide-Theorie zurück: die *féodalité* biete zwar keine hinreichende Begründung mehr für den Fortbestand der grundherrlichen Eigentumsrechte, doch diese Rechte seien seit langem Gegenstand des Kaufs und Verkaufs und daher rechtlich ein vollwertiges Eigentum geworden[144]. »En réclamant la liberté primitive des fonds, il ne faut pas cesser d'être juste; mais cette directe, qui les grève, étant passée dans le commerce par l'adoption qu'en ont fait les loix, elle est devenue la propriété des seigneurs: il seroit nécessaire de les indemniser, s'ils vouloient bien y renoncer.«[145]

Die Kritik an der *féodalité* wurde somit gerade bis zu dem Punkt getrieben, an dem deutlich werden mußte, daß das Abgabensystem von der Entwicklung überholt sei, daß folglich die Entschädigung durch Ablösung den einzigen Ausweg aus dem Dilemma bilden konnte, welches sich aus dem Mißverhältnis von anachronistischer politischer Verfassung und zur Modernisierung drängender Agrarwirtschaft ergab. Der revolutionäre Publizist Bremond, der sich z. Z. der Augustbeschlüsse der Konstituante mit der Frage der Ablösung auseinandersetzte, hat diesen Tatbestand plastisch in Worte gefaßt: »Les privilégiés ont tort de jeter les hauts cris sur la révolution qui s'opère; on ne leur demande que le sacrifice de quelques préjugés barbares, on leur conserve beaucoup au-delà de ce qu'ils pouvoient raisonnablement prétendre; le rachat des droits féodaux fera rentrer, dans leurs mains, la valeur d'une propriété illégale et nuisible. Il est à remarquer que si les Privilégiés avoient vraiment consulté leur intérêt bien entendu, depuis longtemps ils auroient fait d'eux-mêmes le sacrifice de tous les droits et de tous les préjugés féodaux, parce que, sans l'anéantissement des moindres vestiges de la féodalité, on ne peut pas établir une bonne et durable administration, et cependant avec une bonne administration, on peut réussir à doubler peu à peu de temps la valeur de la propriété nationale, soit par la réforme des impôts actuels, soit par les améliorations dont l'Agriculture, les Arts et le Commerce sont susceptibles.«[146]

Hier tritt, jetzt schon in dem Gewand der revolutionären Rhetorik, die den *rachat* zu einem Almosen der Revolution an die Grundherren herabzuspielen versuchte, der gleiche scheinbare Widerspruch hervor wie in der Ablösungstheorie des Ancien Régime: die feudalen Eigentumsrechte sind Überreste aus »barbarischen« Zeiten und daher ohne legitime Basis, dennoch wird ihren Inhabern eine angemessene, ja im Vergleich zum Wert der Rechte äußerst günstige Entschädigung zugestanden. Nun mögen solche Äußerungen die Einstellung von Publizisten spiegeln, die nicht sozialrevolutionär dachten und daher die zwar unberechtigten, aber durch das Gewohnheitsrecht geheiligten Ansprüche der Grundherren zu berücksichtigen bereit waren. Ohne Frage haben taktische Gesichtspunkte bei allen Ablösungstheoretikern eine Rolle gespielt, ähnlich wie bei Turgot, der theoretisch die radikalen Beschlüsse der Legislative und des Konvents bereits vorwegnahm, wenn er die freilich schon im Ancien Régime als besonders skandalös empfundenen Mühlenbannrechte der Grundherren in den Raum der »Usurpation« verwies und dem feudalen Eigentumsbegriff die Theorien Lockes entgegenstellte, in der Praxis jedoch hier wie in anderen Fällen auf die Ablösung rekurrierte[147].

Doch der auch bei Bremond zu findende Hinweis auf die »wohlverstandenen« Interessen der Grundherren zeigt, daß die Ablösungstheoretiker nur zu bereitwillig auf die herrschende Ideologie des »heiligen und unverletzlichen Eigentums« einschwenkten, weil sie allein ihnen eine Gewähr für die Durchsetzung ihres wirtschaftspolitischen Konzepts bot: die Ablösung mit Hilfe der vermögenden grundbesitzenden *und* grundherrlichen Schichten. Der Physiokrat Roubaud, der seiner Ablösungsschrift den bezeichnenden Titel »Instructions pour les grands propriétaires« gab, mystifizierte den großen Grundherren geradezu, wenn er ihm seine agrarwirtschaftlichen Pflichten vor Augen hielt und seine durch die *féodalité* verursachte »Entfernung« von den Gütern beklagte: »Le vrai serf de la glebe, c'est le Propriétaire foncier.«[148] Roubaud hielt daher eine erfolgreiche Bereinigung der herrschenden Eigentumsverhältnisse nur für möglich, wenn die Ablösung von den Seigneurs ausging: »Les Seigneurs n'auroient aucune juste réclamation à y opposer, puisque ce nouvel ordre de choses les délivreroit des embarras et des frais de recouvrements minutieux et difficiles, de rénovations dispendieuses de terriers et autres actes de discussions toujours onéreuses et souvent interminables; et qu'en versant dans leurs mains les capitaux réunis de tant de petites rentes éparses, il leur donneroit la facilité de libérer, d'étendre, d'améliorer leurs fonds. Tout seroit mieux parce que chacun seroit maître absolu de son héritage et de ses frais; le chaos de propriétés se débrouilleroit, l'uniformité s'établiroit, la valeur des biens augmenteroit, et l'agriculture soustraite à l'un de ses plus terribles fléaux, renouvelleroit la face de la terre.«[149] François-Vincent Toussaint, der schon 1751 mit einem Ablösungsprogramm hervortrat, wies nachdrücklich auf die Gewinne hin, die den Grundherren nach der Ablösung durch die erhöhte Kommerzialisierung des Bodens zufließen würden[150]. Boncerf schließlich stellte ein förmliches Rechenexempel auf, das belegen sollte, welche hohen Gewinne die Grundherren aus der Anlage der Ablösungskapitalien im Vergleich zu der mageren Feudalrente ziehen könnten. Es verdient Beachtung, daß Boncerf dabei von wesentlich höheren Ablösungssätzen ausging als später die Feudalitätskommission der Konstituante, ein Beleg mehr dafür, wie sehr er die Ablösung als Mittel der »Eigentumsübertragung«, d. h. jedoch als Prozeß der Zurückdrängung des parzellierten kleinbäuerlichen Eigentums auffaßte. So überrascht es nicht, wenn er den Grundherren die freie Wahl beließ, entweder Geld oder Grundbesitz von ihren »Vasallen« als Entschädigung zu verlangen. »Il n'y a pas de vassaux«, so konstatierte Boncerf allzu optimistisch, »qui ne rachetassent au denier cinquante ou soixante, et même plus chèrement, tous les cens, surcens, corvées, etc.; les droits de lods, de relief, de champart, se racheteroient aussi avantageusement, les bannalités plus chèrement encore; ainsi un Seigneur retireroit de la vente de ces droits plus qu'il ne vendroit toute sa terre, en y comprenant les domaines et les édifices; il remplaceroit ces droits par l'acquisition de fonds à sa convenance; il seroit le maître de choisir, parce qu'il ne consommeroit le traité d'affranchissement du fonds d'un ou plusieurs vassaux, ou de la généralité, qu'à condition qu'on lui donneroit tels ou tels héritages pour prix de l'affranchissement.«[151] Es zeigt sich, wie gut die Pariser *parlamentaires* die Agrarverhältnisse Frankreichs im 18. Jahrhundert kannten, wenn sie in ihrer Remonstranz ihren Befürchtungen über die sozialrevolutionären Folgen der Pläne Boncerfs Ausdruck verliehen.

An dieser Stelle ist es lohnend, einen genaueren Blick auf das Verhältnis von ökonomischer und sozialer Argumentation in der französischen Ablösungstheorie zu werfen. Es wurde mehrfach betont, daß die Ablösungsautoren den *rachat* in erster Linie als ökonomischen Vorgang begriffen. In einer für die gesamte frühliberale Wirtschaftstheorie[151a] kennzeichnenden Mischung wirtschaftlicher und philanthropischer Reformideen bewerteten sie jedoch auch die sozialen Folgen der Ablösung ausschließlich positiv. Boncerf, Le Trône, Toussaint, selbst der sich an den großen Grundbesitzer wendende Roubaud glaubten, die Forderung nach der Befreiung des Bodens im Interesse sämtlicher *vassaux* und *censitaires* zu erheben. Dabei enthielten sie sich freilich jeglicher Prognose über die zukünftige Agrarentwicklung Frankreichs. Im Gegensatz zu den führenden Ökonomen ihrer Zeit, Quesnay und Turgot, von deren Theorien sie sich in bezug auf die Liberalisierung der Landwirtschaft und die Kommerzialisierung des Bodens leiten ließen, verbanden sie ihre Ablösungsforderungen nicht mit weitergehenden, gesamtwirtschaftlichen Reformplänen. Welche Betriebsgrößen sich nach der Ablösung ausbilden sollten[152], ob die neue Landwirtschaft auf Eigenwirtschaft beruhen oder, nach dem englischen Vorbild, im wesentlichen Pachtwirtschaft sein sollte, darüber findet sich bei Boncerf kein Wort. Es ist erwiesen, daß die physiokratische Idee des »großen Guts«, die in Frankreich nur nach einem Dezennien währenden Wandlungs- und Wachstumsprozeß durchzusetzen war, gerade in den Kreisen der auf schnelle Reformen erpichten agronomischen Praktiker auf Widerstand stieß, zu denen auch die meisten unserer Autoren gerechnet werden müssen[153].

Die einzige vorhersehbare und erwünschte Folge einer vom Staat verordneten Ablösung wäre, bei gleichbleibend günstiger Entwicklung der Boden-, Pacht- und Absatzkonjunktur, die Kommerzialisierung des Bodens gewesen. Daß diese sich über kurz oder lang wie eine schleichende Enteignung der kleinbäuerlichen Eigentümer hätte auswirken und damit zu einem Gegensatz von »formaler« Befreiung des Bodens und seiner tatsächlichen, ökonomischen Freisetzung hätte führen müssen, bleibt als unauflösbarer Widerspruch der Ablösungstheorie bestehen und nimmt ihrer subjektiv offenbar ernstgemeinten sozialen Argumentation viel von ihrer Wirkung.

Eine plastische Illustration dieses Widerspruchs bieten die Ablösungsschriften Rieussecs und vor allem Clicqots de Blervache. Beide entstanden nach dem Niedergang der physiokratischen Theorie, beide nahmen betont »populationistische« Argumente auf. Im Gegensatz zu den Autoren der 70er Jahre verband Clicqot sein Ablösungsprogramm darum mit konkreten Vorschlägen zur künftigen französischen Betriebsstruktur. Er lehnte das »große Gut« ausdrücklich ab und führte ökonomische und soziale Argumente dagegen ins Feld[154]. Sich in der Argumentation jenen Protagonisten der Allmendeaufteilung nähernd, die in der Privatisierung der *biens communaux* nicht nur ein Instrument der agrarischen Modernisierung, sondern auch ein Mittel der sozialen Sicherung breiter kleinbäuerlicher Schichten sahen[155], trat Clicquot für mittlere, überschaubare landwirtschaftliche Betriebe ein, auf denen sich nach seiner Ansicht ertragreicher als anderswo produzieren und die Versorgung möglichst vieler Menschen sichern ließ.

Fraglos ließ sich die Forderung nach dem überschaubaren Gut

mit der populationistischen Theorie des 18. Jahrhunderts in Einklang bringen, die das Land mit einer Vielzahl kapitalkräftiger, selbstwirtschaftender Eigentümer besetzen wollte. Ob der Populationismus jedoch eine Handhabe bot, das Schicksal der zahllosen, auf reine Subsistenzwirtschaft gerichteten *censitaires* und Kleinpächter zu verbessern, in deren Interesse Cliquot ein beachtliches sozial-humanitäres Pathos entfaltete, wird auch durch seine Schrift nicht bewiesen. Auch Cliquot verfing sich in dem Widerspruch von sozialer und ökonomischer Argumentation, wenn er sich zum populationistischen Sprecher des kleinen, selbstwirtschaftenden Eigentümers machte und zugleich die Grundherren mit dem Hinweis auf verlockende Spekulationsgewinne zur Ablösung zu überreden versuchte: »Qui ne voit pas que... les richesses acquises annuellement par les arts et par le commerce, pouvaient dorénavant s'échanger, sans embarras et sans dépense, contre des terres franches et libres, la concurrence en augmenteroit le prix au profit des seigneurs qui auroient placés en fonds celui de l'affranchissement? Avantage qui s'étendra sur leur postérité parce que le nombre et l'étendu du fonds étant fixe, et l'accroissement annuel des richesses pécuniaires ne l'étant pas, la concurrence dans l'échange de ces richesses et des fonds, sera toujours en faveur de ces derniers.«[156] Wenig Phantasie ist nötig, um sich die Entwicklung des französischen Kleinbauerntums vorzustellen, wenn man Clicquot de Blervache von den nach der Ablösung auf das Land gelockten »neuen Besitzern« schwärmen hört, deren »Liebe zum neuen Besitz« ein Stimulans für die »Melioration zugunsten der Landwirtschaft und des Bodenwertes« sein würde[157].

Man muß bei der Beurteilung der sozialen Komponente dieser frühkapitalistischen Agrartheorie freilich berücksichtigen, daß das abstrakte Eigentumsargument für die französischen Kleinbauern des 18. Jahrhunderts nicht jene überragende Rolle spielte, die ihm viele Historiker auf ihrer Suche nach der »Eigentumsverteilung« im Ancien Régime zu geben pflegen. Dem kleinen *censitaire,* mehr noch dem *métayage*-Pächter, ging es – erneut zeigt sich hier eine geheime »Allianz« mit den Interessen der Grundherren *gegen* die Modernisten, die das freie, absolute Grundeigentum als Eigentum schlechthin durchsetzen wollten[158] – in erster und häufig einziger Linie um Rechte und Erträge, d. h. um Subsistenzsicherung. Daß diese in der Lohn- oder Pachtabhängigkeit von einem Grundherren gelegentlich ebensogut oder besser möglich war als in der Stellung eines nur der Theorie nach selbständigen, in der Praxis durch Abgaben, Zehnten, Steuern und Schuldendienste überlasteten Kleineigentümers, mag den Ablösungsautoren als unausgesprochenes, weil selbstverständliches Argument für die Ablösung gegenwärtig gewesen sein[159]. In der physiokratischen Agrartheorie tauchte das bäuerliche Eigentum nicht mehr auf, wohl aber ein erhöhtes (freilich vornehmlich ökonomisch motiviertes) Interesse an der materiellen Sicherung der *classe productive*, aus der die landwirtschaftlichen Pächter-Unternehmer herausragten.

Eine konsequente Berücksichtigung der sozialen Ablösungsfolgen hätte jedoch zu konkreten Vorschlägen zur Bauernpolitik führen müssen. Gerade daran fehlte es bei allen Ablösungsautoren. Clicquots Spekulationen über die Möglichkeit, ganz Frankreich in gleich große, nach der Bevölkerungszahl bemessene Parzellen aufzuteilen[160], mußte nicht nur vor dem Hintergrund seiner Ablösungsideen utopisch wirken. Der wahre Adressat der *rachat*-Propaganda waren nicht die unteren ländlichen Bevölkerungsschichten, zu deren Gunsten allenfalls die Intendanten gelegentlich ihre Stimme erhoben, sondern die »feudalen« Kräfte, die es durch die Ablösung zu einer Änderung ihres Wirtschaftsverhaltens zu ermutigen oder besser zu zwingen galt. Angesichts der Vorteile des *rachat*, die Boncerf den Grundherren durch seine Rechenexempel schlagend zu beweisen glaubte, sah er in ihrer Weigerung, der Ablösung zuzustimmen, ein bloßes Verharren in der Gewohnheit, eine verstockte Mißachtung ihrer eigenen ökonomischen Interessen. »Jusqu'à présent les Seigneurs ont été dupes de l'habitude; il est difficile de concevoir comment ils ont négligé de convertir leurs directes en propriétés foncières.«[161]

Dementsprechend richteten die Ablösungsautoren ihre ganze argumentative Kraft auf das Ziel, die bestehenden verfassungspolitischen und sozialpsychologischen Barrieren, die einer Zerstörung der *féodalité* im Wege standen, beiseite zu räumen. Daß die Verfassung Frankreichs im 18. Jahrhundert, im Gegensatz zum hohen Mittelalter, ausschließlich von der Souveränität des Königtums bestimmt werde, daß die Überreste der Feudalität daher keine verfassungspolitische Relevanz mehr besäßen, sondern zu einem »rein fiskalischen System« degeneriert seien, wurde von dem Systematiker Le Trône überzeugend nachgewiesen[162]. Bezeichnend ist jedoch, daß für Le Trône verfassungspolitische Feudalitätskritik und soziale Adelskritik nicht parallel liefen. Diente sein ganzes Werk dem schon von Turgot verfochtenen Zweck, die Idee einer ausschließlich auf dem direkten Grundbesitz beruhenden lokalen, regionalen und nationalen Repräsentation zu propagieren, so machte sein Exkurs über die Feudalität deutlich, wie sehr er bei der Einführung dieser repräsentativen Versammlungen mit dem Adel rechnete, der auch ohne die »feudalen« Abgaben, Dienste und Bannrechte der größte Nutznießer von Grundbesitz in Frankreich war. Le Trône hielt es für erwiesen, daß gerade der »rein fiskalische«, auf Kommerzialität beruhende Charakter der Feudalität das Prinzip des geburtsständischen Adels und seiner Ehrenvorrechte korrumpiert hatte. »Si ces prérogatives étoient exclusivement attachées à la Noblesse, elle auroit raison de les défendre, comme une distinction qui lui est propre. Mais elles appartiennent à tout homme qui peut les acheter; et ce moyen de les posséder présente un contraste de supériorité territoriale avec la supériorité de naissance et d'état, qui eût paru à nos pères la chose du monde la plus insoutenable et la plus ridicule. Il rend un homme de la première distinction le vassal, et souvent même le censitaire de l'homme de la plus basse condition qui a eu le moyen d'acheter un fief.«[163] Während der Pragmatiker Boncerf die adligen Ehrenvorrechte *(droits honorifiques),* die er freilich nirgends genau definierte, nach der Ablösung überhaupt bestehen lassen wollte[164], entwickelte Le Trône den angesichts seiner radikalen Feudalitätskritik fast skurril wirkenden Plan, den einzelnen Mitgliedern des Adels nach der Ablösung gleichsam ein persönliches Reservat »von Zinspächtern zu einem Sou pro Morgen« um ihre Güter herum einzurichten, in dem sie ihr Jagdrecht ausüben sollten[165].

Der Jurist und Physiokrat Le Trône war es, der den neuen Begriff des Grundeigentums am überzeugendsten gegenüber dem »universellen Eigentumsbegriff« des Adels und der Privilegierten zur Geltung brachte. Während die übrigen Autoren diesen Gegensatz nur indirekt berührten, indem sie in ihren hymnischen Exkursen über die Vorteile des Grundeigentums dieses praktisch zum Eigentum schlechthin erhoben[166], leistete Le Trône hier eine beachtliche, von juristischer und politischer Stringenz getragene, gedankliche und begriffliche Arbeit. Mit seiner Polemik gegen die grundherrschaftliche Gerichtsbarkeit, die er als Veräußerung eines von der Souveränität untrennbaren »öffentlichen« Rechts begriff, hob er ein verfassungspolitisches Argument erneut ins Bewußtsein, das in der Verfassungspraxis Frankreichs seit den Tagen Bodins und Loyseaus, nicht ohne Zutun der »absoluten« Monarchie selbst, untergegangen war[167]. Daß das auf allen grundherrschaftlichen Ländereien ausgeübte Jagdrecht von den Privilegierten als ein vom Prinzip des wahren, d. h. des Grundeigentums losgelöstes Recht betrachtet und aus dem »erkünstelten Recht der Feudalität« begründet wurde, erschien Le Trône als Unding[168]. Wie wir sahen, war er für die Zeit nach der Ablösung zu Kompromissen bereit, doch legte er dabei großen Wert auf die genaue Abgrenzung des neuen Jagdbezirks, auf dem der Adlige durch die Ausübung des Jagdrechts zudem landwirtschaftliche Meliorationen (z. B. Einzäunungen) nicht behindern durfte[169].

Wie alle anderen Autoren erkannte Le Trône den Eigentumscharakter der übrigen, auf einer *concession primitive* beruhenden oder sie repräsentierenden »nützlichen Rechte« voll an. Das Dilemma jeglicher in einem verfestigten, »alten« Regime sich artikulierenden, sozialökonomischen Reformbewegung durch den Hinweis kommentierend, daß hier das Prinzip des Eigentums mit sich selbst in Konflikt liege[170], stellte Le Trône den nichtjuristischen, politischen Gehalt der Ablösungsentscheidung klar heraus: »De ces deux intérêts lequel est le plus favorable? J'ose croire que c'est celui de la propriété foncière.«[171] Nicht rechtliche Erwägungen, sondern allein solche der allgemeinen Nützlichkeit könnten Staat und Gesellschaft in ihrer Haltung zur Ablösungsfrage bestimmen – eine Argumentation, durch die der Physiokrat Le Trône den utilitaristischen, auf die dauernde Veränderbarkeit bestehender Eigentumsrechte gerichteten Eigentumsbegriff Quesnays und Turgots aktualisierte[172].

Le Trône hatte keine Mühe, Belege für die Opportunität dieser Haltung aus der Verfassungspraxis der französischen Monarchie seit dem späten Mittelalter abzuleiten. Das anerkannte Enteignungsrecht des Königs im Fall des öffentlichen Straßen- oder Häuserbaus hielt er für eine völlig ausreichende rechtliche Basis zur Aufhebung der vielen Hallen-, Minen- und Marktrechte in privater Hand sowie für die Abschaffung der Wegezölle (*péages*)[173]. Die Tatsache, daß seit dem Ende des 16. Jahrhunderts alle auf den Häusern der großen Städte lastenden Hypotheken (außer der ersten nach dem Zins) ablösbar waren und daß dieses Ablösungsrecht einst zum Zweck der städtebaulichen Modernisierung eingeführt worden war, galt Le Trône als unwiderlegbares Argument auch für die Ablösung auf dem Lande[174]. Als gewichtigstes Präjudiz für die allgemeine Ablösung erschien ihm jedoch die Freisetzung der Bauern im Spätmittelalter, die durch das ruhmreiche Beispiel der Könige auf ihren Domänen in Gang gesetzt worden sei[175]. Angesichts der verbreiteten, aufklärerischen *mainmorte*-Kritik etwas waghalsig den Advocatus diaboli spielend, setzte Le Trône die »Befreiung von Personen« und die »Befreiung des Bodens« zueinander in Parallele. Auch die Leibeigenen und die schollengebundenen *mainmortables* seien in der Hand ihrer Herren ein Eigentum gewesen, und dennoch hätten die Könige nicht Privateigentum anzutasten geglaubt, »en forçant les Seigneurs de recevoir des compositions de leurs serfs«[176].

Eine wesentliche Schwäche der französischen Ablösungstheorie tritt freilich bei der letzten und bei weitem schwierigsten Frage zutage, die sich im Zusammenhang mit dem Ablösungsproblem stellte: auf welche Weise kann der *rachat* eingeleitet und durchgeführt werden? Die meisten Autoren ließen sie völlig außer acht oder gaben nur unzureichende allgemeine Maximen zum besten. In einer Zeit, da die Kritik an der Feudalität noch im Verborgenen blühte, sahen sie ihre Aufgabe in der Propagierung der Ablösungsidee, nicht aber in der Ausarbeitung spezieller Verfahren. Da sich viele Autoren zudem von den besonderen Verhältnissen einzelner Provinzen leiten ließen, in denen bestimmte Formen des Samteigentums von Grundherren und Grundholden vorherrschten, fehlten ihnen die Kenntnisse, um über generelle, für die Gesetzgebung unbrauchbare Verfahrensvorschläge hinauszukommen. Selbst Boncerf beschränkte sich auf sehr allgemeine Hinweise, die er erst im Jahre 1789, nach den Ereignissen des 4. August, in einer weiteren Schrift präzisierte und erweiterte[177]. Zu dieser Zeit lag auch Le Trônes große Schrift über die Provinzialverwaltung vor, die als einzige einen detaillierten Plan zum Ablösungsverfahren enthielt.

Gerade Le Trônes intensive Bemühungen um eine praktikable Form der Ablösung zeigen, daß sich hinter der von den anderen Autoren geübten Zurückhaltung in dieser Frage ein grundsätzlicheres Problem verbarg. Wie wir sahen, verstand die Ablösungstheorie den *rachat* als ein Mittel der agrarischen Modernisierung, als eine Initialzündung zur Befreiung des Bodens, mit deren Hilfe sich in Frankreich neue agrarische Produktionsformen zwangsläufig ausbilden würden. Im Gegensatz zu den Physiokraten, die mit ihrem Modell der *grande culture* praktisch nur eine »Zielprojektion« der neuen Agrarwirtschaft entworfen hatten, die mit Recht als »kapitalistisch« bezeichnet wird[178], hakte die Ablösungstheorie an einem konkreten Punkt der alten Agrarordnung ein, von dem aus der Modernisierungsprozeß beginnen sollte. Der Erfolg der Ablösung erschien ihr unvorstellbar ohne den Beitrag der feudalen Grundherren, so daß jenes Argument, das dem Ablösungsvorgang an sich am meisten im Wege stand – die »Heiligkeit« des Eigentums und der Verträge – zu einer tragenden Säule der Ablösung selbst wurde. Damit gerieten die Autoren zwangsläufig in ein Dilemma: Die Ablösung als Initialzündung konnte nur wirksam werden, wenn sie möglichst schnell und umfassend durchgeführt wurde und auf ein gewisses »aufgeklärtes Selbstinteresse« (R. Forster) der betroffenen Grundherren stieß. In der Tat hat besonders Boncerf diesen Gesichtspunkt immer wieder geltend gemacht[179]. Die Ablösung als Entschädigung setzte aber, bei der äußerst komplexen Vielfalt der auf den *coutumes* beruhenden Bodenordnung, ein umständliches Verwaltungsverfahren voraus, für welches das Ancien Régime keine institutionellen Möglichkeiten bot. Die agronomischen Ablösungsautoren unterschätzten diese Schwierigkeit. Beispielhaft für alle mag das Boncerf belegen, der den Ablösungsvorgang durch das vom König auf den Domänen gegebene Beispiel in Gang zu setzen gedachte und dem Element der »Ansteckung« ein großes Gewicht beimaß[180]. Boncerfs kaum zu rechtfertigender Optimismus in bezug auf das freie Spiel der Kräfte – den von selbst sich entfaltenden Ablösungsvorgang – wird schon darin sichtbar, daß er den *rachat* nicht bindend vorschreiben, sondern im Vertrauen auf das ökonomische Kalkül von Grundherren und »Vasallen« der freien Übereinkunft überlassen wollte. Allein die zukünftigen »Eigentümer« des Domanialgutes, die den Besitz von den aktuellen Inhabern durch Erbschaft oder Kauf erwarben, sollten zum *rachat* verpflichtet sein[181].

Der Jurist und Verwaltungsfachmann Le Trône ging das Problem weniger von der wirtschaftlichen als von der verwaltungstechnischen Seite an. Anders als Boncerf wies er sogleich auf die bedeutsamste Schwierigkeit der Ablösung hin, die später in der revolutionären Ablösungsgesetzgebung eine besondere Rolle spielen sollte: die Unterscheidung von festen, jährlichen Abgaben (*cens, champart* u. ä., zusammengefaßt als *droits fixes* oder *annuels*) und »gelegentlichen« Rechten *(droits casuels)*, womit die beträchtlichen, bei Vererbung oder Verkauf fälligen Wechselgebühren gemeint waren. Während Le Trône für die jährlichen Geldabgaben eine Ablösung »eins auf dreißig« für angemessen und praktikabel hielt[182], schlug er für die Wechselrechte ein gänzlich anderes Verfahren vor. Im Gegensatz zu den jährlichen Abgaben, die nur auf das in der Grundherrschaft liegende Bauernland erhoben wurden, galten die Wechselrechte (Handänderungsgebühren) auch für die Lehen. Die ökonomische Bedeutung der Feudalität und der Entschädigungsfrage wirkte sich hier nicht nur im Verhältnis zwischen Grundherren und Grundholden, sondern auch zwischen den Inhabern der Lehen aus, die vom untersten Lehen bis hinauf zum König voneinander abhängig waren[183]. Le Trône plädierte zunächst dafür, diese »feudale Kette« in einem einzigen Akt ohne Entschädigungen zu zerschlagen, wobei, aufs Ganze gesehen, allein der König als Empfänger möglicher Wechselrechte einen im Interesse des Gemeinwohls zu tragenden Verlust erleiden, allein die untersten Glieder der feudalen Kette, die grundherrschaftlichen *censitaires*, einen Gewinn machen würden[184]. Doch auch hier stellte sich das »heilige, individuelle Eigentumsrecht« zwischen den Reformer und eine praktikable Lösung des Problems. Eine generelle Aufhebung sämtlicher Wechselrechte, so mußte Le Trône zugeben, würde jene Eigentümer schädigen, deren Erträge aus den Wechselrechten ihre eigenen Zahlungsverpflichtungen übertrafen. Gleichwohl rettete Le Trône einen Teil seiner fortschrittlichen Vorschläge, indem er die Ablösung der Wechselrechte zum Gegenstand einer von den Provinzialversammlungen zu leitenden *opération générale* zu machen gedachte, einer allgemeinen Aufrechnung von Entschädigungsansprüchen und -verpflichtungen, die nach wie vor durch den Verzicht des Königs, d. h. des Staates, auf seine eigenen Erträge aus den Wechselrechten finanziert werden sollte[185].

So wenig überzeugende Vorschläge die Ablösungsautoren auch in bezug auf das Ablösungsverfahren anzubieten vermochten, so deutlich ging aus ihren Schriften doch hervor, daß zwei Voraussetzungen erfüllt sein mußten, wenn die Ablösung zu dem angestrebten wirtschaftspolitischen Erfolg führen sollte: Der Staat, d. h. die königliche Verwaltung, und eine Schicht von modern denkenden Grundherren mußten zur Ablösung und zu agrarwirtschaftlichen Reformen bereit sein, so daß die ansteckende Wirkung ihres Beispiels genutzt werden konnte. Zugleich mußte es unter den Abgabenschuldnern kapitalkräftige Eigentümer geben, die ein Interesse an der Ablösung zeigten; zumindest durfte das Bauerntum nicht zu einem politischen Faktor werden, der sich einer allgemeinen Ablösungsbewegung mit Erfolg in den Weg stellen konnte.

Es ist interessant, mit dem Blick auf diese beiden Vorbedingungen einer ökonomisch erfolgreichen Ablösungsbewegung noch einmal auf die wirtschaftliche Situation Frankreichs im Jahre 1789 und auf die Ablösungspolitik der Konstituante einzugehen. G. Lefebvre hat in seinem mehrfach zitierten Aufsatz[186] Argumente dafür angeführt, weshalb die in manchen Regionen Frankreichs sich regenden Modernisierungsbestrebungen im Ancien Régime nicht zu einem durchgreifenden Erfolg führten. Für das Scheitern einer evolutionären Ablösungsbewegung machte er einmal die Wirtschaftsgesinnung einer Schicht von Grundherren verantwortlich, die kein Interesse an einer kapitalistischen Nutzung ihres Eigentums zeigten, zum anderen wies er auf die Probleme der Kapitalanlage hin, die sich im Falle einer Ablösung für die Grundherren gestellt hätten und die in einem von der Industrialisierung erst peripher erfaßten Land nicht ohne weiteres zu lösen waren[187].

Besonderes Gewicht legte Lefebvre jedoch auf ein Argument, das von der Forschung aufgenommen wurde und heute von Autoren wie Barrington Moore, A. Cobban, A. Gerschenkron, R. Forster und G. V. Taylor vertreten wird. Die Modernisierung der Agrarwirtschaft zum Zweck der intensiveren Nutzung des Bodens, wie sie von den Ökonomen und Agronomen des Ancien Régime verstanden wurde, war gegen Ende des 18. Jahrhunderts nicht die einzige, unabdingbare Voraussetzung für die Befriedigung kapitalistischer Interessen. Das Abgabeneigentum selbst war in den letzten Jahrzehnten des Ancien Régime unter den konjunkturellen Bedingungen, die man als *réaction seigneuriale* zu bezeichnen pflegt, zu einem ertragreichen Instrument der kapitalistischen Nutzung geworden. Selbst in den Jahren, als die langfristige Hausse der Agrarpreise durch plötzliche Krisen unterbrochen wurde und nicht nur die Bauern und Pächter, sondern auch die größeren Grundeigentümer mit ihren direkten Grundeinkünften in eine schwierige Lage gerieten, blieben die Abgaben ein privilegiertes Einkommen, da es auf festen, einklagbaren Verträgen beruhte[188]. Unter dem Zeichen der *réaction seigneuriale* bildete sich geradezu ein »Abgabenkapitalismus« aus, der nicht nur eine Steigerung der Abgaben, sondern auch ihre zunehmende Kommerzialisierung hervorrief.

A. Cobban hat gerade diesen Aspekt der vorrevolutionären Wirtschaftsgeschichte zum Beleg seiner These genommen, daß die Triebkraft der Revolution nicht ein den gesamten Tiers Etat einigender Klassenkampf gegen die feudale Aristokratie gewesen sei, sondern die Polarisierung von Stadt und Land, der Konflikt zwischen den konservativen, auf die Wahrung ihrer Kollektivrechte gerichteten bäuerlichen Schichten und vielen adligen und bürgerlichen Grundherren (und ihren Generalpächtern), die sich der alten, feudalen Eigentumsformen zur Befriedigung ihrer kapitalistischen Bedürfnisse bedienten[189]. Lefebvre hatte diesen Konflikt schon klar bezeichnet, wenn er davon sprach, daß »der Kapitalismus zum Teil unter der Decke der Feudalrechte in die Landwirtschaft eindrang« und die *droits féodaux* damit, gemessen an ihrem ursprünglichen Zweck, noch »weniger erträglich« machte[190].

Die Thesen Lefebvres und Cobbans sind inzwischen durch konkrete Untersuchungen über den Anteil des Abgabenvermögens am gesamten grundherrlichen Vermögen bestätigt worden. Konnte R. Forster noch 1967 beklagen, daß die Forschung, stets vom Problem der bäuerlichen Abgabenbelastungen fasziniert, es unterlassen habe, dem grundherrlichen Abgabenvermögen die nötige Aufmerksamkeit zu schenken[191], so besitzen wir durch Forsters eigene Untersuchungen und durch andere Arbeiten inzwischen ein klareres Bild. Ohne Frage trifft auch für die grundherrlichen Abgabeneinkünfte zu, was für die bäuerlichen Leistungen gilt: erhebliche lokale und regionale Unterschiede machen generelle Aussagen unmöglich. Einzelergebnisse für den süd-west-französischen Raum, für Burgund, für die Bretagne und für die Haut-Auvergne haben dennoch einen erheblichen statistischen Wert. Forster nennt Zahlen für den Südwesten. Während in den Gebieten um Toulouse (8%) und Bordeaux (5%) die Abgaben nur einen bescheidenen Anteil der adligen Grundeinkünfte ausmachten, stiegen sie in den Provinzen Aunis und Saintonge bis zu 63% an[192]. Nach Saint Jacob erreichte allein der Zins in Nord-Burgund durchschnittlich eine Höhe von 5% des Bodenwerts und stellte somit »eine regelrechte Grundrente« dar[193]. Forster zitiert zustimmend die Untersuchungen Jean Meyers über die Bretagne, wo, vor allem auf den Gütern der bretonischen *parlementaires,* die grundherrlichen Abgaben häufig mehr als 50% der Grundeinkünfte erreichten[194].

Die eindrucksvollsten Zahlen hat jüngst M. Leymarie für die Haute-Auvergne vorgelegt, eine Provinz, die neben Burgund und der Bretagne am stärksten von der Grundherrschaft geprägt war[195]. Leymarie untersuchte drei Steuerbezirke *(élections)* dieses Gebiets und kam zu dem Ergebnis, daß allein der Anteil des Zinses im Durchschnitt ein Drittel der grundherrlichen Landeinkünfte bildete. Dabei schwanken die Angaben etwa zwischen 90,88% für das Vermögen des Grundherrn de Saint-Roman in der *élection* von Saint-Flour und 8,40% für das des Grundherrn Passefonds de Carbonat in der *élection* von Aurillac[196].

Ebenso stark wie die reinen Prozentangaben fallen jedoch die ökonomischen Wertvorstellungen ins Gewicht, die sich für viele Grundherren mit dem Abgabeneigentum verbanden. Weniger an die Landadligen Lefebvres ist hier zu denken, die sich jeglicher »bürgerlicher Rechenhaftigkeit« versagten und immer noch in den alten Idealen des Militäradels lebten[197], auch nicht an die bretonischen Grundherren Meyers, für die sich im Jagdrecht und in den *droits seigneuriaux* immer noch das ursprüngliche, »echte« Eigentum im Sinne Mösers symbolisierte[198], sondern vor allem an jene Inhaber von Grundherrschaften, denen das Abgabeneigentum der Inbegriff des »soliden«, risikoarmen Einkommens war. Leymarie zitiert eine Stellungnahme aus Aurillac von 1790, in der es heißt, es gäbe kein Einkommen »plus solide, plus assuré, que celui des rentes; il n'est pas exposé à aucun danger, il ne coûte aucune dépense... Les rentes ont d'autres avantages qui leur donnent une valeur beaucoup au-dessus du setier que recueille le propriétaire, elles sont portables et solidaires; elles emportent un droit casuel.«[199] In der Ablösungsdebatte der Konstituante machte der Deputierte der Sénéchaussée der Auvergne, Chabrol, geltend, das seigneuriale Einkommen sei »le plus solide, le moins sujet aux variations; il ne demeuroit point exposé à l'intempérie des saisons, et un revenu égal en fonds de culture ne fournira pas l'équivalent de celui qu'on perçoit en censive«[200]. Es braucht nicht noch einmal betont zu werden, wie sehr solche Vorstellungen dem Anliegen der Ablösungsautoren widersprachen, die gerade mit dem Hinweis auf die hohen Verwaltungskosten des Abgaben-eigentums (für die Feudalbeamten, für die Grundbücher, für die Prozesse u. a.) für den *rachat* zu werben versuchten[201].

Von einem anderen Beobachtungsfeld aus ist schließlich auch G. V. Taylor zu Ergebnissen gekommen, die das hier gezeichnete Bild der Wirtschaftsgesinnung breiter grundherrlicher Schichten bestätigen[202]. Im Gegensatz zu allen genannten Autoren, die ihrer Analyse einen recht verschwommenen Kapitalismusbegriff zu-grunde legten, indem sie praktisch jedes auf eine erhöhte Nut-zung bestehender Eigentumsrechte zielende Wirtschaftsverhalten als Beleg für das Eindringen des Kapitalismus in die französische Landwirtschaft werteten, hat Taylor eine Typologie der im vorre-volutionären Frankreich praktizierten »Kapitalismen« zu geben versucht. Taylor nennt vier Typen, die sich jeweils voneinander und insgesamt wieder vom entfalteten Industriekapitalismus des 19. Jahrhunderts unterscheiden[203]: den traditionellen Handelska-pitalismus, der neben dem Handel das Bankgeschäft und die Heimmanufaktur erfaßte; den Finanz- oder Hofkapitalismus der Steuerpächter und Staatsbeleiher; embryonale, sehr oft auf an-sehnlichen agrarischen Vermögen des Adels basierende Formen des Industriekapitalismus in den Minen und einfachen Metallfa-briken; schließlich, als den verbreitetsten und für unseren Zusam-menhang wichtigsten Typ, »a capitalism of real property practi-sed by proprietors and rentiers who exploited rural and urban land and sometimes invested in private loans and long-term pu-blic securities«[204]. Die Erträge dieses von Taylor so genannten, seinem Wesen nach vor-kapitalistischen »Eigentumskapitalis-mus« lagen zwischen einem und fünf Prozent, waren im Ver-gleich zu den übrigen Typen somit gering, variierten jedoch kaum und boten damit große Sicherheit. Die Pflege dieser Vermögen verlangte keinen oder geringen unternehmerischen Einsatz, Wirt-schafts- und Finanzkrisen führten zwar zu einer Minderung der

Erträge, niemals aber zu einem Verlust des Vermögens. Gefahren drohten ihm lediglich durch Verschuldung, Erbteilung und Mitgiften; ansonsten sicherte es seinem Inhaber über lange Zeit einen aristokratischen Status, der jedoch keinesfalls auf Adlige beschränkt blieb, sondern allen offenstand, die durch den Erwerb von Ämtern, Renten, Grundbesitz u. a. zu typischen *propriétaires* des Ancien Régime geworden waren[205].

Auch wenn Taylor das in diesen Bereich gehörende Abgabeneinkommen stark unterschätzt[206], so zeigen seine Untersuchungen doch, daß die wichtigste, von der Ablösungstheorie immer wieder betonte Voraussetzung für einen *rachat* – die Verbindung von Ablösung und agrarischer Modernisierung – in Frankreich nicht nur auf den begreiflichen Widerstand vieler betroffener Grundherren traf, sondern auf spezifische, in allen besitzenden Schichten verbreitete ökonomische Wertvorstellungen, welche die herrschenden Formen der Eigentumsnutzung und damit zugleich die Ideologie der »Heiligkeit« sämtlicher bestehenden patrimonialen Eigentumsrechte sanktionierten. Merlins Plädoyer für die Umwandlung der Feudalrechte in »einfache Grundrenten« zeigte, daß es der Konstituante nicht um wirtschaftliche Reformen, sondern allein um die Einordnung dieser politisch nicht mehr haltbaren Eigentumsrechte in das allseits akzeptierte, von den politischen Konflikten zwischen dem Tiers Etat und der »feudalen« Aristokratie nicht berührte Renteneigentum ging[207].

Ein Blick auf die wichtigsten Inhalte der Ablösungsgesetzgebung zeigt, wie sehr die Dynamik der Ablösung, wie sie von Boncerf, Roubaud oder Le Trône verstanden wurde, in diesem Prozeß der Angleichung des Feudaleigentums an die herrschende Rentengesinnung der französischen *propriétaires* und der staatlichen Institutionen verlorenging. Wir erwähnten, daß Le Trône für die Aufhebung der Wechselrechte ein »Opfer« der königlichen Verwaltung verlangte, um auf diese Weise Entschädigungsansprüche im Bereich der feudalen Kette zu befriedigen[208]. Auch Boncerf hatte in seiner ersten Schrift für niedrigere Ablösungssätze auf den Domänen plädiert[209]; in seiner zweiten Schrift ging er weiter und verlangte einen Verzicht des Staates auf sämtliche Feudalabgaben, um den von den Domänen ausgehenden »Ablösungsdruck« zu verstärken[210]. Die Feudalitätskommission, in dieser Frage von Tronchet geführt, folgte diesem Vorschlag nicht[211]. Wie schon Mathiez betont hat, zählte gerade die revolutionäre Domänenregie zu den hartnäckigsten Abgabengläubigern des Landes – und das nicht mehr nur für die Domänen, sondern auch für die National- und Emigrantengüter[212]. Die Ablösungsgesetze dekretierten ausdrücklich die individuelle, zwischen jedem einzelnen Grundherren und seinen *censitaires* zu tätigende Ablösung und schalteten damit, im Gegensatz zur Ablösung in Savoyen von 1771, die bäuerliche Gemeinde aus dem Ablösungsprozeß aus[213]. Sie sahen den individuellen *rachat* zudem nur für den Fall vor, daß ein einzelner *censitaire* ein Ablösungsbegehren an den Grundherren richtete[214]. Sie stipulierten die Fortzahlung sämtlicher Abgaben (inklusive der Zinsen) bis zum Zeitpunkt der vollzogenen Ablösung[215] und sahen keine kreditpolitischen Maßnahmen vor, die den unvermögenden Bauern den Weg zur Ablösung erleichtert hätten. Sie machten es den Bauern zur Pflicht, den Nachweis über zu Unrecht erhobene Abgaben zu führen, ein Verfahren, das nach der Zerstörung vieler grundherrlicher Archive, die allein über die Rechtmäßigkeit von Abgabenansprüchen hätten Auskunft geben können, für viele Bauern unpraktikabel war[216]. Sie verlangten die solidarische Ablösung dort, wo Abgaben solidarisch gezahlt wurden, und räumten einem einzelnen die Möglichkeit zur Ablösung nur für den Fall ein, daß er zur Ablösung der Gesamtschuld bereit war. Vor allem aber forderten sie die gleichzeitige Ablösung der jährlichen und gelegentlichen Rechte und wandten damit auch auf den problemgeladenen Komplex der Wechselrechte rigoros den Gesichtspunkt der individuellen Eigentumsentschädigung an, den Le Trône mit seiner vom Konsensus der Munizipalversammlungen getragenen »Allgemeinen Operation« wenn nicht umgehen, so doch abmildern wollte[217].

Dies alles zeigt, wie wenig die Konstituante eine Grundbesitzerversammlung im Sinne Turgots und Le Trônes war. Es läßt sich zwar nicht übersehen, daß sie, durch den seit 1788 schwelenden Konflikt zwischen Tiers Etat und Aristokratie provoziert, auf dem Gebiet der Privilegien, der persönlichen Gutsuntertänigkeit und der persönlichen Ehrenrechte des Adels Entscheidendes leistete. Gewiß ließen sich auch viele ihrer Mitglieder in den Jahren 1789 bis 1791 wirtschaftspolitisch von einem »vagen Agrarindividualismus« und von einem »vagen Programm der Intensivierung der Produktion« leiten[218]. Doch angesichts der zentralen agrarwirtschaftlichen Fragen, die durch die Ablösungstheorie aufgeworfen wurden – der Zergliederung des Bodens, der passiven, unkapitalistischen Wirtschaftsgesinnung der Grundherren, der staatlichen, zehnt- und grundherrlichen Ausbeutung der produktiven Klasse –, mußten solche Leistungen und Haltungen marginal bleiben. Die Ablösungsdebatten der Konstituante, vor allem die Kommissionsberichte Tronchets[219], lassen die Befangenheit dieser Versammlung in den Bahnen eines traditionellen, patrimonialen Eigentumsdenkens erkennen. Sie widerlegen im Rückblick schlagend den Optimismus der Ablösungsautoren, die an wirtschaftliche Reformen unter Wahrung bestehender Eigentumsrechte geglaubt hatten.

Trotz allem war mit den Ablösungsgesetzen zumindest ein Schritt getan, dem im Laufe der Zeit die von den Ablösungsautoren gewünschten Entwicklungen hätten folgen können. Die bis 1793 getätigten Ablösungen belegen sowohl den hinhaltenden Widerstand vieler Seigneurs[220] als auch die Bereitschaft mancher Grundherren, mit ihren Bauern zu einer schiedlich-friedlichen Einigung zu kommen[221]. Wenn die Ablösung dennoch innerhalb weniger Jahre scheiterte, so vor allem, weil auch die zweite Voraussetzung für einen erfolgreichen *rachat* im Sinne der Ablösungstheorie 1789 kaum mehr gegeben war und in den folgenden Jahren immer mehr schwand. Die Ablösungstheorie verstand den *rachat* stets als eine wirtschaftspolitische Entscheidung zugunsten der Inhaber des *dominium utile*. Fraglos konnte sie mit dem Einverständnis aller *censitaires* rechnen, soweit es um die Befreiung des Bodens schlechthin ging. Ob dieser Konsensus auch in bezug auf die Ablösung galt, mußte jedoch so lange fraglich erscheinen, wie die Ablösungsautoren keine überzeugenden kredit- und bauernpolitischen Maßnahmen zur Realisierung des *rachat* vorsahen. Da die Kritik an der *féodalité* zwischen 1770 und 1780 noch nicht zum Fanal der französischen Bauernbewegung geworden war[222], da der Gegenstand der Ablösungstheorie in erster Linie die agrarische Modernisierung und nicht die soziale Bauernfürsorge war, konnten Boncerf und seine Kollegen den möglichen Widerstand der Bauern gegen einen *rachat* unberücksichtigt lassen, ja, sich sogar der Illusion hingeben, die Ablösung werde sich notfalls auch durch Landabtretungen verwirklichen lassen.

Hier war jedoch in den Jahren 1788/89 eine grundlegende Wandlung eingetreten. Neben dem Hunger, den Zehnten und der *taille* gehörten die *droits féodaux* jetzt zu den zentralen Gravamina der Bauern. Der Angriff auf die grundherrlichen Archive, früher nur hier und dort praktiziert, war zu einem verbreiteten Mittel der Selbsthilfe geworden[223]. Ein genaues Studium der »ursprünglichen« *cahiers* aus den bäuerlichen Gemeinden, die im Zuge übergeordneter *cahier*-Redaktionen einiges von ihrem originären, den Tiers Etat nicht interessierenden oder ihm nicht dienenden Ideengut verloren[224], könnte zeigen, ob neben der allgemeinen Feudalitätskritik nicht schon vor dem 4. August 1789 der Protest gegen jegliche oder gegen eine zu hohe Ablösung zu den Anliegen des Bauerntums gehörte. Fest steht, daß in den seit dem 4. August an die Feudalitätskommission gerichteten Petitionen häufig die Forderung nach der Aufhebung des *rachat* auftauchte, fest steht auch, daß sich viele Bauern im Verlauf der Ablösungsbewegung weigerten, ihre Abgaben abzulösen, weil sie dazu nicht bereit oder in der Lage waren[225]. Die vorrevolutionären Spannungen zwischen der Grundherrschaft und dem Bauerntum wurden hier direkt in die Revolution hineingetragen, die soeben das feudale Régime »vollständig zerstört« hatte. Durch die Idee der Ablösung wurde die Feudalität selbst dort, wo sie zu einem historischen Relikt ohne große ökonomische Bedeutung erstarrt war, erneut lebendig. Jedes für sich genommen belanglose Recht, jede unerhebliche Abgabe mußte für einen unvermögenden *censitaire* zu einer beachtlichen Belastung werden, wenn er sich entschloß, nach den Sätzen der Konstituante (eins auf zwanzig für Geld-, eins auf fünfundzwanzig für Naturalabgaben) abzulösen[226] – von den Wechselrechten einmal ganz abgesehen, deren Ablösung einem weder zur Erblassung noch zum Verkauf gezwungenen Bauern nur schwer plausibel gemacht werden konnte. Schon lange vor dem Erlaß der Märzgesetze 1790 beschrieb der Publizist Boudin dieses Dilemma der Ablösungsbewegung präzise und warnte die Nationalversammlung eindringlich, »qu'il n'y avoit pas de milieu entre l'Ancien Régime et l'affranchissement«[227]. Der Sache nach schon auf die entschädigungslose Aufhebung des Feudaleigentums zielend, kritisierte er den *rachat* vor allem, weil er ihm schon 1789 völlig unpraktikabel erschien. Anschaulich schilderte er die Ratlosigkeit eines kleinen *censitaire*, der schon seine jährliche Zinsleistung von 40 Sous nur mit Mühe aufbringen konnte und kaum davon zu überzeugen war, »reicher als vorher« zu werden, wenn er jetzt 60 Pfund als Ablösung auf den Tisch zu legen hatte. »Et s'il ne se rachette pas, en quoi le Régime féodal se trouvera-t-il aboli en son égard?«[228] In einem Memorandum der

Ortschaft Bar-sur-Aube an die Konstituante vom 12. August 1789 (!) heißt es: »Si la nation ne pouvait devenir franche tenancière qu'en remboursant les cens, lods et ventes... etc., les roturiers seraient exposés à payer une seconde fois l'équivalent de la valeur de leurs propriétés; les procès seraient plus que jamais multipliés pour faire décider du mérite ou du vice des prétendus titres du seigneur d'une paroisse. Les Seigneurs profiteraient du prix des affranchissements, et ils se donneraient bien de garde de racheter les mouvances féodales qu'ils ont intérêt de perpétuer pour conserver de grandes propriétés au préjudice des cultivateurs, qui sont réduits à la dernière misère par l'impossibilité d'acquérir des portions de biens nobles presque toujours substitués de mâle en mâle.«[229] Nach einem historischen Exkurs, der belegen soll, daß die grundherrlichen Renten ebenso der Nation gehörten wie die Kirchengüter, heißt es in dem Schreiben eines Priesters aus dem Bas-Vivarais an die Konstituante vom 16. Januar 1790: »Un décret donc de l'Assemblée nationale est inévitable pour abolir à jamais les rentes: la liberté de les racheter sera toujours pour le petit peuple une inutile ressource pour posséder paisiblement son petit fonds de terre, parce que le pauvre n'est jamais en état de compter à la fois une grosse somme d'argent.«[230]

Diese Zitate weisen schon deutlich in die Richtung, in die das revolutionäre Ringen um das Feudalitätsproblem in den folgenden Jahren führen sollte. Es gehört zur Ironie der französischen Revolutionsgeschichte, daß die Konstituante, von dem vermeintlich sicheren Refugium des »heiligen Eigentumsrechts« aus argumentierend, diesen Weg durch die Ablösungspolitik am stärksten bereitete. Er führte in der Tat zur weitgehenden »Befreiung« des französischen Bodens von der »feudalen Anarchie«, für die Boncerf und Le Trône ihre publizistische Stimme erhoben hatten, jedoch unter Bedingungen, die ihr ökonomisches Anliegen – die Umwandlung der alten französischen Agrarordnung in eine moderne, kapitalistische Landwirtschaft – auf Jahrzehnte hinaus unerfüllt ließ. Die Gewinner des Jahres 1793 waren nicht die Grundherren, denen die Ablösungsautoren mit Hilfe der Ablösungsidee ein neues Verständnis des Grundeigentums und seiner wirtschaftlichen Nutzung aufzwingen wollten, sondern die französischen Bauern, sofern sie Land zu eigen besaßen. Ihr revolutionärer Kampf war politisch erfolgreicher als der jener Grundherren, die an ihren Abgaben und Renten hingen, ökonomisch diente er jedoch den gleichen, konservativen Zielen: der Erhaltung und Konsolidierung der französischen Agrarstruktur.

Ohne Frage gehört der Versuch, den Grad der agrarischen Veränderung zu ermessen, den Frankreich mit Hilfe einer erfolgreichen Ablösung hätte erreichen können, in das Reich der historischen Spekulation. Auch die Beispiele anderer europäischer Territorien, in denen die Ablösung sowohl die Kommerzialisierung des Bodens als auch die Zurückdrängung des selbständigen Bauerntums förderte, tragen nur wenig zur Erhellung der französischen Situation bei, da die Ausgangslage zur Bauernbefreiung in den einzelnen Ländern Europas zu unterschiedlich war[231]. Dagegen läßt sich an der französischen Ablösungsbewegung und den spezifischen Bedingungen ihres Scheiterns eine These erhärten, die schon von G. Lefebvre und seinem späteren Gegenspieler A. Cobban aufgestellt wurde und die einer allzu vereinfachenden Interpretation der »bürgerlichen« oder »kapitalistischen« Errungenschaften der französischen Revolution einen Riegel vorschiebt. Indem die französischen Bauern vor der Revolution die immer stärker kommerzialisierten Feudalrechte und nach 1789 ihre finanzielle Ablösung bekämpften, bekämpften sie im Grunde, was im Frankreich des Ancien Régime – auch mit Hilfe der »Feudalität« – zum Kapitalismus drängte.

Dieser Kampf hatte Erfolg, weil die Gegner der Bauern – nicht die konservativen Feudalherren, sondern die ökonomisch weitsichtigen Grundherren und Grundeigentümer – vor wie nach 1789 zu schwach waren. Sie hätten nur zum Zuge kommen können, wenn sie, in repräsentativen Versammlungen organisiert, von einer starken Verwaltung unterstützt, den *rachat* gegen ein noch nicht politisiertes Bauerntum durchgesetzt hätten. Daß der aufgeklärte Absolutismus in Frankreich, ähnlich wie auf anderen wirtschaftlichen Gebieten, zu einer solchen Politik nicht in der Lage war, trug wesentlich zu seinem Scheitern und zum Ausbruch der Revolution bei, in der sich allgemeine Agrarreformpläne, wie sie den Ökonomen und Agronomen des Ancien Régime vorgeschwebt hatten, nicht mehr realisieren ließen.

Damit blieb die französische Landwirtschaft noch im 19. und selbst im 20. Jahrhundert von der Erbschaft des Ancien Régime, darunter vor allem der *petite culture,* geprägt. Dieser ökonomische Tempoverlust, der etwa im Vergleich mit England deutlich wird, bedeutete freilich einen Gewinn auf sozialem Gebiet. Das Fortleben des kleinen ländlichen Produzenten schuf die Voraussetzung für die »egalitäre und demokratische Tradition«[232] Frankreichs auf dem Lande, und es liegt sicher kein übersteigerter Patriotismus vor, wenn G. Lefebvre feststellt, daß die Agrarentwicklung in Frankreich »menschlicher gewesen« sei und »weniger Leiden hervorgerufen« habe als in anderen Ländern[233].

Bibliographischer Nachtrag (Auswahl)

Colin Lucas: »Nobles, bourgeois and the origins of the French Revolution«. In: *Past & Present* 60 (1973), S. 84-126.

Jerôme Blum: »The condition of European Peasantry on the Eve of Emancipation«. In: *Journal of Modern History* 46 (1974), S. 395-424.

Jean Bastir: *La féodalité au siècle des lumières dans la région de Toulouse (1730-1790)*. Paris 1975.

Melvin Edelstein: »Mobilité ou immobilité paysanne? Sur certaines tendences conservatrices de la Révolution française«. In: *Annales historiques de la Révolution française* 47 (1975), S. 169-192.

Guy Chaussinand-Nogaret: *La noblesse au* xviiie *siècle. De la féodalité aux lumières*. Paris 1976.

Jean-Noel Luc: »Le rachat des droits féodaux. Législation et application dans la Charente-Inférieure (1789-1793)«. In: *Bulletin d'histoire économique et sociale de la Révolution française* (1977), S. 15-71.

Emmanuel Le Roy Ladurie: »Les paysans français au xviiie siècle dans la perspective de la Révolution française«. In: Ernst Hinrichs u. a. (Hg.): *Vom Ancien Régime zur französischen Revolution*. Forschungen und Perspektiven. Göttingen 1978, S. 261-278.

Jean-Paul Fanget: »Aspects de l'abolition du régime seigneurial dans le département du Puy-de-Dôme: Le brûlement de titres féodaux (août 1793-pleuviose an II)«. In: *Cahiers d'histoire* 23 (1978), S. 169-192.

Christof Dipper: »Die Bauern in der französischen Revolution«. In: *Geschichte und Gesellschaft* 7 (1981), S. 119-133.

Gerd van den Heuvel: *Grundprobleme der französischen Bauernschaft 1730-1794. Soziale Differenzierung und sozio-ökonomischer Wandel vom Ancien Régime zur Revolution*. München u. a. 1982.

Olwen Hufton: »Le paysan et la loi en France au xviiie siècle«. In: *Annales E.S.C.* 38 (1983), S. 697-701.

Hannes Krieger: »La Révolution française et la féodalité: bilan du thème de l'abolition dans l'historiographie française«. in: *Annales de l'histoire de la Révolution française* 265 (1986), S. 248-267.

Ancien Régime und Revolution[1]

Die Feier des *Bicentenaire* der Französischen Revolution hat in der Öffentlichkeit und auch bei den Historikern zu einer erstaunlichen, vor einigen Jahren noch unvorstellbaren Rückbesinnung auf das Ereignishafte dieser welthistorischen Umwälzung geführt. Nicht nur die in Frankreich regierungsamtlich eingeleiteten Aktivitäten zur würdigen Vorbereitung und Gestaltung des Geburtstags, die naturgemäß zur weltweiten Werbung für die *grande nation* genutzt werden, bieten dafür einen anschaulichen Beleg. Autoren, Verlage, Zeitungen, Zeitschriften, Rundfunk- und Fernsehstationen, Universitätsseminare zahlreicher Fachrichtungen, Volkshochschulen, selbst die Produzenten von Andenkenartikeln, T-Shirts und modischen Accessoires aller Art lenken den Blick in und außerhalb Frankreichs schon seit geraumer Zeit in einer Weise auf den 14. Juli 1789/1989, daß kaum ein Vergleich mit einem anderen Ereignis möglich erscheint. Selbst in der Bundesrepublik Deutschland, die 1989 der Entfesselung des 2. Weltkriegs und der 40. Wiederkehr der »doppelten Staatsgründung« zu gedenken hat, behauptet sich die zweihundert Jahre alte Revolution im Nachbarland glänzend neben diesen bedeutungsvollen Ereignissen aus der deutschen Zeitgeschichte.

Soweit das Medien- und Touristikspektakel *Bicentenaire* zur Intensivierung und Vertiefung der Forschung über das Ereignis und seine gesamte Epoche beiträgt, wird selbst derjenige nichts dagegen haben, dem die Wucherungen der aktuellen literarischen Produktion und die Marktgängigkeit der ins Auge gefaßten Feierlichkeiten zum 14. Juli 1789 zuwider sind. Ein Blick in die seit 1984 erscheinenden, inzwischen auf fünf umfangreiche Hefte angewachsenen Bulletins[2] der »*Commission Nationale de Recherche Historique pour le bicentenaire de la Révolution Française*« zeigt, daß weltweit mit einem nicht unerheblichen Ertrag an Symposien und Forschungen im Zusammenhang mit dem 14. Juli 1989 zu rechnen ist. Ob dabei grundlegend Neues herauskommen wird, ob nicht eher die sektorale und regionale Vervollständigung eines Bildes, das wir, in Korrektur früherer Erkenntnisse, im Forschungsprozeß seit 1945 gewonnen haben, steht auf einem ganz anderen Blatt und wird sich erst nach dem Abflauen des großen Jubiläumssturms beurteilen lassen.

Ein Problem läßt sich freilich vorab überblicken und formulieren: Mit der massiven, mediengestützen Hinlenkung der öffentlichen Aufmerksamkeit auf den 14. Juli, den Bastillesturm, scheint nicht nur in der allgemeinen Publizistik, sondern auch in der Geschichtswissenschaft eine bemerkenswerte Sinnaufladung des Ereignisses *als solchen* einherzugehen. Bei der Lektüre neuer Bücher über 1789, bei der Rezeption der zahllosen schon jetzt verfügbaren Artikel, bei der Ankündigung von Verlagsprospekten drängt sich der Eindruck auf, als handele es sich beim Ausbruch der Französischen Revolution um einen Neuanfang schlechthin, um den Beginn einer neuen Weltordnung, ja, um den Beginn einer neuen Zeit. Und es gibt wissenschaftlich seriöse Argumentationen, die diesen zunächst nur diffusen Rezeptionseindruck bestätigen. Michel Vovelle, schon 1982 von François Mitterand zum Präsidenten der soeben erwähnten *Bicentenaire*-Kommission ernannt und mit der wissenschaftlichen Vorbereitung und Ausgestaltung des Jubiläums beauftragt, hat schon 1979 in einem italienischen Verlag ein Buch zur Französischen Revolution vorgelegt, das schnell auch ins Deutsche übersetzt wurde[3]. Diese Studie aus der Feder eines der besten Kenner des späten 18. Jahrhunderts in Frankreich kann als Beispiel dienen für einen Interpretationszugang, der den Neubeginnsanspruch und -charakter der Französischen Revolution massiv unterstreicht.

So läßt sich Vovelle auf eine Erörterung der Ursprünge bzw. der Vorgeschichte der Revolution nur beiläufig ein und findet dafür im Rahmen seines Konzepts eine plausibel wirkende Begründung. Konsequenterweise erörtert er die Kontinuitätsproblematik überhaupt nicht, sondern hebt aus dem revolutionären Geschehen all jene Ereignisse, Phasen, Denkanstöße, Handlungen und Haltungen hervor, die den Charakter des völlig Neuen, mit dem Vorangehenden Brechenden oder es gar nicht zur Kenntnis Nehmenden tragen. Dabei richtet sich sein Blick nur nebenher auf die Politik, die, etwa bei der demokratischen Legitimierung des politischen Handelns oder im Prozeß der Verfassungsgebung, der Revolution doch ohne Zweifel radikale Neuerungen verdankt, sondern geht von den neuen »Mentalitäten« aus, versucht, in den revolutionären Mentalitätslagen jenen Urgrund des Neuanfangs zu fassen, von dem aus sich ihm ein Verständnis des Ereignisses erschließt[4].

Das ist eine überraschende Sicht, wenn man sie mit dem vergleicht, was in den vergangenen Jahrzehnten zumindest in Frankreich im Zentrum des Forschungsinteresses stand. Hier dominierten strukturgeschichtliche Forschungsansätze. Differenzierte, oft mit dem Mittel der Quantifizierung arbeitende Langzeitstudien zur Wirtschafts-, Sozial-, Bevölkerungs- und Mentalitätsgeschichte erhoben den sozialen Wandel zum Wirkungsfeld der »langen Dauer« im Sinne Fernand Braudels und nahmen die plötzliche, revolutionäre Veränderung so wenig in den Blick, daß sie Gefahr liefen, ein Ereignis wie die Französische Revolution gleichsam aus der Geschichte hinauszuinterpretieren. Vovelle selber hat nicht als Historiker der Französischen Revolution, sondern mit vorzüglichen Strukturuntersuchungen zu langdauernden Wandlungsprozessen des Ancien Régime – Dechristianisierung, Alphabetisierung, Entstehung einer vorrevolutionären Sensibilität (!) – seine größten Meriten erworben[5].

Haben wir da eine durch das Jubiläum auf den Weg gebrachte methodologische Neuorientierung vor uns? Bestimmte Formulierungen Vovelles lassen sich durchaus in diesem Sinne interpretieren. Auch aus deutscher Sicht käme eine solche Wendung nicht überraschend, wird hier doch in den letzten Jahren im Zusammenhang mit der Kritik an einer zu starken Dominanz strukturgeschichtlicher Betrachtungsweisen immer wieder eine Neubesinnung auf die Ereignisgeschichte gefordert. Es stellt sich aber die Frage, ob gerade die Französische Revolution, gewiß ein Ereignis (bzw. eine ganze Kette von Ereignissen) in des Wortes fundamentalster Bedeutung, zu Recht zum Gegenstand einer solchen Neuorientierung genommen wird. Oder, anders gefragt: Wird die durch das Jubiläum geförderte Konzentration auf das Ereignis im Sinne eines Neuanfangs dem Ereignis selbst und dem Forschungsstand wirklich gerecht? Wird ein revolutionäres Ereignis, das gewiß per definitionem mit etwas Neuem beginnen sollte und dies nach der Selbstinterpretation der Revolutionäre auch tat, mit einer überzogenen Betonung dieses Ereignisses nicht des notwendigen vergleichenden Blicks in Vergangenheit und Zukunft, wird das von ihm konstituierte Neue damit nicht gerade seiner Legitimationskraft beraubt?

Im folgenden sollen dazu einige Überlegungen angestellt werden. Sie nehmen sich vor, in eine seit langem, im Grunde seit 1789 anhaltende Debatte über die Probleme der Ursachen und der Vorgeschichte der Revolution, aber auch über das erkenntnistheoretisch anders geartete Problem des Übergangs vom Ancien Régime zur Revolution hineinzuleuchten[6].

Es gibt viele Arten, die Vorgeschichte und Geschichte der Französischen Revolution zu erzählen. Ernst Schulin hat für seine vor kurzem erschienene Darstellung ein neues, bisher, wenn ich recht sehe, noch nicht erprobtes Verfahren gewählt[7]. Von der Einleitung und einem Kapitel über die Geschichte der Geschichtsschreibung abgesehen, setzt er unmittelbar mit der Darstellung des Revolutionsverlaufs ein und führt sie bis zum Sturz des Königtums 1792. Erst danach geht er in einem weit ausholenden Kapitel auf die Vorgeschichte ein, die sich in die Abschnitte »Wirtschafts- und Sozialgeschichte«, »Verfassungs- und Verwaltungsgeschichte« und »Ideen- und Mentalitätsgeschichte« gliedert. Angesichts der komplexen Forschungslage zum Ancien Régime ist das eine sinnvolle, problemorientierte Untergliederung. Ein an dieses Kapitel angehängter Kurzabschnitt mit dem Titel »Außenpolitik. Europäisches Echo« wirkt an dieser Stelle dagegen schon deshalb wie ein Fremdkörper, weil er sich nicht auf den Aspekt »Vorgeschichte« beschränkt, sondern sogleich zu den – in der Tat bedeutungsvolleren – außenpolitischen Folgen der Revolution überleitet.

Es mag dahingestellt bleiben, ob Schulins Verfahren sich bewähren wird. Zweifellos hat es aber seine Reize, weil es Probleme vermeidet, die bei konventionell gearbeiteten Revolutionsgeschichten mitsamt ihren Vorgeschichten nur allzu leicht auftreten. Schulin nennt drei solcher Gefahren:

1. Die Degradierung des 18. Jahrhunderts zur »bloßen« Vorgeschichte.

2. Die Ex-Eventu-Konstruktion einer »Notwendigkeit« der Revolution.

3. Die durch die Analyse der Vorgeschichte bedingte Konzentration auf die ersten Phasen der Revolution.

Das Argument der »Notwendigkeit« verdient dabei besondere Aufmerksamkeit, ist doch die bisherige Geschichtsschreibung zur Revolution und ihrer Vorgeschichte von ihm geprägt gewesen wie von kaum einem anderen. Weil die Revolution ausbrach, so läßt es sich zusammenfassen, und weil sich von ihrem Verlauf, besonders in der ersten Phase zwischen 1789 und 1791, Rückschlüsse auf den Zustand vorher ziehen ließen – natürlich hatten vor allem die revolutionären Politiker und Rhetoren das Ancien Régime vor Augen, das sie, bevor sie es »abschaffen« konnten, definieren mußten –, darum war sie unvermeidlich und notwendig. Ancien Régime und Revolution sind in dieser Sicht im Sinne eines starren Kausalnexus miteinander verbunden, der beide ihrer Eigenwertigkeit beraubt.

Auf den m. E. größten Nutzen seines Verfahrens weist Schulin freilich nicht hin, obwohl ein solcher sich unmittelbar aus der auf »Notwendigkeit« gerichteten Argumentation ergibt. Jede Darstellung der Vorgeschichte einer Revolution, die sich nicht darauf beschränkt, die chronologische Abhandlung eines mehr oder minder großen vorangehenden Zeitabschnitts zu bieten, sondern im Zusammenhang mit der Narration auch Ursachenanalyse betreibt, läuft Gefahr, die Vorgeschichte einer Revolution so zu sehen, wie es Zeitgenossen, etwa bedeutende Revolutionsführer, selber taten. Die Literatur zur Französischen Revolution liefert dafür ein Übermaß an Beispielen, und man braucht nur in gängige Schulbücher zu blicken, um die – nicht trotz, sondern wegen seiner Quellennähe – methodische Bedenklichkeit eines solchen Verfahrens mit Händen zu greifen. Wer wollte heute noch bestreiten, daß der Abbé Sieyès, dessen *Tiers Etat* so oft zur Charakterisierung des alten Regimes herhalten mußte, in seinem berühmten Traktat nichts weniger im Sinn hatte als eine objektive Schilderung, »wie es wirklich gewesen«, wohl dagegen eine integrationsideologische Zusammenfassung alles dessen, was gegen das Ancien Régime vorgebracht werden konnte[8]?

Gewiß ist der Sieyès'sche Traktat auch für den Historiker von unendlichem Wert, wenn es darum geht, die ideologische Stimmungslage der sich ausbildenden Partei der Patrioten im letzten Halbjahr vor dem Zusammentritt der Generalstände zu orten. Gewiß bieten zeitgenössische Quellen mannigfache Belege für kluge, weil distanzierte Analysen – Mirabeau z. B. ist eine Blüte, aus der sich in dieser Hinsicht viel Honig saugen läßt[9] –, doch der methodische Einwand, daß Quellennähe dem rückschauenden Historiker nur dann zu einem angemessenen Bild verhilft, wenn sie mit gründlicher Quellenkritik verbunden ist, wird damit nicht widerlegt.

Es gibt freilich einen anderen Typus von Revolutionsdarstellung, der gar nicht erst den Anspruch erhebt, das Verhältnis von Vorgeschichte und Verlauf im Sinne eines wie auch immer gearteten

Kausalgeflechts zu entschlüsseln. Man könnte ihn als »Übergangsanalyse« bezeichnen. Es geht um Darstellungen, die zwar gleichfalls auf das Vorher und Nachher reflektieren, doch nicht im Sinne einer Kausalanalyse, sondern einer Gegenüberstellung, man könnte auch sagen: einer Bilanzierung oder einer dialektischen Spiegelung von Ancien Régime und Revolution. Tocqueville ist der bedeutendste Vertreter dieses Typs gewesen, der, wenn er sein Gesamtwerk auch nicht abschließen konnte, doch deutlich machte, wie wenig er sich in *L'Ancien Régime et la Révolution* von einfachen Kausalvorstellungen, wie sehr dagegen von einer dialektischen Betrachtungsweise leiten ließ.[10]

Auch die Übergangsanalyse steht in der Gefahr, politisch gebundenen zeitgenössischen Deutungen auf den Leim zu gehen, denn alle Revolutionäre sahen und deuteten ihr Tun immer wieder im Spiegel der vorangegangenen Zeit, nutzten diese als Folie, auf der ihr eigenes Handeln um so klarer und lauterer hervortrat. Doch die Verschränkung von Ancien Régime und Revolution ist nicht nur eine im Bewußtsein der Revolutionäre verankerte, subjektive, sie hat auch ihre objektiven, im real-historischen Prozeß gründenden Ursachen. Bei allem Verständnis für die Tabula-rasa-Begeisterung der Revolutionäre – die Revolution ist für den rückschauenden Betrachter nicht denkbar ohne das Ancien Régime, und dieses wäre, hätte es die Revolution nicht gegeben, niemals zu einem »alten« Regime geworden. Erst durch die Revolution definierte es sich als *ancien,* erst im Spiegel des alten Regimes konnte die Revolution werden, was sie wurde, und beide wiederum sind für den analysierenden Historiker nicht faßbar ohne sein Wissen über das, was aus Frankreich und der von der Französischen Revolution beeinflußten Welt im 19. und 20. Jahrhundert wurde. Ancien Régime und Revolution sind unlösbar miteinander verschränkt, und der Betrachter des 20. Jahrhunderts vermag diese Verschränkung nur zu erkennen und zu analysieren, weil er den weiteren Verlauf der Geschichte überblickt.

An dieser Stelle drängt sich der der deutschen historiographischen Tradition so vertraute Begriff der »Kontinuität« auf. Wird durch ihn nicht ausreichend erfaßt, was gemeint ist? Eberhard Schmitt hat in seiner *Einführung* von 1976 einleuchtende Betrachtungen darüber angestellt, daß die Geschichtsschreibung zur Französischen Revolution den Gedanken der Kontinuität viel zu wenig beachtet hätte. Es liege, so Schmitt, »die Vermutung nahe, daß Ancien Régime und Revolution durch ein weit stärkeres Band der Kontinuität verknüpft waren, als die Historie bisher annimmt«[11]. Schmitt verweist zum Beleg auf Reformpläne des Ancien Régime, die in der Revolution verwirklicht worden seien, spricht von der Möglichkeit, daß der Revolutionsprozeß bis hin zur Flucht nach Varennes »ohne weiteres« in eine konstitutionelle Monarchie hätte einmünden können, und folgert: »Es spricht infolgedessen vieles dafür, die eigentliche historische Zäsur in der französischen Geschichte erst mit dem Jahr 1792 anzusetzen, mit der Abschaffung der Monarchie und dem Übergang zur Konventsherrschaft der Girondisten und Jakobiner. Die Einführung eines republikanischen Kalenders, dessen Zählung rückwirkend mit dem 22. September 1792 begann, weist darauf hin, daß auch den Zeitgenossen der Bruch mit der Vergangenheit erst jetzt als irreparabel erschien«[12].

Diese – für sich genommen richtigen und angesichts der damaligen Forschungslage notwendigen – Bemerkungen Schmitts belegen zugleich die Grenzen seines Kontinuitätskonzepts. Es suggeriert einen linearen, historisch kurz greifenden Übergang vom Ancien Régime zur Revolution und verschiebt das Erklärungsproblem des revolutionären Ausbruchs, indem es, geradezu »dioskurisch« mit seinem Komplementär »Bruch« verbunden, das »eigentliche« Datum des Bruchs vom 14. Juli 1789 auf den 10. August 1792 verschiebt. Der heutige Betrachter aber muß mit der Tatsache fertig werden, daß der berühmte, von Schmitt apostrophierte Revolutionskalender eine Episode geblieben und eine historische Kuriosität geworden ist, mit der sinnvoll zu hantieren selbst der Spezialist nicht ohne Umrechnungstabelle in der Lage ist. Und er muß sich die Frage stellen, warum sich alle Welt auf die Feier des 14. Juli 1789 vorbereitet und nicht auf eine des 10. August 1792 (oder gar des 22. September 1792), wobei die Historizität, d. h. Vergänglichkeit all solcher kommemorativer Daten durch den Hinweis zu belegen ist, daß auch der Bastillesturm in Frankreich keinesfalls von Anbeginn an ein nationaler Feiertag war, sondern erst mit der definitiven Installierung der laizistischen 3. Republik im Jahr 1880 zu einem solchen erhoben wurde.

Für eine Übergangsanalyse im hier intendierten Sinn scheidet der Kontinuitätsbegriff damit solange aus, wie er mit seinem Komplementär »Bruch« zwanghaft verbunden bleibt. Bezeichnenderweise benutzt auch Tocqueville ihn nicht einschlägig, obwohl dies an so vielen Stellen seines Werks scheinbar nahegelegen hätte. »Verschränkung« ist etwas anderes als Kontinuität, und eine daten- und ereignisorientierte Kontinuitäts- und Bruchanalyse hat eine andere argumentative Zielrichtung als ein »Regimevergleich«, der sich den einzigen, aber entscheidenden Vorteil des Historikers gegenüber dem Zeitgenossen – den weiten zeitlichen Abstand zum Ereignis – zunutze macht. Ich möchte zum Zweck eines solchen Vergleichs zwei Berichte geben, die sich auf das Vorher und das Nachher der Revolution beziehen und die beide einen neueren und, wie mir scheint, relevanten Forschungsstand für sich reklamieren können. Ich möchte den ersten »Die Dauerhaftigkeit des Alten« nennen, während der zweite den Titel »Die Vorzeitigkeit des Neuen« tragen könnte. Beide Titel zeigen an, daß die Berichte im Sinne einer dialektischen Verschränkung zueinander in Beziehung stehen; sie weisen zugleich auf den weiten zeitlichen Abstand zum historischen Ereignis hin, den der Beobachter einnimmt und der es ihm möglich macht, eine Übersicht im Sinne des »Vorher« und »Nachher« zu gewinnen.

Die »Dauerhaftigkeit des Alten«

Es gibt in Frankreich aus naheliegenden Gründen keine Forschungstradition, die sich intensiv und explizit mit dem Fortleben des Ancien Régime nach der Revolution befaßt hat. Zu fest war in die Historikerschaft des späteren 19. und des 20. Jahrhunderts das Bewußtsein eines auf 1789 gründenden Konsenses eingedrungen, als daß bei allem Wissen über den »Ancien-Régime-Gehalt« des Neuen Regimes bzw. der neuen Regime daraus ein Untersuchungsfeld sui generis hätte werden können. Und abwertende konservative Interpretationen der Revolution im Stile Taines, royalistische Apologien des Alten mit a priori feststehenden Negativbilanzen, unhistorische Debatten über ihren Ertrag und damit über ihren Sinn sind durchaus nicht dasselbe wie ein geschichtswissenschaftliches Forschungsprogramm, das man »Survie de l'Ancien Régime« nennen könnte.

Pierre Goubert und Daniel Roche haben nun vor kurzem einen in eleganter, lockerer Form daherkommenden, aber in ziemliche Tiefen der Revolutionsdeutung und -erkenntnis führenden Essay geschrieben, der diesen Titel trägt[13]. Beide sind ausgemachte Ancien-Régime-Spezialisten, so daß man geneigt sein könnte, den von ihnen ausgebreiteten Befund auf das Konto »Berufsblindheit« zu buchen und zur Tagesordnung überzugehen. Daß freilich beiden jegliche politisch motivierte Ancien-Régime-Nostalgie fernliegt, sollte Grund sein, ihre Argumente und Belege zu prüfen. Sie sind von sehr unterschiedlichem Gewicht und Charakter, liegen auf ganz verschiedenen Ebenen der Betrachtung und müssen, soviel vorweg, insgesamt sehr ernst genommen werden.

Goubert und Roche beginnen ihr Argument mit einigen Äußerlichkeiten; diese als Nebensächlichkeiten zu bezeichnen, ist ein ausländischer Beobachter möglicherweise nicht berufen. Die Ämterkäuflichkeit (Erblichkeit eingeschlossen), deren Abschaffung zu den Ruhmesblättern der Revolution in ihrer ersten Phase zählt, habe sich bei einer Reihe von Ämtern der Gerichtsverwaltung und im Notariat bis in die jüngste Vergangenheit hinein erhalten. Überhaupt bewahre die Justizverwaltung wie keine andere »die Traditionen und den nicht nachzuahmenden Stil von einst« (361). Ganze Verwaltungszweige, so die *Eaux et Forêts,* das *Enregistrement,* die *Ponts et Chaussées,* die Hospitalverwaltung u. a. bestünden seit dem Ancien Régime unverändert fort. Das gleiche gelte für zahlreiche Monopole und »indirekte« Steuern, die, von der Revolution perhorresziert, schon unter Napoleon fröhliche Urständ gefeiert und sich teilweise bis in die Gegenwart erhalten hätten. Da denkt der leidgeplagte Frankreichtourist natürlich auch an die französischen Autobahnverwaltungen, die sich für ihre nicht unerheblichen Gebühren einer klassischen Ancien-Régime-Bezeichnung *(péages)* bedienen, und zwar mit vollem Recht, denn die Finanzierung öffentlicher Aufgaben durch private, vom Staat eingesetzte Finanzierungsgesellschaften, denen im Anschluß dann Hoheitsfunktionen eingeräumt werden, ist in der Tat allerbeste vorrevolutionäre Tradition.

Mit dem Hinweis, daß die berühmten *fermiers généraux* zwar nicht dem Namen, aber der Sache nach im 19. Jahrhundert wieder auftauchten, daß nahezu alle alten Banken schon während der Revolution wieder installiert wurden, daß zahlreich lokale Rechtsbrauchtümer erhalten blieben und auch die scheinbar so radikale, etappenweise Zerstörung des *complexum feudale* durch die Revolution nicht so konsequent wie geplant verwirklicht wurde, nähern sich Goubert und Roche dann der bedeutsamen Frage nach der Sozialstruktur Frankreichs in der ersten Hälfte des 19. Jahrhunderts. Von dem Problem der Restauration des Adels einmal ganz abgesehen, sei Frankreich in dieser Zeit – strukturell und personell – von derselben Schicht von Notabeln beherrscht worden wie vor der Revolution. Und auch bei den Mittel- und Unterschichten auf dem Land wie in der Stadt sei kein entscheidender Wandel auszumachen. Zwar fehle es noch an weiteren regionalen Studien, doch laufende Unternehmungen zeigten dies schon mit aller Deutlichkeit. Die große soziale Zäsur der neueren französischen Geschichte liege keinesfalls um 1789 oder 1793, sondern in der Folge der industriellen Revolution zwischen 1840 und 1860; die revolutionären Gesetze hätten den Wandel zwar vorbereitet, aber »elles furent permissives, non décisives«[14].

Der Bericht muß nicht ins einzelne gehen, da es hier auf das Argument, nicht auf Details ankommt. Goubert und Roche streifen im weiteren, freilich recht kurz und oberflächlich, die Zentralisierungsthese Tocquevilles, verfolgen ihre Spur in die in einem weiten Sinne verstandene Kulturgeschichte hinein, weisen hier auf die lange vor der Revolution einsetzende und von der Revolution massiv geförderte politische Dominanz der Hauptstadt hin, gehen auf die lange Geschichte des Scheiterns von Regionalisierungsversuchen ein und leiten dann zu einer Serie von Argumenten über, die im Sinne der neueren französischen Geschichtswissenschaft als »zivilisationsgeschichtlich« zu qualifizieren sind: Ob in der Ernährung, ob im Verkehr, ob in dem zwischen 1726 und 1914 stabilen Geldsystem, ob in der Bevölkerungsgeschichte mit der bis weit in das 20. Jahrhundert hinein bedeutungsvollen Ancien-Régime-»Errungenschaft« der Geburtenkontrolle, ob schließlich in der Geschichte der Alphabetisierung – nirgendwo läßt sich die Revolution als entscheidender Faktor des Wandels ausmachen, überall erweist sie sich als Element einer sehr langen Dauer, die man, da ihr das Prozeßhafte nahezu fehlt, nicht Kontinuität, sondern zivilisationsgeschichtliche Konstante oder Struktur nennen möchte. Diese Struktur kennt keinen »tiefgreifenden« Bruch, allenfalls durch die Revolution erzwungene Aussetzungen; manche ihrer wesentlichen Bestandteile sind zum Teil schon im Mittelalter vorhanden, viele andere kommen im 16. und vor allem 17. Jahrhundert, andere erst im 18. Jahrhundert hinzu. Ein wirklich »tiefgreifender« Wandel dieser Struktur ist erst seit der

Industrialisierung auszumachen, und auch dieser vollzieht sich nicht plötzlich, sondern über einen langen Zeitraum und ist heute noch nicht abgeschlossen[15].

Betrachtet man die Geschichte Frankreichs vom 16. bis zum 20. Jahrhundert mit den Augen Gouberts und Roches, so verliert man die Französische Revolution aus den Augen. Zivilisationsgeschichte kann offenbar ohne Revolutionen auskommen, weil sie sich mit Tiefenschichten des historischen Lebens befaßt, in die Revolutionen trotz ihres Umwälzungscharakters nicht hineinreichen. Es könnte freilich auch sein, daß Historiker, die zivilisationsgeschichtlich zu arbeiten gewohnt sind, das Phänomen der Revolution noch nicht ausreichend in ihr Konzept eingearbeitet haben. Wir kommen auf diese Frage zurück, wollen uns jetzt aber mit einem zweiten Bericht beschäftigen, der gleichfalls das Verhältnis von Ancien Régime und Revolution zum Thema hat und sich mindestens zum Teil auf dieselben Fakten bezieht, von denen soeben die Rede war.

Die »Vorzeitigkeit des Neuen«

Auch in diesem zweiten Bericht wird die Revolution in ihrer dominanten Ereignishaftigkeit in Frage gestellt. In ihm geht es um historische Tatbestände, die man bisher im wesentlichen als Errungenschaften der Französischen Revolution charakterisiert hat und die sich doch allesamt von ihrem Entstehungsprozeß her weit in das Ancien Régime zurückführen lassen. Es geht hier also nicht, wie im zivilisationsgeschichtlichen Argument, um die »Ancien-Régime-Haltigkeit« der nachrevolutionären Zeit, sondern, gerade umgekehrt, um die Modernität des Ancien Régime. Man könnte diesen Ansatz daher auch den modernisierungsgeschichtlichen nennen. Auch hier mögen einige kurze Belege genügen.

Lange Zeit wurde der Französischen Revolution eine besondere Wandlungsdynamik in wirtschaftsgeschichtlicher Hinsicht zugeschrieben. Was durch eine Reihe von liberalen Gesetzen zwischen 1789 und 1791 in diesem Sinne zu interpretieren war, wurde zu einem umfassenden Programm der Revolution hochstilisiert und dann, vor allem von marxistisch orientierten Historikern, im Sinne des Übergangs vom Feudalismus zum Kapitalismus interpretiert[16]. Inzwischen hat sich die Erkenntnislage geradezu umgekehrt. Die Impulse, die die Revolution für die Durchsetzung des Kapitalismus in der Landwirtschaft und insbesondere in Gewerbe und Industrie gegeben hat, werden von der Forschung heute als außerordentlich gering angesehen. In einigen wirtschaftlichen Sektoren wird die Revolution geradezu als »Bremse« bewertet, die einen im Ancien Régime begonnenen Modernisierungsprozeß unterbrochen hätte. Das Ancien Régime jedoch, das gerade in dieser Hinsicht früher als besonders verfestigt und wandlungsunfähig gedeutet wurde, wird heute völlig neu bewertet. Auf breiter Front seien, besonders in der Landwirtschaft, Kommerzialisierung und Kapitalismus eingedrungen und hätten sich selbst der alten Rechtsformen, z. B. der Feudalrechte, bedient, um die Chancen der Getreidekonjunktur des 18. Jahrhunderts zu nutzen. Zwar sei Frankreich im Vergleich zu England im 18. Jahrhundert wirtschaftlich noch rückständig, doch habe die Revolution keineswegs in besonderem Maße dazu beigetragen, diese Rückständigkeit zu beseitigen[17].

Eng verbunden mit dem wirtschaftsgeschichtlichen Argument sind sozialgeschichtliche Argumente zu sehen. Zunächst das wohl wichtigste: Für die liberale Revolutionsinterpretation des 19. Jahrhunderts war das 18. Jahrhundert mit dem Wachstum der Städte und der sozialen Ausbreitung der »bürgerlichen« Aufklärungsphilosophie ein Jahrhundert des Aufstiegs des Bürgertums, das mit den Ereignissen von 1789 endlich seine seit langem angemeldeten Ansprüche auf politische Mitbestimmung durchsetzen und den bis dahin dominierenden Adel aus seiner Führungsposition verdrängen konnte.

Nach dem gegenwärtigen Stand der Forschung muß diese These als Fiktion gelten. Zwar trug die politische Philosophie der Aufklärung insofern einen prononciert »bürgerlichen« Charakter, als sie den emanzipierten, aus dem traditionellen ständischen Gefüge herausgetretenen Staatsbürger voraussetzte. Das soziale Substrat dieser Philosophie war aber keinesfalls das Stadtbürgertum, das in vieler Hinsicht dem Ancien Régime verhaftet war. Es gab im Frankreich des 18. Jahrhunderts überhaupt keinen einzigen Stand oder gar eine einzige Klasse, die die »progressiven« Tendenzen des Jahrhunderts in sich vereinigt und sie in Richtung auf eine politische Veränderung umgesetzt hätte. Es gab eine aus dem Bürgertum, sogar aus dem wohlhabenden Bauerntum, vor allem aber aus den vielen Schichten des Adels rekrutierte Elite, für welche die neue Philosophie eine Attraktion darstellte, ohne daß sie aus ihr deutliche revolutionäre Schlüsse gezogen hätte[18]. Die quantitativen und qualitativen Analysen der *Cahiers de doléances,* die in jüngerer Zeit vorgenommen wurden, zeigen mit aller Deutlichkeit, daß sich die politische Wunschlage der Franzosen aller Schichten (und Regionen) um 1789 anders, komplizierter, differenzierter darstellte, als es allzu schematische Vorstellungen von der Drei-Stände-Ordnung und von dem Ab- und Aufstieg von Klassen erwarten lassen[19].

Frankreich gründete im 18. Jahrhundert zwar theoretisch noch auf der Drei-Stände-Ordnung, tatsächlich aber hatte es diese durch ein massives Wachstum der sozialen Mobilität von unten nach oben und durch eine entsprechende soziale Differenzierung seit langem hinter sich gelassen. Es war daher ein – vom Hof als letzter Rettungsring ausgeworfener – Anachronismus, wenn der König 1788 die Generalstände einberief, und dies auch noch in den alten Formen. Der Gang der politischen Ereignisse bestätigte das nur zu bald. Daß freilich die einheitliche, d. h. auf eine einzige Kammer gestützte Nationalversammlung die einzige Möglichkeit einer neuen Form der politischen Repräsentation darstellte, gehörte zu den politischen Zweckbehauptungen jener Revolutionäre, die diese Form durchsetzen wollten. Es gab in den ersten Revolutionsjahren, wie bekannt, auch erhebliches Interesse an einem Zwei-Kammer-System nach englischem Muster.

Insbesondere der französische Adel hat von dieser Neubewertung der Sozialgeschichte des Ancien Régime in den letzten Jahren profitiert. Er hat sich in gewisser Weise von einem »*Etat maudit*«, auf den sich alles Negative des Ancien Régime projizieren ließ, zu einem in sich freilich extrem differenzierten und damit auch von sehr unterschiedlichen politischen Strömungen und Interessenlagen geprägten Führungsstand der Ancien-Régime-Gesellschaft gewandelt – nicht ohne dabei, wie Chaussinand-Nogaret betont, seine politisch-soziale Mentalität vom feudalen »Kriegerstand« in Richtung auf einen modernen »Verdienststand« zu verändern[20]. Es mag sein, daß das Pendel der Neuinterpretation hier ein wenig zu weit ausgeschlagen ist. Doch ohne Frage hat diese neue Sicht den Vorteil, das zu erklären, was bisher kaum erklärbar schien: daß der französische Adel an der Formulierung und Ausbreitung der Philosophie der *lumières* intensiv beteiligt war und in der gesamten Krise des Ancien Régime sowie in der Vorrevolution der Jahre 1787/88 eine bedeutende, auf Veränderung drängende Rolle spielte[21].

Hauptargument der Modernisierungsthese ist die staatlich-institutionell-administrative Zentralisierung, die tief in die Epoche des französischen Absolutismus hineinragt, unter Ludwig XIV., früher noch, unter Richelieu, Heinrich IV., den Königen des späten Mittelalters gar, begonnen hat, von der *Régence* nach dem Tod Ludwigs XIV. und von der Revolution in ihrer ersten Phase für einige Zeit unterbrochen, danach mit besonderer Verve fortgesetzt und von Napoleon und allen Regimen der Folgezeit bis in die Gegenwart hinein verfolgt wurde.

Tocqueville hat den Prozeß der Zentralisierung zum Anlaß seiner berühmten These genommen, nach der die Revolution in diesem Sektor nicht als das anzusehen sei, was sie in den Augen der Revolutionäre in besonderer Weise war, nämlich Zäsur, Bruch, sondern, gerade umgekehrt, Fortsetzung und Vollendung. Er hat sich dabei nahezu ausschließlich auf den *institutionellen* Aspekt der Zentralisierung konzentriert und Prozesse der *sozialen,* patrimonialstaatlichen Dezentralisierung außer Acht gelassen, wie sie das 18. Jahrhundert – in radikaler Entgegensetzung zur Modernisierung im politisch-philosophischen Denken und auch quer zum Strukturwandel der Öffentlichkeit – in überaus reichem Maße hervorgebracht hat. In zwei in diesem Band abgedruckten Aufsätzen wird dieser strukturellen Dezentralisierung, die am Ende des Ancien Régime zu einer Fülle von Verwaltungskonflikten geführt und damit massiv zur Destabilisierung des alten politischen Systems beigetragen hat, besondere Aufmerksamkeit geschenkt[22]. Ihr erster bedeutender Historiker ist Max Weber gewesen, dem Frankreich neben anderen Ländern zum wesentlichen Anschauungsfeld für seine historisch gesättigte Herrschaftssoziologie wurde[23]. M.E. ist in einer Kombination herrschaftsgeschichtlicher und -soziologischer Argumente mit solchen, die die sich wandelnde Basis der Herrschaftslegitimation und Öffentlichkeitsstruktur im Frankreich des späten Ancien Régime miteinander verbinden, immer noch der beste Ansatz für eine Analyse der Ursachen der Französischen Revolution in ihrer ersten Phase (1789-1791) zu finden.

Im Gegensatz zu Weber war Tocqueville nicht an den synchronen sozialen und administrativen Verwerfungen interessiert, die das französische Ancien Régime gerade im 18. Jahrhundert kennzeichneten und die dazu führten, daß in vorrevolutionärer Zeit Modernitäts- und Beharrungskräfte gleichzeitig und unablässig auf Frankreich, seine Gesellschaft und sein politisches System, einwirkten. Seine These filterte gleichsam aus der langen Geschichte dieses Staates die zu seiner Zeit, also in der Mitte des 19. Jahrhunderts, als dominant erkannten Zentralitätsmerkmale heraus und machte sie zu tragenden Elementen einer Geschichtsschreibung, die das Ancien Régime und die Revolution überwölbt, eben »Übergangsgeschichte«, Bilanzierung, nicht aber Ursachen- und Wirkungsgeschichte im Auge hat.

Neben den genannten gibt es eine Reihe weiterer Belege, die sich zur Illustration einer modernisierungsgeschichtlichen Analyse der Verschränkung von Ancien Régime und Revolution heranziehen lassen. Die Massenalphabetisierung als Prozeß, der im 18. Jahrhundert ganz wesentliche Impulse erhält, ohne im späteren 19. schon völlig abgeschlossen zu sein; die Verkehrsentwicklung Frankreichs, die unter den Intendanten des 17. und 18. Jahrhunderts und ihren Nachfolgern, den Präfekten Napoleons, vorangetrieben wurde, nicht aber in der Revolution, die dazu keine Zeit hatte; die Rechtskodifizierung, die schon so lange in den Köpfen großer Ancien-Régime-Juristen schmorte und vom »Revolutionär« Napoleon vollzogen wurde; die Vereinheitlichung der Sprachgeographie mit dem massiven Durchsetzungsprozeß des Französischen gegenüber allen anderen Sprachen, die erst dadurch zur Regionalsprache, zum *patois* wurden – in jedem Fall handelt es sich um für die Gesamtgeschichte Frankreichs höchst bedeutsame, langfristige Wandlungsvorgänge, die lange vor der Revolution einsetzten, von dieser in unterschiedlicher Form beeinflußt, niemals aber in einer entscheidenden Weise beschleunigt oder verzögert wurden und zumeist erst im späten 19. und im 20. Jahrhundert zum Abschluß kamen.

Wolfgang Mager ist m. W. der einzige, der den Versuch unternommen hat, eine Geschichte Frankreichs vom Ancien Régime über die Revolution hinaus anhand einer solchen auf Modernisierung gerichteten Konzeptualisierung zu schreiben. Sein Buch nennt sich programmatisch »*Frankreich vom Ancien Régime zur Moderne*« und umfaßt die Zeit von 1630 bis 1830. Ein Buch über französische Geschichte also, das den vollen, herkömmlicherweise der Französischen Revolution eingeräumten Zeitraum (1789-1799) umfaßt und dieses welthistorische Ereignis dennoch nicht im Titel führt²⁴. Es ist gleichwohl kein Buch *ohne* die Revolution. Sie erscheint vielmehr an den verschiedensten Stellen, und zwar immer dann, wenn im Prozeß der sektoralen Beschreibung ihr Anteil an dem entsprechenden Strukturprozeß zu bemessen war. Ein Abschlußkapitel heißt dann, erneut sehr programmatisch: »Der Ort der Französischen Revolution im Wandel zwischen Ancien Régime und Moderne«.

In diesem Schlußkapitel betreibt Mager auf 10 gedrängten Seiten nichts anderes, als was wir Übergangsgeschichte genannt haben, Regimevergleich, Bilanzierung. In fünf kurzen Abschnitten werden zunächst noch einmal langfristige Strukturwandlungen skizziert, auf die nach Mager die Französische Revolution kaum oder sogar abträglichen Einfluß gewonnen hat. Verwirrend nur, daß Mager sie, den umfassenden, umgangssprachlichen Revolutionsbegriff zugrunde legend, gleichwohl »Revolutionen« nennt, was von den jeweiligen historischen Spezialdisziplinen inzwischen eher als problematisch angesehen wird: Verkehrsrevolution; Bevölkerungsrevolution; Agrarische Revolution; Industrielle Revolution; Handelsrevolution. Unter dem – recht zwanghaften – Titel »Sozialrevolution« folgt dann eine kurze Betrachtung über die sozialen Veränderungen zwischen Ancien Régime und nachrevolutionärer Zeit. Sie widerlegt sich zumindest insoweit selbst, als sie eine Reihe von Tatbeständen – z. B. die relative Konstanz der materiellen und sozialen Lage der Mittel- und Unterschichten, d. h. also von mehr als 90% der französischen Bevölkerung über die Revolution hinweg – aufzählt, die gerade nicht auf revolutionäre Umwälzung, sondern auf die enge Verschränkung von Ancien Régime, Revolution und 19. Jahrhundert hindeuten. Nimmt man noch hinzu, daß man die Präfiguration der Notabelngesellschaft des 19. Jahrhunderts durch die Ancien-Régime-Elite weitaus stärker betonen könnte, als Mager es tut, dann bleibt der Anteil der Revolution am sozialen Wandel auch hier, ganz ähnlich wie in der Wirtschaftsgeschichte, auf die – »permissive, nicht dezisive« – Einleitung von Rechtsveränderungen beschränkt, die gewiß bedeutsam genug waren, weil ohne sie die Wandlungen des 19. Jahrhunderts nicht zu denken sind. Schließlich fügt Mager drei Kurzabschnitte über die Politische und die Mentalitätsrevolution und eine Schlußbemerkung an, die darauf abzielen, den »eigentlichen«, d. h. politischen Gehalt der Revolution zu skizzieren²⁵.

*

Zivilisations- und Modernisierungsthese haben somit gemeinsam, daß sie die Revolution in lange, erst aus späterer Sicht als solche erkennbare Prozesse einspannt. Dabei beziehen sie sich teilweise auf dieselben Erscheinungen und akzentuieren nur unterschiedlich – je nachdem, ob die »lange Dauer« einer Erscheinung oder ihr in einem bestimmten Zeitraum zunehmender, meßbarer Anteil an der Veränderung bzw. Modernisierung der Gesellschaft betont wird. Es ist unvermeidlich, daß die Leistung der Revolution dadurch auf ein Maß reduziert wird, das den am revolutionären Kampf unmittelbar Beteiligten unerträglich erschienen wäre. Die Thesen haben aber den eminenten Vorteil, daß sie das unverwechselbare Eigene der Revolution, das nur insoweit ihr Thema ist, als es in den Gesamthaushalt der französischen Geschichte eingeflossen ist, um so deutlicher hervortreten lassen und es von der Last falscher Interpretationen freihalten.

Was aber ist dieses Eigene der Französischen Revolution? Ein um die Übergangsproblematik zwischen Ancien Régime und Revolution bemühter Artikel ist nicht der Ort, um auf diese Frage eine ausführliche Antwort zu geben. Zur Abrundung daher nur einige kurze, abschließende Bemerkungen.

Niemand hat sich in den letzten zwanzig Jahren mehr um eine angemessene Konzeptualisierung der Französischen Revolution bemüht als François Furet, dessen Beitrag zur Erforschung der Revolution nur mit dem Tocquevilles zu vergleichen ist. Furet hat das »Politische« als dieses Eigene erfaßt und ihm wieder zu seinem Recht verholfen angesichts von Revolutionsvorstellungen, die eine Revolution nur als eine in die größten Tiefen der Sozial- und Wirtschaftsstruktur eingreifende, fundamentale Umwälzung, als Zeitpunkt der Tabula rasa, als Beginn einer neuen Zeitrechnung schlechthin fassen konnten. Dabei ist Furet weiter als jeder andere Historiker der Französischen Revolution gegangen bei dem Versuch, »die Idee der Revolution so, wie die Akteure sie erlebt haben«, in Frage zu stellen und auf diese Weise zu einer »Konzeptualisierung« dieses Ereignisses zu kommen, die den Erkenntnisvorteil des Historikers nutzt, nämlich die zeitliche Distanz zu dem Ereignis und die dadurch gegebene Möglichkeit, sich »außerhalb des revolutionären Diskurses« anzusiedeln.

In dem »La Révolution française est terminée« betitelten Beitrag seines Buchs »Penser la Révolution française« tut Furet dies mit aller Konsequenz[26]. Vor allem in der bisher immer als Höhepunkt des Revolutionsverlaufs gesehenen Phase von 1792 bis 1794, vom Sturz des Königtums etwa bis zum Fall Robespierres, sieht Furet die Revolution vollkommen vom »Politischen« geprägt, hinter dem alles andere, insbesondere das »Soziale«, d. h. die Interessenlage von Ständen, Gruppen oder Klassen, zurückgetreten sei. Weder die Bekämpfung der Konterrevolution noch der Krieg gegen die Koalition, weder die Linderung der sozialen und wirtschaftlichen Not noch der revolutionäre Klassenkampf, weder das »Volk« noch die »Menschheit« seien an sich Inhalt und Ziel der revolutionären Politik gewesen, obwohl diese und viele andere Themen den revolutionären Diskurs über Jahre beherrscht hätten. Sinn des revolutionären Machtkampfes zwischen den sich immer wieder aufspaltenden und neu konstituierenden revolutionären Parteien seien der Machterwerb und Machterhalt gewesen, in ihrem Dienst hätte der revolutionäre Diskurs um so mehr gestanden, je stärker sich das Tempo der Revolution beschleunigte.

Furet leistet in seinem Beitrag gewissermaßen ideologiekritische Historiographiekritik, die selbst noch nicht eine neue Form der Revolutionsgeschichtsschreibung darstellt. In Ansätzen schon in dem 1965 zusammen mit Denis Richet verfaßten Buch[27], vor allem aber in seiner jüngst erschienenen, populär gehaltenen Darstellung, die sich nicht mehr »La Révolution française«, sondern programmatisch *La Révolution. De Turgot à Jules Ferry. 1770-1880*«[28] nennt, führt er historiographisch aus, was in dem zitierten Artikel polemisch gegen die vorherrschend soziologisch bzw. ökonomistisch orientierten Interpretationen des 20. Jahrhunderts vorgebracht worden war. Die Französische Revolution war eine Kette von politischen Ereignissen, durch die eine ganze Reihe von für Frankreich und zu einem großen Teil auch für die übrige moderne Welt neuen politischen Erfahrungen und Verhaltensweisen entwickelt wurden: Entzauberung des Königtums, Verfassungsgebung, Gewaltenteilung, Kampf um die demokratische Begründung von Politik, Legitimierung revolutionärer Gewalt, Installierung des Parteienkampfs als Mittel der politischen Auseinandersetzung. Daß Furet es nicht bei einer der klassischen Periodisierungen der Revolution beläßt, von denen diejenige Goodwins (1789-1794) inzwischen völlig überholt ist, diejenige, die den Bogen von der Bastille bis zum 18. Brumaire Napoleons (1789-1799) führt, als die »gebräuchlichste« gelten mag, während der weiteste Rahmen bisher die ganze Epoche zwischen Revolution und Restauration (1789-1815) umfaßte; daß er vielmehr das ganze 19. Jahrhundert bis hin zur feierlichen Installierung der 3. Republik und damit auch des 14. Juli als Nationalfeiertag (1880) als »Revolution« bzw. als kontinuierlichen Kampf zwischen Revolution und Restauration begreift – dies ist gewiß das unverwechselbar Neue an seinem Konzept. Es stellt den singulären Ereignischarakter »der« Französischen Revolution radikal in Frage und läßt sie bzw. die zahlreichen Einzelereignisse, aus der sie bestand, in einen langdauernden Prozeß einmünden, der nach den Begriffen der Akteure der Jahre 1789 bis 1794 nicht als Revolution zu begreifen ist. Ob der Historiker der Gegenwart nicht gleichwohl gut daran tut, diesem Verfahren zu folgen, wird sicher noch auf lange Sicht Inhalt von Debatten und Streit über das »ewige« Thema Französische Revolution sein.

Anmerkungen

Das Fürstenbild Jean Bodins und die Krise
der französischen Renaissancemonarchie

1 Jean Bodin: *Les six livres de la république*. Paris 1576, zitiert nach einem Faksimiledruck der Ausgabe von 1583 (Aalen 1961).

2 *République*, 4.

3 *République*, 4.

4 Ein ausführlicher Forschungsbericht bei G. Roellenbleck: »Zum Schrifttum über Jean Bodin seit 1936 (II).« In: *Der Staat 3* (1964), 227-246. Nach der »Logik« von Bodins Souveränitätsbegriff fragt J. U. Lewis: »Jean Bodin's ›Logic of Sovereignty‹.« In: *Political Studies* 16 (1968), 202-222.

5 Ein vieldiskutiertes Beispiel ist Bodins Steuertheorie. Vgl. dazu M. Wolfe: »Jean Bodin on Taxes: The Sovereignty-Taxes Paradox«. In: *Political Science Quarterly* 83 (1968), 268-284.

6 Vgl. z. B. E. Hassinger: *Das Werden des neuzeitlichen Europa 1300-1600*. Braunschweig 1959, 384.

7 Vgl. den Beitrag von W. Euchner: Eigentum und Herrschaft bei Bodin. In: H. Denzer (Hg.): *Jean Bodin*. Verhandlungen der Internationalen Bodin Tagung München 1970. München 1973, S. 155-166, in dem Bodins Staatsideal der Monarchie Royale mit dem Blick auf eine Einordnung der sozialen Ideen Bodins in die Geschichte der politischen Theorie analysiert wird.

8 Im Zusammenhang mit anderen Publizisten und der Politik Heinrichs IV. untersucht bei E. Hinrichs: *Fürstenlehre und politisches Handeln im Frankreich Heinrichs IV. Untersuchungen über die politischen Denk- und Handlungsformen im Späthumanismus*. (= Veröffentlichungen des Max-Planck-Instituts für Geschichte 21) Göttingen 1969.

9 Als Beispiel J. Dennert: *Ursprung und Begriff der Souveränität* (= Sozialwissenschaftliche Studien, 7) Stuttgart 1964, 69.

10 Vgl. z. B. *République*, 280, 614.

11 *République*, 576.

12 Vgl. z. B. *République*, Préface.

13 D. Richet: »Autor des origines idéologiques lointaines de la Révolution française: Elites et Despotisme«. *Annales E. S. C.* 24 (1969), 1-23, hier 15.

14 Richet, Origines idéologiques, 16.

15 Dazu insgesamt G. Lacour-Gayet: *L'Education politique de Louis*

xiv. Paris, 2. Aufl. 1923; zu Fénelon jetzt die wertvolle Studie von F. Gallouédec-Genuys: *Le prince selon Fénelon*. Paris 1963.

16 Richet: Origines idéologiques, 19.

17 Montesquieu: *L'esprit des lois*, in der Ausgabe der Sammlung L'Intégrale Paris 1964, 540.

18 Richet: Origines idéologiques, 19.

19 Richet: Origines idéologiques, 19.

20 Richet: Origines idéologiques, 19.

21 So z. B. *République*, 649 u. 940.

22 Vor allem dort, wo Bodin den »Roy tresiuste« dem Tyrannen gegenüberstellt, läßt er durchblicken, daß eine schematische Trennung beider Herrschertypen nicht immer möglich ist. Vgl. *République*, 294: »Voila les differences les plus remarquables du Roy et du tyran: qui ne sont pas difficiles à congnoistre entre les deux extremités d'un Roy tresiuste, et d'un tyran tres-meschant: mais il n'est pas si aisé à iuger, quand un Prince tient quelque chose d'un bon Roy et d'un tyran. Car le temps, les lieux, les personnes, les occasions qui se presentent, contraignent souvent les Princes à faire choses qui semblent tyranniques aux uns, et louables aux autres.«

23 Vgl. Th. Nipperdey: »Thomas Morus«. In: *Klassiker des politischen Denkens*. Bd. 1 München [3]1969, 222-244, hier 233.

24 Nipperdey: Morus, 233.

25 *République*, 574.

26 Vgl. vor allem *République* Buch II, K. 3.

27 Der Machiavellismus Bodins gut herauspräpariert bei G. Cardascia: »Machiavel et Jean Bodin«. In: *Bibliothèque d'humanisme et renaissance* 3 (1943), 129-167.

28 Ch. Morazé: *La France Bourgeoise*. 18e-20e siècle, Paris 1946, 152 ff.

29 Morazé: France Bourgeoise, 154.

30 *République*, 279.

31 Morazé ist durchaus zuzustimmen, wenn er betont, daß die Ämterpolitik für die französische Monarchie ein Instrument darstellte, das es den Königen erlaubte »de satisfaire d'une manière permanente les ambitions des plus favorisés des roturiers«; Morazé, France Bourgeoise, 156. Fraglich erscheint jedoch, ob Bodin die Tendenz der Monarchie billigte, diese Ämterpolitik mittels der Vergabe der Ämter als Eigentum ihrer Inhaber zu betreiben. Bodin hat sich zwar, insbesondere für die Beamten der Cours souveraines (*République*, 600 f.), für eine Einsetzung der Beamten auf Lebenszeit ausgesprochen, doch muß er dabei nicht, wie Morazé vermutet, das Ziel verfolgt haben, »de sauvegarder une forme nouvelle de la propriété« (Morazé: France Bourgeoise, 156). Verfolgt man Bodins eigene Argumentation in dem Kapitel IV, 4, so zeigt sich, daß er vor allem aus Nützlichkeitserwägungen für die Monarchie Royale eine Einsetzung der breiten Schicht

mittlerer und kleiner Beamten auf Lebenszeit empfiehlt. Dagegen gehört Bodin, wie das von Morazé völlig übersehene Kapitel v, 4 zeigt, zu den entschiedensten Gegnern der Ämterkäuflichkeit.

32 *République*, 704.

33 *République*, 707.

34 Vgl. z. B. *République*, 157. »Mais la raison naturelle veut que le public soit preferé au particulier, et que les subiects relaschent non seulement leurs iniures et vengeances, ains aussi leurs biens pour le salut de la Republique.«

35 *République*, 599.

36 *République*, 503 ff.

37 *République*, 511.

38 Das Kap. v, 2 *République*, 701 ff.

39 *République*, 142; Sperrung vom Verfasser.

40 Im Titel des Kapitels *République* iv, 3, S. 572.

41 Ich folge hier den grundlegenden Untersuchungen von J. Russell Major: »The Limitations of Absolutism in the ›New Monarchies‹«. In: *The »New Monarchies« and Representative Assemblies*. Medieval Constitutionalism or Modern Absolutism?. Hg. von A. J. Slavin, Boston 1964, 77-84 (Nachdruck eines in dem Emory University Quarterly 1957, 112-124 abgedruckten Aufsatzes.) Ders.: The Crown and the Aristocracy in Renaissance France, *American Historical Review* 69 (1964), 631-645. Ders.: The French Renaissance Monarchy as seen through the Estates General, *Studies in the Renaissance* 9 (1962), 113-125.

42 Ph. Dur: »The Right of Taxation in the Political Theory of the French Religious Wars«. In: *The Journal of Modern History* 17 (1945), 289-303, hier 300 ff. und Wolfe: Taxes, 275.

43 Morazé: France Bourgeoise, 159 ff.

44 Russell Major: Limitations of Absolutism, 81.

45 R. Pillorget: »Les problèmes monétaires français de 1602 à 1689.« In: xviie *siècle* 70/71 (1966), 107-130, hier 114; B. Schnapper: *Les rentes au xvie siècle*. Histoire d'un instrument de crédit (Ecole pratique des Hautes Etudes, vi^e section, Affaires et gens d'affaires 12) Paris 1957, 169 ff.

46 L. Romier: *Le royaume de Cathérine de Médicis*. La France à la veille des guerres de religion. Bd. 2 Paris 1925, 23 f.

47 *République*, 579 f.

48 Russell Major: The Crown and the Aristocracy, 631 ff.

49 Russell Major: The Crown and the Aristocracy, 635.

50 *République*, 704.

51 Russell Major: Limitations of Absolutism, 80 ff.

52 *République*, 625.

53 Vgl. z. B. *République*, 641, 599.

54 *République*, 881 f. Vgl. M. Wolfe: Taxes, 279.

55 Russell Major: Limitations of Absolutism, 80.

56 Vgl. die berühmten Äußerungen Bodins über Ständeversammlungen, *République*, 137 f. u. 141 f.

57 G. Livet: *Les guerres de religion* (Que sais-je? Nr. 1016). Paris 2. Aufl. 1966, 90 ff.

58 Livet: Guerres de religion, 92 ff.

59 Livet: Guerres de religion, 91 f. und Russell Major: The French Renaissance Monarchy as seen through the Estates General, 121.

60 Russell Major: Limitations of Absolutism, 82.

61 Unter diesem Aspekt steht Bodins Kapitel über die Finanzen; vgl. *République*, 855 ff.

62 Vgl. Livet: Guerres de religion, 75 f.; Pillorget: Problèmes monétaires, 113.

63 Zur Kritik an der Ämterkäuflichkeit vgl. Romier: Le royaume de Cathérine de Médicis, Bd. 2, 29 ff.

64 W. F. Church: *Constitutional Thought in Sixteenth-Century France*. A Study in the Evolution of Ideas. Cambridge 1941, 75.
Der gesamteuropäische Aspekt dieser Vertrauenskrise wird behandelt bei H. R. Trevor-Roper: »The General Crisis of the Seventeenth Century«. In: *Crisis in Europe 1560–1660*, hrsg. v. Trevor Aston, Garden City, N. Y. ²1967, 63–102 und in dem Sammelband: *Preconditions of Revolution in Early Modern Europe*. Hrsg. v. Robert Forster u. Jack P. Greene, Baltimore u. London 1970.

65 A. Karcher: »L'Assemblée des notables de Saint-Germain-En-Laye (1583)«. In: *Bibliothèque de l'Ecole des Chartes* 114 (1957), 115–126, hier 117.

66 Vgl. Karcher: L'Assemblé, 117. Bodins optimistisches Urteil über Heinrich III. findet sich auch noch in der Ausgabe von 1583. Vgl. *République*, 863: »Vray est que le paix asseuree depuis quinze ans, a bien servi pour maintenir l'estat d'Angleterre, et la guerre pour ruiner la France, si Dieu n'eust envoyé du ciel nostre Roy Henri III pour la restablir en sa premiere splendeur.«

67 Vgl. die Kapitel *République* IV, 6, 7 u. V, 4.

68 Vgl. die Kapitel *République* IV, 3; V, 5 u. VI, 1–3.

69 *République*, 877 ff.

70 Vgl. z. B. Livet: Guerres de religion, 81.

71 Morazé: France Bourgeoise, 153.

72 Dazu Hinrichs: Fürstenlehre, 68 ff.

73 Vor allem *République*, 296 f. u. 744.

74 *République*, 614 f.

75 *République*, Kapitel IV, 6, S. 610 ff.

76 Evangelisches Staatslexikon: Artikel »Staat«, Sp. 2120.

77 Wesentliche Teile seines Fürstenbildes entwickelt Bodin in dem Ka-

pitel IV, 7 (*République*, 634 ff.), das die Stellung des Fürsten zu Parteikämpfen und sein Verhalten bei Aufständen zum Thema hat.

78 *République*, 610 f.

79 *République*, 617; vgl. auch 514.

80 Russell Major: Limitations of Absolutism, 82.

81 *République*, 625; vgl. auch 730. Besonders eindringlich 626: »Je pense quant à moy, que c'est l'un des plus beaux secrets qui a maintenu si longuement ceste Monarchie, et que nos Rois ont tresbien sceu pratiquer de toute ancienneté: c'est à sçavoir d'ottroyer tous les bienfaicts et loyers, et laisser les peines aux officiers, sans respect des personnes«.

82 *République*, 622; vgl. auch 630.

83 Zum Eindringen der Staatsräson in das politische Denken Frankreichs jetzt E. Thuau: Raison d'état et pensée politique à l'époque de Richelieu o. O. u. J. (Paris 1967).

84 Dazu Church: Constitutional Thought, 306 ff.

85 Vgl. vor allem die Kapitel *République* V, 2; V, 4; VI, 1-3.

86 Zur Ämterkäuflichkeit vgl. *République*, 742 f.; zu den Anleihen S. 893; zum Problem der Münzpolitik das ganze Kapitel VI, 3; zur Steuerpolitik S. 877 ff. Zu den wirtschafts- und finanzpolitischen Anschauungen Bodins vgl. M. E. Kamp: Die Staatswirtschaftslehre Jean Bodins. Bonn 1949, hier bes. 33 ff.

87 *République*, 743.

88 *République*, 855 ff.

89 *République*, 856: »Quant au premier (moyen de faire fonds aux finances), qui est le dommaine, il semble estre le plus honneste et le plus seur de tous.«

Krisen des Absolutismus und das Problem des politischen Radikalismus in Frankreich im 16. und 17. Jahrhundert

1 Kurze Hinweise auf die Beziehungen zu England finden sich in nahezu allen Arbeiten zur »Fronde«. Ausdrücklich und ausführlich thematisiert werden sie in der Untersuchung von P. H. Knachel: *England and the Fronde*. The Impact of the English Civil War and Revolution on France. Ithaca/New York 1967.

2 Vgl. ebd., S. 36 ff.

3 Ebd., S. 49.

4 Musterbeispiele für die »etatistische« Argumentation bieten u. a. P. A. Chéruel: *Histoire de France pendant la minorité de Louis* XIV. 4 Bde., Paris 1879-80; ders.: *Histoire de France sous le ministère de*

Mazarin. 3 Bde., Paris 1882; L. Madelin: *Une Révolution manquée: La Fronde*. Paris 1931. Die »liberale« oder besser: »konstitutionalistische« These findet sich außer bei dem Historiker Richelieus G. d'Avenel vor allem in der alten Arbeit des Comte de Sainte-Aulaire: *Histoire de la Fronde*. 3 Bde., Paris 1827 und bei P. R. Doolin, *The Fronde*. Cambridge 1935. Eine erfrischend polemische Beschreibung dieser älteren Strömungen der Fronde-Forschung bei E. H. Kossmann: *La Fronde*. Leiden 1954, S. VII ff. und 2 ff. Während Kossmann die aus der jeweiligen Gegenwart der Autoren abgeleiteten politischen Beurteilungsmaßstäbe kritisiert, selbst aber die Fronde im wesentlichen auch als politisches Ereignis wertet, ist nach ihm – provoziert vor allem durch die Mousnier/Porschnew-Kontroverse über die französischen Volksaufstände – die sozialgeschichtliche Erforschung der Fronde vorangetrieben worden. Vgl. dazu die kurzen Bemerkungen zum Forschungsstand bei R. J. Knecht: *The Fronde*. London 1975, S. 1 ff. und 17 ff.

5 Kossmann: La Fronde.

6 Vgl. Knachel: S. 79.

7 Vgl. ebd., S. 90 ff.

8 Außer den in Anm. 4 genannten Arbeiten von Kossmann und Knecht vgl. u. a. R. Mousnier: »The Fronde«. In: R. Forster u. J. B. Greene (Hg.): *Preconditions of Revolution in Early Modern Europe*. Baltimore 1975, S. 131-59; mehrere Artikel von Mousnier in ders.: *La plume, la faucille et le marteau*. Institutions et Société en France du Moyen Age à la Révolution. Paris 1970; A. Lloyd Moote: *The Revolt of the Judges*. The Parlament of Paris and the Fronde 1643-1653. Princeton N. J. 1971; K. Malettke: »Wirtschaftliche, soziale u. politische Aspekte der Fronde«. In: ders. (Hg.): *Soziale u. politische Konflikte im Frankreich des Ancien Régime*. Studien aus dem Forschungsprojektschwerpunkt »Soziale Mobilität im frühmodernen Staat: Bürgertum u. Ämterwesen« am Fachbereich 13 (Geschichtswissenschaften) der FU Berlin. Bd. 2, Berlin 1982, S. 24-65 (mit umfassenden Quellen- und Literaturangaben).

9 Vgl. dazu H.-C. Schröder: »Die Levellers und das Problem der Republik in der Englischen Revolution«. In: *Geschichte und Gesellschaft* 10 (1984), S. 485.

10 O. Ranum: *Paris in the Age of Absolutism*. An Essay. New York 1968, S. 204.

11 Die beste, freilich bei weitem nicht vollständige Übersicht über die »Mazarinades« bei C. Moreau: *Bibliographie des Mazarinades*. 3 Bde., Paris 1850-51; eine gute Auswahl abgedruckt bei C. Moreau: *Choix de Mazarinades*. 2 Bde., Paris 1853. Für den vorliegenden Beitrag konnte eine ausgezeichnete Sammlung von Originaldrucken aus der Landesbibliothek Oldenburg benutzt werden, die offenbar

schon im Zusammenhang mit der alten Brandes'schen Sammlung nach Oldenburg gekommen ist.

12 Vgl. dazu Lloyd Moote: S. 73 ff., Kossmann: S. 43.

13 C. Moreau: Choix, Bd. 1, Paris 1853, S. 427, zit. bei Kossmann: S. 43, Anm. 4.

14 Über die entsprechende Debatte im Parlament berichtet ausführlich Lloyd Moote: S. 133 ff.

15 Ebd., S. 141-57.

16 Kossmann: S. 50.

17 Ebd., S. 95.

18 Propositions faites en la Chambre de Saint-Louis, du trentiesme Juin 1648 (= die sogen. 27 Artikel), in: L'Histoire du Temps, ou le veritable recit de ce qui s'est passé dans le Parlement depuis le mois d'Aoust 1647 iusques au mois de Novembre 1648. Avec les Harangues et les advis differends, qui ont esté proposez dans les affaires qu'on y a solennellement traittées, o. O. 1649, S. 94-105; Declaration du Roy, portant Reglement sur le faict de la Justice, Police, Finances, et soulagement des Subjects de sa Majesté. Verifiée en Parlament le vingt-quatriesme iour d'Octobre mil six cens quarante-huict (= die sogen. 15 Artikel), in: ebd., S. 281-97 (Originaldruck der LB Oldenburg).

19 Kossmann: S. 56.

20 Propositions: S. 96.

21 Kossmann: S. 56.

22 Lloyd Moote: S. 162 f.

23 Declaration du Roy: S. 296 f.

24 Vgl. z. B. Lloyd Moote: S. 173.

25 Kossmann: S. 8 f.

26 D. Richet: *La France moderne*: L'Esprit des institutions. Paris 1973, S. 137.

27 Vgl. Richet: S. 137 und Kossmann: S. 98 ff. Dubosc Montandré hat seine Auffassungen in einer ganzen Reihe von kurzen, in ihren politisch-theoretischen Aussagen nicht völlig kohärenten Pamphleten vertreten. Die größte Verbreitung hatten wohl: Le Formulaire d'Estat, o. O. 1652; Discours d'Estat, où il est prouvé par un raisonnement invincible que la perte du Mazarin et la délivrance des Princes sont absolument necessaires pour calmer les troubles de la Monarchie, o. O. u. J.; Les Paradoxes servant d'entretien aux bons esprit, o. O. 1651.

28 Le Bâillon de la sédition, Paris 1652, S. 14, zit. bei Kossmann: S. 110.

29 Man sollte freilich bedenken, daß eine definitive Aussage über die »politische Theorie« oder das Spektrum möglicher Theorien der Fronde erst nach einer sorgfältigen Auswertung sämtlicher »Mazarinades« möglich sein wird. Wenn ich recht sehe, ist bis heute nicht

einmal die Zahl dieser gedruckten und ungedruckten Pamphlete bekannt. Schätzungen belaufen sich auf über 10 000. Wie weit das von Richet, S. 177 angekündigte Unternehmen einer systematischen Auswertung möglichst aller »Mazarinades« gediehen ist, entzieht sich meiner Kenntnis.

30 Zur politischen und materiellen Lage der »Prinzen« und des Adels vor und während der Fronde vgl. die den Forschungsstand reflektierenden Bemerkungen bei Malettke: S. 55 ff. Die Umrisse des politischen Denkens des Adels versucht zu erfassen E. C. Adams: »The Estates General in the Noble Fronde: The ›Thèse Nobiliaire‹ in Crisis«. In: J. D. Falk (Hg.): *Proceedings of the Fourth Annual Meeting of the Western Society for French History (11-13 Nov. 1976)*. Santa Barbara, Calif. 1977, S. 86-96. Daß Adams die »konstitutionellen« Pläne des Adels wahrscheinlich überschätzt, betont zu Recht P. Sonnino in seinem Korreferat ebd., S. 97 f.

31 Da der vorliegende Beitrag gemäß seiner Fragestellung nicht auf die sozialen und wirtschaftlichen Voraussetzungen der Volksaufstände und der popularen Bewegungen in der Fronde eingeht, soll auf ausführliche Literaturnachweise verzichtet werden. Die jüngste Zusammenfassung der Forschungslage wohl bei R. Pillorget: »Die Bauernaufstände im Frankreich des 17. Jahrhunderts«. In: Malettke (Hg.): *Soziale u. politische Konflikte* (wie Anm. 8), S. 66-79. Eine ältere, aber immer noch vorzügliche Bewertung der ländlichen und städtischen Volksaufstände hinsichtlich ihrer Einordnung in die Sozialgeschichte Frankreichs bei R. Mandrou: *Classes et luttes de classe en France au début du* XVIIe *siècle*. Messina 1965. Auf Untersuchungen, die für unser Thema unmittelbar von Bedeutung sind, wird in den folgenden Fußnoten hingewiesen.

32 Ausgangspunkt war die große Kontroverse zwischen Porschnew und Mousnier über den sozialen und politischen »Charakter« der französischen Volksaufstände vor der Fronde. Vgl. B. F. Porschnew: *Die Volksaufstände in Frankreich vor der Fronde 1623-1648*. Leipzig 1954 und R. Mousnier: »Recherches sur les soulèvements populaires en France avant la Fronde«, zuletzt abgedr. in: ders.: *La plume, la faucille et le marteau* (Anm. 8), S. 335-68.

33 Vgl. E. Le Roy Ladurie: »Über die Bauernaufstände in Frankreich 1548-1648«, in: I. Bog u. a. (Hg.): *Wirtschaftliche u. soziale Strukturen im saekularen Wandel*. Festschrift für W. Abel zum 70. Geburtstag. Bd. 1: Agrarische Wirtschaft u. Gesellschaft in vorindustrieller Zeit. Hannover 1974, S. 277-301. Vgl. auch ders.: »Révoltes et contestations rurales en France de 1675 à 1788«, in: *Annales E. S. C.* 29. 1974, S. 6-22, hier bes. S. 6 f.

34 Kossmann: S. 111 ff. (für 1649) und S. 202 ff. (für 1652).

35 Außer den entsprechenden Abschnitten über die »Ormée« in den

Darstellungen zur Fronde sind zu beachten S. A. Westrich: *The Ormée of Bordeaux. A Revolution during the Fronde.* Baltimore 1972; R. Chartier: »L'Ormée de Bordeaux«, in: *Revue d'histoire moderne et contemporaine* 21. 1974, S. 279-83; Y.-M. Berce: *Histoire des croquants.* Etude des Soulèvements populaires au XVIIe siècle dans le Sud-Quest de la France. 2 Bde., Paris 1974, hier bes. Bd. 1, S. 511 ff. Für wichtige Hinweise zur »Ormée« schulde ich Herrn E. Birnstiel/ Berlin Dank, der 1977 bei K. Malettke eine Magisterarbeit zur Rezeption der Ormée-Politik in der zeitgenössischen Publizistik verfaßt und kürzlich eine Dissertation zum Gesamtphänomen vorgelegt hat. Sehr beachtenswert auch die Studie von H. Kötting: *Die Ormée (1651-1653).* Münster 1983.

36 Das gilt vor allem für Bercé, den besten Kenner der südwestfranzösischen Volksaufstände, der sein Kapitel über die »Ormée« unter den provozierenden Titel »Une idéologie bordelaise« stellt und damit das von den Ormée-Historikern bislang gewiß überschätzte Ereignis vielleicht allzu sehr marginalisiert.

37 Vgl. Kossmann: S. 245 ff.; Bercé: S. 511 ff.

38 Bercé: S. 513.

39 Folgt man Bercé (u. a. S. 521), so spielte England in der »idéologie bordelaise« mehr als ehemaliger Souverän der Guyenne – ein im Vergleich zum verhaßten Zentralismus der Kardinäle zurückersehnter Souverän – denn als Schauplatz der aktuellen Revolution eine Rolle.

40 Zit. bei Bercé, S. 513.

41 Vor allem durch die Arbeit von Lloyd Moote (vgl. Anm. 9) und, für die Zeit nach der Fronde, auch durch A. N. Hamscher: *The Parlement of Paris after the Fronde 1653-1673.* Pittsburgh 1976. Vgl. auch die wichtige Studie zur Gesamteinschätzung des Parlaments in der Fronde von M. Cubells: »Le Parlement de Paris pendant la Fronde«, in: *XVIIe siècle.* Bulletin de la »Société d'Etudes du XVIIe siècle« 35. 1957, S. 171-99.

42 Vgl. dazu die das 18. Jahrhundert betreffenden Bemerkungen bei E. Hinrichs: »Justice versus Administration. Aspekte des politischen Systemkonflikts in der Krise des Ancien Régime in Frankreich«. In diesem Band S. 99 ff.

43 Lloyd Moote: S. 8.

44 Zur sozialen Situation der »parlementaires« vgl. Cubells: S. 177 ff., zur hohen Robe insgesamt G. Huppert: *Les Bourgeois Gentilshommes.* An Essay on the Definition of Elites in Renaissance France. Chicago 1977. Bei Cubells und auch jüngst bei Malettke, S. 38 ff., finden sich ausführliche Bemerkungen zu der Verflechtung zwischen den hohen »officiers« und der Finanzwelt der »traitants« und »partisans«. Malettke unterstreicht dabei völlig zu Recht, daß man diese

zum Teil sehr engen Beziehungen, welche die Härte der Politik des Pariser Parlaments gegen die Finanziers der Krone unverständlich erscheinen lassen, nicht überbewerten und die übergeordneten Konflikturschen – insbesondere den Kampf gegen das Intendantensystem – nicht unterschätzen dürfe.

45 Zum 16. Jahrhundert vgl. E. Hinrichs: *Fürstenlehre u. politisches Handeln im Frankreich Heinrichs IV.* Untersuchungen über die politischen Denk- u. Handlungsformen im Späthumanismus. Göttingen 1969, S. 218 ff.; zum 18. Jahrhundert Hinrichs: Justice, passim.

46 Dieser in Anlehnung an das englische 16. Jahrhundert gebildete Begriff wird von Lloyd Moote: S. 36, eingeführt und von Malettke: S. 45 f., aus mir nicht einsichtigen Gründen als »nicht ganz treffend« bezeichnet.

47 Dieser Aspekt wird vor allem von R. Mousnier in seinen verschiedenen Aufsätzen (vgl. Anm. 8) vertreten. Im Rahmen der Diskussion über die »Krise des 17. Jahrhunderts« hat H. R. Trevor-Roper auf ihn hingewiesen. Vgl. Trevor Aston (Hg.): *Crisis in Europe 1560-1660.* London 1967², S. 77 ff. Zur Entwicklung der französischen Verwaltungsstrukturen am Ende des 16. und in der ersten Hälfte des 17. Jahrhunderts vgl. M. Wolfe: *The Fiscal System of Renaissance France.* New Haven 1972; J. H. M. Salmon: *Society in Crisis.* France in the XVIth Century. New York 1973; R. Bonney: *Political Change in France under Richelieu and Mazarin 1624-1661.* Oxford 1978.

48 Immer noch wichtig die klassische Studie von G. Hanotaux, Origines de l'institution des intendants des provinces: Les premiers intendants des provinces (1550-1631), Paris 1884; vgl. auch J. Russel Major: »Henri IV and Guyenne: A Study concerning origins of royal absolutism«. In: *French Historical Studies* 4. 1966, S. 363-83.

49 Mousnier: The Fronde, S. 142 ff.

50 Pillorget: S. 71.

51 Vgl. Hinrichs: Justice, S. 112 ff. Die besten bürokratiegeschichtlichen und -soziologischen Einsichten zum frühneuzeitlichen, patrimonialen Beamtentum immer noch bei M. Weber: *Wirtschaft u. Gesellschaft.* Grundriß der verstehenden Soziologie, 2. Halbband, Kap. 9, Abschn. 3 und 4, hier benutzt in der Studienausgabe, Hg. J. Winckelmann, Köln 1964, S. 739 ff. Zur Pfründe- und Sportelkonkurrenz insbes. S. 764 ff.

52 Vgl. Lloyd Moote: S. 49.   53 Vgl. Adams: S. 86 ff.

54 Damit soll, wie im Text schon betont, die realhistorische Bedeutung der übrigen Fronde-Episoden nicht geschmälert werden. Aber ebenso, wie man aus den tiefgreifenden sozialen, wirtschaftlichen und politischen Problemen Frankreichs vor und während der Fronde nicht automatisch auf einen entsprechend fundamentalen Charakter der Revolte schließen darf, sollte man sich hüten, den einzelnen

Fronde-Parteien nur deshalb, weil sie revoltieren, auch sogleich eine definitive, politisch-theoretische Zielgerichtetheit ihrer Aktionen zu unterstellen. Kossmann, der das immer wieder betont, relativiert seine Einsichten ein wenig dadurch, daß er einzelne »liberale«, »radikale«, ja, »extreme« Pamphlete aus dem historischen Kontext heraushebt und sie so interpretiert, als hätten ihnen zumindest latent reale Parteiströmungen entsprochen.

55 Wertvolle, zu wenig beachtete Ansätze zur sachgerechten Einordnung und Bewertung frühneuzeitlicher Revolten bei J. H. Elliott: »Revolution and Continuity in Early Modern Europe.« In: *Past & Present* 42. 1969, S. 35-56.

56 R. Mousnier: *L'Assassinat d'Henri* IV. 14. Mai 1610. Paris 1964, S. 82 ff., 91 ff.

57 Das berühmteste Beispiel ist die Bartholomäusnacht vom 24. August 1572, die in jüngster Zeit wieder das Interesse der Historiker gefunden hat. Vgl. u. a. J. Estèbe: *Tocsin pour un massacre: la saison des Saint-Barthélemy*. Paris 1968; A. Soman (Hg.): *The Massacre of St. Bartholomew*. Reappraisals and Documents, Den Haag 1974; I. Mieck: »Die Bartholomäusnacht als Forschungsproblem. Kritische Bestandsaufnahme u. neue Aspekte«. In: HZ 216. 1973, S. 73-110; ders.: »Die Bartholomäusnacht als sozialer Konflikt«. In: Malettke (Hg.): Soziale u. politische Konflikte, S. 1-23; N. Z. Davis: »The Rites of Violence«. In: dies.: *Society and Culture in Early Modern France*. Stanford/Calif. 1975, S. 152-88.

58 Auch die Liga ist erst in jüngster Zeit zum Gegenstand neuartiger Fragestellungen geworden. Die für unseren Zusammenhang wichtigsten Anregungen entnahm ich den leider zum Teil recht kurz gefaßten Bemerkungen von D. Richet: »Aspects socio-culturels des conflits religieux à Paris dans la seconde moitié du XVIe siècle«. In: *Annales E. S. C.* 32. 1977, S. 764-89. Eine Forschungsgruppe um Richet befaßt sich seit Jahren mit den sozio-kulturellen Aspekten der Liga und versucht dabei, von den bisher dominierenden religions- und politikgeschichtlichen Beurteilungen abzurücken. Vgl. auch E. Barnavi: *Le parti de Dieu*. Etude sociale et politique des chefs de la Ligue parisienne, 1585-1594. Löwen 1980, und die Debatte über dieses Buch zwischen R. Descimon: »La Ligue à Paris (1585-1594): une révision«, in: *Annales E. S. C.* 37. 1982, S. 72-111 und E. Barnavi: Réponse à Robert Descimon, in: ebd., S. 112-21. Eine subtile, von Richet: Aspects, S. 779 in kleinen Details korrigierte Analyse der »Seize« ist J. H. M. Salmon: »The Paris Sixteen, 1584-1594: The Social Analysis of a Revolutionary Movement«. In: *Journal of Modern History* 44. 1972, S. 540-76; die politischen Theorien der Liga werden glänzend analysiert von F. J. Baumgartner: *Radical Reactionaries*: The political thought of the French catholic League. Genf 1975.

59 Ich übernehme hier den pragmatischen Elitenbegriff, wie er von französischen und angelsächsischen Historikern seit längerem wieder benutzt wird und der im Deutschen auch durch das umständliche Wort
»Führungsschichten« bezeichnet werden könnte. Gemeint ist nicht
die durch direkten Einfluß auf den politischen Entscheidungsprozeß
gekennzeichnete »Machtelite«, sondern die durch Bildung, Privilegien, Besitz herausgehobene »soziale Elite« aller Stände (hoher Klerus, hohe Robe, hohes Bürgertum, Teile des mittleren und hohen
Adels), die in Frankreich auch gern die »Notabeln« genannt werden.
Vgl. D. Richet: »Autor des origines idéologiques lointaines de la Révolution française: Elites et Despotisme«. In: *Annales E. S. C.* 24.
1969, S. 1-23 und, für das 16. Jahrhundert, Huppert: S. 1 ff.

60 (Théodore de Bèze), Du droit des magistrats sur leurs subjets…
(1575); (François Hotman), Franco-Gallia, (1573); (Odet de la
Noue), La Resolution claire et facile sur la question tant de fois faite
de la prise des armes par les inférieurs, 1575; (Ph. du Plessis-Mornay
und Hubert Languet), Vindiciae contra Tyrannos, 1579. Aus der
unübersehbaren Literatur, vor allem aus angelsächsischer Feder, nur
einige wichtige Beispiele: J. Franklin: *Constitutionalism and Resi-
stance in the Sixteenth Century*: Three Treatises by Hotman, Beza
and Mornay. New York 1969; R. E. Giesey: »The Monarchomach
Triumvirs: Hotman, Beza and Mornay«. In: *Bibliothèque d'Humanisme et Renaissance* 32. 1970, S. 41-56.

61 E. G. Léonard: *Le Protestant Français*. Paris 1953, S. 34; Knachel:
S. 106 ff.

62 Salmon, S. 550.

63 Zur politischen Bewußtseinslage der französischen und insbesondere
der Pariser Juristen vgl. R. Schnur: *Die französischen Juristen im
konfessionellen Bürgerkrieg des 16. Jahrhunderts*. Ein Beitrag zur
Entstehung des modernen Staates. Berlin 1962, S. 32 ff. Zur Debatte
über die Thronfolge u. a. Mousnier: L'Assassinat, S. 91 ff.; R. E. Giesey: »The Juristic Basis of Dynastic Right to the French Throne«. In:
Transactions of the American Philosophical Society 51, Part 5, 1961,
S. 3-47, hier S. 30 ff.; R. A. Jackson: »Elective Kingship and *Consen-
sus Populi* in Sixteenth-Century France«. In: *The Journal of Modern
History* 44. 1972, S. 155-71.

64 Obwohl in allen Darstellungen zur französischen Geschichte in den
religiösen Bürgerkriegen auf die Theorien und politischen Aktivitäten der »Politiker« ausführlich eingegangen wird – besonders auch in
der an Ranke anschließenden deutschen Geschichtsschreibung, die
den Aspekt der auf den modernen Staat gerichteten, überkonfessio-
nellen Haltung der »Politiker« über Gebühr betont hat –, fehlt bis
heute eine geistes- und sozialgeschichtlich befriedigende Gesamtdarstellung dieser sog. »Dritten Partei«. In der Blickrichtung richtig,

insgesamt aber oberflächlich ist M. Yardeni: *La conscience nationale en France pendant les guerres de religion (1559-1598)*. Löwen 1971, vgl. S. 265 ff. Da die Begründung des »politischen« Programms im wesentlichen auf Bodin zurückgeht, ist die unübersehbare Bodin-Literatur in jedem Fall heranzuziehen. Eine der besten neueren Interpretationen ist J. Franklin: *Bodin and the Rise of Absolutist Theory*. Cambridge 1973.

65 Richet: Aspects, S. 778. Mit dem Blick auf ältere, überkonfessionelle Interpretationen nennt Richet die »Politiker« eine Partei, »dont l'idéologie a été largement véhiculée par les historiens, mais dont on a peut-être déformé les vues profondes« (ebd.). Vgl. auch Schnur: S. 32.

66 Yardeni: S. 278 ff.

67 Richet: Aspects, S. 778.

68 E. Hinrichs: »Das Fürstenbild Bodins u. die Krise der französischen Renaissancemonarchie«. In diesem Band S. 9 ff., hier S. 19.

69 Sie findet einen schönen Ausdruck bei dem »Politiker« und Erz-Gallikaner Guy Coquille, wenn er schreibt: »L'une des principales libertez de l'Eglise de France est de l'union, qui est entre les Rois de France, et tout le peuple François, soit des Ecclésiastiques, soit des Nobles, soit des Bourgeois et Roturiers: Laquelle union fait que toute la France est un seul corps Politique, duquel le Roy est le chef, l'Eglise le principal et plus excellent membre«. Guy Coquille, Traité des Libertez de l'Eglise de France et des Droits et Authorité que la couronne de France a ès affaires de l'Eglise dudit Royaume, par bonne et sainte union avec ladite Eglise, in: ders., Les Oeuvres, Bd. 1, Paris 1666, S. 89-129, hier S. 109.

70 Dazu insgesamt E. Thuau: *Raison d'état et pensée politique à l'époque de Richelieu*. Paris 1966.

71 Franklin: Jean Bodin, S. 97 ff.

72 Zu den hier genannten politischen Aktionen der Liga vgl. Baumgartner: S. 103 f. (Sorbonne gegen Henri III), 120 (Ermordung Heinrichs III.), 186 ff. (Ständeversammlung von 1593).

73 Richet: La France, S. 137.

74 Salmon, S. 566. Vgl. auch Baumgartner: S. 167 ff.

75 Richet: Aspects, S. 779 f. und, im Rückblick auf diese schon seit der Bartholomäusnacht begründete Tradition der Gewalt, S. 775 f.

76 Z. B. F. Furet u. D. Richet: *Die Französische Revolution*. Frankfurt 1968, S. 271.

77 Bercé: S. 512 ff. und Westrich: S. 66 ff., hier freilich mit einem zu starken Akzent auf dem »Klassencharakter« dieses Konflikts.

78 In diesem Zusammenhang verdient Erwähnung, daß das Religionsproblem zumindest in der Vorgeschichte der Fronde doch eine gewisse Rolle gespielt hat – freilich gerade nicht in Wiederholung der

alten, ligistischen Parteikonstellation, sondern im Reflex auf einen neuen, dem alten gallikanisch-»politischen« Konsens zwischen Krone und Parlamentsjuristen zuwiderlaufenden Streit. Der erste, bedeutsame Konflikt, der nach dem Tod Richelieus und Ludwigs XIII. zwischen der Regentin, Mazarin und dem Pariser Parlament im Jahr 1643 ausbrach, hatte nicht die später in der Fronde dominierenden Steuer-, Beamten- und Verwaltungsfragen zum Thema, sondern das Jansenismus-Problem. Die Regentin und Mazarin hatten beschlossen, den Traktat des später führenden französischen Jansenisten Antoine Arnauld: De la Fréquente Communion, nach Rom zu senden, um ihn auf seine Übereinstimmung mit der rechtgläubigen Lehre überprüfen zu lassen. Die Königin-Mutter und der Minister schreckten damit, wie Ranum: S. 206, formuliert, die »pathologischen Ängste« der gallikanischen Richter auf und provozierten eine heftige Debatte über die Frage, ob eine solche Prüfung nicht genau so gut oder besser von französischen – sprich gallikanischen – Theologen vorgenommen werden könnte. Ranum, in seiner pragmatisch-angelsächsischen Sicht, geht sogar so weit zu behaupten, daß ohne diesen und ähnliche »blunders« von Seiten der Regierung die Fronde nicht stattgefunden hätte (ebd., S. 205). Bei aller Dominanz politischer, administrativer und auch sozio-ökonomischer Tatbestände im späteren Verlauf des Konflikts sollten solche, noch untergründig wirkende Signale aus dem religiös-politischen Bewußtsein der hohen Magistrate sicher nicht unterschätzt werden. Im weiteren Verlauf des 17. und 18. Jahrhunderts wurde für die Parlamente aus der Verbindung von Gallikanismus und Jansenismus so etwas wie eine Kraftquelle ihres Widerstandes gegen die »administrative Monarchie«. Vgl. u. a. Richet: La France, S. 157; J. Egret: *Louis xv et l'opposition parlementaire 1715-1774*. Paris 1970, S. 17 ff., 50 ff. u. passim.

79 Die in Frankreich weit später als im übrigen katholischen Europa einsetzende »katholische Reform« hat sei längerem keine umfassende Gesamtdarstellung mehr gefunden. Grundlage aller weiteren Beschäftigung mit diesem für die französische Geistes- und Mentalitätsgeschichte eminent wichtigen Thema ist H. Brémond: *L'Histoire littéraire du sentiment religieux en France depuis les guerres de religion.* 12 Bde., Paris 1916 ff. Vgl. auch V. Martin: *Le gallicanisme et la réforme catholique.* Essai sur l'introduction en France des décrets du concile de Trente (1563-1615). Paris 1919. Eine gute, kurz gefaßte Übersicht über die neuen Frömmigkeitsentwicklungen in Paris bei Ranum: S. 109 ff.

80 Richet: Aspects, S. 781 ff.

81 Ebd., S. 783.

82 Ebd., S. 782 f. Richet hebt stark ab auf den sich im Zeichen der Liga und der »katholischen Reform« ausbildenden »Elitenkonsens«, der

in der Tat dazu beitrug, daß Gewaltorgien im Stil der Bürgerkriegs-
zeit nicht mehr stattfanden. Man sollte jedoch nicht übersehen, daß
das theologisch-politische Konfliktfeld innerhalb des französischen
Katholizismus – vom Fortbestehen des in seiner Kultfreiheit in der
ersten Hälfte des 17. Jahrhunderts relativ unbehelligten Protestantismus ganz zu schweigen – damit nicht bereinigt war. Der Gallikanismus, im 14. Jahrhundert entstanden und in den Auseinandersetzungen zwischen dem französischen Königtum und Rom im 15. und
16. Jahrhundert ungemein gestärkt, blieb im 17. Jahrhundert die do-
minante Strömung im französischen Katholizismus, und er blieb äußerst wachsam, wenn sich, etwa im Zusammenhang mit dem Jansenismus, aber auch bei der Gründung neuer Orden und der damit
sofort auftauchenden Frage ihrer allzu festen Bindung an Rom, neue
Konflikte auftaten. Vgl. G. R. R. Treasure: *Cardinal Richelieu and
the Development of Absolutism.* London 1972, S. 216 ff.

83 Hinrichs: Fürstenlehre, S. 309 f.

84 Vgl. z. B. P. Goubert: *Ludwig XIV. u. zwanzig Millionen Franzosen.*
Berlin 1973, S. 59.

85 Die Fronde-Schrift »Les souhaits de la France, à monseigneur le duc
d'Angoulême«, o. O. (1649), zit. bei Kossmann, S. 8, hebt den Gegensatz zwischen Liga und Fronde hervor. Jene »avait pour but
l'usurpation de la monarchie«, diese jedoch »ne travaille qu'à maintenir l'authorité souveraine«. Auch Richet, Aspects, S. 789, unterstreicht den »discrédit« der Liga, der bis in die Epoche der Fronde
angehalten habe. »Bestimmte Mazarinades« hätten den Wunsch der
Frondeure zum Ausdruck gebracht, »de se démarquer nettement des
Ligueurs«. Auch der sog. »liberale« Fronde-Publizist Claude Joly
polemisiert in seiner Schrift »La Veritable Education d'un Roy oppo-
sée à la Politique et aux Maximes du Cardinal Mazarin«, hier benutzt
in einem Druck Amsterdam 1695, gegen die Liga, vor allem gegen die
von der Liga-Politik schon stark beeinflußten Generalstände von
Blois von 1588: »L'esprit de la Ligue gouverna encores davantage les
Estats de Blois de l'année 1588 que les precedens, et il n'y fut fait
aucune chose pour le bien et soulagement du peuple. L'Edict d'union
faite entre le Roy Henry III et ses subjects Catholiques contre le Roy
de Navarre, du mois de Juillet de la mesme année, qui pensa boule-
verser toute la France par les guerres suivantes qui durerent iusques
en l'an 1594 et transferer la Couronne au Roy d'Espagne, fut le
principal fruict de cette Assemblée« (S. 361). Zur Bedeutung der Liga
für die Versammlungen der Generalstände vor 1593 vgl. M. Orlea:
La noblesse aux Etats généraux de 1576 et de 1588. Paris 1980,
S. 32 ff.

86 Ranum: S. 114.

87 Huppert: S. 162 ff.

88 Kossmann: S. 230 f. Kossmann zitiert hier aus dem Pamphlet »La Mercuriale«, Paris 1652, aus einer Zeit also, in der die Opposition der Richter ohnehin weitgehend erloschen war. Der anonyme Autor der »Mercuriale« hat im Jahr 1652 den bereits 14jährigen Ludwig XIV. vor Augen, der »à présent maître de ses volontés« sei und daher nicht mehr als »prisonnier du cardinal Mazarin au milieu de son royaume« betrachtet werden könne. Auch diese Kritik richtet sich damit nicht eigentlich gegen das »System«, sondern gegen die Person des Königs, wie sie sich in den Jahren zuvor gegen die Person des Kardinals und andere Mitglieder des »conseil du Roy« gerichtet hatte. Hier wird im Grunde noch keine grundsätzliche Monarchiekritik sichtbar, sondern ein frühes Beispiel der Tyrannenkritik gegen Ludwig XIV., die im Verlauf seiner Regierungszeit immer heftiger werden sollte. Auf der anderen Seite sollte beachtet werden, daß der berühmte Entschluß Ludwigs XIV. zur Selbstregierung von 1661 – d. h. der Entschluß, ohne »premier ministre« und mit einem verkleinerten Rat zu regieren – eine deutliche und im Sinne der absolutistischen Frondeure positive Reaktion auf die Fronde war. Vgl. Goubert: S. 57.

89 Hinrichs: Justice, S. 104 ff.

Die Voraussetzungen gesellschaftlicher Stabilität im Absolutismus.
Bemerkungen zu Frankreich im 17. und 18. Jahrhundert

1 Eine der besten jüngeren Darstellungen über das Ancien Régime als Epoche und Struktur der französischen Geschichte im ersten, von Pierre Goubert verfaßten Band von Pierre Goubert und Daniel Roche: *Les Français et l'Ancien Régime*. 2. Bde. Paris 1984.

2 Der mächtepolitische Hintergrund der innenpolitischen Entwicklung des französischen Absolutismus ist von der strukturgeschichtlich orientierten neueren französischen Ancien-Régime-Forschung nicht ausreichend bedacht worden. So bezieht das kleine Buch von Denis Richet: *La France moderne: L'Esprit des institutions*. Paris 1973, das in vieler Hinsicht eine der besten, modern konzipierten Verfassungsgeschichten Frankreichs im Ancien Régime darstellt, die außenpolitische Dimension so gut wie überhaupt nicht ein.

3 Vgl. Ernst Hinrichs: *Absolutismus im Schulbuch*. In: »Internationale Schulbuchforschung« 9 (1987), S. 303–320.

4 Vgl. insbesondere Dietrich Gerhard (Hg.): *Ständische Vertretungen in Europa im 17. und 18. Jahrhundert*. Göttingen 1969 (= Veröffentlichungen des Max-Planck-Instituts für Geschichte 27).

5 Dietrich Gerhard: *Gesammelte Aufsätze*. Göttingen 1977 (= Veröffentlichungen des Max-Planck-Instituts für Geschichte 54).

6 Emile Appolis: »Les états de Languedoc au XVIIIe siècle. Comparaison avec les états de Bretagne«. In: *Etudes présentées à la commission internationale pour l'histoire des assemblées d'états* 2 (1937), S. 129-248; Guy Chaussinand-Nogaret: *Les financiers de Languedoc au XVIIIe siécle*. Paris 1970 (= Affaires et gens d'affaires XXXV).

7 Otto Brunner: *Land und Herrschaft*. Grundfragen der territorialen Verfassungsgeschichte Österreichs im Mittelalter. 5. Aufl. Wien 1965.

8 Roland Mousnier: *Les institutions de la France sous la monarchie absolue*. 2 Bde. Paris 1974-1980.

9 Roland Mousnier: *La vénalité des offices sous Henri IV et Louis XIII*. 2. Aufl. Paris 1971.

10 Vgl. dazu u. a. François Furet: »Le catéchisme révolutionnaire«. In: *Annales E.S.C.* 26 (1971), S. 255-289; wieder abgedruckt in: François Furet: *Penser la Révolution française*. Paris 1978, S. 113-172; dazu die von Furet herausgegebenen Beiträge zum Thema »Ancien Régime et révolution: réinterprétations« in den Heften 1 u. 2 von *Annales E.S.C.* 29 (1974). Vgl. auch Ernst Hinrichs u. a. (Hg.): *Vom Ancien Régime zur Französischen Revolution*. Forschungen und Perspektiven. Göttingen 1978 (= Veröffentlichungen des Max-Planck-Instituts für Geschichte 55).

11 Ernst Hinrichs (Hg.): *Absolutismus*, Frankfurt/Main 1986, S. 16.

12 Dazu ist immer noch die zentrale Veröffentlichung Friedrich Meinecke: *Die Idee der Staatsräson in der neueren Geschichte*. 4. Aufl. München/Wien 1976, bes. S. 173 ff.

13 Kurt von Raumer: Sully, Crucé und das Problem des allgemeinen Friedens. In: *Historische Zeitschrift* 175 (1953), S. 1-39.

14 Michel Morineau: »Budgets de l'Etat et gestion des finances royales en France au dixhuitième siècle«. In: *Revue Historique* 536 (1980), S. 287-336; David J. Buisseret: »Les Budgets de Henri IV«. In: *Annales E.S.C.* 39 (1984), S. 30-34.

15 Zur Gesamtsituation vgl. Richet: La France (wie Anm. 2), passim; Bernard Barbiche: *Sully*. Paris 1978, S. 77 ff.

16 Vgl. dazu die unterschiedlichen Nuancierungen im Hinblick auf die Gründe für den Rückgang der bäuerlichen Aktivitäten bei Emmanuel Le Roy Ladurie: »Révoltes et contestations rurales en France de 1675 à 1788«. In: *Annales E.S.C.* 29 (1974), S. 6-22 und bei Jean Jacquart: »Das Scheitern der bäuerlichen Widerstandsbewegungen in Frankreich«. In: Winfried Schulze (Hg.): *Europäische Bauernrevolten der frühen Neuzeit*. Frankfurt/Main 1982, S. 212-243.

17 Für das 18. Jahrhundert vgl. Morineau: Budgets (Anm. 16), S. 314.

18 Vgl. u. a. Barbiche: Sully, S. 82 ff.

19 Zu folgendem vgl. Ernst Hinrichs: »Absolute Monarchie und Bürokratie. Bermerkungen über ihre ›Unvereinbarkeit‹ vom 16. bis zum 18. Jahrhundert« in diesem Band S. 81 ff.

20 Aus der inzwischen überaus reichhaltigen Literatur über das 17. und 18. Jahrhundert vgl. nur Julian Dent: *Crisis in Finances.* Crown, Financiers and Society in Seventeenth Century France. New York 1973; James B. Collins: *Fiscal Limitations of Absolutism.* Direct Taxation in Early Seventeenth-Century France. Berkeley 1988; Daniel Dessert: *Argent, pouvoir et société au Grand Siècle.* Paris 1984; Guy Chaussinand-Nogaret: Financiers de Languedoc (wie Anm. 6); Ders.: *Gens de finance au XVIIIe siècle.* Paris 1972; Yves Durand: *Les fermiers généraux au XVIIIe siècle.* Paris 1971; John Francis Bosher: *French Finances 1770-1795.* From Business to Bureaucracy. Cambridge 1970. Viele der genannten Arbeiten stehen in direkter oder indirekter Abhängigkeit von jener grundlegenden Studie, die das Verhältnis von Staat, Finanzen und Gesellschaft im französischen Ancien Régime in bisher unübertroffener Form thematisiert hat: Herbert Lüthy: *La banque protestante en France de la révocation de l'édit de Nantes à la Révolution.* 2 Bde. Paris 1959-1961.

21 Vgl. Ernest Badian: *Publicans and Sinners.* Private Enterprise in the Service of the Roman Republic. Oxford 1972.

22 Vgl. z. B. Dessert: Argent, passim.

23 Durand: Fermiers, S. 45 ff.

24 John Francis Bosher: »Chambres de justice in French Monarchy«. In: John F. Bosher (Hg.): *French Government and Society 1500-1850.* Essays in Memory of Alfred Cobban. London 1973, S. 19-40; Daniel Dessert: *Fouquet.* Paris 1987, S. 231 ff. Ders.: »Finances et société au XVIIe siècle: à propos de la Chambre de justice de 1661«. In: *Annales E.S.C.* 29 (1974), S. 847-882.

25 Vgl. die grundlegende Studie von Edgar Faure: *La banqueroute de Law.* 17 juillet 1720. Paris 1977 (= Trente journées qui ont fait la France 15).

26 Bosher: French Finances, S. 142 ff.

27 Die weitaus umfassendste und tiefdringendste Analyse in dem in Anm. 20 zitierten Buch von Daniel Dessert: *Argent, pouvoir et société au Grand Siècle.* Paris 1984, S. 82 ff.

28 Über die Stellung der *fermiers généraux* in der französischen Ancien-Régime-Gesellschaft des 18. Jahrhunderts vgl. Durand, Fermiers Généraux, S. 387 ff.

29 Jean-Louis Bourgeon: *Les Colbert avant Colbert.* Dessin d'une famille marchande. 2. Aufl. Paris 1986; Daniel Dessert: »Les groupes financiers et Colbert (1661-1683)«. In: *Bulletin de la Société d'histoire moderne* 80 (1982), S. 19-29; Daniel Dessert u. J. L. Journet: »Le lobby Colbert – Un royaume ou une affaire de famille?« In:

Annales E.S.C. 29 (1975), S. 1303-1336; Roland Mousnier (Hg.): *Un nouveau Colbert.* Paris 1985.

30 Dessert: Argent, S. 423 ff.

31 Bei Dessert: Argent, S. 367 findet sich folgende zutreffende Formulierung: »La mise au pas des élites, à partir de 1661, n'est qu'une tentative pour limiter indirectement le pouvoir réel d'une oligarchie, en apparence vaincue politiquement et en réalité victorieuse financièrement.« Dessert schenkt besondere Aufmerksamkeit den im Heeresdienst stehenden Großadeligen, »dont bon nombre semblent avoir été plus heureux dans les finances qu'à la guerre.« (S. 363)

32 Eine vorzügliche Gesamtübersicht mit Beiträgen zu Frankreich, Kastilien, England, dem Reich und Brandenburg-Preußen sowie einer ausgezeichneten Bibliographie in Klaus Malettke (Hg.): *Ämterkäuflichkeit: Aspekte sozialer Mobilität im europäischen Vergleich (17. und 18. Jahrhundert).* Berlin 1980 (= Einzelveröffentlichungen der Historischen Kommission zu Berlin 26).

33 Daß zumindest in der Entstehungszeit des französischen Absolutismus, vor allem in der Befriedungsphase unter Henri IV, ein solcher enger Zusammenhang zu sehen ist, dafür steht das Lebenswerk Roland Mousniers, vor allem seine klassische These *La vénalité des offices sous Henri IV et Louis XIII* (Anm. 9).

34 David D. Bien: »Die ›Secrétaires du Roi‹ – Absolutismus, Korporationen und Privilegien im französischen Ancien Régime«. In: Ernst Hinrichs: *Absolutismus,* S. 249-272, hier S. 250.

35 Christine Favre-Lejeune: *Les secrétaires de la Grande Chancellerie de France.* Dictionnaire biographique et généalogique (1672-1789). 2 Bde. Paris 1986.

36 Bien: Secrétaires, S. 265.

37 Vgl. dazu Roland Mousnier: »Recherches sur les syndicats d'officiers pendant la Fronde: Trésoriers généraux de France et élus dans la révolution«. In: *XVIIe Siècle* 42-43 (1959), S. 76-117.

38 Ebd.

39 Pierre Deyon: *Le mercantilisme.* Paris 1969, S. 29 f.

40 François Furet: Penser la Révolution française, S. 141 (Übers. v. Verf.).

41 Montesquieu: L'Esprit des Lois...In: *Œuvres Complètes.* Editions du Seuil. Paris 1964, S. 535: »Le pouvoir intermédiaire subordonné le plus naturel est celui de la noblesse. Elle entre en quelque façon dans l'essence de la monarchie, dont la maxime fondamentale est: *point de monarque, point de noblesse; point de noblesse, point de monarque«.*

42 Ebd., S. 538: »Le gouvernement monarchique suppose, comme nous avons dit, des prééminences, des rangs, et même une noblesse d'origine«.

43 Ebd., S. 536 (Übers. v. Verf.).

44 Bosher: French Finances, S. 16 f.

Absolute Monarchie und Bürokratie.
Bemerkungen über ihre
›Unvereinbarkeit‹ im französischen
Ancien Régime

1 Vgl. u. a. die alte französische Geschichte von Ernest Lavisse (Hg.): *Histoire de France illustrée depuis les origines jusqu'à la révolution.* Bde. 6, 1-9, 1. Paris 1900-1911; Gustave Dupont-Ferrier: *La formation de l'état français et l'unité française.* 3. Aufl. Paris 1946; Marcel Marion: *Dictionnaire des institutions de la France aux XVIIe et XVIIIe siècles.* Paris 1923; Georges Pagès: *La Monarchie d'Ancien Régime en France (de Henri IV à Louis XIV).* 4. Aufl. Paris 1946; Jacques Ellul: *Histoire des institutions de l'époque franque à la révolution.* Paris 1962.

2 Die Bemerkung eines Redners zum Anlaß nehmend, der die »centralisation administrative« als »belle conquête« der Revolution gefeiert hatte, war Tocqueville in der Einleitung des 11. Kapitels des zweiten Buchs seines großen Werks »L'Ancien Régime et la Révolution« (1856) auf dieses Thema mit folgenden, berühmt gewordenen Worten eingegangen: »Je veux bien que la centralisation soit une belle conquête, je consens à ce que l'Europe nous l'envie, mais je soutiens que ce n'est point une conquête de la Révolution. C'est, au contraire, un produit de l'ancien régime, et, j'ajouterai, la seule portion de la constitution politique de l'ancien régime qui ait survécu à la Révolution, parce que c'était la seule qui pût s'accommoder de l'état social nouveau que cette Révolution a créé.« Alexis de Tocqueville: *L'Ancien Régime et la Révolution.* Bd. 1. In: ders.: *Œuvres Complètes.* Hg. v. J.-P. Mayer, Bd. 2. Paris 1952, S. 107.

3 Zu nennen sind vor allem die zahlreichen und grundlegenden Arbeiten von Dietrich Gerhard zum Regionalismus, zu den Ständeversammlungen, zum ständischen Wesen und zu den Amtsträgern. Vgl. die Sammelbände Dietrich Gerhard: *Alte und neue Welt in vergleichender Geschichtsbetrachtung.* Göttingen 1962; ders.: *Gesammelte Aufsätze.* Göttingen 1977; ders. (Hg.): *Ständische Vertretungen in Europa im 17. und 18. Jahrhundert.* 2. Aufl., Göttingen 1974; vgl. auch ders.: *Old Europe. A Study of Continuity, 1000-1800,* New York u. a. 1981. Daneben wichtig zahlreiche Aufsätze von Gerhard Oestreich, die in zwei Sammelbänden vorliegen. Vgl. Gerhard Oestreich: *Geist und Gestalt des frühmodernen Staates.* Berlin 1969; ders.: *Strukturprobleme der frühen Neuzeit.* Ausgewählte Aufsätze, hg. von Brigitta Oestreich, Berlin 1980. Zum 18. Jahrhundert vgl. auch Rudolf Vierhaus: »Ständewesen und Staatsverwaltung in Deutschland im späteren 18. Jahrhundert«. In: ders.: *Deutschland im*

18. Jahrhundert. Politische Verfassung, soziales Gefüge, geistige Bewegungen. Göttingen. 1987, S. 33-49.

4 Vgl. Gaston Roupnel: *La ville et la campagne au xviie siècle.* Etude sur les populations du pays dijonnais. 2. Aufl., Paris 1955; Pierre de Saint-Jacob: *Les paysans de la Bourgogne du Nord au dernier siècle de l'Ancien Régime.* Paris 1960 und die Erstauflagen von: Pierre Goubert: *Beauvais et le Beauvaisis de 1600 à 1730.* 2. Bde., Paris 1960; René Baehrel: *Une croissance: la Basse-Provence rurale (fin du xvie siècle-1789).* 2 Bde., Paris 1961; Emmanuel Le Roy Ladurie: *Les paysans de Languedoc.* 2 Bde., Paris 1962; Jean Meyer: *La noblesse bretonne au xviiie siècle.* 2 Bde., Paris 1966; Maurice Garden: *Lyon et le Lyonnais au xviiie siècle.* Paris 1970; François Lebrun: *Les hommes et la mort en Anjou aux xviie et xviiie siècles.* Paris 1971; Jean Jacquart: *La Crise rurale en Ile-de-France.* 1550-1670, Paris 1974. Obwohl auf städtische Räume begrenzt, gehören doch zwei bedeutende jüngere Stadtgeschichten unmittelbar in diesen Zusammenhang. Jean-Claude Perrot: *Genèse d'une ville moderne.* Caen au xviiie siècle. 2 Bde., Paris 1975; Jean-Pierre Bardet: *Rouen aux xviie et xviiie siècles.* Les mutations d'un espace social. 2 Bde., Paris.

5 Vgl. z. B. Pierre Goubert und Daniel Roche: *Les Français et l'Ancien Régime.* 2 Bde., Paris 1984; vgl. dazu meine Renzension in *Francia* 1988.

6 Vgl. vor allem die von François Furet präsentierten Aufsätze zum Thema »Ancien Régime et Révolution: Réinterprétations«, in: *Annales E.S.C.* 29, 1974, S. 3 ff. In diesen Zusammenhang gehört auch der schon klassisch zu nennende Aufsatz von Furet: »Le catéchisme révolutionnaire«. In: *Annales E.S.C.* 26, 1971, S. 255-289. Vgl. auch Blanchine Barrett-Kriegel: »Histoire et politique, ou l'histoire science des effets«. In: *Annales E.S.C.* 28, 1973, S. 1437-1462.

7 Denis Richet: *La France moderne:* L'esprit des institutions. Paris 1973.

8 Emmanuel Le Roy Ladurie: »L'histoire immobile«. In: *Annales E.S.C.* 29, 1974, S. 673-692, hier S. 690.

9 Marion J. Levy, Jr.: *Modernization and Structure of Societies:* A Setting of International Affairs. Bd. 1. Princeton, N. J. 1966; S. N. Eisenstadt: *The Political System of Empires.* The Rise and Fall of the Historical Bureaucratique Societies. Glencoe, Ill. 1963; John A. Armstrong: *The European Administrative Elite.* Princeton, N. J. 1973; Reinhard Bendix: *Könige oder Volk.* Machtausübung und Herrschaftsmandat. 2 Bde. Frankfurt/Main 1980 (= stw 338).

10 In dem Buch von Jürgen Kocka (Hg.): *Max Weber, der Historiker.* Göttingen 1986 (= Kritische Studien zur Geschichtswissenschaft 73) wird der Beitrag Webers zur Analyse des französischen Ancien Régime nicht gewürdigt.

11 Hans Rosenberg: *Bureaucracy, Aristocracy and Autocracy*. The Prussian Experience 1660-1815. Harvard Univ. Press 1958; Reinhart Koselleck: *Preußen zwischen Reform und Revolution*. Allgemeines Landrecht, Verwaltung und soziale Bewegung von 1791 bis 1848. Stuttgart 1967.

12 Eckart Kehr: »Zur Genesis der preußischen Bürokratie und des Rechtsstaats. Ein Beitrag zum Diktaturproblem«. in: Ders.: *Der Primat der Innenpolitik*. Gesammelte Aufsätze zur preußisch-deutschen Sozialgeschichte im 19. und 20. Jahrhundert. Hg. u. eingel. v. H.-U. Wehler. 3. Aufl., Frankfurt u. a. 1976, S. 31-52, hier S. 32.

13 Die erste französische Übersetzung von Webers »Wirtschaft und Gesellschaft« nach der 4. Aufl. der von Johannes Winckelmann hg. deutschen Version von 1956 erschien erst 1971 in der Reihe »Recherches en Sciences Humaines« bei Plon.

14 Max Weber: Wirtschaft und Gesellschaft. Grundriß der verstehenden Soziologie. Studienausgabe. Hg. von Johannes Winckelmann, 2. Halbband, Tübingen 1956, Nachdruck Köln 1964, S. 701.

15 Eine vorzügliche Analyse der Stärken und Schwächen des Tocquevilleschen Ansatzes bei François Furet: »Tocqueville et la Révolution française«. In: Ders.: *Penser la Révolution française*. Paris 1978, S. 173-211.

16 In erster Linie Roland Mousnier: *La vénalité des offices sous Henri IV et Louis XIII*. 2. Aufl. Paris 1971; vgl. daneben den Aufsatzsammelband von Mousnier: *La plume, la faucille et le marteau*. Paris 1970.

17 Fernand Braudel: *La Méditerranée et le monde méditerranéen à l'époque de Philippe II*. 2. Aufl., Bd. 2, Paris 1966, S. 29.

18 Zu den parlements vgl. z. B. Roger Doucet: *Les Institutions de la France au XVIe siècle*. Bd. 1, Paris 1948, S. 176 ff.

19 Braudel: Méditerranée, S. 29 ff.

20 Mousnier: Vénalité, S. 531 ff.

21 Neben Mousnier: Vénalité, vgl. auch Martin Göhring: *Die Ämterkäuflichkeit im Ancien régime*. Berlin 1938; Klaus Malettke (Hg.): *Ämterkäuflichkeit*: Aspekte sozialer Mobilität im europäischen Vergleich. Berlin 1980, darin S. 33 ff. vier Beiträge von Roland Mousnier, Kuno Böse und François Bluche zu Frankreich; Wolfgang Reinhard: »Staatsmacht als Kreditproblem. Zur Struktur und Funktion des frühneuzeitlichen Ämterhandels«. In: Ernst Hinrichs (Hg.): *Absolutismus*. Frankfurt 1986, S. 214-248.

22 Weber: Wirtschaft und Gesellschaft, Bd. 2, S. 756 ff.

23 Ebd., S. 767.

24 David D. Bien: »Die »Secrétaires due Roi« – Absolutismus, Korporationen und Privilegien im französischen Ancien Régime«. In: Hinrichs (Hg.), Absolutismus, S. 249-272, die Übersetzung eines 1978 auf englisch erschienenen Aufsatzes.

25 Bien: Die »Secrétaires du Roi«, S. 269 f.

26 Ebd., S. 258.

27 Vgl. Mandrou: Louis xiv, S. 98 ff.

28 Die wichtigste jüngere Studie über die französischen Intendanten im 18. Jahrhundert: Vivian R. Gruder: *The Royal Provincial Intendants. A Governing Elite in Eighteenth-Century France.* Ithaca N. Y. 1968, kommt zu dem Ergebnis, »royal government in the last century of the *ancien régime* was quasi-bureaucratic« (S. 208). Dieses anhand von 94 Intendantenlaufbahnen über das ganze 18. Jahrhundert gewonnene Urteil leuchtet auf der Basis der von Gruder aufgestellten Bewertungsmaßstäbe ein und bestätigt die ältere Auffassung, daß mit der Intendantur in Frankreich ein für die Zeit erstaunlich hohes Maß an Kompetenz und Loyalität des hohen provinzialen Verwaltungspersonals erreicht wurde. Es läßt jedoch die *Legitimität*sebene außer acht und damit die wichtige Frage, warum die französische Monarchie trotz ihrer bedeutenden Verwaltungsinstitutionen die Krise des Ancien Régime nicht bewältigen und damit die Revolution nicht verhindern konnte.

29 John A. Armstrong: »Old-Regime Governors: Bureaucratic and Patrimonial Attributes«. In: *Comparative Studies in Society and History* 14, 1972, S. 2-29; ders.: »Old-Regime Administrative Elites: Prelude to Modernization in France, Prussia, and Russia«. In: *International Review of Administrative Sciences* 38, 1972, S. 21-40.

30 Vgl. dazu Ernst Hinrichs: »Justice versus Administration. Aspekte des politischen Systemkonflikts in der Krise des Ancien Régime in Frankreich«, in diesem Band S. 99 ff., hier S. 107.

31 Dazu u. a. Jean Egret: *Louis xv et l'opposition parlementaire.* Paris 1970, S. 182 ff., insbes. S. 190.

32 Sehr schön hat das in ihren Nachbetrachtungen zur französischen Revolution Germaine de Staël zum Ausdruck gebracht: »Le ministre des finances, avant la révolution n'était pas seulement chargé du trésor public, ses devoirs ne se bornaient pas à mettre de niveau de la recette et de la dépense: toute l'administration du royaume était encore dans son département; et sous ce rapport, le bien-être de la nation entière ressortissait au contrôle général«. Germaine de Staël: *Considérations sur les principaux évènements de la révolution française.* Bd. 1. Paris 1818, S. 75. Die Handschriftenabteilung der Bibliothèque Nationale enthält eine Fülle von bis heute noch nicht ausgewerteten Manuskripten, die – offensichtlich als Argumentationsgrundlage im Rahmen von Kompetenzkonflikten gedacht – den Prozeß der Machterweiterung des *Contrôle Général* in einzelnen Sektionen der Staatsverwaltung nachzuzeichnen versuchen. Leider sind diese Schriften oftmals nicht betitelt und datiert, so daß sie sich nicht einem ganz bestimmten Vorgang zuordnen lassen. Vgl. z. B. BN, ms.

fr. n. a. 9735, fol. 309 ff. Aufgabe dieser ohne Frage aus dem 18. Jahrhundert stammenden Schrift ist es zu belegen, daß die *Ponts et Chaussées,* die einst bei den *Trésoriers Généraux* ressortierten, jetzt zum *Contrôle Général* gehörten und in den Provinzen damit auch Angelegenheit der Intendanten und nicht mehr der *Bureaux des finances* seien.

33 Gleichwohl fehlt es an einer wirklich umfassenden und tiefdringenden Untersuchung, die das Verdienst hätte, herrschaftssoziologische Sichtweisen im Sinne Webers und Elias aufzunehmen, ohne die historische Perspektive zu verlieren. Das Buch von Jürgen Freiherr von Krüdener: *Die Rolle des Hofes im Absolutismus.* Stuttgart 1973, gibt eine Reihe von wichtigen Einblicken, die Europa insgesamt betreffen, kann und will diese Analyse aber nicht bieten. Ein guter, hinsichtlich der Langzeitwirkung von Versailles relativ skeptischer Überblick bei Robert Mandrou: *Louis XVI en son temps.* Paris 1973, S. 322 ff.

34 Krüdener: Rolle des Hofes, S. 70 ff.

35 Das zentrale Kapitel von Mandrou, Louis XIV, über Versailles heißt bezeichnenderweise »L'effacement de Versailles« (S. 322 ff.) und trägt der These der neueren Forschung Rechnung, daß die Wirkung von Versailles auf die französischen Eliten im Grunde schon zu Lebzeiten des alternden Sonnenkönigs kräftig zurückging und nur noch durch die Tatsache seiner persönlichen Präsenz einigermaßen aufrechterhalten wurde.

36 Michel Antoine: *Le Conseil du Roi sous le règne de Louis XV.* Paris 1970, S. 4.

37 Bibliothèque Nationale Paris, Fonds français n. a. 12 765, fol. 365.

38 Antoine: Conseil, S. 34.

39 Dazu und zum folgenden Armstrong: Old-Regime Governors (wie Anm. 29); Ders.: Elite, S. 253 ff.

40 Das Thema ist bislang noch nicht angemessen bearbeitet worden. Albert Esmonin scheint daran gedacht zu haben, eine Studie über die Intendanten am Ende des Ancien Régime zu verfassen. In den Archives départementales von Grenoble finden sich zahlreiche Spuren seiner Sammelarbeit in ungedruckten wie gedruckten Quellen und in den Cahiers de doléances. Vgl. Archives Départementales de l'Isère (Grenoble) 6 J 116, 6 J 123.

41 Zu den zentralen Kritikpunkten an den Intendanten gehörte seit der Jahrhundertmitte ihre vorgebliche oder tatsächliche Vernachlässigung der Residenzpflicht. Den Ton gab schon vor der Jahrhundertmitte der zeitweilige (1744-1747) Außenminister Ludwigs XV., der Marquis d'Argenson, an, der zu den prononziertesten Kritikern des Ancien Régime zählte. Vgl. Journal et Mémoires du Marquis d'Argenson, hg. v. E.-J.-B. Rathery. 9 Bde. Paris 1859-1867, hier Bd. 2,

S. 415: »Presque tous les intendants sont à Paris: on n'y comprend rien. Comment le ministère s'est-il laissé aller à donner congé à la fois à tant de gens à résidence? On croit voir quelque chose là-dessous; il y a apparence qu'on veut délibérer avec eux, ou du moins s'en donner l'air, pour aviser quels remèdes on apportera à tous les maux des provinces. On prétend qu'il est question de baisser les espèces. Si cette grande sottise se met encore dans la tête de nos grands sots, tout est perdu à jamais, et on verra une misère affreuse et inouie«.

42 Die zentrale Studie dazu ist Antoine: Conseil du Roi (wie Anm. 36). Vgl. auch John F. Bosher: *French Finances 1770-1795*. From Business to Bureaucracy. Cambridge 1970, S. 47 ff.

43 Vgl. Hinrichs: *Justice* versus *Administration*, in diesem Band S. 105 ff.

Justice versus *Administration*.
Aspekte des politischen Systemkonflikts in der Krise des Ancien Régime

1 J. Necker: *De la Révolution françoise*. Bd. 1, o. O. 1796, S. 3.

2 Ebd., S. 55.

3 Ebd., S. 55 f.

4 Ebd., S. 56.

5 H. D'Arbois de Jubainville: *L'Administration des intendants d'après les archives de l'Aube*. Paris 1880, S. xv.

6 Diese Interpretation heute am besten entwickelt bei R. Robin: »La nature de l'état à la fin de l'ancien régime: Formation sociale, Etat et Transition«. In: *Dialectique*, Mai 1973, S. 31-54.

7 J. Necker: *De la Révolution françoise*. Bd. 1, S. 57.

8 Vgl. A. Barnave: *Introduction à la Révolution française*, hrsg. v. G. Rudé, Cahiers des Annales 15, Paris 1960, Nachdr. 1971.

9 Vgl. E. Le Roy Ladurie: »L'Histoire immobile«, in: *Annales E.S.C.* 29, 1974, S. 673-692.

10 Hier in erster Linie zu nennen die Arbeiten von Jean Egret, vor allem J. Egret: *Louis xv et l'opposition parlementaire*, Paris 1970.

11 Vgl. etwa E. Faure: *La disgrâce de Turgot*. (Trente Journées qui ont fait la France 16), Paris 1961.

12 Außer den zahlreichen Arbeiten A. Sobouls ist hier vor allem der in Anm. 6 zitierte Aufsatz von R. Robin zu nennen.

13 S. N. Eisenstadt: *The Political Systems of Empires*, Glencoe/Ill. 1963, hier benutzt in einer Paperbackausgabe New York/London 1969. Ders.: »Political Struggle in Bureaucratic Societies.« In: *World Politics* 9/1, 1956, S. 15-36.

14 S. N. Eisenstadt: Political Struggle, passim.

15 Vgl. J. Habermas: *Legitimationsprobleme im Spätkapitalismus* (edition suhrkamp 623). Frankfurt a. M. 1973, S. 30 ff.

15a Gegen diese Interpretation erhob sich in der Diskussion (Göttingen, Mai 1975) Widerspruch durch Herrn R. Mandrou/Paris. Unter Hinweis auf die Biographie und Schriften einzelner bedeutender Juristen (z. B. Coquille) am Ende des 16. Jh.s vertrat Mandrou die Ansicht, schon in dieser Zeit habe sich in Kreisen der Juristen eine erhebliche Skepsis gegenüber den Zentralisierungstendenzen der französischen Monarchie gezeigt. Dies trifft ohne Frage zu und ist von amerikanischen Forschern wie Church, Franklin u. a. mehrfach analysiert worden. Gleichwohl möchte ich zu meiner Interpretation stehen: es sind zwei verschiedene Dinge, ob eine sich zentralisierende Monarchie von einzelnen, insbesondere auch regionalistisch argumentierenden Juristen kritisiert oder ob sie von einer zum politischen Bewußtsein ihrer selbst findenden Gerichtsinstitution massiv und offen in Frage gestellt wird. Selbst wenn in beiden Fällen dieselben juristischen und politisch-theoretischen Argumente benutzt werden, so ist doch im zweiten Fall die Bedrohung der Monarchie weit wirkungsvoller und grundsätzlicher. Gerade darum scheint hier die Heranziehung von Interpretationshilfen aus dem Bereich der Systemtheorie von Nutzen.

16 Außer E. Kosman: *La Fronde*. Leiden 1954; vgl. jetzt A. Lloyd Moote: *The Revolt of the Judges*, Princeton/N. J. 1971.

17 Vgl. A. Lloyd Moote: The Revolt of the Judges, S. 363 ff.

18 Vgl. u. a. J. Egret: *Louis XV et l'opposition parlementaire*, passim; D. Richet: *La France moderne: l'esprit des institutions*, Paris 1973, S. 157 ff.

19 D. Richet: La France moderne, S. 157.

20 Vgl. ebd., S. 8.

21 Die Remonstrationen des Pariser Parlaments abgedruckt in J. Flammermont (Hrsg.): *Remontrances du Parlement de Paris au XVIIIe siècle*. 3 Bde., Paris 1888-1898. Für die regionalen Parlamente und anderen souveränen Höfe gibt es keine vergleichbare Sammlung. Darum wurden hier zeitgenössische Drucke bzw. Konzepte und Reinschriften aus den jeweiligen Archiven herangezogen.

22 Zu einer vergleichbaren Problemlage z. Z. der preußischen Reformen vgl. R. Koselleck: *Preußen zwischen Reform und Revolution*. Stuttgart 1967, S. 154 f.

23 Dazu sehr schöne Beobachtungen bei L. Tilly: »La Révolte frumentaire, forme de conflit politique en France«, in: *Annales E.S.C.* 27, 1972, S. 731-757, hier S. 737.

24 Ein besonders eindrucksvolles Beispiel bieten in diesem Zusammenhang für das 18. Jh. die *bureaux des finances*, eine zu dieser Zeit

nahezu aller Kompetenzen beraubte kollegialische Behörde, die sich seit der Jahrhundertmitte im Rahmen der zahllosen *voirie*-Konflikte erneut ins Spiel bringt.

25 Vgl. z. B. J. Flammermont (Hrsg.): Remontrances du Parlement de Paris, Bd. 2, S. 497 f., 676 f., Bd. 3, S. 721 ff. Die Tatsache, daß die Parlamente auf die beruflichen Kompetenzen des »magistrat« verweisen, erscheint deswegen beachtenswert, weil gerade in jüngster Zeit in der Forschung Bemühungen eingesetzt haben, die bisher so ausführliche und insgesamt recht ergebnislose Klassenanalyse der Ancien-Régime-Gesellschaft um eine Analyse der wachsenden Bedeutung der Berufsschichtungen und der Konflikte zwichen einzelnen Berufsständen zu ergänzen. Vgl. insbesondere D. Bien: »La réaction aristocratique avant 1789: l'exemple de l'armée«. In: *Annales E.S.C.* 29, 1974, S. 23-48 u. 505-534, hier S. 533.

26 Zitiert bei J. Egret: *Le Parlement de Dauphiné et les affaires publiques dans la seconde moitié du XVIIIe siècle.* Bd. 1, Grenoble/Paris 1942, S. 8.

27 Très-humbles ... remontrances que présentent au roi ... les gens tenant sa cour de parlement (Toulouse 17 septembre), zeitgenöss. Druck, Bibliothèque nationale, Lb. 38. 765, S. 11.

28 Diese Kritik am besten faßbar in den Erinnerungen d'Argensons: Mémoires et Journal inédit du marquis d'Argenson, hrsg. v. d. Société de l'Histoire de France, 9 Bde., Paris 1859-1867, hier vor allem Bd. 4, S. 200 ff.

29 D. Richet: La France moderne, S. 84 f.

30 Remontrances du parlement de Rouen, au sujet de l'édit du mois de février-dernier et de la déclaration du 3 du même mois (10 mai 1760), zeitgenöss. Druck, Bibliothèque nationale, Lb. 38. 828, S. 11.

31 J. Flammermont: (Hrsg.): Remontrances du Parlement de Paris, Bd. 2, S. 799 f.

32 (Dionis du Séjour), Mémoires pour servir à l'histoire du droit public de la France en matières d'impôts ou Recueil de ce qui s'est passé de plus intéressant à la cour des aides de Paris depuis 1756 jusqu'au mois de juin 1775 (Brüssel 1779), S. 752.

33 Archives départementales de la Gironde, C 3685.

34 D. Richet: La France moderne, S. 159.

35 (J. Necker): Mémoire donné au Roi, par M. Necker, en 1778, o. O. 1781, S. 6.

36 Ich sehe in diesem Zusammenhang davon ab, den Stand der Forschung zu beschreiben. Eine ausführliche Erörterung des Problems soll an anderer Stelle versucht werden. Sehr anregende Überlegungen finden sich in dem jüngst erschienenen Artikel von M. Raeff: »The Well-Ordered Police State and the Development of Modernity in Seventeenth- and Eighteenth-Century Europe: An Attempt at a

Comparative Approach«. In: *The American Historical Review* 80, 1975, S. 1221-1243.

37 Vgl. J. F. Bosher: *French Finances 1770-1795.* Cambridge 1970, passim.

38 Ch. Loyseau, Des seigneuries, Kap. IX, Abs. 3.

39 Vgl. u. a. Ch. Godard: *Les pouvoirs des intendants sous Louis XIV, particulièrement dans les pays d'élections, de 1661 à 1715.* Paris 1901, S. 61 ff.

40 Ch. Pinot Duclos: *Essai sur les ponts et chaussées, la voirie et les corvées.* Amsterdam 1759, passim, insbesondere S. 65 ff.

41 Zur Gesamtproblematik vgl. die alte, vorzügliche Arbeit von J.-M. Vignon: *Etudes historiques sur l'administration des voies publiques en France au XVIIe et XVIIIe siècle.* Bde. 1-3, Paris 1862, Bd. 4, Paris 1880. Ein kurzer Überblick auch bei J. Petot: *Histoire de l'administration des ponts et chaussées.* Paris 1958.

42 Hierzu mit zahlreichen Literatur- und Quellenangaben der in Anm. 23 zitierte Aufsatz von L. Tilly.

43 Duchesne: *Code de police.* 2 Bde. Paris 1757, hier Bd. 1, S. 1.

44 Im Zusamenhang dieser und anderer Studien, die ich in diesem Band zur Frage der »Bürokratie« im französischen Absolutismus vorlege, konnte ich vor allem die bisher unzureichend ausgewerteten Archivalien der *procureurs généraux* von Paris (Joly de Fleury) und von Rouen (Belbeuf) benutzen.

45 *Journal de l'Abbé de Véri,* hrsg. v. J. de Witte, 2 Bde., Paris 1928-1930, hier Bd. 1, S. 213.

46 Remontrances du Parlement de Provence au Roi (21. Jan. 1754), zitiert nach einem zeitgenöss. Druck, Archives nationales, AD XVI 15 B, S. 23 f.

47 Vgl. *Œuvres de Turgot,* hrsg. v. G. Schelle, Bd. 5, Paris 1923, S. 36 f., 40 f., 48 f., 67 f., 72 f.

48 J.-Cl. Perrot: »Conflits administratifs et conflits sociaux au XVIIIe siècle«, in: *Annales de Normandie* 13, 1963, S. 131-138.

49 Ebd., S. 135.

50 Archives départementales de Seine-Maritime, Chartrier de Belbeuf, 16 J 15 (Materialien ohne Numerierung und Paginierung).

51 Ebd.

52 Zitiert bei J. Egret: Louis XV et l'opposition parlementaire, S. 52.

53 Zum Attraktivitätsverlust des Hofes von Versailles sehr schöne Bemerkungen bei M. Antoine: *Le conseil du Roi sous le règne de Louis XV,* Paris/Genf 1970, S. 390 f.

54 Eine vorzügliche, freilich späte Demonstration bieten z. B. die Ereignisse um das Pariser Parlament nach der Rückkehr aus seinem Exil im September 1788. Vgl. dazu den vor allem auf den Beobachtungen Hardys beruhenden Bericht bei G. Rudé: *The Crowd in the French*

Revolution, hier zitiert nach der Oxford-Paperback-Ausgabe 1967, S. 29 f.

55 Vgl. M. Weber: »Herrschaftssoziologie«, 8. Abschnitt, in: Ders.: *Wirtschaft und Gesellschaft*, Studienausg., hrsg. v. J. Winckelmann, 2. Halbband, Köln/Berlin 1964, S. 1052.

56 *Correspondance politique et administrative de Miromesnil* ..., hrsg. v. P. Leverdier. 5 Bde., Rouen/Paris 1900-1902, hier Bd. 1, S. 3.

57 *Chronique de la régence et du règne de Louis xv (1718-1763)* ou Journal de Barbier, Avocat au Parlement de Paris, 8 Bde., Paris 1866, hier Bd. 7, S. 183.

58 Remontrances du Parlement de Provence (wie in Anm. 46), S. 29.

59 Vgl. L. Tilly: La révolte frumentaire, S. 748 ff.

60 Gegen diese Interpretation erhob, unter Heranziehung von Beispielen aus der Provence, Herr M. Vovelle/Aix-en-Provence Bedenken. In der auf dem Kolloquium (Göttingen, Mai 1975) vorgetragenen Kurzfassung meiner Thesen konnte ich nicht ausreichend deutlich machen, daß es sich hier natürlich nicht um eine generelle Interessengleichheit zwischen den *magistrats* und den breiten, v. a. städtischen Unterschichten handelt. Vielmehr geht es um eine auf beiden Seiten feststellbare mentale Einstellung gegen Modernisierungsversuche im Bereich der Getreideversorgung. Sie schloß selbstverständlich Konflikte zwischen beiden Gruppen niemals aus, wie ja überhaupt – ein Blick auf die Jahre 1788/89 bestätigt das – die Position der Parlamente immer dann prekär wurde, wenn kritische Zeitgenossen hinter ihrer überschwenglichen, auf die Bedürfnisse breiter Bevölkerungsschichten abgestellten Rhetorik den harten Kern einer standesegoistischen Interessenpolitik nachweisen zu können glaubten. Für unseren Zusammenhang erscheint dieser, insbesondere von Voltaire immer wieder geführte Nachweis jedoch sekundär im Vergleich zur Tatsache, daß es den Parlamenten über lange Jahre des Systemkonflikts gelungen ist, sich nicht nur gegenüber zahlreichen Intellektuellen als ersatzweises Repräsentativorgan auszugeben, sondern auch als Gruppe volksnaher Beamten des Königs, die als einzige die wirklichen Interessen des breiten Volkes im Auge hatten.

61 L. Tilly: La révolte frumentaire, S. 750.

62 Hierzu liegt eine schöne, bisher kaum beachtete Quelle vor, eine aus der Umgebung des Pariser Parlaments stammende Publikation von 1769, in der u. a. das Protokoll der den Getreidehandel betreffenden *Assemblée générale de police* in Paris v. 28. Nov. 1768 abgedruckt ist: Recueil des principales loix relatives au commerce des grains, avec les arrêts, arrêtés, et remontrances du Parlement sur cet objet. En France 1769.

63 Vgl. z. B. E. Faure: La disgrâce de Turgot, S. 122 ff.

64 Turgot an Dupont de Nemours, 14. 12. 1770: Il est important pour

vous et pour la chose que vous conservez votre privilège [gemeint ist das Publikationsprivileg: E. H.] et la contravention formelle à des défenses de la police serait un très beau prétexte pour vous l'ôter. Œuvres de Turgot, hrsg. v. G. Schelle, Bde. 3, Paris 1919, S. 394 f.

65 Journal de l'Abbé de Véri, Bd. S. 213.

66 Vgl. Dupré de Saint-Maur: *Mémoire important sur l'administration des corvées dans la généralité de Guyenne et Observations sur les remontrances du parlament de Bordeaux du 13 mai 1784*, Paris 1784.

67 F. Furet: »Le catéchisme révolutionnaire«. In: *Annales E.S.C.* 26, 1971, S. 255-289, hier S. 271: Furets genauer Terminus ist »la crise des classes dirigeantes«. Vgl. insgesamt S. 269-277.

68 Diese anonyme und nicht datierte Flugschrift fand ich in den Archives départementales des Bouches-du-Rhône, C 3478.

69 Ebd.

70 Vgl. W. Schluchter: *Aspekte bürokratischer Herrschaft*. München 1972, S. 84.

Produit Net, Propriétaire, Cultivateur.
Aspekte des sozialen Wandels bei den Physiokraten und Turgot

1 Zu nennen ist hier vor allem Voltaires 1767 erschienene satirische Schrift »L'Homme aux quarante écus«.

2 Vgl. Lucien Goldmann: *Sciences humaines et philosophie*, Paris 1952, S. 123 f.

3 Michel Bernard: *Introduction à une sociologie des doctrines économiques des Physiocrates à Stuart Mill*. Paris/La Haye 1963, S. 35: »Abandonnant le caractère agraire de la doctrine physiocratique et toutes les thèses qui accordaient à la terre un rôle privilégié, ils développèrent, déformèrent la conception physiocratique de l'ordre naturel – si équivoque fut le terme – pour obtenir la liberté du commerce et de l'industrie.«

4 Vgl. Joseph A. Schumpeter: *Geschichte der ökonomischen Analyse* (Grundriß der Sozialwissenschaften 6, 1). 2 Bde. Göttingen 1965, hier Bd. 1, S. 274 ff.

5 Aus dem umfangreichen angelsächsischen Schrifttum nenne ich nur (die Zeitschriftensigel entnehme ich der 10. Auflage des Dahlmann-Waitz): Norman J. Ware: »The Physiocrats: A Study in Economic Rationalization«, *AmerEconRev* 21 (1931) S. 607-619; Joseph J. Spengler: »The Physiocrats and Say's Law of Markets«, JournPol Econ 53 (1945) S. 193-211, 317-347; Thomas P. Neill: »Quesnay and Physiocracy«, JournHistIdeas 9 (1948), S. 153-173; Thomas P. Neill:

»The Physiocrats' Concept of Economics«, Quarterly Journal of Economics 63 (1949), S. 532-553; Henry Higgs: *The Physiocrats*, New York 1952; Warren J. Samuels: »The Physiocratic Theory of Property and State«, Quarterly Journal of Economics 75 (1961), S. 96-111; Warren J. Samuels: »The Physiocratic Theory of Economic Policy«, Quarterly Journal of Economics 76 (1962), S. 145-162; Ronald L. Meek: *The Economics of Physiocracy*. Essays and Translations (University of Glasgow Social and Economic Studies 2), London 1962; Max Beer, *An Inquiry into Physiocracy*. London ²1966; Bert F. Hoselitz: »Agrarian Capitalism, the Natural Order of Things: François Quesnay«, Kyklos 21 (1968), S. 637-664.

6 Vgl. den in Fußnote 5 genannten Artikel von N. J. Ware.

7 Vgl. die in Fußnote 5 genannten Artikel von W. J. Samuels.

8 Neben einigen später zu nennenden physiokratischen Einzelschriften wurden folgende Quelleneditionen benutzt: *François Quesnay et la Physiocratie*, hg. v. Institut National d'Etudes Démographiques, 2 Bde., Paris 1958. Bd. 2 enthält die heute maßgebende Edition nahezu sämtlicher Schriften Quesnays; *Œuvres de Turgot et documents le concernant*, hg. v. Gustave Schelle, 5 Bde., Paris 1913-1923; *Physiocrates*. Quesnay, Dupont de Nemours, Mercier de la Rivière, l'Abbé Baudeau, Le Trosne, hg. v. Eugène Daire (Collection des principaux économistes 2) Paris 1846, hier benutzt in dem Nachdruck Osnabrück (O. Zeller) 1966.

9 Neben den in Fußnote 5 genannten angelsächsischen Untersuchungen wurden benutzt: Georges Weulersse: *Le mouvement physiocratique en France (de 1756 à 1770)* 2 Bde., Paris 1910, Nachdruck Paris/La Haye (Mouton) 1968; Ders.: *Les physiocrates* (Encyclopédie scientifique, physique, biologique 181) Paris 1931; Ders.: *Le mouvement pré-physiocratique en France, 1748–1755*, Paris 1931 (Sonderdruck aus der Revue d'histoire des doctrines économiques et sociales 1931); Ders.: *La Physiocratie sous les ministères de Turgot et de Necker*. Paris 1950; Ders.: *La Physiocratie à la fin du règne de Louis xv (1770-1774)*. Paris 1959; Luigi Einaudi: The Physiocratic Theory of Taxation, *Economic Essays in Honour of Gustave Cassel* (London 1933), S. 129-142; Mario Einaudi: *The Physiocratic Doctrine of Judicial Control*. Cambridge (Mass.) 1938; Gertrud Frey: *Die Stellung der Physiokraten zur Bauernbefreiung*, Diss. phil. Freiburg 1944 Masch.; J. Conan: »Les débuts de l'école physiocratique. Un faux départ: l'échec de la réforme fiscale«, *RevHistEconSoc* 36 (1958), S. 45-63; Louis Salleron: »Le produit net des Physiocrates«, in: *François Quesnay et la Physiocratie*, 1, S. 131-152; Herbert Lüthy: *François Quesnay und die Idee der Volkswirtschaft* (Eidgen. Techn. Hochschule, Kultur- und staatswissenschaftliche Studien 106) Zürich 1959; Ders.: *La banque protestante en France de la révocation de*

l'édit de Nantes à la Révolution 2, (Affaires et gens d'affaires 19, 1)
Paris 1961; Wolfgang Zorn: »Die Physiokratie und die Idee der
individualistischen Gesellschaft«, *VjschrSozialWirtschG* 47 (1960),
S. 498-507; Lors Herlitz: »The Tableau économique and the
Doctrine of Sterility«, *ScandEconHistRev* 9 (1961), S. 3-55; Ders.:
»Trends in the Development of Physiocratic Doctrine«, *ScandEcon-
HistRev* 9 (1961), S. 107-151; Edgar Faure: »Turgot et la théorie du
produit net«, *RevHistEconSoc* 39 (1961), S. 273-286, 417-441; Jean
François Faure-Soulet: *Economie politique et progrès au »siècle des
lumières« (1750-1789).* Thèse Paris 1964; Alfred Bürgin: »Ein Streif-
licht auf die Anfänge der Nationalökonomie in Frankreich: Colbert
und Quesnay«, *Kyklos* 20 (1967), S. 249-269; Pierre Buffaudeau: »Le
Tableau économique dans l'histoire de la pensée économique«, *Rev-
HistEconSoc* 45 (1967), S. 381-401.

10 H. Lüthy: François Quesnay, S. 18 ff.

11 Wirtschaftsgeschichtlich orientierte Betrachter wie Meek, Samuels
und Hoselitz neigen dazu, diesen Aspekt der wirtschaftlichen und
gesellschaftlichen Transformation zu unterstreichen. Dagegen betont
die moderne Ideologiekritik, die die ökonomische Progressivität der
physiokratischen Schule nicht leugnet, sehr stark ihre grundsätzlich
konservativen politischen Intentionen, die auf die Zurückdrängung
des Tiers Etat zugunsten eines neuen Grundadels gerichtet gewesen
seien. Vgl. L. Goldmann: Sciences et philosophie, S. 122 ff. u. M. Bernard: Introduction, S. 27 ff.

12 Aus diesem Grund wird Turgot in diesem Beitrag, der nur einen
begrenzten Ausschnitt aus der physiokratischen Lehre behandelt und
keinen Anspruch auf eine erschöpfende Interpretation erhebt, »phy-
siokratischer« gedeutet, als es üblich ist. Ohne Frage bestanden wirt-
schaftstheoretisch erhebliche Unterschiede bereits zwischen Quesnay und Turgot, mehr noch zwischen diesen beiden Autoren und
ihren physiokratischen Epigonen. Geht man jedoch von den konkreten Reformbedürfnissen des Ancien Régime aus, wie es hier geschehen soll, und stellt man dabei die physiokratische Steuertheorie in
den Mittelpunkt, so rücken zumindest Quesnay und Turgot einander
sehr nahe. Zu den theoretischen Erweiterungen und Präzisierungen
der Lehren Quesnays bei Turgot vgl. E. Faure: Turgot et la théorie
du produit net, S. 427 ff.; den gleichartigen, gegen die Privilegierten
gerichteten Reformansatz Quesnays und Turgots betont dagegen
H. Lüthy: François Quesnay, S. 21.

13 In den frühen Reformschriften Turgots finden sich zahlreiche Anmerkungen zum Nettoprodukt und zur Steuertheorie. Vgl. u. a. Turgot: »Plan d'un Mémoire sur les Impositions«. In: *Œuvres de Turgot*
2, S. 293 ff.; »Sur le Mémoire de Graslin«, ebd., S. 630 ff.; »Lettres au
Contrôleur Général (abbé Terray) sur le Commerce des Grains«. In:

Œuvres de Turgot 3, S. 265 ff. Zur Literatur über Turgot vgl. unten die Fußnoten 140 f.

14 Die Kritik sämtlicher Ökonomen des Ancien Régime an der Steuerordnung war immer in erster Linie eine Kritik an dem *taille*-System. Zur Situation der Privilegierten vgl. Marcel Marion: *Les impôts directs sous l'Ancien Régime, principalement au XVIIIe siècle.* Paris 1910, S. 8 ff.

15 J. Conan: Les débuts de l'école physiocratique, S. 45.

16 Vgl. H. Lüthy: François Quesnay, S. 24.

17 Dies findet seinen deutlichsten Ausdruck in den »Maximes générales« Quesnays, vgl. *François Quesnay et la Physiocratie* 2, S. 949 ff.

18 Vgl. W. Zorn: Die Physiokratie, S. 500 f.

19 Georges Lefebvre: »La Révolution française et les paysans«, In: Ders.: *Etudes sur la Révolution française.* Paris ²1963, S. 338-367, hier S. 351.

20 »*Histoire économique et sociale de la France*« 2, hg. v. Fernand Braudel u. Ernest Labrousse, Paris 1970, S. 379.

21 Entsprechende Äußerungen Quesnays gesammelt bei H. Lüthy: François Quesnay, S. 32 ff.; vgl. z. B. François Quesnay: »Second problème économique«. In: *François Quesnay et la Physiocratie* 2, S. 992: »On peut demander à présent aux propriétaires fonciers, s'il n'est pas de la dernière importance pour eux de satisfaire complètement à l'impôt direct qui fixe et assure l'état de leur propriété; et de ne pas engager, par un intérêt mal entendu, les souverains à recourir, pour les besoins de l'Etat, à des ressources aussi ruineuses pour le revenu des propriétaires, pour les souverains eux-mêmes, pour le corps entier de la nation, que le sont les impôts indirects.«

22 Robert Mandrou: La France aux XVIIe et XVIIIe siècles (Nouvelle Clio 33). Paris 1967, S. 112 f.

23 Vgl. Ernest Labrousse: *La crise de l'économie française à la fin de l'Ancien Régime et au début de la Révolution*, Paris 1943, S. XIII f., XLIV f.

24 Vgl. E. Faure: Turgot et la théorie du produit net, S. 419.

25 Vgl. G. Lefebvre: Révolution, S. 350 f.

26 Vgl. W. Zorn: Physiokratie, S. 500.

27 N. Ware: The Physiocrats, S. 607 ff.

28 Ebd., S. 607.

29 Vgl. z. B. die Maximen 21 u. 22 aus den »Maximes Générales« Quesnays, in: *François Quesnay et la Physiocratie* 2, S. 954 f.

30 R. L. Meek: »The Interpretation of Physiocracy«, in dem in Fußnote 5 genannten Sammelband R. L. Meek: *The Economics of Physiocracy*, S. 364-398, hier S. 393 f.

31 Vgl. François Quesnay: Impôts, in: *François Quesnay et la Physiocratie* 2, S. 579-617, hier S. 607 ff.

32 Vgl. Meek: Interpretation, S. 394.

33 Vgl. unten S. 143.

34 Meek: Interpretation, S. 395.

35 Ebd., S. 364.

36 Über die Opposition gegen die Physiokraten vgl. u. a. André Lichtenberger: *Le socialisme au XVIIIe siècle. Etude sur les idées socialistes dans les écrivains français du XVIIIe siècle avant la Révolution*. Paris 1895, S. 288 ff.; M. Bernard: *Introduction à une sociologie des doctrines économiques*, S. 33 u. passim. Wenig ergiebig ist dagegen Jean Ariau: *L'Opposition aux physiocrates à la fin de l'Ancien Régime*. Paris 1965.

37 M. Bernard: Introduction, S. 33.

38 Vgl. unten S. 150 f.

39 Vgl. die verschiedenen Schriften Quesnays, in denen der »Zick-Zack« des »Tableau économique« abgehandelt und erläutert wird, in: »François Quesnay et a Physiocratie« 2, S. 667-682.

40 Diese 1766 verfaßte ökonomische Hauptschrift Turgots in: *Œuvres de Turgot* 2, S. 533-601.

41 Vgl. die Paragraphen XII-XVIII ebd., S. 540 ff.

42 »Quand le propriétaire cultive lui-même, il n'a pas plus de revenu disponible; mais il confond, dans sa personne, son revenu comme propriétaire et son profit comme cultivateur, profit qui n'est point disponible.« »Et il serait possible que, dans une nation où les terres en seraient réduites à cette culture, il n'y eût absolument aucun revenu, aucun moyen de soutenir l'Etat, qu'en dévorant graduellement les capitaux, ce qui serait absolument vicieux et nécessairement passager.« Turgot: »Plan d'un Mémoire sur les Impositions.« In: *Œuvres de Turgot* 2, S. 302 f.

43 Vgl. H. Lüthy: François Quesnay, S. 32 f.

44 Turgot: Lettres au Conctrôleur Général (abbé Terray) sur le Commerce des Grains. In: *Œuvres de Turgot* 3, S. 292.

45 Ebd., S. 287. E. Faure: Turgot et la théorie du produit net, S. 436 f., untersucht die Widersprüche in der Argumentation Turgots über die Pächterprofite, die sich aus einem Vergleich der »Réflexions« mit den Briefen an Terray ergeben. Prinzipiell sind auch die Pächterprofite ein Nettoprodukt, das in Zeiten äußerster Konkurrenz zwischen den Pächtern in der Tat in die Hand der Eigentümer übergehen würde, wie es in Paragraph LIII der »Réflexions« beschrieben wird. In den Briefen an Terray zeigt Turgot jedoch, daß er, selbst wenn die Konkurrenz die Pächterprofite niedrighalten würde, mit dem Entstehen solcher Profite rechnete, an denen er aus Gründen des landwirtschaftlichen Wachstums interessiert war und die er, wie alle Physiokraten, von der Steuer befreien wollte. Vgl. Turgots sechsten Brief an Terray, in: »Œuvres de Turgot« 3, S. 305. Es muß freilich betont

werden, daß Turgot in diesen Briefen immer von einer prosperieren-
den, durch die Handelsfreiheit stimulierten Landwirtschaft ausging,
die den Pächtern einen ständigen Anreiz bot, ihre Gewinne zu rein-
vestieren und sich auch in Zeiten eines erhöhten Konkurrenzdrucks
nicht aus der Landwirtschaft zurückzuziehen. Vgl. ebd., S. 306:
»Ainsi, quoique la concurrence des fermiers limite leurs profits, elle
leur en laisse toujours un réel. Cette concurrence n'a lieu que parce
que le métier est bon; c'est le propre d'un métier lucratif d'attirer les
hommes et les capitaux pour en partager le profit.« Terray hatte die
für viele Pächter negativen Folgen der durch die Handelsfreiheit geförderten Konkurrenz zwischen den Pächtern geltend gemacht. Solche Erwägungen wies Turgot mit dem Blick auf die gesamtwirtschaftlichen Vorteile der Handelsfreiheit und der wachsenden Konkurrenz zurück. »Le sort des cultivateurs pris individuellement en
doit être amélioré; mais cet objet n'est qu'une bagatelle si on le
compare à l'avantage immense qui doit en résulter, pour la culture en
général, par l'accroissement des capitaux employés à solliciter les
productions de la terre, et par l'augmentation du nombre des cultivateurs.« (Ebd., S. 306 f.) In diesem Zusammenhang erscheint auch
wichtig, daß Turgot und Quesnay bei der Modernisierung der französischen Landwirtschaft immer mit einer Änderung des Wirtschaftsverhaltens der Grundeigentümer rechneten, worauf in diesem
Artikel noch mehrfach hinzuweisen ist. Vgl. etwa Quesnays eindringliche Anmerkung zu seinem »Premier problème économique«,
in: »François Quesnay et la Physiocratie« 2, S. 871: »Il serait infini-
ment à souhaiter que les propriétaires des terres fussent assez ins-
truits pour pouvoir, la plume à la main, calculer avec leurs fermiers,
les dépenses de l'exploitation de leurs terres, statuer avec lumière,
avec équité à l'amiable, les reprises que doivent retirer annuellement
ces utiles et honnêtes entrepreneurs de culture, et juger en conséquence du produit net qu'ils peuvent exiger.« Zu den Pächterprofiten
vgl. auch R. L. Meek: »The Physiocratic Concept of Profit«, in:
Ders., *The Economics of Physiocracy*, S. 297-312.

46 Turgot: Lettres au Contrôleur Général, in: »Œuvres de Turgot« 3,
S. 292: »C'est aussi sur ce produit net que se prennent, en diminution
du revenu du propriétaire, toutes les charges de la terre: la dîme du
curé, la rente du seigneur, l'impôt que lève le Roi. Et il faut bien que
tout celà se prenne sur le produit net, car il n'y a que ce produit net
qui soit *disponible*.«

47 Quesnay: Impôts, S. 614; Turgot: »Plan d'un Mémoire sur les Impositions«. In: *Œuvres de Turgot* 2, S. 303.

48 Vgl. Quesnays Fußnote zur »Maxime Générale« v. In: *François
Quesnay et la Physiocratie* 2, S. 959 f. u. Turgot: Lettres au Contrôleur Général, S. 291 f.

49 Turgot, Lettre au Contrôleur Général, S. 292.
50 Diese für die ganze Physiokratie geltende Lehre am prägnantesten formuliert in den Maximen III-V der »Maximes Générales« Quesnays (inklusive Fußnoten!), S. 950 f.u. 957 ff.
51 Quesnay, Impôts, S. 582; Turgot, Plan d'un Mémoire, S. 306; Mercier de la Rivière: L'Ordre naturel et essentiel des sociétés politiques, in: Collection des principaux économistes 2, S. 446.
52 Vgl. G. Weulersse: Le mouvement pysiocratique 2, S. 695; R. L. Meek: The Interpretation of Physiocracy, S. 393; E. Faure: Turgot et la théorie du produit net, S. 427.
53 Vgl. unten S. 499 ff.
54 Quesnay: Maximes Générales, Fußnote zur Maxime V, S. 960.
55 G. Weulersse, Mouvement, S. 695.
56 Vgl. unten S. 147 ff.
57 Quesnay, Impôts, S. 582.
58 Vgl. auch ebd.: »Les propriétaires ne sont utiles à l'Etat que par leur consommation; leurs revenus les dispensent de travailler; ils ne produisent rien; si leurs revenus n'étaient pas distribués aux professions lucratives, l'Etat se dépeuplerait par l'avarice de ces propriétaires injustes et perfides. Les lois s'élèveraient contre ces hommes inutiles à la société et détenteurs des richesses de la patrie. – Les profits ou les revenus que les propriétaires retirent de leurs bien-fonds, sont donc les vraies richesses de la nation, les richesses du souverain, les richesses des sujets, les richesses qui subviennent aux besoins de l'Etat, et par conséquent les richesses qui payent les taxes imposées pour les dépenses nécessaires au gouvernement et à la défense de l'Etat.« Eine eindringliche Analyse des Verhältnisses von Staat und Eigentum bei den Physiokraten bietet W. J. Samuels: »The Physiocratic Theory of Property and State«, Quarterly Journal of Economics 75 (1961), S. 96-111, hier bes. S. 104 f. Samuels, der den Laissez-faire-Charakter der physiokratischen Theorie nur modifiziert gelten lassen will, faßt seine These dahingehend zusammen, »that the Physiocratic theory of property de facto valid, however doctrinal its advocacy of private property, is a theory of malleable property rights premised upon an utilitarian understanding of the social function of private property and necessarily involving the state in the continuing reconstitution of property rights.« (Ebd., S. 96)
59 Vgl. vor allem den Paragraph LXXVII der »Réflexions«, in: Œuvres de Turgot 2, S. 582 ff. u. »Sur le Mémoire de Saint-Peravy«, ebd., S. 650 ff., beide Schriften mit den entsprechenden Anmerkungen Duponts abgedruckt. In der Forschung scheint dieser Gegensatz bisher noch keine Beachtung gefunden zu haben.
60 Vgl. vor allem Œuvres de Turgot 2, S. 582 f.
61 H. Lüthy: François Quesnay, S. 19.

62 Vgl. G. Weulersse: Le mouvement physiocratique 2, S. 649 f. u.
W. J. Samuels: The Physiocratic Theory of Property and State, bes.
S. 110 ff.

63 Turgot: Plan d'un Mémoire, S. 303.

64 Dieses Zitat Quesnays stammt aus einem für die »Encyclopédie«
vorgesehenen, schon 1757 verfaßten Artikel »Hommes«, in dem
seine Steuertheorie noch nicht voll ausgebildet war. Er ging noch von
einer durch die Pächter zu leistenden Steuerzahlung aus, betonte
jedoch schon hier die Notwendigkeit, die agrarischen Produzenten
nicht durch unangemessene Steuerforderungen zu belasten.

65 Quesnay: Hommes, in: »François Quesnay et la Physiocratie« 2,
S. 559.

66 Dies galt insbesondere für das in Frankreich so verbreitete kleinbäuerliche Eigentum und für die bäuerlichen Kollektivrechte. Insofern
konnte das Thema »Bauernbefreiung« für die Physiokraten zu keinem zentralen Problem werden. Die Ausbildung einer modernen
Pachtstruktur in Frankreich setzte vielmehr das »Verschwinden« jeglichen bäuerlichen Eigentums voraus. Auch als die »feudalen« und
grundherrschaftlichen Rechte in den 70er Jahren zum Thema der
französischen Wirtschaftstheorie wurden (Roubaud, Boncerf, Le
Trône, Clicquot de Blervache u. a.), wurden sie nicht mit dem Ziel
einer wirklichen Bauernbefreiung, sondern im Interesse der Kommerzialisierung des Bodens kritisiert.
Vgl. auch die trotz einer irreführenden Themenstellung zutreffenden
Ergebnisse von G. Frey: Die Stellung der Physiokraten zur Bauernbefreiung, bes. S. 96 f. (Zusammenfassung).

67 Vgl. G. Weulersse: Mouvement, S. 695.

68 Mercier de la Rivière: L'Ordre naturel, S. 466.

69 Vgl. die Maxime IX Quesnays, loc. cit., S. 952 u. den Paragraph XVII
der »Réflexions« Turgots, loc. cit., S. 542 f.

70 Vgl. vor allem die Artikel »Fermiers«, »Hommes« u. »Impôts« sowie
die ausführlichen Fußnoten zu den »Maximes Générales«.

71 Vgl. Quesnay, Impôts, S. 614 ff. u. Turgot: Lettres au Contrôleur
Général, S. 311 u. passim. Vgl. Robert Forster: »Obstacles to Agricultural Growth in Eighteenth-Century France«, *AmerHistRev* 75
(1970), S. 1600-1615, hier S. 1606 f.

72 Turgot: Lettres au Contrôleur Général, S. 308 f.

73 »La culture n'a jamais été sans doute assez lucrative dans ces provinces pour que les misérables métayers qui l'ont exercée de génération
en génération aient pu amasser des capitaux suffisants à en faire les
avances, et sans doute elle ne l'est pas assez encore pour que des
possesseurs de *capitaux* imaginent de prendre le métier de cultivateur
et de les faire ainsi valoir.« (Ebd., S. 310)

74 Vgl. dazu die prinzipiellen, auch methodisch wichtigen Bemerkun-

gen von Pierre Goubert, in: *Histoire économique et sociale de la France* 2, hg. v. F. Braudel u. E. Labrousse, Paris 1970, S. 120 ff.

75 Vgl. Turgots Kritik der Steuertheorie Mirabeaus in: Plan d'un Mémoire, S. 307, u. Quesnays XV. Maxime, S. 953. Vgl. auch Turgot: »Mémoire au Conseil sur la surcharge des impositions«. In: *Œuvres de Turgot* 2, S. 448.

76 Vgl. oben S. 134 ff.

77 Turgot: Plan d'un Mémoire, S. 302 f.

78 Quesnay: Impôts, S. 614, Fußnote 5.

79 Während Turgot, insbesondere in seinen Briefen an Terray (vgl. *Œuvres de Turgot* 3, S. 309), immer sehr offen mit dem gesamtwirtschaftlichen Nutzen der Konkurrenz rechnete, hat Quesnay zumindest gelegentlich auf die Gefahren einer extremen Konkurrenz zwischen den Pächtern hingewiesen, für die es in Frankreich im 18. Jh. im Zeichen der steigenden Bevölkerungszahlen anschauliche Beispiele gab. Insofern war Quesnay weniger »Kapitalist« als Turgot, bewahrte er in seinen Werken mehr als dieser Reste des »feudalen« Gesellschaftssystems, das er mit seiner Lehre prinzipiell in Frage stellte. Es ist bezeichnend, daß Quesnay die Klöster in Frankreich im 18. Jh. für die vorbildlichsten Grundeigentümer hielt. »Les maisons religieuses, qui possèdent des biens, aujourd'hui sont presque les seuls propriétaires qui remplissent les devoirs de ce genre de citoyens: leurs terres sont toujours bien entretenues, ils conservent leurs fermiers de père en fils, pendant plusieurs siècles. Il se refusent à la concurrence abusive des fermiers qui se présentent pour augmenter inconsidérément le fermage; le fermier qui cultive bien est assuré de jouir toujours du bon état de sa culture.« (Artikel »Hommes«, S. 560)

80 »Lorsque leur bail est fini, si le propriétaire ne veut plus le continuer, ils (i.e. die Pächter) cherchent une autre ferme où ils puissent transporter leurs richesses et les faire valoir de la même manière. Le propriétaire, de son côté, offre sa terre à louer à différents fermiers. La concurrence de ces fermiers donne à chaque terre, à raison de la bonté du sol, une valeur locative courante, si j'ose ainsi parler, valeur constante et propre à la terre, indépendamment de l'homme qui la possède.« Turgot: Mémoire sur la surcharge, S. 448.

81 François Quesnay: Maximes Générales, S. 960.

82 Vgl. jedoch die weiter unten (S. 499 ff.) behandelten Einschränkungen bei den physiokratischen Epigonen.

83 Vgl. u. a. Quesnay: Impôts, S. 613 ff. u. Turgot: Plan d'un Mémoire, S. 307 f.; Lettres au Contrôleur Général, S. 311 ff.

84 Turgot: Plan d'un Mémoire, S. 307.

85 Vgl. die in Fußnote 83 zitierten Schriften.

86 »Cette révolution pourra être lente. Je conviens que, pour être accélérée, elle aurait besoin de quelques autres opérations du Gouverne-

ment et surtout d'un changement dans la forme de l'impôt territo-
rial.« Turgot: Lettres au Contrôleur Général, S. 311.

87 Vgl. vor allem H. Lüthy: François Quesnay, S. 32 f.
88 Aus vielen Beispielen nur Quesnay: Hommes, S. 571, Fußnote 13: »Il
faut que les richesses du fermier soient consacrées, et que les revenus
du propriétaire soient dépensés. Celles-là produisent les revenus, et
ceux-si soutiennent la population.« Turgot: Lettres au Contrôleur
Général, S. 291 f.: »Voilà donc la part du cultivateur, elle est sacrée, et
la tyrannie ne pourrait l'entamer, à peine d'arrêter la réproduction et
de tarir la source des impôts.«
89 Vgl. dazu Ernst Hinrichs: Die Ablösung von Eigentumsrechten. Zur
Diskussion über die *droits féodaux* am Ende des Ancien Régime und
in der Revolution, in diesem Band S. 158 ff.
90 E. Faure: Turgot et le produit net, S. 441. Einen angemessenen Ansatz scheint mir J. F. Faure-Soulet: Economie politique (vgl. Fußnote
9), S. 91 zu bieten, der von dem »productivisme« Turgots spricht.
91 E. Faure: Turgot et le produit net, S. 441.
92 Vor allem die mißbräuchliche Nutzung von Privilegien provozierte
Turgot gelegentlich zu eindeutigen Äußerungen. Vgl. z. B. seine Stellungnahme zu den *banalités des moulins,* Lettres au Contrôleur Général, S. 351 ff.
93 Weder Turgot noch Quesnay ging es, wie es die zeitgenössischen
Kritiker richtig gesehen hatten, letztlich um den »Menschen«, sondern um den Boden und seinen Wert, der von dem Ausmaß des
investierten Kapitals und der durch agrarische Unternehmer investierten Arbeitskraft bestimmt wurde. Vgl. Turgots Kritik der *petite
culture* in seiner Schrift »Mémoire au Conseil sur la surcharge des
impositions«, in: »Œuvres de Turgot« 2, S. 449: »Les pays de *petite
culture* ... sont ceux où il n'existe point d'entrepreneurs de culture,
où un propriétaire qui veut faire valoir sa terre ne trouve pour la
cultiver que des malheureux paysans qui n'ont que leurs bras, où il
est obligé de faire à ses frais toutes les avances ... où, par conséquent,
un propriétaire qui n'aurait d'autre bien que sa terre, serait obligé de
la laisser en friche. C'est dans ce pays que le proverbe: ›Tant vaut
l'homme, tant vaut sa terre‹, est exactement vrai, parce que la terre
par elle-même n'y a aucune valeur.« Vgl. auch Quesnay: Maximes
Générales, S. 956, Maxime xxvi.
94 Vgl. z. B. Turgot: Lettres au Contrôleur Général, S. 286 f.
95 Vgl. Turgot: Lettres au Contrôleur Général, S. 311 f.; Quesnay:
Hommes, S. 560; Maximes Générales, S. 960.
96 »Toutes les terres y sont cultivées par des fermiers, ou par des propriétaires riches qui font eux-mêmes valoir leurs domaines.« Turgot:
Lettres au Contrôleur Général, S. 311.
97 Vgl. Barrington Moore: *Social Origins of Dictatorship and Demo-*

cracy. Lord and Peasant in the Making of the Modern World. London 1967, S. 24.

98 Vgl. etwa G. E. Mingay: *English Landed Society in the Eighteenth Century.* London/Toronto ²1964, S. 125. Mingay beschreibt S. 63 f. das Beispiel eines englischen Grundeigentümers, wie es Quesnay vorgeschwebt haben mag. Die ökonomische Rolle des englischen *landlord* ist in der Literatur heute freilich umstritten. Insgesamt scheint der große *tenant-farmer* bei der Modernisierung des Landes eine weit größere Rolle gespielt zu haben als der Grundeigentümer, der selten zu den Investitionskosten beitrug, allerdings durch die politische Förderung der *enclosures* einen entscheidenden Beitrag auch zur ökonomischen Veränderung leistete. Vgl. dazu B. Moore: Origins, S. 24 f., mit Literaturhinweisen.

99 »Ainsi un propriétaire qui gouverne bien ses terres, qui en augmente le produit par les dépenses qu'il fait pour les améliorer, qui choisit de bons fermiers en état de bien cultiver, qui favorise leurs dépenses et leurs travaux, en facilitant leur aisance, est un citoyen très profitable à l'Etat...« Quesnay: Hommes, S. 560.

100 Ebd. Quesnays häufige Klagen über die Entfernung der Grundeigentümer von ihren Gütern hat nichts mit Agrarromantik zu tun. Sie müssen vielmehr vor dem Hintergrund eines grundsätzlich falschen Wirtschaftsverhaltens gesehen werden, dessen nachteilige Folgen Quesnay den Privilegierten immer wieder ausmalte. Es beruhte darauf, durch eine Summe in der Hand der Privilegierten liegender Eigentumsrechte möglichst viel des von den Bauern erwirtschafteten Mehrwerts anzueignen – ohne Rücksicht auf die Fiskalbelastungen und ohne Interesse für die Pflege und Wiederaufbereitung des Bodens. Moore: Origins, S. 52-56 sieht, gestützt auf die Untersuchungen Forsters, hierin den wesentlichen Unterschied zwischen dem englischen und französischen Grundeigentümer im 18. Jh., und nicht etwa in einer grundsätzlich verschiedenen Haltung zum Kapitalismus. Vgl. dazu jetzt auch die kurzen, England und Frankreich vergleichenden Bemerkungen bei R. Forster: Obstacles to Agricultural Growth, S. 1610.

101 Turgot: Plan d'un Mémoire, *Œuvres de Turgot* 2, S. 307 f.

102 Ebd., S. 308.

103 Turgot: Lettres au Contrôleur Général, *Œuvres de Turgot* 3, S. 311 f.

104 »Les grands propriétaires, qui vont habiter leurs terres pour les entretenir, pour les améliorer, pour empêcher qu'elles ne soient dégradées par des fermiers trop pauvres ou trop négligents, se livrent aux dépenses nécessaires pour les réparations, pour les augmentations, pour les travaux qui peuvent assurer ou accroître les revenus, et pour prêter aux fermiers des secours dans les pertes qui leur arrivent: ils leur accordent des délais pour le paiement du fermage, quand les

temps ne sont point favorables, pour la vente des denrées.« Quesnay: Hommes, S. 55 f.

105 Voraussetzung war freilich der Mechanismus der Nettoprodukt-lehre, der den Grundeigentümer zur Intensivierung seines Interesses an der Agrarproduktion zwang. R. Forster (Obstacles, S. 1610) spricht treffend von dem »enlightened self-interest« der Grundeigen-tümer. Vgl. oben S. 490.

104 Vgl. z. B. Turgots kurze Zusammenfassung der Nettoproduktlehre Quesnays in seinem »Plan d'un Mémoire«, S. 302, wo er die vom Bruttoprodukt vor der Steuererhebung abzuziehenden Kosten (*avances annuelles* und *primitives, profit du cultirateur* u. a.) aufzählt, die *avances foncières* aber mit keinem Wort erwähnt.

107 Mercier de la Rivière: *L'Ordre naturel et essentiel des sociétés politiques* (1767); die Kritik Lüthys in: H. Lüthy: François Quesnay, S. 21, u. Ders.: La banque protestante 2, S. 20 f.

108 *Collection des principaux économistes* 2, S. 445 ff.

109 Wie sehr Mercier in dieser Frage ein durch die Lehre Quesnays provoziertes Politikum zu sehen schien, mag schon darin sichtbar werden, daß er diese Forderung sogleich im ersten Kapitel seiner Hauptschrift erhob und dabei die Prinzipien des »Tableau économi-que« Quesnays offenbar als allgemein bekannt voraussetzte. Vgl. *Collection des principaux économistes* 2, S. 445 ff.

110 »Les terres ne se fertilisent que par des dépenses, et une partie de ces dépenses est à la charge du propriétaire foncier. Il est donc d'une nécessité physique que les richesses pécuniaires, *stériles* par elles-mêmes, puissent *se marier* avec les richesses foncières pour que de leur union résulte une abondance de productions qui sans cela ne peut avoir lieu; il est donc d'une nécessité physique que les terres acquièrent dans le commerce une valeur certaine et courante qui permette ou de les vendre ou de les engager; qui les mette, en un mot, dans le cas d'attirer à elles les richesses pécuniaires dont elles ont besoin; il est donc d'une nécessité physique que les terres donnent à leurs propriétaires un revenu certain, dont la propriété certaine assure aux terres une valeur qui les rend commerçables; il est donc d'une nécessité physique que l'impôt ne soit point arbitraire, que la portion qui règle le partage à faire du produit *net* entre le souverain et les propriétaires fonciers soit fixe et invariable; sans cela, plus de pro-priété foncière, plus de culture, plus de produits, plus d'impôts, plus de nation, plus de souveraineté.« Mercier de la Riviere: L'Ordre naturel, S. 455.

111 Ebd.

112 »Essentially what the landed proprietor possessed were certain pro-perty rights, whose essence were claims, enforceable through the repressive apparatus of the state, to a specific share of the economic

surplus.« B. Moore: Origins, S. 55. Vgl. auch R. Forster: Obstacles to Agricultural Growth, S. 1613.

113 Es überrascht, daß E. Faure: Turgot et la théorie du produit net, loc. cit., diesen wichtigen Unterschied zwischen Quesnay, Turgot und ihren Epigonen nicht berührt.

114 Mercier de la Rivière: L'Ordre naturel, loc. cit., S. 466 f.

115 Vgl. dazu vor allem L. Salleron: »Le produit net des Physiocrates«. In: *François Quesnay et la Physiocratie* 1, S. 148 f.

116 Ebd., S. 149. Vgl. J. F. Faure-Soulet: Economie politique et progrès (vgl. Fußnote 9), S. 87 ff.

117 L. Salleron: Le produit net, S. 149. Vgl. auch den Text der »Réflexions« in: *Œuvres de Turgot* 2, S. 542 f.

118 »Mais ces lois n'ont pu garantir à l'homme oisif que la partie de la production que la terre donne au delà de la rétribution due aux cultivateurs. Le propriétaire est forcé d'abandonner celle-ci, à peine de tout perdre.« Turgot: Réflexions, S. 543.

119 »Le cultivateur, tout borné qu'il est à la rétribution de son travail, conserve donc cette primauté naturelle et physique qui le rend le premier moteur de toute la machine de la société et qui fait dépendre de son travail seul, et sa subsistance, et la richesse du propriétaire, et le salaire de tous les autres travaux.« Ebd.

120 Vgl. die Textgegenüberstellung bei L. Salleron: Le produit net, S. 149.

121 Ebd.   122 Ebd.

123 L'Abbé Baudeau: »Première introduction à la Philosophie Economique; ou analyse des Etats Policés (1771).« In: *Collection des principaux économistes* 2, hier vor allem S. 690 f.

124 »C'est l'utilité très évidente des *avances foncières*, c'est leur efficacité, ou leur influence sur les travaux des autres arts, c'est la durée de cette efficacité pendant plusieurs années et mème pendant plusieurs siècles, qui fonde la prééminence de la classe propriétaire, la légitimité de ses droits, même de celui d'hérédité, c'est-à-dire de transmission à ses représentants.« Ebd., S. 690.

125 »Sans remplir aucune des fonctions de l'autorité souveraine, un propriétaire qui fait, qui entretient, qui améliore sans cesse les *avances foncières* sur son héritage particulier, travaille *essentiellement* et infailliblement à la perfection progressive des arts caractéristiques de la société.« Ebd.

126 Ebd.

127 Necker hat den Physiokraten mehrfach vorgeworfen, nicht genügend zwischen dem *propriétaire* und dem *cultivateur* unterschieden zu haben, ein Vorwurf, der, wie wir sahen, keinesfalls für Quesnay und Turgot gelten konnte. Vgl. H. Lüthy: François Quesnay, S. 34; eine kurze Bemerkung auch bei L. Salleron: Le produit net, S. 149 f.

128 Vgl. u. a. Hubert Méthivier: *L'Ancien Régime* (Collection »Que sais-je?« 925) Paris ⁴1968, S. 105.

129 Vgl. Georges Lefebvre: *Questions agraires au temps de la Terreur.* La Roche-Sur-Yon ²1954, S. 58.

130 Carl Brinkmann: *Wirtschafts- und Sozialgeschichte.* Göttingen ²1953, S. 130.

131 G. Lefebvre: Questions agraires, S. 58 f.

132 Zumindest in den Gebieten der *taille personelle,* der härtesten, in Nordfrankreich gängigen Form der *taille,* nahm die französische Steuergesetzgebung bis zu einem bestimmten Umfang *(quatre charrues)* jeglichen in der Hand der Privilegierten liegenden Besitz – den adligen wie nicht-adligen – von der Besteuerung aus, sofern er nicht verpachtet war. So eröffnete die Eigenwirtschaft (durch bezahlte Landarbeiter oder durch »getarnte« Pachten) in diesen Gebieten größere Gewinnmöglichkeiten als die Verpachtung, die bei aller denkbaren Härte der Pachtbedingungen doch den auf den Pächtern ruhenden Steuerdruck ins Kalkül ziehen mußte.

133 G. Lefebvre: Questions agraires, S. 59 ff. Lefebvres Untersuchungen erlauben eine gewisse Korrektur von Eberhard Weis: »Ergebnisse eines Vergleichs der grundherrschaftlichen Strukturen Deutschlands und Frankreichs vom 13. bis zum Ausgang des 18. Jahrhunderts« *VjschSozialWirtschG* 57 (1970), S. 1–14. Weis sieht die Pacht zu Recht als einen »entscheidenden Unterschied zwischen Frankreich und dem westelbischen Deutschland« an, wo der Boden überwiegend in Grundleihe ausgegeben war, die in der juristischen Form des »Untereigentums« den bäuerlichen Erbpächtern weitgehende Eigentumsrechte sicherte. Fraglich erscheint jedoch, ob Weis die ökonomischen und sozialen Auswirkungen der französischen Pachtformen richtig bewertet. Ohne Frage stellten die Pachtverträge ein hartes Pressionsinstrument der Grundeigentümer und Grundherren auf die bäuerlichen Bevölkerungsschichten dar, zumal Pachten, grundherrliche Abgaben, Zehntzahlungen und Steuern sehr oft zu einer Kumulation der Belastungen führten. Auf der anderen Seite boten die zahllosen Kleinpachten in Frankreich breiten bäuerlichen Schichten ein ausreichendes Einkommen, und die in den von Lefebvre zitierten *cahiers* sichtbar werdende Aktivität der Pachtbauern richtete sich gerade nicht auf den Erwerb von »Eigentum«, sondern auf die Aufrechterhaltung der differenzierten Kleinpachtstruktur Frankreichs. Die Bauernunruhen des Frühsommers 1789 zielten nicht auf die »Enteignung« der Grundherren, sondern auf die Befreiung des schon in der Hand der Bauern befindlichen Eigentums oder ihrer Pachtverträge von zusätzlichen grundherrlichen Abgaben. Weis scheint in seinem interessanten Strukturvergleich sowohl das abstrakte Eigentumskriterium als auch die Ausdehnung der grundherrlichen Großpacht für

die Ausbildung einer revolutionären Disposition in der französischen Bauernschaft überzubewerten. (Vgl. bes. S. 12.) Vgl. auch R. Forster: Obstacles to Agricultural Growth, S. 1606f., 1613.

134 Vgl. oben S. 130 f.

135 Vgl. vor allem Jean Meuvret: »Domaines ou ensembles territoriaux? Quelques exemples de l'implication du régime de la propriété et de la structure sociale dans la France du XVIIe et du XVIIIe siècle.« *Première conférence internationale d'histoire économique, contributions/communications,* hg. v. Ecole pratique des hautes études, VIe section. Sciences économiques et sociales, Congrès et colloques 1. Paris/La Haye (1960), S. 344-352, hier bes. S. 351. Ein eigentümliches Mischbeispiel bieten die Pariser *parlementaires,* die ihre ansehnlichen Güter in der Umgebung von Paris wirtschaftsintensiv nutzten und zugleich feudale Grundherren waren, die ihre »Vasallen« schützten und Abgaben eintrieben. Vgl. François Bluche: *Les magistrats du Parlement de Paris au XVIIIe siècle (1715-1771)* (Annales littéraires de l'Université de Besançon 35) Paris 1960, S. 195.

136 Vgl. etwa Baudeaus Beurteilung der Schollengebundenheit und Grundleihe, wobei freilich auffällt, daß er die französischen »restes de la constitution féodale et de la servitude« in ihrem ökonomischen Gewicht sehr milde beurteilt. Sie sind für ihn nur noch »des droits de *copropriété foncière* réservés à notre ancienne noblesse et à ses représentants«. Baudeau: Introduction à la Philosophie Economique, S. 708.

137 »La propriété foncière est donc le caractère général et distinctif de la *noblesse* dans les Etats policés. En ce sens, tous les *nobles* sont égaux entre eux, et la richesse fait la seule différence.« Ebd., S. 691.

138 H. Lüthy: La banque protestante 2, S. 21, Anm. 2.

139 Diese soziale Offenheit etwa Turgots bezog sich auf die bestehenden Klassenverhältnisse im Ancien Régime. Die neue agrarische Klassenstruktur, die Turgot mit seinen Reformideen anstrebte, würde aus einer begrenzten Gruppe großer Grundeigentümer, einer breiten Schicht kapitalkräftiger agrarischer Pächter-Unternehmer und der Masse in ihrem Dienst stehender landwirtschaftlicher Arbeiter bestehen. Opfer dieser Entwicklung würden die kleinen Pachtbetriebe und das parzellierte Kleineigentum sein. Vgl. Turgots Argumentation am Schluß seines Steuermemorandums von 1763, das mit folgender Bemerkung unvermittelt abbricht: »On peut assurer que, dans cette répartition annuelle (gemeint ist der *impôt unique*), le pauvre propriétaire serait toujours écrasé, et que tous les gros propriétaires dont la voix serait prépondérante…« Turgot, »Plan d'un Mémoire«. In: *Œuvres de Turgot* 2, S. 308.

140 Zur Biographie und zur Politik Turgots vgl. die beiden grundlegenden Bücher von Douglas Dakin: *Turgot and the Ancien Régime in*

France. New York 1939 (Nachdruck 1965), und von Edgar Faure: *La disgrâce de Turgot. 12 mai 1776* (Trente journées qui ont fait la France 16) Paris 1961.

141 Turgot: »Mémoire sur les Municipalités.« In: *Œuvres de Turgot* 4, S. 568-621; zur Interpretation und zur Textgeschichte vgl. jetzt Gerald J. Cavenaugh: »Turgot: The Rejection of Enlightened Despotism«, *French Historical Studies* 6 (1969), S. 31-58, mit zahlreichen Verweisen auf die ältere, z. T. auch deutsche Literatur über das Problem des aufgeklärten Despotismus.

142 Turgot: »Réflexions«. In: *Œuvres de Turgot* 2, S. 541 f.

143 E. Faure: Turgot et la théorie du produit net, S. 430 f.

144 Vgl. ebd., S. 430.

145 Turgot: Mémoire sur les Municipalités, loc. cit., S. 585 ff.

146 Ebd., S. 583.

147 Ebd., S. 590.

148 Turgot: Plan d'un Mémoire, S. 306.

149 Ebd., S. 307.

150 Ebd.   151 Ebd.

152 Vgl. Turgot: Mémoire sur les Municipalités, S. 578.

Die Ablösung von Eigentumsrechten.
Zur Diskussion über die *droits féodaux* am Ende des Ancien Régime und in der Revolution

1 Neben den bekannten allgemeinen Revolutionsdarstellungen sind vor allem heranzuziehen Philippe Sagnac: *La législation civile de la Révolution française (1789-1804)*. Thèse Paris 1898; Alphonse Aulard: *La Révolution française et le régime féodal.* Paris 1919; Martin Göhring: *Die Feudalität in Frankreich vor und in der großen Revolution.* (Historische Studien 247), Berlin 1934; Marcel Garaud: *La Révolution et la propriété foncière.* Paris 1958; Peter Kroll: *Die Eigentumsordnung des französischen Feudalismus und ihre Zerschlagung durch die große Revolution.* Diss. Bonn 1964; zur Institutionengeschichte der Revolution vgl. Jacques Godechot: *Les institutions de la France sous la Révolution et l'Empire.* Paris 1951. Sämtliche neueren sozial- und wirtschaftsgeschichtlichen Arbeiten zum Feudalitätsproblem werden später zitiert. Zeitgenössische Kritik an der Politik der Konstituante u. a. bei Jacques-Antoine Boudin; *Réflexions sur le rachat des droits féodaux décrété en l'Assemblée nationale.* Paris o. J.; Ders.: *Nouvelles réflexions sur le rachat des droits féodaux pour servir de résponse aux rapports faits par M. Tronchet...*, Paris 1790; C. Michallet: *Le mystère des droits féodaux dévoilé, ou recherches sur l'ori-*

gine et les abus des cens, servis, et particulièrement des lods, milods, quint, requint, et autres droits casuels. Paris 1791; Billion: *Le vœu des habitants des campagnes, ou pétition d'un cultivateur, à l'Assemblée nationale législative,* o. O. u. J. (1792).

2 Les institutions, S. 163.

3 Solche und ähnliche Formulierungen wurden von den Kritikern der Konstituante und Legislative gern gebraucht, um das Ziel einer erfolgreichen Feudalgesetzgebung zu kennzeichnen. Vgl. z. B. Le Dure: *Observations sur le discours fait à l'Assemblée nationale par M. Couthon...,* Paris 1792, S. 3: »Il est nécessaire, sans doute, d'attacher par de bonnes loix, le peuple des campagnes à la constitution.«

4 Der Hinweis auf die soziale Zusammensetzung der Konstituante und auf die große Zahl von Feudal- und Grundherren in ihren Reihen findet sich häufig; vgl. nur Godechot: Les institutions, S. 161 u. Alfred Cobban: *The Social Interpretation of the French Revolution.* Cambridge 1965, S. 36 ff. Von den zeitgenössischen Kritikern vgl. Billion: Vœu des habitants, S. 2: »En effet, l'Assemblée constituante, remplie de propriétaires de fiefs, n'a pu faire de règlements impartiaux à ce sujet, et l'intérêt qu'ils avoient à conserver leur prédominence, a fait attacher un prix immense à leur rachat, et, j'ose dire, l'ont rendu presque impraticable.«

5 Zur »Opération magique« des Club Breton vgl. Albert Mathiez: *La Révolution française* 1: La chute de la royauté (1787-1792). Paris 1922, S. 66 ff.; Georges Lefebvre: *Quatre-Vingt-Neuf.* Paris 1939, S. 178 ff. Eine umfassende Gesamtdarstellung des Club Breton fehlt immer noch, vgl. jedoch jetzt die ausführlichen Bemerkungen und Literaturangaben bei Eberhard Schmitt: *Repräsentation und Revolution.* Eine Untersuchung zur Genesis der kontinentalen Theorie und Praxis parlamentarischer Repräsentation aus der Herrschaftspraxis des Ancien régime in Frankreich (1760-1789). (Münchener Studien zur Politik 10) München 1969, S. 251 ff.

6 Archives parlementaires 8, S. 350.

7 Ebd. S. 397.

8 Die Gesetze sämtlicher Nationalversammlungen zur Feudalität heute am besten greifbar in: »Recueil des textes législatives et administratives concernant la suppression des droits féodaux«, hrsg. v. P. Caron, in: *Bulletin d'histoire économique de la révolution,* années 1920-21. Paris 1924 (zitiert als »Recueil«), hier S. 22 ff.

9 Ebd. S. 35 ff.

10 Vgl. Göhring: Feudalität, S. 281 ff.

11 François Furet und Denis Richet: *La révolution* 1. Paris 1965, S. 121, Sp. 3. In der deutschen Übersetzung (*Die Französische Revolution.* Frankfurt 1968), S. 112 eine m. E. nicht ganz glückliche Übersetzung dieses Satzes.

12 Vgl. Archives parlementaires 8, S. 350.

13 Pierre Goubert: *L'Ancien Régime* 1. (Collection U, Série »Histoire moderne«) Paris 1969, S. 14.

14 Ein wichtiges Anliegen der vorrevolutionären Feudalitätskritik (s. S. 181 ff.) war es, den Eigentumsbegriff der Privilegierten, mit dessen Hilfe sie ihre vielfältigen Rechte, Abgaben, Dienste und Monopole verteidigten, gleichsam »aufzusplittern«. Unabhängig von der Frage, ob bei der Aufhebung solcher Rechte Entschädigungen gezahlt werden sollten oder nicht, ging es ihr vor allem darum, zu zeigen, daß bestimmte, als patrimoniale Rechte begriffene Funktionen und Positionen durch die Berufung auf das »private Eigentumsrecht« nicht mehr adäquat verteidigt werden konnten.

15 Vgl. vor allem Jean Egret: *La pré-révolution française. 1787-1788.* Paris 1962. E. bringt anschauliche Belege für die z. T. borniert wirkende Argumentation einzelner privilegierter Gruppen, die sich unter Berufung auf das Eigentumsrecht auch gegen verhältnismäßig unbedeutend erscheinende Reformen wehrten. So wurde 1787 der Hofadel durch den Plan Loménies de Brienne aufgeschreckt, durch die Zusammenlegung des großen und kleinen Marstalles Einsparungen vorzunehmen. Der Parlamentsrat Sallier beschrieb die Haltung der betroffenen Hofbeamten: »Les favoris, pour qui on avait créé des places les regardaient comme un patrimoine, qu'ils prétendaient bien garder pour les transmettre à leurs descendents, comme autrefois les grands vassaux avaient obtenu l'hérédité des fiefs dans leurs familles. Vouloir les fruster de cet espoir, c'était, suivant eux, porter atteinte au droit de propriété...« (Egret, S.75). Über die Rolle des Eigentumsarguments bezüglich der grundherrlichen Gerichtsbarkeit z.Z. der Gerichtsreform Lamoignons vgl. Egret, S. 129 f., 265 ff. Zur Notabelnversammlung vgl. außerdem die grundlegende Arbeit von Albert Goodwin: »Calonne, the Assembly of French Notables of 1787 and the Origins of the »Révolte Nobilière«. In: *The English Historical Review* 61 (1946), S. 202-234; 329-377.

16 Vgl. Herbert Lüthy: *La banque protestante en France de la révocation de l'édit de Nantes à la Révolution* 2 (Ecole pratique des hautes études, vi^e section, Affaires et gens d'affaires 19, 1) Paris 1961 (Neudruck 1970), S. 16.   17 Ebd.

18 Reinhart Koselleck: *Fischer Weltgeschichte* 26, S. 238.

19 Vgl. z.B. Sagnac: La législation civile, S. 97 ff.; Aulard: La Révolution et le régime féodal, S. 106 ff.; Garaud: La Révolution et la propriété foncière, S. 193 ff.; Kroll: Die Eigentumsordnung, S. 137 ff.

20 Als Beispiel kann der bretonische *domaine congéable* dienen, der in der Nationalversammlung mit einem außerordentlichen Aufwand an juristischem Sachwissen erfolgreich verteidigt wurde. Vgl. z.B. Archives parlementaires 9, S. 464 ff.

21 Archives parlementaires 11, S. 504.

22 Eine genaue Analyse des Märzgesetzes bei Garaud, S. 186-193.

23 Der *rachat* war die im Ancien Régime übliche Form der Rentenablösung. Vgl. dazu insgesamt Bernard Schnapper: *Les rentes au XVIe siècle*. Histoire d'un instrument de crédit. (Ecole pratique des hautes études, VIe section, Affaires et gens d'affaires 12) Paris 1957.

24 Die beste Einführung in die feudalrechtliche Terminologie des Ancien Régime und in die grundherrschaftlichen Eigentumsverhältnisse bei Garaud: La Révolution et la propriété foncière, S. 15 ff. Die Diskussion über die Rechts- und Agrarordnung des französischen Ancien Régime ist sehr stark durch die Vieldeutigkeit des Begriffs *féodalité* belastet. Pierre Goubert hat mehrfach auf die Schwierigkeit hingewiesen, die rechtlichen und sozial-ökonomischen Implikationen der alten, auf den *coutumes* beruhenden Bodenordnung in angemessene, nicht-anachronistische Rechtsbegriffe zu fassen (vgl. seine Bemerkungen in: *Histoire économique et sociale de la France* 2, hrsg. v. F. Braudel und E. Labrousse, Paris 1970, S. 120 ff. und in: L'Ancien Régime 1, S. 81 ff.). Robert Boutruche: *Seigneurie et féodalité*. Le premier âge des liens d'homme à homme. 2. Aufl. Paris 1968, S. 20 ff. hat die in der Anwendung des Begriffs *féodalité* auf das Ancien Régime sichtbar werdende »Sprachverwirrung« betont. Für B. steht fest, daß schon Montesquieu, der wesentlich zur Entstehung des Feudalismusbegriffs in Frankreich beitrug, im Grunde den »politischen Aspekt des seigneurialen Systems« meine, wenn er von *féodalité* sprach. Wer z. Z. der Revolution von *féodalité* sprach, meinte nach B. die Grundherrschaft *(seigneurie rurale)*, die »organisation plus que millénaire qui permettait aux gros possesseurs fonciers d'exiger de leurs tenanciers des redevances et des corvées, de leur réclamer, le cas échéant, des taxes de mainmorte, de s'arroger des monopoles tels que la chasse, enfin de maintenir diverses prérogatives honorifiques« (S. 22). In der modernen wirtschafts- und sozialgeschichtlichen Forschung besteht die Neigung, mit den Begriffen *féodalité* oder *féodalisme* das gesamte System langfristiger oder dauernder Grundbelastungen und herrschaftlich angeeigneter Rechte und damit die typischen Bedingungen vorkapitalistischer Produktionsverhältnisse zu kennzeichnen, worin eine deutliche Anlehnung an den marxistischen Feudalismusbegriff sichtbar wird. Vgl. u. a. Albert Soboul: La révolution française et la »féodalité«. Notes sur le prélèvement féodal,, in: *Revue historique* 240, 1968, S. 33-56, hier bes. S. 35 ff. u. Guy Lemarchand: »Le féodalisme dans la France rurale des temps modernes. Essai de caractérisation«. In: *Annales historiques de la Révolution française* (1969), S. 77-108. Vgl. auch die kurze Auseinandersetzung von Boutruche mit der internationalen, von Dobb, Sweezy, Takahashi, Lefebvre u. a. geführten, marxistischen

Feudalismusdiskussion (Seigneurie et féodalité, S. 18 ff.). Soboul, S. 36 ff. weist mit Recht darauf hin, daß sich die revolutionären Feudaljuristen der großen Komplexität der Materie voll bewußt waren. Besonders Merlin de Douai machte das in seinem ersten Kommissionsbericht (Archives parlementaires 8, S. 574 ff.) deutlich, indem er Dumoulins Begriff des *complexum feudale* aufnahm und selbst auf den unterschiedlichen Rechtscharakter der verschiedenen sogenannten *droits féodaux* hinwies. *Droits féodaux* im eigentlichen Sinne waren für ihn nur Rechte, die sich aus einem Lehnsvertrag herleiteten. Merlin betonte jedoch, daß die Nationalversammlung ihre Aufgabe nicht erfüllen würde, wenn sie nicht vor allem die »grundherrschaftlichen Renten« *(rentes seigneuriales),* die Geld- und Naturalabgaben, die Frondienste, die Bannrechte, die an die Stelle der Untertänigkeit getretenen Abgaben etc. berücksichtigen würde. Dasselbe galt nach Merlin auch für die Patrimonialgerichtsbarkeit und für jene »reinen«, d. h. nicht-feudalen Grundrenten, die im Ancien Régime nicht der Ablösung unterlagen, von der Konstituante aber im August 1789 ausdrücklich für ablösbar erklärt worden waren. Der vorliegende Beitrag, der nicht die rechtlichen, sondern wirtschaftlichen und sozialen Auswirkungen des »feudalen Régimes« ins Auge faßt, folgt dem Sprachgebrauch des Ancien Régime. Wie die Kritiker der Feudalität am Ende des 18. Jahrhunderts behandelt er in erster Linie jene Rechte und Abgaben, die man in Sinne Boutruches am besten *droits domaniaux* nennt *(cens, champart, droits de mutation* oder *droits casuels),* daneben jedoch auch die »reinen« *droits seigneuriaux,* d. h. jene Gerechtsamen, die im Mittelalter ein Ausdruck der Hoheitsrechte der Grundherren waren.

25 Jede verallgemeinernde Kennzeichnung feudalrechtlicher Tatbestände läuft Gefahr, die Subtilitäten der *coutumes* unangemessen wiederzugeben. Weder der Sprachgebrauch der revolutionären Feudaljuristen noch der der Historiker basiert auf einer einheitlichen, universell anerkannten Begriffssprache. Zudem wird die Einigung auf eine einheitliche juristische Terminologie im Ancien Régime, in der Revolution und selbst noch in der gegenwärtigen Forschung durch den politischen Streit über die Herkunft vieler Feudalrechte erschwert. Der berühmteste Reformator der *coutumes* im 16. Jahrhundert, Dumoulin, hat z. B. die Legitimität der Wechselrechte in Frage gestellt, wogegen sich die Grundherrschaft bis zum Ende des Ancien Régime mit Erfolg zu wehren verstand. Vgl. Garaud: La Révolution, S. 17 f. Die revolutionären Feudalitätskritiker bekämpften die Ablösung der Wechselrechte mit besonderem Eifer, weil sie in diesen Abgaben, die feudalrechtlich das Einverständnis des Grundherren mit dem Ausscheiden seines *censitaire* oder »Vasallen« aus seinem Besitz zum Ausdruck brachten, kein an den Boden gebundenes,

»reales« Recht, sondern ein *droit personnel* sahen, einen Beweis für die »persönliche« Unterwerfung des Abhängigen unter den Grundherren. Vgl. z. B. Billion: Le vœu des habitants, S. 2 f.

26 The Social Interpretation of the French Revolution, S. 26. Der konservative Kritiker der Feudalgesetze der Konstituante Le Dure geht noch 1792 davon aus, daß die Aufhebung der *droits personnels* ein revolutionärer Akt gewesen sei: »...tous les droits reconnus ou soupçonnés provenir de la puissance féodale, ont été supprimés sans indemnité dans la main des acquéreurs de bonne foi, lesquels comptoient un nombre infini de transmissions par ventes, et qui sembloient cependant d'autant plus légitimer leurs propriétés, qu'elles s'étaient exécutées sous l'autorité des loix et la confiance publique« (Le Dure, Observations [Anm. 3], S. 4).

27 Vgl. vor allem die Schrift von C. Michallet (Anm. 1).

28 François Furet: *Fischer Weltgeschichte* 26, S. 38; wir zitieren freilich aus dem französischen Originalmanuskript Furets, da die deutsche Übersetzung sinnentstellend *propriété bourgeoise* mit »bürgerlicher Besitz« und *propriété seigneuriale* mit »Großgrundbesitz« (!) übersetzt und damit die von Furet m. E. intendierte idealtypische Kennzeichnung der Beschlüsse der Konstituante völlig verwässert.

29 Am deutlichsten beim Grafen von Antraigues, dessen berühmtes Memorandum zur Ablösung von Sieyès am 27. August 1789 in der Nationalversammlung verlesen wurde (Archives parlementaires 8, S. 499 ff.). Antraigues begegnet der Usurpationsthese mit dem Hinweis, daß, gemessen am Naturzustand, jeglicher Eigentumserwerb auf Usurpation beruhe: »Vainement aurait-on voulu, pour diminuer le respect inviolable du à la propriété, avancer que les fonds de terre aliénés aux citoyens, moyennant une redevance, avaient été usurpés. L'usurpation en ce genre est le premier titre de la propriété« (ebd. S. 499).

30 Schon Merlin (vgl. Anm. 24) ordnete die *rentes foncières perpétuelles*, d. h. die nichtablösbaren Grundrenten, ihrer ökonomischen, nicht ihrer rechtlichen Funktion gemäß in das *complexum feudale* ein. Vgl. dazu Lemarchand: Le féodalisme, S. 79.

31 Archives parlementaires 11, S. 499.

32 Ebd. Vgl. auch die Stellungnahme des Deputierten Gagon-Duchenay v. 9. Dez. 1789, Archives parlementaires 10, S. 477.

33 Archives parlementaires 8, S. 344.

34 Ernst Rudolf Huber: *Deutsche Verfassungsgeschichte seit 1789* 1. Stuttgart 1957, S. 194.

35 Vgl. z. B. Garaud: La Révolution, S. 153 ff.; Göhring: Die Feudalität, S. 75 ff.; Kroll: Die Eigentumsordnung, S. 62 ff.; Soboul: La Révolution française et la »féodalité«, S. 40.

36 Dazu zusammenfassend Friedrich-Wilhelm Henning: Art. »Bauern-

befreiung«. In: *Sowjetsystem und demokratische Gesellschaft* 1. Freiburg–Basel–Wien 1966, Sp. 607.

37 Im November 1968 wurde in Toulouse unter Leitung von J. Godechot ein internationales Kolloquium über die »Abschaffung des Feudalregimes in der westlichen Welt« abgehalten. Die nicht-französischen Beiträge dieses auf die konkrete Zuständlichkeit der Feudalität gerichteten Kolloquiums liegen vor in: *Annales historiques de la Révolution française* 1969 (Heft 196), S. 145 ff. Die französischen Beiträge jedoch, die nach Godechots einleitenden Bemerkungen »ont apporté d'utiles précisions et montré combien il fallait nuancer, selon les régions, les jugements portés sur la féodalité«, sind für eine Publikation des CNRS angekündigt. Sie konnten für diesen Beitrag leider nicht mehr benutzt werden. Es bleibt daher abzuwarten, ob dieses Kolloquium die bisher allgemein akzeptierte These, es habe in Frankreich zwischen 1789 und 1793 nicht viele Ablösungen gegeben, bestätigen wird. Diese These wird belegt durch die bisher veröffentlichten Untersuchungen über Ablösungen auf Grund der revolutionären Gesetze. Vgl. u. a. Jean Millot: L'Abolition des droits seigneuriaux dans le département du Doubs et la région comtoise. Besançon 1941; A. Ferradou: Le rachat des droits féodaux dans la Gironde (1790-1793). Paris 1928; Robert Garraud: La rachat des droits féodaux et des dîmes inféodées en Haute-Vienne. Thèse Poitiers 1939; Daniel Ligou: Montauban à la fin de l'Ancien Régime et aux débuts de la Révolution. 1787-1794. Paris 1958 (darin S. 384 f. einige Bemerkungen zur Ablösung).

38 Vgl. Recueil (Anm. 8), S. 178 ff.   39 Vgl. ebd. S. 197 ff.

40 Vgl. Georges Lefebvre: »La Révolution française et les paysans«. In: Ders.: *Etudes sur la Révolution française*. 2. Aufl. Paris 1963, S. 338-367, hier S. 365 ff.

41 Vgl. jetzt auch die Untersuchungen des italienischen Historikers Roberto Zapperi: »Sieyes e l'abolizione del feudalesimo nel 1789«. In: *Studi Storici* 11 (1970), S. 415-444, bes. S. 437 f. und seine Einleitung zur Neuausgabe der Hauptschrift von Sieyès: Emmanuel Sieyes: *Qu'est-ce que le Tiers état?* (Les classiques de la pensée politique 6) Genève 1970, bes. S. 33 f.

42 Vgl. Lefebvre: Etudes sur la Révolution française, S. 356.

43 Vgl. Marc Bloch: »La lutte pour l'individualisme agraire dans la France du XVIIIᵉ siècle«. In: *Annales d'histoire économique et sociale* 2 (1930), S. 329-381; 511-556, hier bes. S. 549 ff.

44 Dazu jetzt vor allem Albert Soboul: »Survivances ›féodales‹ dans la société rurale française au XIXᵉ siècle«. In: *Annales E.S.C.* 23 (1968), S. 965-986, hier S. 966 f.

44a Vgl. Georges Lefebvre: *Questions agraires au temps de la Terreur.* 2. Aufl. La-Roche-Sur-Yon 1954, S. 58 ff.

45 Vgl. dazu S. 208 ff.

46 M. Bloch: La lutte pour l'individualisme agraire, S. 335; A. Soboul: La Révolution française et la »féodalite«, S. 40, Angaben zu Boncerf s. S. 182 f.

47 Vgl. Soboul: ebd. Ein guter Überblick auch bei Alun Davies: »The Origins of the French Peasant Revolution of 1789.« In: *History* 49 (1964), S. 24-41, hier S. 35.

48 S. S. 196.

49 Etudes sur la Révolution française, S. 351 f.

50 Ebd. S. 353.

51 M. Bloch: La lutte pour l'individualisme agraire (Anm. 43).

52 Zur Situation des grundherrlichen Abgabenvermögens am Ende des Ancien Régime vgl. S. 207 ff.

53 Die ökonomischen und sozialen Bedingungen des »Verschwindens« des englischen Bauern werden untersucht bei H. John Habakkuk: »La disparition du paysan anglais«. In: *Annales E.S.C.* 20 (1965), S. 649-663. Zur Stellung der Forschung zum Problem der Expropriierung des klein- und mittelbäuerlichen Besitzes im Zuge der sog. Bauernbefreiungen vgl. Friedrich-Wilhelm Henning: Art. Bauernbefreiung (Anm. 36), Sp. 606 f.

54 Kurze, die umfangreiche Einzelliteratur zusammenfassende Bemerkungen bei Hubert Méthivier: *L'Ancien Régime* (Collection »Que sais-je?« 925). 4. Aufl. Paris 1968, S. 105 u. in *Histoire économique et sociale de la France* 2, hrsg. v. F. Braudel und E. Labrousse, Paris 1970, S. 479. Ein anschauliches regionales Beispiel bei Pierre de Saint Jacob: *Les paysans de la Bourgogne du Nord au dernier siècle de l'Ancien Régime.* (Publications de l'Université de Dijon 21) Paris 1960, S. 425 ff.

55 Hierunter fassen wir nicht einzelne regionale Gesetze, die zum Zweck der Intensivierung der Landwirtschaft schon im frühen 18. Jahrhundert oder früher bestimmte langfristige oder dauernde Grundrenten, die im Laufe der Zeit einen quasi-feudalen Charakter angenommen hatten, der Ablösung unterwarfen. Vgl. z. B. das Gesetz zur Ablösung der nicht-emphyteutischen Renten im Dauphiné vom Jahre 1708; dazu Jean Egret: *Le parlement de Dauphiné et les affaires publiques dans la deuxième moitié du* XVIIIe *siècle* 2. Thèse Grenoble 1942, S. 61 f. u. 66 f.

56 P. de Saint Jacob: Les paysans de la Bourgogne du Nord (Anm. 54), S. 419.

57 So Saint Jacob: 521.

58 Ebd.

59 Ebd.

60 The Social Interpretation of the French Revolution, S. 38.

61 Archives parlementaires 6, S. 110.

62 Archives parlementaires 4, S. 98.

63 Archives parlementaires 6, S. 69.

64 Bibliothèque Nationale (BN): Le^{24}. 12, S. 37.

65 BN. Le^{24}. 68, S. 26.

66 Albert Soboul: »The French Rural Community in the Eighteenth and Nineteenth Centuries«. In: *Past and Present* 10, (1956), S. 78-95, hier S. 87.

67 Ebd.

68 BN. Le^{24}. 100, S. 23 f.

69 BN. Le^{24}. 99, S. 23.

70 Rieussec: *Discours sur les causes morales de la dégradation de l'agriculture, et les moyens d'y remédier*, Genf/Lyon 1788, S. 114. Vgl. S. 198 f.

71 Vgl. dazu S. 207.

72 Dieser Gesichtspunkt wird stark betont in der vergleichenden Arbeit von Barrington Moore: *Social Origins of Dictatorship and Democracy*. Lord and Peasant in the Making of the Modern World. London 1967, S. 55.

73 Vgl. dazu die ausführlichen Bemerkungen bei André J. Bourde: *Agronomie et agronomes en France au* xviiie *siècle* 2. (Ecole pratique des hautes études, vi^e section, Les hommes et la terre 13) Paris 1967, S. 1038 ff.

74 Über das Ausmaß liegen jedoch keine Angaben vor. Vgl. Jean Meuvret: »Domaines ou ensembles territoriaux? Quelques exemples de l'implication du régime de la propriété et de la structure sociale dans la France du xviie et du xviiie siècle.« *Première conférence internationale d'histoire économique Stockholm 1960*. (Ecole pratique des hautes études, vi^e section, Congrès et colloques 1) Paris 1960, S. 343-352, hier S. 350. M. mißt dem *retrait féodal* eine gewisse, dem *retrait censuel* eine nur geringe Bedeutung für die Ausbildung »großer Domänen« im 18. Jh. bei. Dagegen sieht R. Forster in den Feudalrechten »an effective aid to noble domain-building«. Vgl. Robert Forster: »The Survival of the Nobility during the French Revolution.« In: *Past and Present* 37 (1967), S. 71-86, hier S. 73. Im Gegensatz zum *retrait féodal* oder *censuel* scheinen die »feudalen« Wechselrechte (*lods et ventes* etc.) die Ausbildung großer Domänen eindeutig behindert zu haben. Am 17. 4. 1777 erhob die Landwirtschaftsgesellschaft von Orléans ihre Stimme, »pour solliciter auprès du gouvernement une loi qui autoriserait, sans contraindre personne, les échanges de gré en gré, et qui permettrait de faire sans frais, et surtout sans lots, et ventes, ceux qui seraient nécessaires pour réunir les domaines en une grande continence« (Arch. Dép. Loiret, D 710, zitiert bei E. Justin: *Les sociétés royales d'agriculture au* xviiie *siècle*, Saint-Lô 1935, S. 217).

75 Émile Mireaux: *Une province française au temps du Grand Roi:* La
Brie. Paris 1958, S. 71 ff. Vgl. auch Meuvret: Domaines ou ensembles
territoriaux?, S. 351.

76 Die seit den großen Arbeiten Blochs und Lefebvres äußerst rege
französische Agrargeschichtsforschung ist gut zusammengefaßt in:
Histoire économique et sociale de la France 2, hrsg. v. F. Braudel und
E. Labrousse, Paris 1970, S. 87 ff., 367 ff., 567 ff.

77 Vgl. Pierre Goubert: L'Ancien Régime 1, S. 81.

78 Roland Mousnier: *La plume, la faucille et le marteau.* Institutions et
société en France du Moyen Age à la Révolution. Paris 1970, S. 228.

79 Vgl. dazu den agrargeschichtlichen Beitrag von Pierre Goubert, in:
Histoire économique et sociale de la France 2, hrsg. v. F. Braudel u.
E. Labrousse, Paris 1970, bes. S. 130 f.

80 Vgl. H. Méthivier: L'Ancien Régime, S. 24 und G. Lemarchand: Le
féodalisme dans la France rurale moderne, S. 87 (vgl. Anm. 24).

81 Lemarchand, ebd.

82 Die wichtigste Literatur zum *métayage,* der für einzelne Regionen
vorzüglich untersucht ist: Paul Raveau: *L'Agriculture et les classes
paysannes.* La transformation de la propriété dans le Haut Poitou au
xvie siècle. Paris 1926, bes. S. 158 ff.; Marcel Garaud: »Le régime
agraire et les paysans de Gâtine au xviiie siècle.« In: *Bulletin de la
Société des Antiquaires de l'Ouest* 4. Série 2, 1954, S. 643-682; Louis
Merle: *La métairie et l'évolution agraire de la Gâtine poitevine, de la
fin du Moyen Age à la Révolution.* Paris 1958.

83 Robert Forster: *The Nobility of Toulouse in the Eighteenth Century.*
Baltimore 1960; ders.: »The Noble Wine Producers of the Bordelais
in the Eighteenth Century«. In: *The Economic History Review* 2.
Serie 14 (1961), S. 18-33.

84 Vgl. Louis Merle: La métairie et l'évolution agraire (Anm. 82), passim.

85 Vgl. G. Lemarchand: Le féodalisme dans la France rurale moderne,
S. 85.

86 Vgl. P. Goubert: L'Ancien Régime, S. 83 f.

87 In einer elsässischen Flugschrift aus dem Jahr 1789 wird die Ablösungsentscheidung der Konstituante besonders unter diesem Gesichtspunkt kritisiert: BN, Lb^{39}. 2134: Réflexions sommaires et im-
partiales, sur l'effet que le décret de L'Assemblée Nationale relativement à la destruction de la féodalité doit produire dans la Province
d'Alsace, 1789: »Les fiefs par leur nature se partagent également entre
les mâles des familles qui les possèdent. La seule profession de la
Noblesse est celle des armes où il est rare qu'on s'enrichisse. Il arrive
donc très-communément que de toute la fortune des plus anciennes
et des plus illustrées, il ne reste que les fiefs qui consistent pour la
plus grande partie en droits féodaux« (S. 9). Zur Situation des Adels

in der Haute-Auvergne vgl. M. Leymarie: »Les redevances foncières seigneuriales en Haute-Auvergne.« In: *Annales historiques de la Révolution française* (1968), S. 299-380, hier S. 359f.

88 Einen Eindruck vom Umfang und den Grenzen zentraler, über die Tätigkeit regionaler Landwirtschaftsgesellschaften hinausgehender Reformbemühungen im Ancien Régime vermitteln die Papiere der »Commission de l'administration de l'agriculture«, die von 1785-1787 beim Generalkontrolleur eingerichtet war. Vgl. Henri Pigeonneau und Alfred de Foville (Hrsg.): *L'Administration de l'agriculture au Contrôle Générale des finances (1787-1787)*: Procès-verbaux et rapports. Paris 1882.

89 Vgl. Maurice Bordes: »Les intendants éclairés de la fin de l'Ancien Régime.« In: *Revue d'histoire économique et sociale* 39 (1961), S. 56-83. B. beschreibt S. 67 die Haltung des Intendanten Caze de la Bove, der 1787 in einem Memorandum an den Generalkontrolleur die wirtschaftliche Situation des Dauphiné beschrieb und dabei speziell auch auf die Grundbelastungen einging, die seiner Ansicht nach zu einer Stagnation der Produktion und zur Landflucht führten. Ein anderes Beispiel ist der Intendant der Champagne, Rouillé d'Orfeuil, der schon 1773 einen Traktat über die Ablösung verfaßte, vgl. unten Anm. 95.

90 Die Ablösungsschrift Rieussecs (vgl. Anm. 70) war ursprünglich ein Vortrag, der am 5. Jan. 1787 vor der Königlichen Landwirtschaftsgesellschaft der Généralité von Lyon gehalten wurde. Sämtliche älteren Studien über die französischen Landwirtschaftsgesellschaften sind jetzt überholt durch das große Werk von André J. Bourde: *Agronomie et agronomes en France au XVIIIe siécle.* (Ecole pratique des hautes études, VIe section, Les Hommes et la Terre 13) 3 Bde., Paris 1967.

91 P. de Saint Jacob: Les paysans de la Bourgogne du Nord, spricht verschiedentlich von der *bourgeoisie individualiste* des 3. Standes der Provinzialstände von Burgund, die die Zerstörung der Grundherrschaft und der bäuerlichen Gemeinde gewünscht habe. (Vgl. z. B. S. 518.)

92 Vgl. BN. Lk^{15}. 23: *Procès-Verbal des séances de l'Assemblée provinciale de Haute-Guyenne, tenue à Villefranche.* Villefranche 1781 u. BN, LK^{15}. 20: *Procès-Verbal des séances de l'Assemblée provinciale du Berri.* Bourges 1787.

93 Zitiert bei H. Pigeonneau und A. de Foville: L'Administration de l'agriculture, S. 409f. Ähnlich argumentierte der Intendant des Dauphiné, Caze de la Bove. Vgl. M. Bordes: Les intendants éclairés, S. 67.

94 BN. Lk^{15}. 23: Procès-Verbal Haute Guyenne, S. 56f.

95 François-Vincent Toussaint: *Essai sur le rachat des rentes et redevances foncières.* Londres 1751; Girard: »Mémoire sur le trop grand nombre de justices seigneuriales; sur les causes d'usurpation de Mou-

vances royales; sur le trop grand mêlange des possessions, et sur la nécessité d'en faciliter les échanges.« In: *Journal de l'agriculture, du commerce, des arts et des finances.* (August 1769), S. 96-114; »Mémoire sur les maux causés en Forez par les rentes féodales, présenté au bureau d'agriculture de Montbrison.« In: *Journal de l'agriculture, du commerce, des arts et des finances.* (März 1771), S. 139-163; Abbé Roubaud: »Instructions pour les grands propriétaires.« In: *Journal de l'agriculture, du commerce, des arts et des finances.* (Januar 1772), S. 14-46; Rouillé d'Orfeuil: *L'Alambic des loix, ou observations de l'ami des François sur l'homme et sur les loix.* 1773; Pierre-François Boncerf: *Les inconvéniens des droits féodaux* (Ouvrage écrit sous le nom de Francaleu). Londres et Paris 1776; hier zitiert nach der erweiterten Neuauflage London 1776; Guillaume-François Le Trône: *De l'administration provinciale et de la réforme de l'impôt.* 2 Bde., Basel 1779, hier zitiert nach der allein greifbaren Auflage Basel u. Paris 1788; Rieussec: Discours sur les causes morales (Anm. 70); Simon Cliquot de Blervache: *Mémoire sur les moyens d'améliorer en France la condition des laboureurs, des journaliers, des hommes de peine vivans dans les campagnes, et celle de leurs femmes et de leurs enfans.* Paris 1789; derselbe Traktat auch in einer anderen Auflage erschienen, mit geringfügigen Veränderungen, unter dem Haupttitel: *L'Ami du cultivateur.* Chambery 1789; Jean-Baptiste Bremond: *Observations au peuple françois.* Compte rendu à la nation, de la somme de sa contribution, du produit net de sa recette et de sa dépense, 1789. Die genannten Schriften sind bei weitem nicht die einzigen Zeugnisse zur Ablösungsdiskussion in Frankreich am Ende des Ancien Régime. Eine genaue Durchforstung der regionalen und lokalen Archive würde mit Sicherheit noch eine Fülle von Einzelstellungnahmen, Briefen u. ä. zutage fördern, die das Problem des *rachat* zum Thema haben. Eine genaue statistische Erfassung sämtlicher Ablösungsforderungen konnte in diesem Beitrag ebensowenig geleistet werden wie eine exakte Analyse *aller* vor 1789 getätigten Ablösungen. Hier ging es vielmehr um die Darstellung der wichtigsten Argumente für die Ablösung, die fraglos in den größeren Traktaten Roubauds, Boncerfs, Le Trônes und Clicquots am ausführlichsten ausgebreitet wurden.

96 Die Kritik an der Verwaltung der königlichen Domänen und an der *inaliénabilité* besonders stark bei Boncerf: Les inconvéniens, S. 19 ff. Ähnlich wie die *féodalité* war auch der *domaine du roi* im 18. Jh. ein gern gewähltes Thema der französischen Agronomen und Ökonomen. Boncerf selbst war auch mit einem Traktat »De l'aliénabilité et de l'aliénation du domaine« (o. O. u. J.) hervorgetreten. Vgl. auch Le Trône: De l'administration provinciale, S. 457 ff.

97 Vgl. z. B. Boncerf: Les inconvéniens, S. 8; Le Trône: De l'administration provinciale 2, S. 467.

98 Clicquot de Blervache gibt vor, Savoyarde zu sein. Er hält den Franzosen in seinen Traktaten ständig das Beispiel Savoyens vor Augen. Vgl. Jules de Vroil: *Etude sur Clicquot-Blervache, économiste du XVIII⁰ siècle,* Paris 1870.

98ᵃ Rieussec: Discours, S. 106.

99 Vgl. Kroll: Die Eigentumsordnung, S. 69 f. K. verschiebt die Perspektive jedoch ein wenig, wenn er sagt, »der Staat« habe sich wegen der »direkten Angriffe« Boncerfs zum Eingreifen gezwungen gesehen (S. 69). Die Kampagne gegen die Schrift Boncerfs ging vom Pariser Parlament aus, das, auch wenn es souveräner Gerichtshof war, im 18. Jh. kaum mehr mit dem Staat identifiziert werden kann. In der Tat war es dann auch der König selbst, der den *commis* Turgots, Boncerf, durch Machtspruch vor direkten Repressalien des Parlaments schützte. Vgl. Gustave Schelle (Hrsg.): *Œuvres de Turgot* 5, Paris 1923, S. 270 f. Zu Boncerf vgl. Anm. 100.

100 Vgl. F. Delacroix: »Le procès de Boncerf en 1776.« *Mémoires de la Société d'émulation du Doubs.* 6. Série 2, 18, S. 328-348; dazu die allgemeine Turgotliteratur, insbes. Edgar Faure: *La disgrâce de Turgot.* (Trente journées qui ont fait la France 16) Paris 1961, S. 443 f.

101 Zeitgenössischen Berichten zufolge wurde der Verkauf der ersten Auflage in Paris durch den *garde des sceaux* verhindert. Vgl. M. Garaud: La Révolution et la propriété foncière, S. 159.

102 S. oben Anm. 95.

103 Als Beispiele können vor allem die kurzen Schriften in den physiokratischen Landwirtschafts- und Wirtschaftszeitschriften gelten, z. B. im Journal de l'agriculture, du commerce, des arts et des finances. Vgl. oben Anm. 95.

104 Voltaire glaubte, den Widerstand des Pariser Parlaments gegen Reformen im Sinne Boncerfs einzig auf die Tatsache zurückführen zu können, daß die meisten Parlamentsräte Feudalherren waren. »Proposer la suppression des droits féodaux c'est encore attaquer particulièrement les propriétés de Messieurs du Parlement dont la plupart possèdent des fiefs.« Aus der Lettre du Révérend Polycarpe, zitiert bei Bourde, Agronomie et agronomes 3, S. 1363, Anm. 4.

105 Vgl. Jules Flammermont (Hrsg.): *Remontrances du Parlement de Paris au XVIII⁰ siècle* 3. Paris 1898, S. 356 ff.

106 Allein im Bereich der grundherrlichen und städtischen »Bannrechte« ist Turgot bis zur Redaktion von Gesetzestexten vorgestoßen. Vgl. G. Schelle (Hrsg.): *Œuvres de Turgot* 5, S. 321 ff. und E. Faure: La disgrâce de Turgot, S. 418 f. Es wäre eine reizvolle, im Rahmen dieser Untersuchung nicht zu leistende Aufgabe, den Reformplänen der staatlichen Institutionen in der 2. Hälfte des 18. Jh.s einmal mit dem Blick auf die Feudalität nachzugehen. Vermutlich wurde das Thema in den aufgeklärten Reformministerien weit häufiger diskutiert, als

bisher bekannt ist. Ein wichtiges Indiz ist auch, daß sich bereits d'Argenson, u. a. in seinen Considérations sur le gouvernement ancien et présent de la France, für die Abschaffung bestimmter Feudalrechte, darunter die Jagdrechte, die Wechselrechte, die Patrimonialgerichtsbarkeit, ausgesprochen hatte. Vgl. Garaud: La Révolution et la propriété foncière, S. 155.

107 Dupont de Nemours: *Mémoires sur la vie et les ouvrages de Monsieur Turgot, ministre d'état.* Philadelphia 1782; A. Condorcet, O'Connor und M. F. Arigo (Hrsg.): *Œuvres de Condorcet* 5, Paris 1847; darin S. 141 ff. innerhalb der Vie de Monsieur Turgot die entsprechenden Absätze über Turgots Haltung zu den *droits féodaux.*

108 Eine Ausnahme bildet das erste Ministerium Necker, unter dem im Jahre 1779 die letzten *mainmortables* auf den königlichen Domänen freigesetzt wurden, womit die Monarchie der verbreiteten aufklärerischen Kritik an dieser besonders rückständigen, der Gutsuntertänigkeit nahekommenden Form der *féodalité* Rechnung trug. Soweit ich sehe, fehlen neuere Untersuchungen über dieses Gesetz, dessen Text zu finden ist in: Recueil général des anciennes lois françaises, hg. v. Jourdan, Isambert u. Decrusy, Bd. 26, Paris 1826, S. 139 ff.

109 Neben der juristischen Sektion der Encyclopédie méthodique, die, im Gegensatz zur Encyclopédie Diderots und zur eigenen finanzwirtschaftlichen Sektion, weitgehend die herrschende feudalrechtliche Lehre zum Ausdruck brachte, erschien im 18. Jh. eine Fülle von Lehnsrechtstraktaten und -handbüchern. Wir nennen nur die Namen einiger Autoren, deren Werke ohne Mühe in den Katalogen der Bibliothèque Nationale nachzuweisen sind. Über die Anfertigung seigneurialer Terriers: De la Poix de Frémenville (1746); Bellami (1746); über die Lehen: Claude Pocquet de Livonière (1729); Billecoq (1749); Germain-Antoine Guyot (1753); Jacquet (1762); Henrion de Pensey (1773); Doyen (1779); über die droits féodaux und seigneuriaux: Salvaing (2. Aufl. 1731); Brussel (1727); Boutaric (1746, 1775); Laplace (1749); Dumées (1742); Renauldon (1765); Laplace (1757); Preudhomme (1781); über die justices féodales und seigneuriales: Jacquet (1764); Henriquez (1761, 1771, 1780).

110 »Quelles seraient donc les propriétés qui seraient assurées, si l'on peut ébranler celles qui sont fondées sur la foi des conventions, sur des titres authentiques et sur l'autorité d'une possession légale, publique, immémoriale et approuvée? Quelle sera aussi la sauvegarde de la propriéte, si la possession ne l'est plus?« (Flammermont [Hrsg.]: *Remontrances du Parlement de Paris* 3, S. 364).

111 E. Faure: La disgrâce de Turgot, S. 450 betont anläßlich der Auseinandersetzung über die *corvées royales* 1776, daß in der Rede des ersten Präsidenten des Pariser Parlaments d'Aligre gegen die Reform Turgots nur »Gemeinplätze des borniertesten Konservativismus« be-

nutzt worden seien, darunter vor allem das Eigentumsargument. Gerade wenn man diesem Urteil zustimmt, gehört es zu den interessantesten Aspekten der Geschichte des Ancien Régime, daß es dem Pariser Parlament gelang, mit diesen Gemeinplätzen bis 1789 einen Teil der Öffentlichkeit für sich zu gewinnen.

112 Aus einem *arrêté* des Parlaments von Bretagne, zitiert bei Jean Egret: La prérévolution française, S. 243.

113 Ebd. S. 240f.

114 In einem Memorandum an Ludwig XVI. rechtfertigte Maupeou nachträglich seine Politik. Zur grundherrlichen Gerichtsbarkeit führte er u. a. aus: »»Les justices sont devenues une portion de la propriété particulière. Il n'est pas question d'examiner aujord'hui à quel titre la branche la plus importante et la plus sacrée de la puissance publique a pu devenir le patrimoine d'un sujet. C'est un de ces abus que le temps a consacrés et qui, liés avec l'opinion de la propriété, ne pourraient être détruits qu'en ébranlant cette opinion« (Jules Flammermont: *Le chancelier Maupeou et les Parlements.* Thèse Paris 1883, Appendice S. 611). Zur Stärkung des Korpsgeistes im Parlament von Bourgogne nach 1774 vgl. P. de Saint Jacob: Les paysans de la Bourgogne du Nord, S. 522f.

115 Vgl. z. B. Jean Egret: Le parlement de Dauphiné 2, S. 67f.

116 Vgl. dazu Ernst Hinrichs: »Produit net, Propriétaire, Cultivateur. Aspekte des sozialen Wandels bei den Physiokraten und Turgot.« In: *Festschrift für Hermann Heimpel* 1 (Veröffentlichungen des Max-Planck-Instituts für Geschichte 36, I) Göttingen 1971, S. 478 f., in diesem Band S. 129 f.

117 Quesnays erste »Maxime Générale« beginnt mit folgenden programmatischen Sätzen: »Que l'autorité souveraine soit unique, et supérieure à tous les individus de la société et à toutes les entreprises injustes des intérêts particuliers; car l'objet de la domination et de l'obéissance est la sûreté de tous, et l'intérêt licite de tous. Le système des contreforces dans un gouvernement est une opinion funeste, qui ne laisse apercevoir que la discorde entre les grands et l'accablement des petits« (*François Quesnay et la Physiocratie* 2, hrsg. v. Institut national d'études démographiques, Paris 1958, S. 949). Zur politischen Theorie der Robe vgl. jetzt Michel Antoine: *Le Conseil du Roi sous le règne de Louis* XV. Paris/Genève 1970, S. 572 f.

118 Vgl. E. Hinrichs: Produit net, Propriétaire, Cultivateur, S. 496 f.

119 P. de Saint Jacob: Les paysans de la Bourgogne du Nord, S. 424. Die *mainmorte* herrschte vor allem im Westen des von Saint Jacob untersuchten Gebiets. Im übrigen Frankreich spielte sie noch in der Franche Comté und im Bourbonnais eine bedeutsame Rolle. In Burgund stand der *mainmortable* unter folgenden Bedingungen: er konnte seinen Besitz verkaufen, an Leute seines Standes und seiner *seigneu-*

rie ohne Zustimmung des Grundherren, an Fremde nur mit Zustimmung. Wurde diese nicht eingeholt, unterlag der neue Besitzer dem sog. *droit de poursuite,* d. h. der Grundherr konnte ihn zwingen, den Besitz innerhalb einer Frist einem Mitglied der *seigneurie* zu verkaufen oder selbst *mainmortable* dieser *seigneurie* zu werden. Der *mainmortable* besaß keine Testierfreiheit, sondern war auch hier an die Zustimmung des Grundherrn gebunden. In den meisten Fällen, zumindest in Burgund, haftete die *mainmorte* jedoch am Boden, nicht an der Person; der bäuerliche *mainmortable* konnte daher unter Verzicht auf seine Rechte seinen Besitz verlassen. Ebenso bestand gewohnheitsrechtlich die Möglichkeit, seinen Besitz vom Grundherrn freizukaufen. (Vgl. Saint Jacob, S. 38 ff.) S. J. (S. 423) bestätigt übrigens die Behauptungen Bouhiers, wenn er feststellt, daß sich die *mainmorte* in Burgund am Ende des 18. Jh.s nicht nur negativ für die betroffenen Bauern auswirkte. Auch der Intendant Joly de Fleury verteidigte sie 1751 im Sinne Bouhiers: »... tant que la mainmorte subsiste, les forains ne viennent pas leur enlever les fonds de la paroisse, au lieu qu'autrement, les bourgeois de la ville deviennent propriétaires de tous fonds et les habitants ne sont plus que des manœuvres; c'est un mal très réel qui a résulté des affranchissements que l'on a cependant regardé pendant un temps comme une chose très louable.« (Ebd. S. 423 f.)

120 Vgl. z. B. J. Egret: Le parlement de Dauphiné 2, S. 57 ff.
121 J. Flammermont: Remontrances du Parlement de Paris 3, S. 365. In der Debatte der Konstituante über die *droits féodaux,* in diesem Fall über die bretonischen Verhältnisse, spielt dieses Argument gleichfalls noch eine Rolle. Vgl. Archives parlementaires 10, S. 467 (9. Dez. 1789, aus einem Bericht des bretonischen Deputierten Baudouin de Maisonblanche): »Quel sera l'effet inévitable de ce nouvel ordre de choses? Le citadin opulent, le seigneur remboursé de ses droits féodaux et chargé du numéraire, placeront leurs fonds en tenures qu'ils ne pourront rétrocéder avantageusement, et nos campagnes n'offriront que des fermiers, des cultivateurs mercenaires.«
122 Ernest Labrousse: *La crise de l'économie française à la fin de l'Ancien Régime et au début de la Révolution.* Paris 1943, S. xiii f., xliv f.
123 A. Piret: *La rencontre chez Pothier des conceptions romaine et féodale de la propriété foncière,* Thèse Paris 1937, S. 191.
124 G. Schelle: Œuvres de Turgot 2, S. 551.
125 Vgl. z. B. Roubaud: Instructions pour les grands propriétaires (Anm. 95), S. 21 ff. Clicquot de Blervache: Mémoire (Anm. 95), S. 81 ff. (De l'utilité du séjour des Seigneurs dans leurs terres).
126 Zur Kritik an der *co-propriété* vgl. Boncerf: Les inconvéniens, S. 5 ff. u. Clicquot de Blervache: Mémoire, S. 16 ff. Cl. de Bl. war der Ablösungsautor, der den kumulativen Effekt der verschiedenen Abgaben

und Steuern am eindringlichsten beschrieb. »Aussi il est rigoureuse-
ment vrai que ces trois impôts (gemeint sind die Zehnten, die *droits
seigneuriaux* und der *vingtième* an den Staat) seulement et exclusivement à tous autres, prélèvent six gerbes sur douze, ou la moitié du
produit net. Il ne reste donc aux propriétaires, aux cultivateurs et aux
habitans des campagnes que la moitié de ce produit pour fournir aux
frais de labour, aux semences, à l'intérêt de la valeur des terres, à leur
subsistance et à l'acquitement de la taille, capitation, gabelle, aides et
autres impôts« (ebd. S. 51). »Je dois faire encore remarquer que la
dixme porte en soi un principe de découragement pour le cultivateur.
Ce droit n'est pas fixe: il est toujours perçu en proportion de la
récolte; de sorte que si un colon actif et intelligent parvient à obtenir
un meilleur produit de son champ, le décimateur partage le fruit de
son activité et de ses talens« (ebd. S. 53).

127 Vgl. E. Hinrichs: Produit net, Propriétaire, Cultivateur, S. 485.
128 Karl Marx: *Theorien über den Mehrwert* (Karl Marx/Friedrich En-
     gels, Werke 26, 1) Berlin 1965, S. 22.
129 »Le paysan n'est utile dans la campagne qu'autant qu'il produit et
     qu'il gagne par son travail et qu'autant que sa consommation en bons
     aliments et en bons vêtements contribue à soutenir le prix des denrées
     et le revenu des biens, à augmenter et à faire gagner les fabricants et
     les artisans, qui tous peuvent payer au roi des subsides à proportion
     des produits et des gains« (Quesnay: »Art. Grains«. In: *François
     Quesnay et la Physiocratie* 2, S. 506 f.).
130 Herert Lüthy: *François Quesnay und die Idee der Volkswirtschaft.*
     (Eidgenössische Technische Hochschule, Kultur- und Staatswissen-
     schaftliche Schriften 106) Zürich 1959, S. 20.
131 Ebd. S. 19.
132 Ebd. S. 18.
133 K. Marx: *Theorien über den Mehrwert*, S. 23.
134 Vgl. z. B. Quesnay: »Second problème économique.« In: *François
     Quesnay et la Physiocratie* 2. S. 992.
135 François Quesnay und die Idee der Volkswirtschaft, S. 20.
136 Quesnay: »Art. Impôts«. In: *François Quesnay et la Physiocratie* 2,
     S. 614.
137 Turgot: »Lettres au Contrôleur Général sur le Commerce des
     Grains«. In: G. Schelle: *Œuvres de Turgot* 3, S. 265 ff., hier S. 292.
138 Quesnay: Maximes Générales, Notes, S. 960.
139 G. Lemarchand: Le féodalisme dans la France rurale, loc. cit. S. 108.
140 Vgl. Turgot: Lettres au Contrôleur Général, bes. S. 307 ff.
141 François Quesnay und die Idee der Volkswirtschaft, S. 32.
142 Boncerf wählt für seine Schrift die Form eines Schreibens an »meh-
     rere grundherrschaftliche Vasallen«, die an ihn – den Monsieur Fran-
     caleu – die Frage gerichtet hätten, warum jeder Eigentümer von

Grund und Boden, »quelque borné qu'il soit«, daran nicht das volle Eigentumsrecht habe. Vgl. Les inconvéniens, S. 5 ff.

143 Vgl. dazu S. 200 ff.

144 Boncerf: Les inconvéniens, S. 15: »Sans doute la nation pouvoit réclamer contre ces abus, et demander la proscription de toute directe qui n'auroit pas eu pour titre une concession primitive; elle auroit pu se récrier contre ces inféodations formées par une tradition fictive de la part d'un particulier, et par la restitution à titre de Fief de la part du Seigneur, et qu'il ne seroit resté aux Seigneurs particuliers qu'un domaine direct, un cens, une redevance sur les seules terres qu'ils auroient originairement concédées; mais cette proscription n'a pas été faite, les directes existent, les coutumes les ont consacrées, et des maximes générales dans plusieurs pays ont étendu leur empire, et empêchent que rien ne puisse s'y soustraire.« S. 16: »Vous réclamez la liberté primitive des fonds; mais cette directe qui vous greve, étant passé dans le commerce, par l'adoption qu'en ont faite les loix, elle est devenue la propriété des Seigneurs; vous sentez et reconnoissez la nécessité de l'indemniser, s'ils veulent bien renoncer.« Vgl. Rieussec: Discours, S. 111; Clicquot de Blervache: Mémoire, S. 56: »Mais ces possessions sont consacrées par une jouissance de plusieurs siècles. La plupart des propriétaires actuels de droits féodaux en ont payé le prix. D'ailleurs c'est une maxime constante et que je respecte plus que personne, qu'il ne faut pas ébranler le droit de la propriété.« Bremond: Premières observations, S. 64 f.: »Le long sommeil de la loi a rendu les propriétaires actuels de bonne foi, et il est de la dignité du peuple françois de respecter une propriété même illégale: la loi du rachat paroît être la seule juste...«

145 Encyclopédie méthodique, Finances, Art. féodal. Der ganze Artikel beruht, wie dieses Zitat auch, auf Exzerpten aus dem Traktat Boncerfs. Vgl. auch die weitaus zurückhaltendere Argumentation in der konservativeren juristischen Sektion: Encyclopédie méthodique, Jurisprudence, Art. Cens: »Convenons de bonne foi que ces inculpations [d. h. die Angriffe auf die *féodalité*] sont vraies jusqu'à un certain point; mais c'est démentir tous les monuments historiques, que de regarder le cens comme une suite de la force et de l'injustice des seigneurs. Son origine est plus noble, elle tient au droit sacré de la propriété, et sous ce point de vue, il mérite la protection des loix, en observant néantmoins qu'une sage législation doit réprimer les abus auquel il a donné lieu, et alléger, autant qu'il est possible, le joug imposé par les seigneurs sur leurs vassaux.«

146 Bremond: Premières observations, S. 94.

147 Vgl. Turgot: Lettres au Contrôleur Général, S. 351 ff. »Je ne pense pas qu'on opposât à des arrangements aussi utiles les grands principes sur le respect dû aux propriétés. Ce serait une contradiction bien

étrange que ce respect superstitieux pour des propriétés qui, dans leur origine, sont presque toutes fondées sur des usurpations, et dont le meilleur titre est la prescription qu'elles ont acquises contre le public; tandis qu'on se permet de violer, sous prétexte d'un bien très mal entendu, la propriété de toutes la plus sacrée, celle qui seule a pu fonder toutes les autres propriétés, la propriété de l'homme sur le fruit de son travail, la propriété du laboureur sur le blé qu'il a semé et qu'il a fait naître…« (S. 352).

148 Instructions pour les grands propriétaires, S. 21.   149 Ebd. S. 27.

150 »Les seigneurs seront pleinement dédommagés par les mutations, qui devenant plus faciles deviendront plus fréquentes« (Toussaint: Essai sur le rachat des rentes [Anm. 95], S. 20).

151 Les inconvéniens des droits féodaux, S. 30 f.

151a Im Gegensatz zu unseren französischen Autoren brachten die Wegbereiter der preußischen »Bauernbefreiung« den Vorrang ökonomischer vor sozialen Argumenten sehr deutlich zum Ausdruck. »Für die Zeitgenossen stand die Tatsache im Mittelpunkt, daß die Ausgestaltung der agrarischen Verhältnisse zu einer hoffnungslosen Rückständigkeit des Kleinbauern und Häuslertums geführt habe und daß im Interesse des wirtschaftlichen Fortschrittes diese Gruppen keinerlei Schutz verdienten und es auch in der Regel besser sei, wenn das Land an den Gutsherrn fiele, damit Großwirtschaften gebildet würden, und der Kleinbauer als Inste auf diesem Gut arbeite, was auch für ihn von Vorteil sei, weil er so eine gesicherte und wirtschaftlich bessere Stellung habe als bisher.« So Friedrich Lütge: »Über die Auswirkungen der Bauernbefreiung in Deutschland.« In: *Studien z. Soz.- u. Wirtschaftsgeschichte.* Stuttgart (1963), S. 174. Vgl. auch Gerhard Ritter: Stein, Stuttgart ³1958, S. 220 f. u. Annemarie Wald: »Die Bauernbefreiung und die Ablösung des Obereigentums – eine Befreiung der Herren?«. In: *Historische Vierteljahresschrift* 28 (1934), S. 795-811. Daß sich die preußische Ablösungstheorie des beginnenden 19. Jahrhunderts so offen als Klassentheorie des gutsherrschaftlichen Adels und des landbesitzenden Bürgertums gerieren konnte, während die französischen Autoren des Ancien Régime zumindest subjektiv für eine allgemeine Befreiung eintraten, liegt unter anderem in der völlig verschiedenen Agrarstruktur und in einer daraus resultierenden unterschiedlichen agrarsozialen Interessenlage beider Länder begründet. In Preußen haben wir es mit einem selbstwirtschaftenden, ökonomisch »modernen«, offensiven Gutsherrenstand zu tun, der selbst ein Interesse an der Auflösung der alten Agrarverhältnisse, insbesondere auch der Bauernschutzverpflichtungen, zeigte. In Frankreich dagegen handelte es sich überwiegend und selbst dort, wo die Abgabeneinkünfte keine besondere Rolle mehr spielten, um ökonomisch »passive« Grundherren, die weder selbst wirtschafteten noch »moderne« Pachtbedingungen konzidierten. Sie kannten die Belastungen des Bauernschutzes nicht und waren daher an einer Ablösung kaum interessiert. Im wirtschaftlichen Sinne war der preußische Gutsherr also weit weniger »parasitär« als der französische Gutsherr und konnte sich somit durchaus in Übereinstimmung mit dem frühliberalen Wirtschaftsdenken fühlen, wenn er in der preußischen Ablösungsdiskussion seine eigenen Wirtschaftsinteressen so massiv zur Geltung brachte.

152 Friedrich Lütge: »Art. Bauernbefreiung.« In: *Handwörterbuch der Sozialwissenschaft* 1, Göttingen 1956, S. 659 hebt als Grundhaltung der europäischen »Bauernbefreiungsbewegung« hervor, daß mit der Formulierung des neuen Ideals – »freier Eigentümer auf freiem Boden zu sein« – nichts über »die Kategorie der Bodeneigentümer« oder über »die Größe der landwirtschaftlichen Betriebe« ausgesagt gewesen sei.

153 Vgl. Bourde: Agronomie et agronomes en France au XVIIIe siècle 2, S. 1040 ff.

154 Clicquot de Blervache: Mémoire, S. 74 ff.; L'Ami du cultivateur, S. 20 ff.

155 Der berühmteste Autor dieses Genres war der Graf d'Essuiles, vgl. Bourde: Agronomie 2, S. 1040 f.

156 Clicquot de Blervache: Mémoire, S. 68 f. Ähnlich wie Boncerf rechnete auch Cl. de Bl. den Grundherren die finanziellen Vorteile der Ablösung vor. Wie dieser wies er nicht nur auf die Kapitalanlage in Landbesitz, sondern auch auf Leihgeschäfte hin. Er wählte das Beispiel eines grundherrlichen Abgabenbesitzes von 10 000 *livres* im Jahr. Das bedeutete bei einer Ablösung »au denier trente« (d. h. dem dreißigfachen Wert) ein Kapital von 300 000 *livres* (!). (Bei Cl. de Bl. ist irrtümlich von 330 000 *livres* die Rede.) Der Zinsertrag dieses Kapitals würde sich nach Cl. de Bl. auf 16 500 *livres* belaufen. Da die Kapitalverwaltung so gut wie keine Unkosten, das Abgabeneigentum dagegen rund 25 % an Abzügen für Verwaltungskosten u. ä. erfordern würde, ergäbe die Ablösung für den betreffenden Grundherren eine Ertragssteigerung von über 100 % (16 500 *livres* gegenüber 7500 *livres*), ebd. S. 69 f.

157 Clicquot de Blervache: Mémoire, S. 68: »D'ailleurs qui ne voit pas que la glèbe affranchie de la servitude réelle croîtroit en valeur, parce qu'elle ne seroit plus chargée d'un sur-prix de franc-fief, de lods et ventes, etc. etc. lors des mutations; que ces mutations seroient plus fréquentes, parce qu'elles ne seroient plus assujetties aux mêmes frais, perdus pour le vendeur et pour l'acheteur: que ces mutations amenant de nouveaux possesseurs, l'amour de la nouvelle possession inspire toujours le désir de l'amélioration, au profit de l'agriculture et de la valeur des fonds.«

158 Hier treffen wir im ökonomischen Bereich auf eine Paradoxie, deren verwandter Form im philosophisch-weltanschaulichen Bereich Karl Mannheim nachgegangen ist und die auch Karl Marx gelegentlich angesprochen hat. Vgl. Karl Mannheim: *Das konservative Denken.* Soziologische Beiträge zum Werden des politisch-historischen Denkens in Deutschland. In: ders: *Wissensoziologie.* (Soziologische Texte 28) Berlin/Neuwied 1964, S. 408 ff., hier bes. 485 ff.

159 Im Verlauf seines Plädoyers für »langfristige« Pachten kommt Clicquot de Blervache: Mémoire, S. 79 zu folgendem, in diesem Zusammenhang beachtenswerten Urteil: »Si la propriété est le véhicule le plus puissant pour améliorer l'agricultur et la condition de ses agens, le fermier partage en quelque sorte cet avantage. Car on peut le considérer comme propriétaire pendant le cours de son bail. Le fermier est le degré intermédiaire qui approche le plus de la propriété.«

160 Clicquot de Blervache: Mémoire, S. 44 ff.: »On compte en France vingt-quatre millions d'habitans... et environ cent vingt millions d'arpens. Si les possessions étoient également réparties, chacun auroit cinq arpens en propriété pour pourvoir à sa subsistance. Il s'en faut bien que cette proportion subsiste; le clergé et le système féodal ont détruit les rapports naturels entre le nombre des individus et celui des propriétés. Le clergé seul possède un cinquième de la superficie du Royaume, soit comme propriétaire foncier, soit comme décimateur, c'est-à-dire, vingt-quatre millions d'arpens.«

161 Les inconvéniens des droits féodaux, S. 30.

162 Le Trône: De l'administration provinciale 2, S. 442 ff.; vgl. auch Roubaud: Instructions pour les grands propriétaires, S. 24 f.

163 Le Trône; De l'administration provinciale 2, S. 538.

164 Les inconvéniens des droits féodaux, S. 33: »D'ailleurs, les Seigneurs ne perdroient rien de l'autorité et des droits honorifiques attachés à la Justice et au Patronage; l'utilité commune des Seigneurs et des Vassaux doit donc les rapprocher, et déterminer l'affranchissement dont nous nous entretenons.« Ähnlich auch Clicquot de Blervache: Mémoire, S. 70.

165 De l'administration provinciale 2, S. 539. An anderer Stelle präzisiert Le Trône seinen Vorschlag und besteht darauf, daß ein solches Privileg strikt an die Person seines Inhabers gebunden sein solle und daher nicht auf verschiedenen Ländereien und nicht zu wirtschaftlichen Zwecken ausgeübt werden könne (ebd. S. 471).

166 Vgl. z. B. Clicquot de Blervache: Mémoire, S. 142 f.: »Les hommes se multiplient par la propriété comme les productions du sol. De la propriété naît la bonne culture, de celle-ci naît l'aisance, de l'aisance naît l'augmentation de la population, enfin de l'augmentation de la population naît celle de l'industrie et du commerce.« Vgl. auch Rieussec: Discours, S. 112 f.

167 De l'administration provinciale 2, S. 471 f.

168 Ebd. S. 470: »Et y a-t-il rien de mieux imaginé que d'avoir trouvé moyen de séparer la chasse du droit de la propriété foncière, pour l'attacher au droit factice de la féodalité?«

169 Ebd. S. 471.

170 Ebd. S. 465: »Si l'on examine le fond même de la question, on trouvera l'intérêt de la propriété en opposition avec lui-même. D'un côté se présente le possesseur de l'héritage, qui a intérêt d'avoir une propriété libre, pleine et entière; de l'autre le Seigneur, qui réclame un droit sur ce même héritage.«

171 Ebd.

172 Vgl. Warren J. Samuels: »The Physiocratic Theory of Property and State.« In: *Quarterly Journal of Economics* 75 (1961), S. 96-111.

173 De l'administration provinciale 2, S. 466.

174 Ebd. S. 466 f.

175 Ebd. S 451 f. u. 467. Auch alle übrigen Autoren, besonders nachdrücklich BONCERF: Les inconvéniens des droits féodaux, S. 18 ff., sahen in der Freisetzung des Domanialbesitzes den wirkungsvollsten Ansatz für die allgemeine Ablösung.

176 Le Trône: De l'administration provinciale 2, S. 451. Es muß jedoch betont werden, daß unsere Autoren derartige Präzedenzfälle lediglich als Belege für die Möglichkeit allgemeiner, gesetzgeberischer Initiativen ansahen, nicht aber als Rechtsinstrumente, die zur Verfügung standen. Boncerf pries ebenso wie Le Trône die mittelalterlichen Gesetze über die Aufhebung der Gutsuntertänigkeit, betonte aber: »...l'objet de ces loix est consommé, elles ne peuvent que servir d'exemple, il n'en peut résulter d'action pour forcer un Seigneur à recevoir l'affranchissement d'un héritage« (Les inconvéniens, S. 8). Le Trône freilich neigte weit mehr als Boncerf dazu, den Modellcharakter vergangener Reformen zu unterstreichen. Im Gegensatz zu Boncerf sah er auch in dem Rechtsinstitut der privatrechtlichen Gemeinheitsteilung (*loix de partage*) ein geeignetes Mittel zur Auflösung der feudalrechtlichen *co-propriété* (De l'administration provinciale 2, S. 466), während Boncerf (Les inconvéniens, S. 8) die privatrechtlichen Teilungsgesetze und -verfahren für den feudalrechtlichen Bereich ausdrücklich ablehnte: »On vous opposeroit bientôt que les loix des partages ne sont pas applicables aux Seigneurs et à leurs Vassaux, dont les droits sont de nature à rester ensemble assis sur le même fonds.«

177 Moyens et méthodes pour éteindre les droits féodaux, o. O. u. J. (1789). (BN. Lb³⁹. 2138.)

178 Vgl. z. B. die Einleitung von R. Zapperi zur Neuausgabe des »Tiers état« von Sieyès (Anm. 41), S. 33 ff.

179 Vgl. z. B Les inconvéniens des droits féodaux, S. 28.

180 »Bientôt les vassaux des autres Seigneurs se procureroient les mêmes avantages que Sa Majesté auroit accordés aux vassaux de ses Domaines« (ebd. S. 30). Nur am Rande erwähnt werden soll, daß für alle Autoren neben dem agronomischen Gesichtspunkt der fiskalische eine erhebliche Rolle spielte. Die vorgesehene Bereinigung der Eigentumsverhältnisse, die Befreiung der durch Abgaben belasteten ländlichen Schichten, die Liberalisierung und Intensivierung der Landwirtschaft standen für die Ablösungsautoren – ähnlich wie für die Physiokraten – immer auch unter dem Zeichen der Stärkung der Steuerkraft des Staates, ohne daß sie Quesnays radikale Reformpläne übernahmen. Insofern kommt Boncerfs Argument, die auf den Domänen beginnende Ablösung werde »ansteckend« wirken und dem König einen Teil des »usurpierten« Domänenbesitzes zurückbringen, einige Bedeutung zu (ebd. S. 29).

181 Ebd. S. 29.

182 De l'administration provinciale 2, S. 467 f. Für den *champart* schlug Le Trône dagegen direkte Landabtretungen vor, so daß der Grundherr in der Lage sein würde, durch Verpachtung einen der früheren Abgabe entsprechenden Ertrag zu erwirtschaften (ebd. S. 468).

183 Ebd. S. 476 ff.

184 Ebd. S. 479 ff.

185 Ebd. S. 489 ff. Anders als Boncerf, der die Möglichkeiten des als unabdingbar vorausgesetzten Konsens zwischen Grundherren und »Vasallen« zur Realisierung der Ablösung nur sehr vage umschrieb, rekurrierte der Physiokrat Le Trône – wie Turgot – auf die neu zu schaffenden Provinzialversammlungen, deren auf einem Grundeinkommenszensus beruhende Verfassung er in seinem Werk entworfen hatte. »Au reste, je penserois qu'une affaire de cette importance ne doit pas être décidée par voie d'autorité, mais sur le vœu commun du Roi et de la Nation. Et comme, dans l'état actuel, la Nation n'a point proprement d'existence civile, et n'est point à portée de former une délibération, cette grande question ne pourroit être décidée qu'après l'établissement de l'Administration Provinciale, dont les Députés auprès du Roi formeroient véritablement les Représentans de la Nation.« (Ebd. S. 479 f.)

186 La Révolution française et les paysans (Anm. 40), S. 352 ff.

187 Ebd. S. 354 u. 352.

188 Vgl. dazu S. 208.

189 The Social Interpretation of the French Revolution, vor allem S. 91 ff.

190 G. Lefebvre: Etudes sur la Révolution française (Anm. 40), S. 352. Vgl. auch Barrington Moore Jr.: Social Origins of Dictatorship and Democracy, S. 65: »Hence capitalism was seeping into the French countryside by every possible cranny, in the form of feudalism through the seignorial reaction, in the form of an attack on feudalism,

and under the banner of ›progress‹ and ›reason‹ through the officially sponsored enclosure movement.« Alexander Gerschenkron: »Reflections on the Economic Aspect of Revolutions.« In: Ders.: *Continuity in History and Other Essays*. Cambridge, Mass. 1968, S. 257-280, hier S. 259.

191 Robert Forster: »The Survival of the Nobility during the French Revolution.« In: *Past and Present* 37 (1967), S. 71-86, hier S. 72 f.

192 Ebd.

193 P. de Saint Jacob: Les paysans de la Bourgogne du Nord, S. 439 f.

194 Forster: The Survival of the Nobility, S. 73, Anm. 11.

195 M. Leymarie: »Les redevances foncières seigneuriales en Haute-Auvergne.« In: *Annales historiques de la Révolution française* (1968), S. 299-380.

196 Vgl. die Tabellen ebd. S. 374 f. Weitere Beispiele etwa bei Lemarchand: Le féodalisme dans la France rurale, S. 83. Die im Vorangehenden gegebenen Zahlen haben naturgemäß keinen breiten statistischen Wert. Trotz der Bemühungen Forsters und anderer läßt sich heute eine umfassende Statistik des Abgabeneigentums im Rahmen des grundherrlichen Einkommens ebensowenig erstellen wie eine exakte Berechnung sämtlicher bäuerlicher Leistungen. Derartige Berechnungen wären freilich deshalb besonders wünschenswert, weil sie die heftigen, letztlich ideologisch-politisch motivierten Gegensätze zwischen marxistischen und nicht-marxistischen Historikern klären könnten, die in der internationalen Revolutionsforschung bis heute eine große Rolle spielen (vgl. François Furet: »Le catéchisme révolutionnaire«. In: *Annales E.S.C. 26* (1971), S. 255-289, zum Problem der Feudalität bes. S. 263 ff.).

197 Lefebvre: Etudes sur la Révolution française, S. 354.

198 Jean Meyer: *La noblesse bretonne au XVIIIᵉ siècle* 2. Paris 1966, S. 613 f.

199 Leymarie: Les redevances foncières seigneuriales (Anm. 87), S. 357.

200 Ebd.

201 Vgl. z. B. Boncerf: Les inconvéniens des droits féodaux, S. 32 f.: »Outre cette augmentation des revenus, les Seigneurs seroient soulagés dans la même proportion des dépenses de leur régie et administration...«

202 George V. Taylor: »Types of Capitalism in Eighteenth-Century France«. In: *The English Historical Review* 79 (1964), S. 478-497; Ders.: »Noncapitalist Wealth and the Origins of the French Revolution.« In: *The American Historical Review* (1966), S. 469-496.

203 Types of Capitalism, S. 479.

204 Ebd.

205 Noncapitalist Wealth, S. 472 f.

206 Ebd. S. 472: »The seigneury, consisting of dues, monopolies, and

rights surviving from the fief, was an order of property superimposed on property in fee simple, and it could be and was acquired by nonnobles. But seigneurial rights figured marginally in a larger preference for all long-term assets yielding secure revenues and standing...«

207 S. S. 165 f.

208 S. S. 205 f.

209 »Je me persuade que le Roi accorderoit une composition plus douce que les autres Seigneurs, tant pour accélérer l'opération, que pour empêcher ses vassaux de porter leur mouvance à d'autres Seigneurs« (Les inconvéniens des droits féodaux, S. 28 f.).

210 Boncerf: Moyens et méthodes (Anm. 177), S. 2 ff.

211 Vgl. vor allem den 1. Kommissionsbericht Tronchets, Archives parlementaires 8, S. 619 ff. (zum 12. Sept. 1789).

212 Albert Mathiez: *La Révolution française* 1. Paris 1922, S. 74. Seit 1791 gab es freilich einige Erleichterungen; vgl. Göhring: Feudalität, S. 204.

213 Recueil (Anm. 8), S. 35.

214 Ebd.

215 Vgl. Art. 1 des 3. Titels des Gesetzes v. 15.-28. März 1790, Recueil, S. 31.

216 Vgl. Albert Soboul: *Paysans, Sans-culottes et Jacobins,* Paris o. J., S. 35 f.

217 S. S. 205 f.

218 Roberto Zapperi: Einleitung zu: Emmanuel Sieyes, Qu'est-ce que le Tiers état? Genf 1970, S. 34. Z. hat, aus zum Teil unbekannten Sieyès-Quellen schöpfend, das ökonomische Denken des ideologischen Anführers des Tiers état eindringlich analysiert. Er ist dabei zu dem Ergebnis gekommen, daß Sieyès (Z. bevorzugt die Schreibung Sieyes) trotz gewisser »vager« liberaler Neigungen angesichts der zentralen Frage der französischen Agrarwirtschaft – der Zersplitterung des Bodens – keine revolutionäre Konzeption hatte, sondern sich auf die Verteidigung bestehender Eigentumsrechte unter Einschluß des von der Konstituante ohne große Bedenken geopferten Kirchenguts (Zehnten und Grundbesitz) zurückzog. Z. läuft freilich Gefahr, die historischen Dimensionen gewaltsam zu verschieben, wenn er die Haltung von Sieyès allein nach seiner mangelnden Fähigkeit bewertet, Quesnays Idee der Großpachtwirtschaft als einzig mögliche, zum Agrarkapitalismus führende Lösung der französischen Agrarprobleme zu akzeptieren. Vor dem Hintergrund der »Zielprojektionen« Quesnays, die auf eine völlige Trennung von Eigentum und Pachtnutzung hinausliefen und damit zu einer beträchtlichen Umschichtung von Eigentum führen mußten, mußte jegliche, auf unmittelbaren Wandel gerichtete Agrartheorie, mußten selbst

Turgots Freihandelspläne konservativ oder »vage« wirken. Dementsprechend läßt Z. auch die Ablösungstheorie, die sich die Überwindung der Bodenzersplitterung explizit zur Aufgabe gemacht und damit einen möglichen Weg zur Realisierung des Ideals Quesnays gewiesen hatte, völlig außer acht. – Dennoch bietet Z.s Sieyès-Kritik, die sich, vom Problem des Kirchenguts abgesehen, auf die meisten Mitglieder der Konstituante anwenden läßt, auch für die Ablösungsgesetzgebung einen geeigneten analytischen Ansatz. Selbst wenn man die Großpachtidee Quesnays nicht verabsolutiert und die Ablösungstheorie als mögliche Alternative in Erwägung zieht, blieb die Konstituante noch weit hinter den durch diese Theorie gegebenen Möglichkeiten zurück.

219 Vgl. vor allem den Teil des ersten Kommissionsberichts Tronchets, in dem er sich mit Boncerf und Boudins Vorschlag einer entschädigungslosen Aufgabe des staatlichen Abgabeneigentums auseinandersetzt. »On propose à la nation un sacrifice très-important, dans l'unique vue d'enrichir un certain nombre de personnes d'une propriété qu'elles n'ont aucun titre pour réclamer gratuitement« (Archives parlementaires 8, S. 621). Damit lehnte Tronchet das von Le Trône und Boncerf geforderte »Opfer« des Staates zur Beschleunigung des Ablösungsvorgangs mit aller wünschenswerten Deutlichkeit ab.

220 Vgl. Marcel Garaud: La Révolution et la propriété foncière, S. 202.

221 Vgl. z. B. A. Ferradou: Le rachat des droits féodaux dans la Gironde (Anm. 37), S. 248.

222 In seinen eindringlichen Untersuchungen über den sog. »Mehlkrieg« von 1775 zeigt G. Rudé, daß die Kritik an den Feudalrechten noch nicht zu den Anliegen der Bauern gehörte. Vgl. George Rudé: »La taxation populaire de mai 1775 à Paris et dans la région parisienne.« In: *Annales historiques de la Révolution française* (1956), S. 139-179.

223 Dazu vor allem Georges Lefebvre: *La grande peur de 1789.* Paris 1932, unveränd. Nachdruck Paris 1970, S. 44 ff.

224 Vgl. M. Garaud: La Révolution et la propriété foncière, S. 161 ff. und M. Göhring: Die Feudalität, S. 118 ff.

225 Ebd. S. 200 ff.

226 Die Ablösungssätze der Konstituante galten freilich nur für den Fall, daß eine schiedlich-friedliche Einigung zwischen Grundherren und *censitaires* nicht möglich war. Vgl. Recueil, S. 37 f.

227 Boudin: Réflexions sur le rachat des droits féodaux (Anm. 1), S. 11.

228 Ebd. S. 3 f.

229 Ph. Sagnac und P. Caron (Hrsg.): *Les comités des droits féodaux et de législation et l'abolition du régime seigneurial (1789-1793).* Paris 1907, S. 7.

230 Ebd. S. 78. Ähnliche Zeugnisse, vor allem aus den Jahren 1792/93, zitiert bei Garaud, La Révolution, S. 193 ff., bei Kroll: Die Eigen-

tumsordnung, S. 204 ff. und bei Soboul: Paysans, Sans-Culottes et Jacobins, S. 35 ff.

231 Ein wirklich umfassender Vergleich, der auch kleinere, schon untersuchte Territorien (wie Savoyen oder den Schweizer Kanton Vaud) mit einbezieht, scheint zu fehlen.

232 G. Lefebvre: La Révolution française et les paysans, S. 367.

233 Ebd.

Ancien Régime und Revolution

1 Dieser Essay soll den vorliegenden Band mit einigen auf das Gesamtthema reflektierenden Überlegungen abschließen. Dementsprechend kurz wird der Anmerkungsapparat gehalten, der sich auf den Nachweis der wichtigsten zitierten Werke beschränkt. Die neueste Zusammenfassung der jüngsten Forschungen zum Ancien Régime und seinem Ende bei: Keith Baker (Hg.): *The Political Culture of the Old Regime*. London u. a. 1987.

2 Sie erscheinen in den »Editions du Centre National de la Recherche Scientifique«, Paris.

3 Michel Vovelle: *Breve storia della rivoluzione francese*. Roma 1979. Deutsche Ausgabe Michel Vovelle: *Die Französische Revolution – Soziale Bewegung und Umbruch der Mentalitäten*. München und Wien 1982 (= Ancien Régime, Aufklärung und Revolution 7).

4 Die deutschen Herausgeber haben dem Rechnung getragen und einen entsprechenden Untertitel hinzugefügt. Inzwischen hat Vovelle auf französisch eine ausgesprochene Mentalitätsgeschichte der Revolution vorgelegt. Vgl. Michel Vovelle: *La mentalité révolutionnaire*. Société et mentalités sous la révolution française. Paris 1985.

5 Vgl. u. a. Michel Vovelle: *Piété baroque et déchristianisation en Provence au XVIIIe siècle*. Les attitudes devant la mort d'après les clauses des testaments. Paris 1973.

6 Die m. E. beste »pragmatische« Erörterung der Ursachen der Französischen Revolution aus jüngerer Zeit ist das inzwischen auch ins Französische übersetzte Buch von William Doyle: *Origins of the French Revolution*. Oxford 1980.

7 Ernst Schulin: *Die Französische Revolution*. München 1988.

8 Selbst die jüngste deutsche Schulbuchproduktion für das Gymnasium, das bei CVK – Hirschgraben verlegte *Geschichtsbuch* Bd. 3, hg. von Hilke Günther-Arndt und Jürgen Kocka, ist von dieser Schwäche nicht frei. Im Kapitel »Revolution und Reformen«, verfaßt von Werner Abelein, sind knapp 3 Seiten der Vorgeschichte der Revolution und der Krise des Ancien Régime gewidmet. Deutlich mehr als ein Drittel davon sind direkte Zitate bzw. Paraphrasen aus dem *Tiers*

Etat von Sieyès, die nicht nur die – sinnvolle – Aufgabe haben, das politische Klima zum Jahresbeginn 1789 zu beleuchten, sondern zugleich das alte Gesellschaftssystem charakterisieren sollen. Ohne Frage war Sieyès der politisch wirkungsvollste Autor der Jahre 1788/89. Daß er in dieser Rolle kein unverdächtiger Analytiker der Gesellschaftsstrukturen des ausgehenden Ancien Régime war, hat schon Tocqueville gesehen.

9 Guy Chaussinand-Nogaret: *Mirabeau.* Paris 1982. Eine deutsche Übersetzung von Peter Schöttler liegt inzwischen bei Klett vor.

10 Vgl. Alexis de Tocqueville: *L'Ancien Régime et la Révolution.* Paris 1856, heute im Originaltext (inkl. Notizen) am besten greifbar in: *Œuvres complètes.* Hg. von J.-P. Mayer, Bd. 2 (in zwei Teilen). Paris 1952.

11 Eberhard Schmitt: *Einführung in die Geschichte der Französischen Revolution.* München 1976, S. 89.

12 Ebd., S. 89 f.

13 Pierre Goubert und Daniel Roche: *Les Français et l'Ancien Régime.* 2 Bde. Paris 1984, hier Bd. 2, S. 361-375.

14 Ebd., S. 366 f.

15 Es sollte nicht unerwähnt bleiben, daß der große französische Zivilisationshistoriker Fernand Braudel die Dinge noch anders, d. h. in zivilisationsgeschichtlicher Hinsicht noch weit radikaler sah als z. B. Goubert und Roche. Braudel ist nicht mehr dazu gekommen, das »politische« Ereignis Französische Revolution in sein Konzept einer französischen Geschichte einzubauen. Die drei vor seinem Tod noch fertiggestellten Teilbände seines letzten großen Werks »L'identité de la France« (Paris 1986) erfassen die politische Geschichte nicht. Wie Braudel die Stellung der Revolution mitsamt des Ancien Régime in dieser »sehr langen« Geschichte Frankreichs sah, verrät gleichwohl die Einleitung, aus der hier daher etwas ausführlicher zitiert sei: J'ai cité... *Les Origines de la France contemporaine* d'Hippolyte Taine et *L'Ancien Régime et la Révolution*... d'Alexis de Tocqueville. Leur défaut congénital... c'est bel et bien d'admettre que la France commence au XVIIIe siècle avec l'époque des Lumières, qu'elle naît de l'épreuve dramatique à laquelle elle est soumise par la violence de la Révolution française – cette Révolution avec un *R* majuscule qui était, hier encore, sans que nous nous en rendions toujours compte, nous les apprentis historiens, une sorte de Bible, d'engagement, de référence idéologique. Je proteste, évidemment, contre cette dévotion, comme contre toute autre dévotion ou idéalisation rétrospective. Mais, plus encore, contre l'étrécissement des dimensions chronologiques qu'elle entraîne: l'Ancien Régime, la Révolution française, ce sont des faits proches, quasi contemporains... Nous étendons la main, nous les touchons. Or c'est l'épaisseur entière du passé

de la France qui est à mettre solidairement en cause, dès avant la conquête romaine de la Gaule et jusqu'à aujourd'hui. La France de Louis XVI est déjà, plus que certainement, une très vieille »personne«. Fernand Braudel: L'identité de la France. Bd. 1: Espace et Histoire. Paris 1986, S. 13.

16 Für diese Auffassung repräsentativ ist das Gesamtwerk von Albert Soboul. Vgl. u. a.: Albert Soboul: *A la lumière de la Révolution Française*. Problème Paysan et Révolution Bourgeoise, in: Ernst Hinrichs u. a. (Hg.): *Vom Ancien Régime zur Französischen Revolution*. Göttingen 1978, S. 569-587.

17 Dazu insgesamt Alfred Cobban: *The Social Interpretation of the French Revolution*. Cambridge 1964. Die These ursprünglich auch schon in Alfred Cobban: *The Myth of the French Revolution*. London 1955.

18 Vgl. François Furet: Le catéchisme révolutionnaire, in: *Annales E.S.C.* 26 (1971), S. 269 ff.

19 Vgl. u. a. George V. Taylor: Les Cahiers de 1789: aspects révolutionnaires et non-révolutionnaires, in: *Annales E.S.C.* 28 (1973), S. 1495-1514; Roger Chartier: Cultures, Lumières, Doléances: Les Cahiers de 1789, in: *Revue d'Histoire moderne et contemporaire* 28 (1981), S. 68-93.

20 Guy Chaussinand-Nogaret: *La noblesse au XVIIIe siècle*. De la féodalité aux Lumières. Paris 1976.

21 Vgl. Doyle: *Origins* (wie Anmerkung 6), S. 116 ff.

22 Vgl. in diesem Band S. 81 ff., 99 ff.

23 Vgl. in diesem Band S. 84 f., 96 f.

24 Wolfgang Mager: *Frankreich vom Ancien Régime zur Moderne*. Wirtschafts-, Gesellschafts- und politische Institutionengeschichte 1630-1830. Stuttgart u. a. 1980.

25 Vgl. Magers wichtigen, aber extrem knapp gehaltenen Überblick »Politische Revolution«, S. 229 ff., den er mit dem Kernsatz beginnt: »Die Französische Revolution war wesentlich eine politische Revolution.«

26 François Furet: *Penser la Révolution française*. Paris 1978; deutsche Übersetzung: *1789. Vom Ereignis zum Gegenstand der Geschichtswissenschaft*. Frankfurt/M. 1980.

27 François Furet und Denis Richet: *La Révolution française*. 1965. Eine deutsche Fassung zum ersten Mal Frankfurt/M. 1968.

28 François Furet: *La Révolution*. De Turgot à Jules Ferry. 1770-1880. Paris 1988.

Nachweise

»Das Fürstenbild Jean Bodins und die Krise der französischen Renaissance-monarchie«; zuerst abgedruckt in: Horst Denzer (Hg.): *Jean Bodin*. Verhandlungen der Internationalen Bodin Tagung München 1970. München 1973 (= Münchener Studien zur Politik 18), S. 281-302.

»Krisen des Absolutismus und das Problem des politischen Radikalismus in Frankreich im 16. und 17. Jahrhundert«; zuerst abgedruckt in: *Geschichte und Gesellschaft* 10 (1984), S. 427-460.

»Die Voraussetzungen gesellschaftlicher Stabilität im Absolutismus. Bemerkungen zu Frankreich im 17. und 18. Jahrhundert«; Vortrag, gehalten auf einem internationalen Kolloquium zum 65. Geburtstag von Rudolf Vierhaus im Georg-Eckert-Institut Braunschweig am 12. 11. 1987; unveröffentlicht.

»Absolute Monarchie und Bürokratie. Bemerkungen über ihre Unvereinbarkeit im französischen Ancien Régime«; unveröffentlicht.

»*Justice* versus *Administration*. Aspekte des politischen Systemkonflikts in der Krise des Ancien Régime«; zuerst veröffentlicht in: Ernst Hinrichs, Eberhard Schmitt, Rudolf Vierhaus (Hg.): *Vom Ancien Régime zur Französischen Revolution*. Forschungen und Perspektiven. Göttingen 1978 (= Veröffentlichungen des Max-Planck-Instituts für Geschichte 55), S. 125-150.

»*Produit Net, Propriétaire, Cultivateur*. Aspekte des sozialen Wandels bei den Physiokraten und Turgot«; zuerst veröffentlicht in: *Festschrift für Hermann Heimpel*. Bd. 1. Göttingen 1971 (= Veröffentlichungen des Max-Planck-Instituts für Geschichte 36/I), S. 473-510.

»Die Ablösung von Eigentumsrechten. Zur Diskussion über die *droits féodaux* am Ende des Ancien Régime und in der Revolution«; zuerst veröffentlicht in: Rudolf Vierhaus (Hg.): *Eigentum und Verfassung*. Zur Eigentumsdiskussion im ausgehenden 18. Jahrhundert. Göttingen 1972 (= Veröffentlichungen des Max-Planck-Instituts für Geschichte 37), S. 112-178. Teilabdruck in Eberhard Schmitt (Hg.): *Die Französische Revolution*. Köln 1976 (NWB 86), S. 124-157.

»Ancien Régime und Revolution«; unveröffentlicht.

Namenregister

suhrkamp taschenbücher wissenschaft
Geschichte, Sozialgeschichte
Zeitgeschichte, Dokumentation

206/1/6.88

suhrkamp taschenbücher wissenschaft
Geschichte, Sozialgeschichte
Zeitgeschichte, Dokumentation

suhrkamp taschenbücher wissenschaft
Soziologie, Theorie der Gesellschaft

205/2/6.88

suhrkamp taschenbücher wissenschaft
Soziologie, Theorie der Gesellschaft

205/3/6.88

205/5/6.88